古代歷史文化 研究輯刊

十六編

王明蓀 主編

第 1 冊

《十六編》總目

編輯部編

中國曆算文明萌發暨《易》教源自消息盈虛説
——狄宛聖賢功業祖述之一（上）

周興生 著

國家圖書館出版品預行編目資料

中國曆算文明萌發暨《易》教源自消息盈虛說——狄宛聖賢
功業祖述之一（上）／周興生 著 -- 初版 -- 新北市：花木蘭
文化出版社，2016〔民 105〕
目 6+296 面；19×26 公分
（古代歷史文化研究輯刊 十六編；第 1 冊）
ISBN 978-986-404-745-1（精裝）
1. 天文學 2. 中國
618   105014255

ISBN- 978-986-404-745-1

9 789864 047451

古代歷史文化研究輯刊
十六編 第一冊   ISBN：978-986-404-745-1

中國曆算文明萌發暨《易》教源自消息盈虛說
——狄宛聖賢功業祖述之一（上）

作　　者　周興生
主　　編　王明蓀
總 編 輯　杜潔祥
副總編輯　楊嘉樂
編　　輯　許郁翎、王筑　美術編輯　陳逸婷
出　　版　花木蘭文化出版社
社　　長　高小娟
聯絡地址　235 新北市中和區中安街七二號十三樓
　　　　　電話：02-2923-1455／傳真：02-2923-1452
網　　址　http://www.huamulan.tw 信箱 hml 810518@gmail.com
印　　刷　普羅文化出版廣告事業
初　　版　2016 年 9 月
全書字數　405409 字
定　　價　十六編 35 冊（精裝）台幣 68,000 元

《十六編》總目

編輯部　編

《古代歷史文化研究輯刊》
十六編　書目

《古代歷史文化研究輯刊》十六編各書作者簡介·提要·目錄

第一、二冊　中國曆算文明萌發暨《易》教源自消息盈虛說——狄宛聖賢功業祖述之一

作者簡介

周興生，男，生於 1962 年，陝西長安杜陵人，自號杜周生。西北政法大學副教授、德國漢諾威大學（Universitaet Hannover）法學博士，碩士研究生導師。

研究與旨趣：文明與紀度起源、信仰起源與流變、《易》源流與種系萌發及禮源、孔墨名教治知、莊子道知與訟辯、《春秋》經辭說與決獄、大陸法律教育、中西法哲學細節。基於學士、碩士研究生學階語言學與哲學學習，慣於系統訓詁。憑依古史究問與解答饋給中國文明發達之系統佐證，助壯國故學習者心勁，以為來日交通中國與西方文明之津梁。

提　要

此作屬中國天象記事與文明起源之狄宛聖跡與遺物研習心得。作者以自創尺寸度當算法考述天象記事，為瓦器天象記事向石器天象記事溯跡奠基，以日全食志與曆算會通狄宛一期中國南北文明，立大體一統之說，舉幽明無外之知，補《五帝本紀》、《天官書》、《古今人表》、《五行志》之遺，發《易》源而見其流，疏文王卦述而顯漢《易》嗣學支離。此作并闡述者幼陷孔教疑林，破八年德國遊學之困，繫其寤寐形色之記，十一年時義覺悟之果。故此，考述狀似聖人生存之端詳，石、瓦、骨與省方星曆枚舉一似家珍自陳。

肇於先人以往來驗死生而覺憂懼，辨其圖吉豫難而造瓦，由此揭示北人喜平底南人好圓底瓦之季節緣故。辨洞穴人圖體膚安然而放豕負塗為瓦片，又依《易》說心得發先人察豕寒暑首下上而知時難六月率。依其知寒暑而豫

時令，揭示聖賢尙星象與天象造圜底器，以及補 3 日於璇璣爲陽曆歲長。建直合紋算法，演聖賢赤白紋以見曆日與記事故業。辨圍獵掘凵底面與地面功用，發地穴喻時差起源。自設尺寸度當算法，溯跡聖賢爲曆平二分功業，辨穴口星象蘊含以見聖人北垣、東垣等認知、及其豫日月交食之力。聯其時月摹記而發地穴爲曆隱微，並舉黃道、赤經、交點年、璇璣歲、回歸年長。依幾何學揭示聖人掘穴本乎爲曆與調曆，其要在於尾宿摹略，爲天象記事，從此豎後嗣造丘虛樣本。

尺寸度當曆算揭示，三座似房遺跡印記聖人更新曆日算法，土木合施以爲星宿，并以赤經面變動「反景」，精算春分日。幾何學檢討俱示四遺跡係觀象臺。依 F371 袋狀穴疏證聖賢後嗣以半坡袋狀穴 H115 精算春分日，并爲浮選、浸種與催芽聖地，以證春分日播種本乎袋狀穴精算春分。F371 圖樣疏證，橢圓狀赤經與黃道變動係二期弧邊葉瓣畫源，半坡「人面魚紋」畫係其子遺。F378 小龕尺寸之驗算佐證尺寸度當月日算法不誤。土木工程之星圖疏證，狄宛「火正」而曆建仲春，其中官與四垣類別係後世二十八宿之母。

輔以幾何學邊角，依尺寸度當算法推導星曆，清言墓葬不外星曆存跡，揭示墓骨本乎殺戮剔肉，墓穴、骨殖擺放俱記星曆與調曆。察墓葬本乎聖賢謀知地氣動靜，穴存骨殖多寡以及全否不礙曆紀疏證。星曆之幾何算法揭示，墓穴打破本乎精算春分日。依埋骨曆志關聯星官而示要服之源。

依圓石器形色質地檢討發明圓石陀天象曆紀義，見其摹寫半天球與截天球。考證圓瓦陀、兩頭圓石盤俱係天象曆志，爲天文史學溯跡舊石器時代中期構築曆志橋樑。瓦陀之鑽孔與無孔以及有無繩紋疏記，平線條數喻交點年數，兩向平行線述赤經面相交。依算法揭示瓦陀日全食曆志，以及狄宛瓦陀食典：十八交點年日月不交食、108 陽曆年豫日全食 54 年輪返。算得一期聖人察日全食於民國 39 年 9 月 21 日輪返，溯算一期日全食發生於 B.C.5840 年，以此番日全食爲天象記事里程碑。

經籍訓釋與遺跡疏證之對照揭示，大地灣地名初是狄宛，係聖人依麋鹿施教之域。聖教之要在於豫日月交食而謀精算節氣并平二分。依墓葬見犬疏證，「天狗吃月亮」出自誤會埋犬喻守陰數，以致單面認知「狄犬種」說。此考爲中國種系與族系起源辨識奠定基礎。瓦片 H398：72 白紋曆紀勘驗揭示，此紋係陰陽消息畫源，亦係三三相配之六爻畫源。辨二期單消息勒刻震、艮，重消息勒刻《恒》（T314④：P2），詁定楚簡《恒先》與馬王堆帛書《原道》同源，推斷《周易》之外存《易》卨氏本。亦辨重消息《頤》勒刻。曆算詁定 640 蚌殼爲

聖人朔冊，八組八枚倍十係六十四重消息之源。依此，解「十有八變成卦」兩千年之疑。依此曆算導出古賢卒年之世系考訂算法。狄宛《中孚》、《乾》重消息畫與半坡《大過》魚畫、《泰》、《否》重消息勒刻檢討揭示，對照《繫辭傳》即知庖犧氏係狄宛二期聖人。文王卦述諸疏揭示，文王猶存狄宛聖賢合朔曆算。依消息勒刻解六書之象形，定中華明道之教以此書持續七千餘年。

此書不事剽剝，唯貴塙當見古，後舉聖人功業使國民長久瞻仰：細觀黃道與北極、天極、造陽射率六畫、爲交點年長與陽曆年長。造圓底器象半天球，三足器以喻補 3 日於璇璣歲 360 日。以 H3115：10 記其爲陽曆歲 363 日加平二分。以 H398：72 述日全食間斷兩節氣而并記日全食 54 年輪返。爲 H3107 尺寸基準，放 H391 角宿解天球、爲東西垣而後別週天二十四分度、以 H363 方天圖記壁宿、氐宿、女宿觀測，以赤經與黃道面春分日交角 5 度把握璇璣歲與陽曆歲日數差，準乎氐宿而見日月五星中道。以 H279 爲二期經天之基礎，故放此穴記日全食而規劃土功，地穴星圖係後世星圖之母，數學史上負數源於曆日見節氣日虧。四座似房遺址係聖人觀象臺，赤經滿歲觀測致四垣二十八宿起源。

此書考訂，狄宛一期聖賢肇造重消息，二期重消息畫與勒刻、單消息勒刻俱爲傳承，重消息驗算所恃蚌殼係聖人日全食合朔之典。依日全食陽曆逆輪返算定河姆渡一期、裴李崗早期日全食發生於 B.C.5037 年、B.C.5522 年。考訂「神道設教」之本，考得共工水紀五官是中官加四方星官，其本在乎尾宿信仰，此念致龍信仰生成。附此，疏證墓葬源頭不涉靈魂信仰，「九黎亂德」在乎縮度曆算、王季伐鬼戎有成故在深知曆算而豫其德衰、并考曾子傳孔子大勇說本乎縮度。依 H363 氐宿觀測日月五星中道通釋山西吉縣柿子灘遺址岩畫日全食曆志義。

此書涵蓋如後領域舊事：天文史學、民族史學、宗教起源、政治起源、建築起源、春分耕種起源、《易》源與流變、田野發掘與考古學、六書學。此書係狄宛一期文明體統認知之基礎。

目　次

第三冊　東漢羌人暴動與涼州軍閥形成之研究

作者簡介

王俊霖，1990 年生於新北市鶯歌，國立嘉義大學應用歷史所畢。

自童蒙時極好文史相關書籍，它科則流於應付，故學業成績多強幹弱枝也，幸得父母栽培僥倖進入大學，然資質駑鈍居大道而粗窺門徑而已。後，研究所入詹士模師門下，得悉心指點，常有茅塞頓開之感，拙作正是在詹師以耐心與專長所指導之下，略有小獲。離開校園後，作者目前任職於旅行業。

提　要

兩漢所指的羌，即是以河湟地區爲中心生活的當地土著，與上古時期的羌人並無直接的關係。武帝時爲了解決匈奴問題展開的大戰略，於是逐步將河西地區收入版圖，並將帝國內部的貧民和罪犯遷徙到此處實邊。夾在匈奴與羌人之間的河西地區，情勢如履薄冰，稍有不慎就是南北夾擊的處境，而帝國奉行的戰略是以匈奴爲主要假想敵，西漢對於羌人較爲寬容，實際上也沒有更多力

量進入羌區，故西漢一朝羌漢之間尚算安穩，少有紛擾；進入東漢以後，由於移民實邊所帶來的問題，即是人口不斷增生，漢人逐漸侵佔羌人的生活範圍，致使羌人難以生存，故早期的羌人暴動，大多圍繞著延邊聚落展開。

東漢安、順朝以後，國政在宦官與外戚的惡鬥中敗壞，各地都在天災與貪官汙吏的逼迫下，反抗漢帝國。這種大規模的民變已不是基層郡縣官所能單獨應對的，因此靈帝時決議設立州牧，總領一州政務兵馬，同時將地方政權與軍隊交給牧守，對於民變可以便宜行事，但也同時埋下禍根，在中央失去掌控力後，這些地方牧守形同各小諸侯。

董卓為隴西臨洮人，以良家子從軍，在鎮壓羌人的戰鬥中，從底層軍官以戰功一路攀升，成為領軍一方的大將，逐漸藐視朝廷。在帝國威信掃地，無力控制各地時，董卓因為某個政治陰謀，引麾下涼州軍入洛陽，一舉控制朝廷與天子百官，進行恐怖統治，加速東漢的滅亡，同時使地方擁兵自重的牧守們再無顧忌，展開惡鬥。不論牧守們是保境安民，抑或是逐鹿中原，天子的影響力越來越微弱，使得維持漢帝國變得非常困難，同時也來到了三分天下的前夕。

目　次

第四冊　北朝社會文化史研究

作者簡介

宋燕鵬，男，河北永年人，歷史學博士，副編審，現任中國社會科學院中國社會科學出版社歷史與考古出版中心副主任。2012 年 11 月～2014 年 1 月任馬來亞大學中文系暨馬來西亞華人研究中心客座研究員。主要研究北朝社會文化史、中國古代社會史、馬來西亞華人史。學術兼職：中國魏晉南北朝史學會理事，及中國唐史學會、中國宋史研究會、中國元史研究會、中國社會史學會等學會會員。著有《籍貫與流動：北朝文士的歷史地理學研究》（2011）、《馬來西亞華人史：權威、社群與信仰》（2015）、《南部太行山區祠神信仰研究：618-1368》（2015）等書。2000 年以來發表有關北朝社會文化史、中國古代社會史、馬來西亞華人史的論文 50 餘篇。主持國家社會科學基金年度項目、中國博士後科學基金（特別資助、面上資助）、中國僑聯一般項目等各級各類課題 10 餘項。

提　要

本書是作者有關北朝社會文化史的相關研究合集。作者並未對北朝社會文化史作面面俱到的鋪陳，而是選取了北朝文學風氣、職官文學化、文士群體、文化機構、文士相關問題、北朝少數族、北朝社會生活、中古祠神信仰等領域來選角度做專題研究。其中，北朝文學風氣選取秀才選舉及北魏洛陽時期文學風氣為研究對象；職官文學化選取太常（少）卿及國子祭酒為研究對象；北朝文士群體選取北魏在南皇族和梁末入鄴城文士，及東魏文士、北齊文士的地理分佈為研究對象；北朝文化機構選取北齊的文林館和北周的麟趾殿學士為研究對象；北朝少數族個案選取厙狄氏和北齊趙熾進行研究；北朝生活個案則選家業和宗族制度進行探討；最後中古祠神信仰則對漢魏六朝民眾建立祠廟的心理動機、民間神祠的特點，以及西門豹信仰做了分析。以上專題研究代表了作者在北朝社會文化史領域選題的主要方面，涵蓋了作者關注北朝社會文化史的主要維度。選題專門，對深入認識北朝社會有參考價值，可以進一步推動北朝史相關領域的研究。

目　次

第五、六冊　文學才辯，妙選聘使——從外交論北朝漢文化發展

作者簡介

龔詩堯，清華大學中國文學系博士。曾於清華大學、中興大學、中正大學和臺南大學等校開設課程目前擔任高雄師範大學專任助理教授。主要研究範疇為古典文學與批評，魏晉南北朝各族群、清代中外文化交流史。著有《四

庫全書總目之文學批評研究》、〈十六國重要政權與同期拓拔鮮卑之漢化概況比較〉、〈行遍半個歐洲的《中國貴婦》和《中國英雄》——梅塔斯塔齊奧的中國題材劇本之地位與傳播初探〉等。

提　要

本文以外交活動發展作爲切入點，觀察北朝漢文化的內涵變化，與南北朝漢文化地位的消長。

自西晉末，中國北方長期處於五胡諸政權的統治之下，其中歷時最長的北魏爲拓拔鮮卑所建，保有深厚本族風俗。然而，在北魏以華夏正統政權自居後，亟欲藉外交獲得世人對其地位之肯定，所以在相關活動中力圖表現本國具備高度漢文化。如此則必須與南朝宋、齊相互競爭較量，以致官方政策，乃至文化風尚等，都與外交息息相關，交互影響。北魏分裂，北齊、北周、隋朝陵替，胡人漢化、漢人胡化，加以與南朝梁、陳互動，情勢更爲複雜。然而，對漢文化的象徵意義之重視，有增無減。

「漢文化」是一個含括大小傳統的統合性詞彙，內涵複雜深邃。本文由南北互動模式、選用使節的條件、國家政策的調整……等不同角度觀察，疏理出儒學、家世、文學和辯才等與外交最密切相關的領域，加以探討。

北朝胡漢雜糅，南朝以漢族爲主，所以在雙方外交往來間，北朝的漢文化內涵受到對方的影響較大，故而本書主要以北朝政治發展來區分歷史階段及章節。爲求完整呈現百餘年來持續的演變，全文採取歷時性的探討方式，並儘量兼顧南、北史書的記載，避免受制於其中單一立場的評議視角。

目　次

第七冊　論南朝劉宋二凶巫蠱弒帝

作者簡介

　　李奕岦，1982 年出生於台北，私立佛光大學歷史系碩士，現爲國中社會科代理教師。研究領域爲魏晉南北朝史。

提　要

　　六朝元嘉間，史臣雖稱「內清外晏，四海謐如」，政爭的暗卻曾平靜過，文帝時期一幕幕政權爭鬥中，當屬元凶劭弒逆最爲兇殘，藉弒帝以奪位。元

嘉三十的一場宮庭政變（453），太子劭弒文帝於皇城內，即帝位建號太初；新創政權過半載，旋即爲武王劉駿所之義軍推翻，駿於新亭稱帝後一個月，劭等人伏誅。《宋書》並將劭、濬人傳書寫爲二凶，而關於劭、濬大逆道的形象，遂因史書文本建構而生，人因冠上「二凶」此一符號由是名昭彰，古往今之史者，莫以此觀點爲。

現今詮釋此段史實的史文本，若僅按孝武帝駿爲正統的述，難以看出史實的全貌。唯從現存同的史書載記中，憑藉時人諺語還原部分當時社會世人對這一政權爭鬥的看法，並在史書殘存的疑點裏挖掘出蛛絲馬跡，藉此從同於正史的角瞭解史事件。另既欲探究「二凶」弒帝篡位一事原委，則嘗試於元嘉年間政局變動的過程，與事件發生前後的中央政治派系轉變，歸納出相異於史書所建構之正統論述觀點，並還原部份歷史事件之眞相。

本文並將元嘉三十間南朝宋政權的替換轉變看作一史事件申，由現存史中的疑點進文本分析，探求事件的本末，加以討事件內人物的心態，藉此窺史書中未述出的另一面向，闡述出本文對此史事件的觀點。

目　次

第八冊　中古禮制建設概論：儀注學、故事學與禮官系統

作者簡介

閻寧，1982 年出生，北京人。山東大學儒學高等研究院博士畢業，導師為杜澤遜教授。現任教於南昌大學國學研究院，研究方向為先秦禮學、儒學、中古禮制史。曾於《文史》、《北方論叢》等刊物發表相關論文數篇。

提　要

本書主要從禮制史、思想史以及職官制度三個維度出發審視中古王朝禮制建設，相應提出了儀注學、故事學、禮官系統三個新的範疇：

儀注學涉及中古禮儀制度從理論架構、儀注寫定到實際行禮各個環節，本書所定義的儀注學包含以儀節排比為主要形式的沿革禮、故事學及禮官系統三個層面，從而有別於傳統禮制史研究。故事學挖掘並詮釋中古文獻中「故事」這一之前學界並不重視的概念，進而圍繞這一概念形成了晉唐間儀注學得以展開的背景。在傳統禮學中「禮義」與「禮數」兩分的框架內，中古禮因故事之學的加入而在禮義層面呈現出不同於先秦禮文化的一面，並對後者有所補充。禮官則是指承擔制禮、議禮及參與實際行禮的知識群體，這一群體因其秉承的禮學知識及制度關注與先秦儒家有著千絲萬縷的聯繫，是儀注學研究在職官制度領域的延伸。作為官僚體系的一部份，不同朝代禮官職能的不同以及歷代風格各異的禮官系統構建模式，是除禮學水平外影響儀注制定與實施的另一關鍵因素，禮官亦不等同於傳統禮學研究中的禮學家概念。

以上三者的提出不僅僅意味著對三種傳統研究視角的整合，將此三個新範疇作為中古禮制建設的標識，更意在強調，先秦禮文化演進至中古，禮之儀節沿革、精神內涵以及行禮者知識結構三個方面均孕育產生出了某種獨特形態，這是單純從傳統三禮學或政治史研究視角無法給予完美解釋的。

目　次

第九冊　唐代藩鎮研究論文集

作者簡介

　　林偉洲，畢業於中國文化大學史學研究所，獲博士學位。現任職於大葉大學工業設計學系、通識教育中心，專攻唐代政治史。已出版《晚唐財稅與政局演變之研究》（花木蘭文化出版）、《安史之亂與肅代二朝新政權結構的開展》（花木蘭文化出版）兩本專書，及發表論文十餘篇。

提　要

　　乾元元年，叛軍首度退防河北道，肅宗即於關內道與河南道廣設節度使，其目的當不祗是為了平定叛亂。廣德元年，安史亂平，代宗於河北道分置四節度，並部分州郡由青淄、澤潞管。至此，全國諸道皆已普設節度使矣。節度使既由中央任命，所領州郡又不斷更迭，藩鎮體制乃是由中央有意建構形成。從政治史的角度必先探討，唐中央為何決策於全國普設節鎮，其次則研究藩鎮體制的形成有無特別的原則，最終則探究其目的及影響。由通鑑所載，肅宗與李泌討論平定叛軍後，如何安置功臣為進路。筆者提出，肅宗受李泌建議封建中小型諸侯的啟發，開始於全國設置中央可以控制的節度使，即「眾建節度使」。其原則為，以道為單位，內部分置數個中小型節度，形成道內權力均衡。道與道之間因內部皆有武裝力量，又形成另一軍事力量的均衡，彼此牽制，彼此相輔，既可達到安內的警備作用，又可預防大型動亂的產生。

　　從節度使出身分析，數可明瞭這一均衡的作用。河南道節度使幾全由原州郡防禦使升任，河北道為安史降將出任，禁衛軍關內道與河東道則大部分

由西北河隴軍將出任。如此，收復兩京及平定安史之亂的朔方軍，徒空有再造國家之名，其軍將幾無人出任地方節度使。亂平後，朔方軍也僅能退回河中。相州之敗、僕固懷恩之叛、李懷光之叛，絕非僅是糧賜不均所造成。肅代二宗長期壓抑朔方軍，避免一亂平定，又形成另一獨大的軍事力量。藩鎮體制既成，地力雖不免仍有小型動亂，但眾建節度，軍事力量形成均衡，終不再有安祿山類型的大動亂產生。

目　次

第十冊　宋日貿易研究──以在日宋商爲中心

作者簡介

　　趙瑩波，男，1965 年 12 月 24 日出生。河南大學、大連外國語大學的日語語言文學學士和碩士，南京大學歷史學博士，上海大學外語學院日語系副教授。日本早稻田大學（1999.4～2000.3）和九州大學（2007.4～2008.4）訪問學者。2012 年 12 月當選中國日本史學會常務理事。主持國家社科基金項目（「宋朝與日本、高麗之間『準外交關係』研究」）一項和上海市教委科研創新項目（「10～14 世紀日本史料中的「涉外僞文書」整理與研究」）一項。

提　要

　　十世紀前半葉，是東亞的動亂期。在中國，唐朝滅亡、五代十國分裂。到十世紀後半葉，宋朝平定十國，在廣州、明州、杭州設立市舶司。這是負

責管理外國海商和宋朝商人出入國手續以及徵稅事務的機構。在日本，雖然沒有實現王朝的交替，但也迎來了律令制統治管理的大轉變，對海外客商採取更爲嚴格的檢查制度。宋商們就是在這個時期登上兩國的歷史舞臺。本文擬對兩宋的「在日宋商」作一總體考察，探明這一民間群體在宋日貿易交流中具有的政治、經濟地位和在文化傳播中所充當的角色以及歷史作用。

全文共分八章，第一章和第二章對宋日兩國海外貿易管理制度進行分析和對比。以後的對外關係和宋日貿易都將生重大影響，並具有深遠的歷史意義。第三章主要探討宋日貿易及其海上交通情況。第四章「宋日貿易與平氏」章節。第五章主要研究「在日宋商的貿易活動及其與當地社會」的問題。第六章主要研究「宋商的政治作用——爲多國政府傳遞國書」的問題。第七章是爲「在日宋商」立傳。將重點介紹中日兩國史書中出現的傑出「在日宋商」，他們是整個宋商群體的代表和縮影。第八章對中日史料中所出現的幾處疑點進行質疑和解析。結論部分指出，北宋商人大多是開展「封閉貿易」，活動範圍受到極大地限制，由於受到日本延喜年禁令的影響，宋商們常常面臨被「A卻」遣返的危險。

「在日宋商」不僅爲「宋日貿易」做出了不可磨滅的貢獻，開闢了一條海上貿易之路，一條東方海上「絲綢之路」；還爲宋日兩國攜帶國書甚至爲高麗國攜帶國書，爲兩國的政治接觸和交往發揮了巨大作用。宋商們爲中華文明和中華思想的傳播做出了卓越貢獻，他們是中華文明的移動載體，是中華文明圈的建設者和實踐者。

目　次

第十一冊　宋例研究

作者簡介

　　李雲龍，1989 年生，山東安丘人。先後於 2011、2014 年獲法學學士、法學碩士學位，現爲中國政法大學法律史專業博士研究生。研究領域爲中國法制史，主要關注宋代法律形式、司法制度等問題。在《法制史研究》（臺灣）、《中國學報》（韓國）等刊物發表論文多篇，曾獲第五屆張晉藩法律史學基金會徵文比賽二等獎、第二屆曾憲義先生法律史獎學金優秀碩士論文獎等榮譽。

提　要

　　例是中國古代法律形式之一，在中國古代法律體系中佔有重要地位，發揮了極爲重要的作用。宋代是例發展過程中的關鍵歷史階段，宋例既承接了秦漢以來經魏晉直至隋唐例演變、形成和發展的歷史趨勢，又開啓了元明清例進一步完善和繁盛的嶄新篇章，可謂承上啓下、繼往開來。

　　宋例包括司法例和行政例兩大部分，司法例是指斷例，行政例則有條例、格例、則例、事例等。宋代的斷例有未經編修和已經編修之分，以司法案件爲基礎、經過一定編修程序而形成的斷例，作爲成文法的必要補充和有益變通，在宋代的司法審判活動中發揮了不可替代的作用。宋代的行政例內容繁雜，層次多樣，涵蓋了行政活動的方方面面，有成文與不成文之別，條例、格例、則例、事例各有特色，既有很大的價值，也有不少的弊病。

　　宋例在中國古代法律形式由律令制向律例制的轉化過程中也發揮了重要作用，例由宋代以前的相對沉寂、爲律令制的光芒所掩蓋，經過宋代的發展逐漸活躍，最終大放異彩，在明清時期成爲與律典並行的基本法律形式。對於例的研究和分析是全面和正確理解中國古代法律形式，乃至更好地認識傳統法律制度和法律文化的重要內容，而對於宋例的探討，更屬其中關鍵性的一環。

目　次

第十二冊　宋代老年人法律保護研究

作者簡介

　　石璠，中國政法大學法律史學博士，現任東莞理工學院政法學院講師。主要論文有《宋代弱勢群體法律地位探析：以寡婦、贅婿和養子爲例》，《宋代給侍之法：養兒防老的古代實踐》等。主要從事宋代法律史研究。

提　要

　　宋代以仁立國，在矜恤老弱方面繼承前代又有創新，其利弊得失可爲當代之鑒。本文對宋代法律在孝敬老人、贍養老人、優待老人以及救助孤貧老人等方面的制度規定及其實踐進行了系統的研究。

　　第一章「孝」與尊老之法，分析了宋代在國家、地方與家庭層面的各種孝道宣傳制度與實踐，並對學界多有討論但仍有辯證必要的「別籍異財」問題和並未引起學界特別關注的「不救親疾」問題進行了論述。此外，對司法官在處理不孝罪訴訟時的特殊立場進行了分析。

　　第二章「養老之法」，圍繞老年之人居家而得以養的兩個基本條件「得其人」和「有其財」來展開論述。前者涉及到有子場合的侍丁免役、侍丁緩刑與換刑以及職官歸侍等制度，以及無子場合的收養和招贅制度。後者則論述了「遺囑權」、「養老份」以及「賜賞高年」等制度對養老的影響。

　　第三章「憂老之法」，主要論述了宋代折杖法體系以及特定社會背景之下老年人刑罰以及訴訟優待制度的新發展。宋代役法對老人制度上的優待並實踐中的煩擾在此也有論及。

　　第四章「對孤貧老人的特殊救助」則主要是從宋代官辦救濟機構的設立、運行以及興廢等方面展開的研究。其中特別關注了居養機構的救助時間和標準問題。

　　最後結論部分對宋代的老年人法律保護制度進行了總結評價。

目　次

第十三冊　歐陽修的飲茶生活

作者簡介

蔡佩珈，東吳大學歷史學系畢業，東吳大學歷史學系研究所碩士，現為文字工作者。著有歷史研究論文《歐陽修的飲茶生活》，相關文章〈論唐宋飲茶文化〉等。

提　要

歐陽修一生飲茶無數，舉凡北宋當時著名的大小龍團、鳳團，以及雙井、揚州等茶，他都曾品飲並著有相關詩文，且因任官位高的關係，其所品飲的茶，大多是當時的精品。

宋代所出產的茶型大抵可分為團茶、散茶兩類，其中團茶精品主要出自福建鳳凰山的北苑茶園。該茶園所出產的團茶，於宋代初期有龍、鳳團和小龍團等，但由於產量稀少等原因，使團茶在當時可說是極為貴重。歐陽修因交友廣泛，且深受皇帝賞識，故曾被賜贈了數種團茶精品，然而，因精品團茶極為珍貴的關係，使其「不敢輒試」，品嘗的次數自然也就不多。

相較於團茶的盛行，散茶在中國的發展時間雖長，但在喜好茶味重、講求茶之製作工藝細緻繁複的宋代，其反而較不被人所重視。直到品質可與團

茶相比的雙井等茶出現，加之價格較團茶便宜，且沖泡方式可選擇方便的淪泡法等因素，散茶才開始爲人所青睞。歐陽修因受人贈送及職守等關係，曾接觸過不少散茶，並於詩文中多有提及。而由於受到文人推崇的關係，茶在宋代民間風行的情況熱烈，尤其是有文人寫詩文傳誦的茶品，更是會被世人瘋狂追求，因此，在歐陽修所寫的茶詩、茶文，亦有不少描寫當時世人瘋狂追求名茶、好茶的部分。

　　茶在宋代社會文化上所扮演的角色，包含交友及養生療病等層面。宋代文人之間常以茶及相關的物品，包含茶具、茶詩、茶文等，作爲聯繫彼此友誼的贈物。歐陽修因交友廣泛的關係，常與友人互贈茶等物品，其中，又以梅堯臣、蔡襄等人與其交往最爲密切，所流傳下來的茶詩、茶文頗多。而除了梅、蔡二人之外，歐陽修亦有與其他文人及道佛者以茶相交，這點可從雙方所流傳下來的詩文及書信中看出。

　　茶除用於交友外，亦可用於養生療病。有關茶的養生療病功效，不少醫療典籍中皆有記載。從歐陽修與友人之間的交往書信中我們可以發現，他的身體健康狀況並不佳，尤其是在晚年，其頗受眼疾與渴淋等病症所困擾，而茶因爲成分的關係，可用於治療白內障等眼疾、渴淋（糖尿病）以及嗽喘等病症，故可由此推斷，歐陽修嗜飲茶的原因，與茶對其病症的控制，有很大關係。

目　次

第十四冊　從《劍南詩稿》論陸游的飲食生活

作者簡介

汪育正，東吳大學歷史學碩士。

提　要

歷史上的陸游流傳後世的形象，大多是以他傑出的文學造詣與高尚的民族情操為主，「愛國詩人」、「南宋四大家」之一等稱號可以清楚的瞭解他在文壇上的地位和貢獻。但較少為人所提及的是，陸游其實是個可與北宋知名的美食家蘇軾齊名的老饕。礙於南宋時期史料較為缺乏，北宋時幾位知名文人的飲食生活多有前輩學者加以探討；如蘇軾、歐陽修、黃庭堅、蔡襄等人，可南宋時的文人飲食就較少受到關注。而本文之所以選擇陸游為研究對象，主要的原因是在後人為他收錄成冊的傳世之作《劍南詩稿》中，有著數量很多與飲食生活有關連的詩歌，是最為直接的史料來源，所以針對其《劍南詩稿》為切入點，希望除了過去前人在其中所鑽研出的各種文學價值外，使其在南宋文人飲食的研究範疇中，能夠呈現出另一種的面貌。

除了利用《劍南詩稿》為主要研究對象以外，文中還利用各種輔助的史料加以相互映證，如筆記小說、食經、譜錄和醫書等，藉由這些史料裡的隻字片語，嘗試還原陸游筆下的南宋文人飲食生活。

本文共分為五章：第一章主要在討論研究的動機、方法和材料，以及陸游的家世背景介紹。第二、三、四張分別討論《劍南詩稿》裡的詩歌對美食、養生和飲品的描寫，並利用輔助史料來探討陸游的思考原因與背景。第五章則是結論與可再延伸討論的研究範疇。

目　次

元代刑罰制度研究——以五刑體系爲中心

作者簡介

　　王信杰，1985 生，畢業於淡江大學歷史系，後考取臺灣師範大學歷史系碩士班，碩班時期參加「唐律研讀會」與「中國法制史學會」。曾任《法制史研究》編輯助理，現爲臺灣師範大學歷史系博士生。曾於「唐律與國家秩序」會議發表論文〈唐以後五刑體制的破壞與近世新五刑的建立〉，後收入於高明士主編，《唐律與國家秩序》一書。主要研究方向爲法制史、蒙元史、元明的法律變遷問題。

提　要

　　元代是中國歷史上最特殊的朝代之一，是北亞草原民族首度征服全中國的政權，在政治、社會各方面都帶來極大的衝擊，學者討論元代在中國歷史上的地位，多研究其特殊性，而常忽略其在中國歷史發展的延續性。這種現象也反映在法制史研究上，民初程樹德於《九朝律考》中所畫律系表：漢律→後魏律→北齊律→隋開皇律→唐律→宋刑統→明律→清律。一望即知少了元代，而法制史學者如楊鴻烈、徐道鄰均對遼、金、元三朝不甚關注。普遍來說，學界鮮少關注遼金元法律對明清法律的重大影響。本文將透過元代刑罰制度——笞、杖、徒、流、死五刑體系的建立，考察元代在中國法制史上該有的地位。

　　笞杖刑方面，元代發展出尾數爲七的笞杖刑，大異於其他朝代且共有十一等，自七下至五十七下爲笞，有六等笞刑；六十七下至一百零七下爲杖，有五等杖刑。其中一百零七下的刑度位階帶來兩種不同的觀察面向，一說是本於元世祖忽必烈的「天饒他一下、地饒他一下、朕饒他一下」爲由的減三下之說。一說爲本意減三下卻無意之中發展成了加七下，是故導致一百零七下的出現。兩種說法都沒錯，只是沒有闡釋出元代刑罰體系建立的複雜性，因爲國初行用十一等笞杖刑加死刑共十二等的刑罰來代換金宋舊律的律定刑，於是乎同爲笞杖刑卻有不同的來源與設定目的。

　　徒刑方面。是針對屬於自由刑的徒刑，自宋代行折杖法之後，自由刑與

原先《唐律》的設計出現巨大改變，金代徒刑類似隋代徒刑有附加杖，有五年七等徒，更有代流役。元初將金之徒流刑轉為擊打笞杖的方式執行，到了頒布〈鹽法通例〉、〈強竊盜賊通例〉等法令，出現了兩種來源不一的徒刑，此時類似金代的徒刑附加杖也一併恢復。透過判決徒刑的案例，依時間先後分析元代徒刑的演變過程，並討論「加徒減杖」制度在元代刑罰體系建立過程中所扮演的角色與功用。

元代的流刑與死刑。討論生刑之最的流刑與剝奪性命的死刑。元代流刑出現多種說法，一是二千里比移鄉接連、二千五百里遷徙屯糧、三千里流遠出軍；一是說遼陽、湖廣、迤北，或大致上南人流放至北方，北人流放至南方，到底何者說法較符合歷史事實，為何會發展出這種南北對調，富含任務性質的流刑，此外要討論與流刑十分相似的遷徙（遷移）刑，其設立緣由與施用的對象。死刑方面要探討元代死刑的執行率，與影響死刑執行的幾種原因，在看過元代仁慈的一面後，還要接著討論殘忍的凌遲處死，針對所見凌遲處死的法律條文或案例，整理出施行對象，並處理「敲」這個詞語，考訂元代是否以「敲」一詞表示杖殺。

最後本文提出元代法律創設過程中三個重要因素——「世祖成憲」、「蒙古舊慣」以及「唐金舊例」，三者相互作用之下決定了日後為明清律繼受的複式刑罰「近世新五刑」。

目 次

第十五冊　氣與志：明代「儒賈」意象的興起──以徽商爲中心的考察

作者簡介

明旭（1978～），男，四川南充人，現爲浙江傳媒學院管理學院講師。浙江大學行政管理學本科、碩士，政治經濟學博士，從事明清社會經濟史研究；北京大學高等人文研究院博士後，跟隨杜維明教授，從事儒商與儒家商業思想研究。近幾年的主要研究方向與關注點有兩個：明清以來中國社會經濟轉型與信息時代儒家商業思想的重新湧現。2008 年，受國家留學基金資助，訪學加州大學洛杉磯分校（UCLA）中國研究中心一年。2015 年，受日本渋沢栄一紀念財團支持，短期訪問渋沢栄一紀念館與關西大學文學部，並作學術報告。曾參與多項省級課題，在周生春教授指導下，校對《吳地記》、《錢塘記》等地方志，在《哲學研究》、《浙江大學學報（人文社科版）》、《浙江學刊》等刊物發表專業論文 5 篇。

提　要

二十世紀九十年代，「儒商」成爲了中國大陸的一個社會熱詞，屢現於報刊雜誌及口耳相傳中。迄今爲止，「儒商」已發展成一個顯著的公共論域，甚至逐漸催生出一些獨特的文化現象。通過史海鉤沉與意義闡發，學術界做出了不少研究成果，但是對於「儒商」話語的溯源工作仍然不夠。學術界普遍將「儒商」追溯至明代的「儒賈」，並將其視爲當時科舉與人口壓力下讀書人「棄儒就賈」現象的產物，或者認爲由於傳統儒者的社會地位高，商人不得不向他們的價值觀靠攏，而出現所謂的「賈而好儒」現象。這種宏大敘事主要受激於韋伯關於「新教倫理與資本主義精神」的論述，又受到余英時先生「士商合流」以及「儒家思想的世俗化轉向」理論構想的影響。人們對明代「儒商」的形成，也大多停留在商人尤其是徽商的「棄儒就賈」以及「賈而好儒」的社會風氣的轉變上面。這類解釋忽視了面臨科舉壓力之下，不斷增長的人口與科考名額之間的矛盾並非在明代嘉靖、萬曆間才突然出現，「棄儒就賈」、「賈而好儒」的現象，也絕非明代嘉靖、萬曆間所僅有。很難就此認

定,「棄儒就賈」、「賈而好儒」的潮流下就一定會有「儒商」話語的出現。「儒賈」話語的出現,雖然跟社會大環境當然密不可分,但也不能忽視具體創作者的志向與背景的影響。「儒商」或「儒賈」成詞首先作爲一個歷史的語言事件,其附著的意義隨後在社會擴散時自我實現,從而產生巨大的社會動員力量,改變徽州等地區的社會風氣。

目　次

第十六冊　清代順康雍三朝文字獄個案研究

作者簡介

　　胡堅，1970 年 5 月生。歷史學博士。現爲上海圖書館副研究館員，主要從事中國古代史和文獻學研究、文獻整理和數位化製作等。發表學術論文數篇，主編或參編學術專著、辭典與文獻叢編，以及整理點校館藏未刊文獻數部。

提　要

　　「文字獄」研究，爲中國政治及文化史的大課題。清代，是中國帝制時代的終結，又是國史上文字獄最爲頻發的時代。清代文字獄的出現，乃政治威權向文化威權擴張的具象之一，關乎清廷建立「正統」之業。中國的「正統」，原是政治之統系。唐人別立「道統」，爲文化之統系。宋、元之間，「正統」始具新義，由「治統」與「道統」兩者配合而成。而「治統」和「道統」，是宰制中國傳統社會的兩大統系，具有政治和文化上的至高威權。「治」、「道」相合，爰成「正統」，是宋、元以後儒家和帝王的最高理想。

　　清代世祖順治、聖祖康熙和世宗雍正三朝，是清廷統治中國的奠基時代。清代君主輒取漢化之策略，復藉文字之獄，將政治勢力延至文化領域，從確立其「治統」，到維護其「道統」，熔鑄「治」、「道」，終合兩者於一，成爲「正統」，並用政治和文化上的至高威權，以之宰制天下。順治朝和康熙朝，屬於清代文字獄的發軔時期，是清代君主用文字之獄確立和維護其「治統」之始；雍正朝，屬於清代文字獄的發展時期，爲清代君主趨向「治」、「道」相合，以實現「正統」的時期。這或者就是清代政治和文化嬗變的道路與歸宿。其遞變之路，於後世實具深遠的意義。

目　次

第十七、十八冊　清代武科舉制度之研究

作者簡介

王曉勇（1985～），男，河北石家莊人，廈門大學教育學博士，石家莊學院教育學院教師。主要研究方向為考試制度史和科舉史。主持河北省社會科學基金課題——「清代直隸武科舉研究」，河北省社會科學院規劃基金課題——「清代武科舉世家研究」等相關課題，在《福建師範大學學報》、《河北師範大學學報》等刊物發表「清代殿試軍事類策問研究」、「清代武科舉廢除的歷史反思與借鑒」、「清代武科舉童試探析」等相關研究論文多篇。

提　要

清代武科舉集歷代之大成，規程完備，取士之多、社會影響之大均到達歷史頂峰，本書在總結前代武科選士的基礎上，專門對清代武科舉考試運行規制及相關考試群體進行深入探討，力圖對清代武科舉有一個完整詳細的認識和定位。

第一章探討清代之前的武科人才選拔，介紹我國古代以武取士的發展歷程，對於唐宋金明四代武科舉的發展演變歷程進行考察，較為透徹全面地掌握我國古代武科舉取士的發展脈絡，為清代武科舉的研究提供借鑒和參考。

　　第二章對清代武科舉考試程序進行分析，討論武科舉考試的舉辦時間和地點、士子的應試資格和報考程序、考試內容與方法、取士標準、考試運行流程、取士中額的分配等問題，較為完整地考察清代武科舉的內在機制。

　　第三章研究清代武科舉考官群體，以清代武科舉鄉試、會試、殿試的考官群體為主要研究對象，考察考官種類設置、考官職責、取士方法、科場防弊等內容，並依據相關史料對武科舉考官地理分佈進行量化分析，探析不同級別武科考試中考官群體的特點。

　　第四章對清代武科舉士子群體進行研究，主要探討武科舉中式者的地理分佈、中式年齡和歷史貢獻，結合實例闡述清代武科士子在政治、軍事和社會等諸多方面的歷史貢獻。

　　第五章在分析清代之前唐宋時期武科舉的變革和興廢曆程基礎上，探析其武科舉在清代中前期、鴉片戰爭時期、洋務運動時期和維新變法時期四個時代發展與變革曆程，從中歸納出清代武科革廢的歷史原因，並對當今人才選拔提出借鑒。

目　次

第十九冊　姚文棟邊防思想研究

作者簡介

　　石岩，男，1969 年 5 月出生，河北人。1987 年至 1991 年在河北大學中文系漢語言文學專業就讀，獲得文學學士學位；2002 年 1 月獲得河北師範大學文藝學碩士學位；2015 年 6 月河北師範大學歷史學博士研究生畢業，獲得歷史學博士學位。長期從事教育管理工作，在教育法治、教師管理等方面多有研究。論文在河北師範大學學報、社會科學論壇、蘭臺世界等學術刊物發表。

提　要

　　姚文棟生於 1853 年，1866 年考入上海龍門書院，1882 年出使日本，1887年奉命考察歐洲，1891 年回國後查勘滇緬邊界。姚文棟的「籌邊」思想主要集中於《救時芻言》和《籌邊論》之中，其思想表現出一種「積極」的民族主義傾向。西北籌邊對策：主張加強中央對新疆的控制，設立行省和移民屯墾；引導蒙民耕種。東北邊防策略：中朝關係，提出中朝軍事同盟的思想；中琉關係，提出「琉球換和平」的構想；中日關係，出國前「聯日防俄」，踏足日本之後，提出用兵一說。西南邊防策略：認為雲南得失，關乎天下；而野人山之得失，又關乎雲南。姚文棟論江防海防：認為中國江防海防的形勢發生了重大的變化，戰略防禦重點方向是東西；提出加強長江水師的建設，將其對內防禦功能擴展到對外防禦。姚文棟的研究成果體現了如下幾個特徵：第一，時代特徵鮮明。第二，「籌邊」思想中的大局觀。第三，親身實踐的作風。第四，姚文棟的邊防思想是一個完整的體系。第五，姚文棟的地理學研究具有很強的「實用性」或「功利主義」的特徵。第六，姚文棟邊防思想中的「積極防禦」的構想，對當

代中國邊防事業的發展具有很強的借鑒作用。

目 次

第二十冊　清代童試研究

作者簡介

　　王立剛，男，河北省邢臺縣人，北京師範大學教育學博士，文化創新與

傳播研究院博士後研究人員，中華炎黃文化研究會童蒙文化專業委員會理事，主要從事教育哲學、教育史、傳統文化教育研究。近年來發表論文近三十篇，出版著作《讀書傳家繼世長——何浦與何氏家風》，擔任北京師範大學出版社中小學《中華傳統文化》（全 24 冊）教材副主編，與徐梓教授合撰的《秀才》、《舉人》兩部傳統文化著作由北京中華書局出版。

提　要

　　清代童試是地方官學的入學考試，也是廣義上科舉考試體系的最低一級。縣、府、院三級考試制度自明代後期逐漸形成。與更高級別的考試相比，童試一直缺少足夠的物質資源和人力資源，這使考試的組織無法更加完善，夾帶等作弊手段在清代童試中非常普遍，其它的作弊形式也始終不能得到根除。

　　由於負責組織童試的學政和地方政府的力量十分有限，清代民間力量參與部分童試組織的活動，主導了試院的修建和維護，也主導了針對參加童試的考生的資助體系。不過，由於清代童試的考題設計以寫作爲主，夾帶等作弊方式很少能夠改變童試的錄取結果；又由於清代童試分爲縣、府、院三級，前後共有十幾場，考試過程漫長而複雜，這提高了童試作弊的成本，也減少了能夠改變錄取結果的作弊方式。

　　清代童試的考題設計在總體上能夠體現中央政府的意志，但具體內容由學政所掌握，不少考題體現了地方特色。此外，在信息傳播不便的條件下，清代童試的考題類型長期保持基本不變，這減少了大量生活在偏遠地區考生的時間成本和物質成本。

　　作爲整個科舉考試中最爲開放的一級，清代參加童試的考生群體規模龐大，但是由於錄取名額十分有限，所以錄取率一直很低。清代中期大部分地區的文科童試的錄取率僅有 1%左右。這在客觀上使童試所錄取的生員，在地方社會上成爲稀缺的人才。

目　次

第二一冊　花樣百出——花與清代飲食文化

作者簡介

許馨文，1983 年生，高雄市人。輔仁大學歷史學系學士、國立中央大學歷史研究所碩士。專長為清代飲食文化史。

提　要

花，以其賞心悅目、繽紛秀麗的外表，為自然界中主要觀賞植物之一。自古以來，騷人墨客便以大量的文學和藝術作品，來表達對花的崇拜和欣賞；也將其各式各樣的生長方式、外型特色等，與品德發展相互聯繫，形成了君子待人處世、出處進退的規範標準及理想目標。

然而，花除了觀賞價值外，亦有其實用價值。古代人們對於花的認識，最初來自於「飲食功能」，從祭獻神靈的祭品，及帝王賞賜功臣的禮物，至宋

代時已成爲常見的料理形式。直至清代，花材料理的數量、品質和種類，都已達到成熟完備的境界。而這樣的成果，是奠基於歷代的發展、愛花風氣的鼓舞，以及文人的提倡，才得以形成燦爛的花材飲食文化。

而從食材挑選、烹調原則、飲食氛圍及養生食補觀念等特點，顯示花材料理有著獨樹一格的食用方式。且因爲食用對象和情境的不同，更在清代社會文化中，呈現了多樣化的風貌，形成中國飲食史中，別具特色的一門學問。

目　次

第二二冊　從長城到長城學

作者簡介

　　黃益，女，湖南人，1980 年生，歷史文獻學博士，現爲南京大學文化遺產學博士後，致力於長城保護與長城文化研究。曾參加國家重點科研與出版項目兩個，獨立完成晚清學者黃彭年《陶樓詩文輯校》（70 餘萬字）的整理和出版，參與編寫中國文化有關書籍 5 種，發表學術論文 9 篇，報紙文章、會議論文及專業網站首頁文章 40 餘篇，創立長城文化宣傳主題網站「長城時光：從長城到長城學」（www.wallstime.com）。

提 要

　　長城既是課題也是話題。從其誕生之日起，長城便與國家之間形成了千絲萬縷的聯繫，因此，上到國家首腦下到黎民百姓，無論是中國還是世界，它都是中國的一個符號、一張名片、一個話題。所有人都能站在自己的認識角度對長城本體或借長城對中國發表一定的知見。這些知見中包含很多真知灼見，也往往因為對長城整體認識不足而存在一定的缺憾。

　　本書作者在以學術秘書身份參加《中國長城志》編纂的過程中，通過聆聽各位長城研究學者的觀點，再進行系統長城文獻閱讀，辨析各類長城認識的不一致處，最終找到了相對準確的長城認識方式。作者對現有長城研究成果去蕪取精，以長城的產生背景、長城的產生與發展、長城的作用與價值、長城的保護與研究四個角度進行歸納總結，是對現有研究成果的學術史總結。與一般的學術史總結不完全一致的是，此次梳理的過程中儘量減少了對既有觀念的點評，只是通過歷史、軍事、民族、建築等多角度的知識理論全面思考和整理，以期為長城學的構建奠定理性的、學術的基礎。

　　文後附錄了作者在閱讀各種長城理念的過程中的思考片段，這些片段或者以論文的形式呈現，或者以百餘字的篇幅記錄，或者以條析的形式對中國現有長城的調查與研究情況進行梳理，從中可以略見長城研究的繁複程度與可能存在的各類誤區。

目 次

第二三冊 從沼澤到桑田：唐代以來湖州平原環境變遷研究

作者簡介

　　周晴，湖南長沙人，2005 年畢業於雲南大學人文學院歷史學基地班，獲學士學位。2005 至 2011 年在復旦大學歷史地理研究中心攻讀碩士、博士學位。2011 年至 2013 年，在華南農業大學從事科研博士後工作，2012 年在華南農業大學人文與法學學院獲歷史系講師職稱。2013 年至今任職於廣東省科學院廣州地理研究所。在《自然科學史研究》、《植物生態學報》、《中國歷史地理論叢》、《中國農史》等期刊發表學術論文十餘篇。

提 要

　　太湖南岸的平原地區是漢唐以後通過圍墾太湖南緣低地而形成。本書以位於太湖南部的湖州平原為中心，解析 9 到 17 世紀該地區從湖沼濕地生態系統向以蠶桑為主要特徵的農業生態系統轉變的動態歷史過程。本書內容分為四大部分。第一部分考證了今太湖水域完全形成之時，嘉湖平原存在一條溝通古長江水與錢塘江的古河道，並且直到 3～8 世紀，嘉湖平原仍是以湖沼地貌為主。本書分析了 9～13 世紀太湖南岸圓弧形湖岸、太湖南部平原的淺碟型地貌特點及其形成的歷史過程，在此基礎上研究了平原區中水利工程建設特點、水環境特徵、橫塘縱溇式水系結構形成的歷史；第二部分分析了宋至明末清初嘉湖平原濕地農業開發的大致過程，探討了平原區在積水環境下的不同開發模式。以桑基魚塘與桑基稻田為中心，分析了人類農業活動如何對平原微地貌進行改造的歷史過程，分析了濕地中形成的村莊特點，以及人們通過築壩處理水流，興建市鎮聚居的過程；第三部分以濕地生物為中心，對晉以降嘉湖平原的主要植物群落進行了分析，以及洪澇環境中人們如何利用水生植物進行農業開發的技術，在此基礎上解析了明清時期蠶絲業於太湖南

部沼澤濕地中興起的原因；第四部分主要以植桑業為中心，對明清時期嘉湖平原與桑樹種植有關的農業生態問題進行分析，通過對本地區內一些特有的農業技術如湖桑育苗、湖桑種植、湖羊飼養等技術細節及其農業生態背景進行分析，討論了農業生產技術與農業生態之間的關係。

目　次

第二四、二五冊　中國農業歷史研究

作者簡介

　　張履鵬，《中國農業歷史研究》編著者為天津市寧河蘆臺人，生於 1929 年，長期在農村工作，熟悉農村、農業和農民。早年曾經在河南省內的研究所和大學從事農業農業歷史研究與教學工作，擔任過教授和研究員職務。學術團體中曾任河南省農史研究會會長，首屆中國農業歷史學會副理事長，中

國農業經濟史學會副理事長。曾出版《中國近現代農業經濟史》、《資源經濟學》、《農業區劃與佈局》等多部著作。獲多項國家、部、省技術進步獎，享受國務院特殊津貼。

提　要

中國自古以來，號稱以農立國，農業是國家生存的命脈。中國農業發展的歷史，許多地方可以在世界上誇耀。治理了所有的大江大河，發展農田的排灌系統。改善農業耕作技術，培育優良品種，傳流古農書五百多鐘,都是可稱道的。但是農村、農民常因自然災害，特別是社會動盪，政權失誤，都會引起民生凋敝，農民走死逃亡。爲了今後的農業發展，對中國的農業歷史進行多方位的研究，以期透過農業發展歷程，闡述其規律，爲今後農業發展提供借鑒。農業歷史研究內涵和外延都很廣泛，諸如農村的社會結構，土地關係，賦稅制度，生產技術，經濟關係，農民生活都是農業歷史研究的範圍。農業又和工業發展、商務活動，財政金融等密切相關。本書都有所涉及。

目　次

第二六冊　奚族史略

作者簡介

周峰，男，漢族，1972 年生，現任中國社會科學院民族學與人類學研究所副研究員，主要周峰，男，漢族，1972 年生，現任中國社會科學院民族學與人類學研究所副研究員，主要從事遼金史、西夏學的研究。1993 年畢業於北京聯合大學文理學院，獲得歷史學學士學位。2010 年考入中國社會科學院研究生院攻讀博士學位，導師史金波先生，2013 年 6 月獲歷史學博士學位。1993 年 7 月至 1994 年 2 月，在北京市文物研究所工作。1994 年 2 月至 1999 年 8 月在北京遼金城垣博物館工作。1999 年 8 月至今在中國社會科學院民族學與人類學研究所工作。主要代表作：《完顏亮評傳》，22 萬字，民族出版社 2002 年；《金章宗傳》（與范軍合作），15 萬字，中國廣播電視出版社 2003 年。發表論文 70 餘篇。

提　要

奚族與契丹族「異種而同類」，同出現於北魏時期，而最終於元代不見其蹤影。在一千餘年的歲月中，奚族的歷史命運緊密地與契丹族聯繫在一起，但是相對於學界對契丹族的豐厚研究成果，對奚族的研究較為薄弱，而且至今沒有一部關於奚族史的專著。本書在廣泛搜集文獻史料的基礎上，再搜集出土的石刻資料，盡可能地將奚族史料搜羅無遺，在此基礎上撰寫出了一部

奚族的簡史。本書分爲北魏時期的奚族、隋代的奚族、唐代的奚族、五代的奚族、遼代的奚族、宋代的奚族、金代的奚族、元代的奚族、奚車與奚琴——奚族文化之點滴等章。並有奚族大事年表、奚族碑刻、有關奚族的古詩、奚族研究論著目錄等附錄，以爲繼續深入研究提供詳細的線索。

　　以爲繼續深入研究提供詳細的線索。

目　次

第二七、二八冊　宋元明清粵西歷史文化研究

作者簡介

曾國富（1962～），漢族，廣東信宜人。1984 年畢業於中山大學歷史系，歷史學學士。1986 年 9 月～1988 年 2 月，在江西大學（今南昌大學）歷史系中國古代史助教班進修一年半。1996 年 12 月被評聘爲歷史學副教授。在嶺南師範學院（原湛江師範學院）從事《中國古代史》、《史學概論》、《中國教育史》、《廣東地方史》等課程的教學和中國古代史（五代十國段）、廣東地方史的研究。在《中國史研究》、《中國史研究動態》、《民族研究》、《孔子研究》、《宗教學研究》、《黑龍江民族叢刊》、《內蒙古社會科學》、《學術研究》、《廣東社會科學》、《廣西社會科學》、《天府新論》、《唐都學刊》、《武陵學刊》等學術刊物上發表史學論文 100 餘篇，其中五代十國史論文 60 餘篇、廣東地方史論文 50 餘篇。參編《中外歷史與文化概論》（中央民族大學出版社 2006 年版）、《新國學三十講》（鳳凰出版社 2011 年版）等著作、教材 2 部；編著《廣東地方史·古代部分》（廣東高等教育出版社 2013 年版）1 部；另有專著《五代史研究（上）》、《五代史研究（中）》、《五代史研究（下）》，由臺灣花木蘭文化出版社 2013 年 9 月出版；專著《宋元明清雷州歷史文化研究》，亦由臺灣花木蘭文化出版社 2014 年 9 月出版。

提　要

宋元時期，一批來自內地的官員在粵西地區任職，政績良好者不乏其人，革除積弊及維持治安就成爲他們行政工作的重點。宋元改朝換代之際，蒙古族入主中原，南宋失去統治地位，其殘存勢力向南撤退，元軍追擊不輟。在宋元改朝換代之際，粵西地區湧現出若干忠義節孝人物。他們爲了維護君主的正統地位，寧死不屈，以「殺身成仁」的氣概，表現了粵西人的忠肝義膽。除了忠君愛國者之外，宋元兩代，粵西地區亦湧現了若干身爲武將，爲地方（本地或他鄉）社會治安及生產作出過貢獻而爲人們懷念者。自宋代始，粵西地區的學校教育獲得了較大的發展。在朝廷重視教育政策的激勵之下，地方官重視修葺破敗的校舍，爲士人創造良好的學習環境。宋代學校教育事業

的發展，爲國家爲社會培養造就了一批棟樑之材。

陽春縣儒學的興建與廣東各府縣儒學的興建一樣，早在北宋時已開其端。地方官員對於縣儒學的教學及設施投入了極大的關注及財力支持；有時候，當官府財力支持不足之時，負責官員還慷慨解囊，捐俸以助。除地方官想方設法從經濟上支持學校教育外，鄉紳們也有所奉獻。官方還允准縣學生員的請求，在縣學旁邊建房出租，收入用於縣儒學教學。除縣儒學這一屬於中等層次的教育設施外，陽春縣還有屬於基礎教育性質的社學。地方官在任職期間多有良好政績或表現，他們或興利除弊，誅鋤豪強；或興辦學校，關心民瘼；或平定寇賊之亂，爲社會爲國家爲民眾作出了重要的貢獻。這些活動都直接或間接地促進了陽春縣教育事業的發展。制約宋元明時期陽春縣教育事業發展的原因，既有社會方面，亦有自然方面。社會方面的原因是，陽春境內少數民族的頻繁作亂，對陽春縣教育事業的發展造成了極大的困擾；自然方面的原因是，頻發且嚴重的自然災害對陽春縣教育事業也造成了極大的摧殘；陽春縣地廣人稀，民眾經濟困難，也制約了當地教育事業的發展。

明代，粵西地區的瑤族長期此起彼伏的作亂，對社會秩序、民眾的生產、生活及地方教育都造成了嚴重的摧殘。其致亂緣由大約有以下幾個方面：瑤族所受壓迫剝削的日漸加重；周鄰少數民族及漢族人民反抗鬥爭的影響；明王朝推行「以夷攻夷」政策造成的民族對立；混入瑤族當中的某些漢人出自各種目的的挑唆利用。面對瑤族的頻繁、長期的作亂，粵西地方官府採取了各種策略，旨在平定動亂，使瑤族像漢族民眾一樣，俯首帖耳接受封建統治：軍事征討；築城固守；釜底抽薪，招撫投瑤者復業；撫而用之，利用降附瑤族的力量維持地方社會治安；平定瑤亂之後相應的行政、軍事設置。

雷州自古多「寇賊」。有「瑤賊」、「倭寇」、「海賊」及其它「寇賊」。「倭寇」、「海賊」的猖獗與明朝廷推行的「海禁」政策有關；造成明代雷州地區多「寇賊」還有一個重要的原因，即明朝廷對南方少數民族的欺壓、明朝軍隊及過往官員對雷州及其附近地區人民的騷擾；明代在雷州建珠池採珠，也是導致雷州民眾爲「寇賊」的原因之一。「寇賊」之亂使雷州人口大減，破壞了地方社會秩序，對雷州民眾的生產生活造成了嚴重的危害，加重了雷州人民的經濟負擔，對於雷州地區教育事業發展的摧殘也是極嚴重的。爲減少損失與危害，盡快恢復發展生產，地方官府採取了若干有效的措施。

明代中後期，倭寇多次侵擾至粵西，在粵西地區燒殺擄掠，無惡不作，充分表現了其野蠻性和殘酷性。在明代粵西地區前後歷時數十年的抗倭鬥爭

中，有幾位官員及將領的事跡頗值一提：一是李材；另一抗倭功臣是盛萬年；吳國倫、徐鎰等在明代粵西抗倭鬥爭中亦有貢獻。總觀明代倭寇對粵西地區的侵擾，表現出以下幾個鮮明的特點：一是與粵西地區其它動亂勢力相結合；二是倭寇常常趁粵西地區發生內亂之機而入寇；三是倭寇的野蠻、殘酷性。為了應對倭寇的侵擾，明朝廷及地方官府均採取了一些防禦措施，以抵禦倭寇的不時來犯，如在沿海地區設置衛所，布置重兵，嚴密防守；另外，徵調瑤兵戍守要害之地。明代中後期倭寇對粵西地區侵擾劇烈，首先與粵西特殊的地理形勢，即面海而處有關；其次，明朝海防軍事力量在明朝中後期嚴重不足亦是倭寇為患的一個原因；再次，城市駐軍防禦鬆懈，援軍畏敵觀望，以及行政官員的畏倭如虎，都助長了倭寇的囂張氣焰；第四，賞罰不明，亦挫傷了軍民抗倭的積極性。

清前期，雷州地區的官學教育是在「爛攤子」的基礎上重新振興起來的。在官府缺乏資金支持興學的背景下，雷州地區的官民踴躍捐資辦學，民間重學成風。官學教育的持續發展，不僅為國家、社會培養了大批的政治、文教人才，同時也實現了移風易俗，還推動了雷州地方文教事業的發展。

明清時期，粵西地區湧垷出了大量的「列女」，其來源主要有以下途徑：遭遇動亂或強暴，堅貞不屈，視死如歸；夫死而殉，夫死守寡等。「列女」除了要面對生活壓力，還得面對各種挑戰，如面對與族人的利益爭奪；肩負埋葬先人的重負等。在「男主外，女主內」的封建時代，女性一旦遭遇夫逝守寡，又局限於家庭小天地範圍之內，謀生的手段就極有限，主要有以下幾種：紡織、典賣衣物、採樵、採桑、取給外家、宗族或親人饋贈、受雇傭作、官紳資助及其它收入。明清時期，粵西地區「列女」大量湧現，是由主、客觀方面原因造成的。客觀原因是明清時期粵西地區社會治安不寧，動亂頻發；主觀方面的因素包括：（一）統治者的極力鼓吹宣揚；（二）官員、文人士大夫對於地方列女的表彰、頌揚；（三）法官判案明顯向列女「傾斜」，以此激勵女性「見賢思齊」；（四）地方鄉紳倡建貞節牌坊及節孝祠的激勵；（五）報應思想的灌輸；（六）親人的影響。封建王朝對於「貞節」的極力倡導，使貞節觀念深入女性人心。這雖有維持家庭、社會安定的作用，但其消極影響也是很顯然的。

粵西吳川縣學校教育的興起大約始於宋代。元代，吳川縣學校教育仍在持續。明代 270 餘年間，吳川縣學歷經多次重修，體現了地方官對於縣學教育的重視。清代，流民復歸，秩序恢復，吳川縣學校教育事業的復興具備了必要的條件。與官辦縣學教育在官方重視之下得以持續發展之同時，吳川縣

書院教育亦得以發展。明清時期，吳川人（包括官員及民眾）對教育事業格外重視，吳川教育在粵西地區是走在前列的。促使明清時期吳川縣教育事業走在粵西地區前列的原因，依筆者之見，一是吳川縣歷任地方官對於振興教育事業的重視及對諸生學業進步的殷切期望；二是重視規章制度建設，並與獎罰相結合；三是使學校教育的經費來源有保障；四是縣學教官對於學校教育的赤誠及盡職盡責；五是吳川鄉紳士人對於地方教育事業的積極襄助。

目　次

第二九、三十冊　桐城桂林方氏家族與明清政治及文化研究

作者簡介

金衛國，男，1970 年 9 月生於河北省豐潤縣，歷史學博士，天津市歷史學會會員。先後就讀於河北師範大學和南開大學，主修英語教育、中國古代

史。曾在河北省豐潤縣白官屯中學任教多年，屢獲縣政府和教育局嘉獎。現
爲天津電子信息職業技術學院副教授。教學之餘，潛心學術。研究方向爲明
清史、家族史、翻譯史、教育史等。在《天津日報》、《歷史檔案》、《安徽史
學》、《中國翻譯》、《明清論叢》等各級報刊發表論文多篇，主持和參加國家
及省部級課題多項。

提　要

桐城桂林方氏家族自七世分房以來，中一房和中六房分別爲明清兩代的
著房。方學漸奠定家學基礎，後代科甲鼎盛，與明朝依附至深。

明清鼎革，中一房對清朝持抵抗態度。方以智和方文堪稱代表。方拱乾
父子等中六房族人則認同新朝，得一時寵眷。然滿漢矛盾尖銳，方氏遂爲順
治丁酉科場案的犧牲品，拱乾父子被發遣寧古塔。後經族人納贖得以放歸。
多年後，孝標所著《滇黔紀聞》使家族再罹奇禍，子孫遣戍卜魁。

歷經兩次打擊，方氏家族跌入谷底。其族人自強不息，重新崛起。方苞
因才免禍，與徐元夢等滿臣合作默契。方觀承任直隸總督達十九年，勸墾荒，
興水利，設義倉，爲一代名臣。其子方維甸、姪方受疇亦官至總督，政績不
菲，出現「一門三督」的盛況。方氏家族於滿漢民族融合貢獻良多。滿族貴
族與漢族望族從互相猜忌、鬥爭，逐步走向認同、合作，終至合作默契。方
氏族人佐君輔國，惠政頗多。而通過入仕，該家族得以保持家聲不墜。

方氏家族在清朝的文化建設上成就斐然，重視實學與會通中西學，既代
表當時的文化走向，又構成家族文化的兩大特色。方以智堪稱代表，其實學
思想影響到王夫之等思想家。

總之，方氏家族爲統一的多民族國家的鞏固和發展做出了重要貢獻，在
清朝文化發展上亦有不凡表現，值得對其加以研究。

目　次

第三一冊　《史記》亂臣篇章的詞彙風格

作者簡介

　　游釘鈞，畢業於元智大學中國語文學系研究所。研究興趣包括語言學、詞彙學、聲韻學、《史記》等。研究所期間曾發表過三篇期刊論文：〈從評價理論的態度系統分析司馬遷對韓信叛變之立場〉發表於「第十三屆全國語篇分析研討會」（內蒙古大學承辦）；〈白先勇小說中的「失」樂園書寫〉刊載於《中正臺灣文學與文化集刊第十三輯》；〈非中和思想的突出──司馬遷「發憤著書」與歐陽脩「窮而後工」〉發表於《孔孟月刊》第五十三卷。

提　要

　　本研究以「《史記》亂臣篇章的詞彙風格」為探討議題，《史記》的風格多變歷代學者多有闡述，包括雄健、峻潔、逸品……然而，這些過於抽象的形容詞卻致使後人難以碰觸到其風格核心，晚近興起的語言風格學運用語言學理論，客觀地分析語言現象，彌補傳統文學風格的不足處。另一方面，在「白馬盟誓」這一前提下，史書所記載的亂臣有了更多的討論空間，因此將研究範圍界定在「亂臣篇章」。

　　研究目的有以下兩點：（一）探討《史記》亂臣篇章整體的詞彙風格。（二）闡發司馬遷如何藉由詞彙呈顯褒貶。

　　本文分為六章，第一章為緒論；第二章爬梳語言風格學和司馬遷的生命經驗，從作家身世探究用詞趨向；第三章解析虛詞在亂臣篇章中的分佈、運用；第四章討論司馬遷如何擇揀同義詞以及同義詞所形成的修辭效果；第五章與《漢書》進行比較，找出二者間的同義修辭，凸顯出《史記》的風格特徵。

目　次

第三二冊　鄭樵史學及其他

作者簡介

　　林時民，1950 年生，台灣台中清水人。台灣師範大學歷史研究所碩士、博士。中興大學歷史學系教授，2015.8.1.榮退。

　　著有：《劉知幾史通之研究》（1987）、《史學三書新詮：以史學理論爲中心的比較研究》（1997）、《中國傳統史學的批評主義：劉知幾與章學誠》（2003）、《統帥與鑰匙：中國傳統史學十五論》（2005）、《台中市志・教育志》（2008）、《劉知幾史學論稿》（2015）、《章學誠研究論稿》（2015）、本書及相關學術論文卅餘篇。

提　要

　　本書主要分「史學」及「其他」兩部份。「史學」搜緝南宋重要史家鄭樵在其傳世名作《通志》及《夾漈遺稿》中所呈現的史學思想、史學理論。是章學誠所稱譽的「（鄭樵）慨然有見於古人著述之源，而知作者之旨」並「獨取三千年來遺文故冊，運以別識心裁」撰作《通志》以「承通史家風，而自爲經緯，成一家言者也」。《通志》在史學史的地位與性質，遂而大抵底定。輯中復以史學批評的角度，審視鄭樵以會通的史觀，在歷史編纂及校讎目錄糾繩前人撰述，提出高見；更以實學的主張，大批古來機祥妖妄及宋代義理辭章。以此兩方面的探討，爰知鄭樵史學固可垂傳千古，不可代代易也。

　　至於「其他」，實因蒐求論文性質多端，不易以一概其全，故用此兩字（英文作 others）以含攝之，並俾得以鑒知筆者往年除專擘劉知幾、章學誠兩氏史

學之外，猶不願過早趨於定型，仍嘗試其他門類、未知領域，測試自己的性向，結果倖留少數篇章，容可一收，輯於冊中，也記載不佞在求學、教書、研究過程中所留下之些許雪泥鷗痕。凡此，謹願供予後進好學卓參酌用，則於心足矣。

目　次

第三三、三四、三五冊
清代官方史學與私家史學相互關係研究

作者簡介

喬治忠，天津市人，1949 年 7 月生。歷史學博士，長期擔任南開大學歷史學院教授、博士生導師，從事中國史學史的研究與教學，致力於史學理論及史學史學科的建設工作。現為郎坊師範學院社會發展學院特聘教授。1993年、1999 年、2004 年三次到日本早稻田大學、立教大學做交換研究員，進行

專題研究。主持國家社會科學基金項目、大型《清史》編纂項目、教育部社會人文研究基地重點項目等多種課題研究。撰有《眾家編年體晉史》、《清朝官方史學研究》、《中國史學史研究述要》（合作）、《清文前編》、《中國官方史學與私家史學》、《中國史學史》、《增訂中國史學史資料編年》（合作）、《中國史學史經典精讀》等多種著述。發表學術論文 140 多篇，在清朝官方史學研究、中國史學史、中日史學比較研究等方面取得顯著成果，論著體現周密考證與理論思維相結合的特點，具有學術開拓性。

提　要

中國傳統史學的突出特點，就是形成了官方史學與私家史學兩條相互聯繫的發展軌道，二者互動、互補也相互排抑，這成為中國古代史學繁榮發展的重要原因。清廷將官方史學推拓到繁盛的高峰，官方史學與私家史學之間的矛盾與互動也呈現出許多新的景象。本書以此為研討的主題，曾立為國家社會科學基金項目並且通過驗收。

自順治朝至乾隆朝，官方史學與私家史學的糾葛，在明史學方面尤為突出，這其中摻入了政治和民族問題（華夷之辨）的敏感因素。順治、康熙兩朝，出現「莊氏史獄」、戴名世《南山集》案等慘烈的文字獄，乾隆朝更密織文網，壓制私修史中的異端思想，並且曠日持久地追繳明季野史。這是官、私史學在特殊背景下的矛盾激化。同時，纂修《明史》也不乏官方、私家的良性互動，如康熙十八年始，纂修《明史》呈現過官方主導、朝野合作的局面。

乾隆朝官方大力纂修史書，而私家大多專注於歷史考據，形成了清代「盛世」史學的發展結構，即清廷掌控大型史籍的編纂，地方政府主修地方志，私家個體以歷史考據為主，文化幕府拾補官方纂修項目之遺缺，四種修史主體的分工、合作與競爭，各有其歷史研討的領域，官、私史學在整體上達到十分繁盛的程度。清季官方史學逐步衰退，但保持了當代史記述的基本的纂修格局，而對私家史學控制放鬆，也支持了部分私修史的完成，何秋濤《朔方備乘》、劉錦藻《皇朝續文獻通考》的編纂，皆有賴於官方的支持得以成書和流傳。而私家史學是更具活力的一方，不少史官借參與官修史而獲得資料，用於私撰史著，甚至有如蔣良騏者，私下抄錄清廷秘籍和檔案，撰成《東華錄》。

在清代官、私史學互動進程中，互補互益仍是主要方面，這應是研究官方史學與私家史學相互關係的基本估量。中國古代官方史學與私家史學的互動，為中國古代傳統文化的一項創造，是區別於古代世界任何一個國家的特色文化。清朝官方史學特別發達，私家史學亦有長足的發展，二者的互動、

互補、互有排抑，也比前代更加典型。

　　本書附載《清代官方史學與私家史學繫年要錄》，按時間順序考述清代史學演化歷程，很具學術參考價值。

目　次

中國曆算文明萌發暨《易》教源自消息盈虛說
——狄宛聖賢功業祖述之一（上）

周興生　著

作者簡介

　　周興生，男，生於 1962 年，陝西長安杜陵人，自號杜周生。西北政法大學副教授、德國漢諾威大學（Universitaet Hannover）法學博士，碩士研究生導師。

　　研究與旨趣：文明與紀度起源、信仰起源與流變、《易》源流與種系萌發及禮源、孔墨名教治知、莊子道知與訟辯、《春秋》經辭說與決獄、大陸法律教育、中西法哲學細節。基於學士、碩士研究生學階語言學與哲學學習，慣於系統訓詁。憑依古史究問與解答饋給中國文明發達之系統佐證，助壯國故學習者心勁，以爲來日交通中國與西方文明之津梁。

提　　要

　　此作屬中國天象記事與文明起源之狄宛聖跡與遺物研習心得。作者以自創尺寸度當算法考述天象記事，爲瓦器天象記事向石器天象記事溯跡奠基，以日全食志與曆算會通狄宛一期中國南北文明，立大體一統之說，舉幽明無外之知，補《五帝本紀》、《天官書》、《古今人表》、《五行志》之遺，發《易》源而見其流，疏文王卦述而顯漢《易》嗣學支離。此作并闡述者幼陷孔教疑林，破八年德國遊學之困，繫其痼寐形色之記，十一年時義覺悟之果。故此，考述狀似聖人生存之端詳，石、瓦、骨與省方星曆枚舉一似家珍自陳。

　　肇於先人以往來驗死生而覺憂懼，辨其圖吉豫難而造瓦，由此揭示北人喜平底南人好圓底瓦之季節緣故。辨洞穴人圖體膚安然而放豕負塗爲瓦片，又依《易》說心得發先人察豕寒暑首下上而知時難六月率。依其知寒暑而豫時令，揭示聖賢尚星象與天象造圓底器，以及補 3 日於璇璣爲陽曆歲長。建直合紋算法，演聖賢赤白紋以見曆日與記事故業。辨圍獵掘凵底面與地面功用，發地穴喻時差起源。自設尺寸度當算法，溯跡聖賢爲曆平二分功業，辨穴口星象蘊含以見聖人北垣、東垣等認知、及其豫日月交食之力。聯其時月曁記而發地穴爲曆隱微，並舉黃道、赤經、交點年、璇璣歲、回歸年長。依幾何學揭示聖人掘穴本乎爲曆與調曆，其要在於尾宿摹略，爲天象記事，從此曁後嗣造丘虛樣本。

　　尺寸度當曆算揭示，三座似房遺跡印記聖人更新曆日算法，土木合施以爲星宿，并以赤經面變動「反景」，精算春分日。幾何學檢討俱示四遺跡係觀象臺。依 F371 袋狀穴疏證聖賢後嗣以半坡袋狀穴 H115 精算春分日，并爲浮選、浸種與催芽聖地，以證春分日播種本乎袋狀穴精算春分。F371 圖樣疏證，橢圓狀赤經與黃道變動係二期弧邊葉瓣畫源，半坡「人面魚紋」畫係其子遺。F378 小龕尺寸之驗算佐證尺寸度當月日算法不誤。土木工程之星圖疏證，狄宛「火正」而曆建仲春，其中官與四垣類別係後世二十八宿之母。

　　輔以幾何學邊角，依尺寸度當算法推導星曆，清言墓葬不外星曆存跡，揭示墓骨本乎殺戮剔肉，墓穴、骨殖擺放俱記星曆與調曆。察墓葬本乎聖賢謀知地氣動靜，穴存骨殖多寡以及全否不礙曆紀疏證。星曆之幾何算法揭示，墓穴打破本乎精算春分日。依埋骨曆志關聯星官而示要服之源。

依圓石器形色質地檢討發明圓石陀天象曆紀義，見其摹寫半天球與截天球。考證圓瓦陀、兩頭圓石盤俱係天象曆志，爲天文史學溯跡舊石器時代中期構築曆志橋樑。瓦陀之鑽孔與無孔以及有無繩紋疏記，平線條數喻交點年數，兩向平行線述赤經面相交。依算法揭示瓦陀日全食曆志，以及狄宛瓦陀食典：十八交點年日月不交食、108 陽曆年豫日全食 54 年輪返。算得一期聖人察日全食於民國 39 年 9 月 21 日輪返，溯算一期日全食發生於 B.C.5840 年，以此番日全食爲天象記事里程碑。

　　經籍訓釋與遺跡疏證之對照揭示，大地灣地名初是狄宛，係聖人依麋鹿施教之域。聖教之要在於豫日月交食而謀精算節氣并平二分。依墓葬見犬疏證，「天狗吃月亮」出自誤會埋犬喻守陰數，以致單面認知「狄犬種」說。此考爲中國種系與族系起源辨識奠定基礎。瓦片 H398：72 白紋曆紀勘驗揭示，此紋係陰陽消息畫源，亦係三三相配之六爻畫源。辨二期單消息勒刻震、艮，重消息勒刻《恒》（T314 ④：P2），詁定楚簡《恒先》與馬王堆帛書《原道》同源，推斷《周易》之外存《易》禹氏本。亦辨重消息《頤》勒刻。曆算詁定 640 蚌殼爲聖人朔冊，八組八枚倍十係六十四重消息之源。依此，解「十有八變成卦」兩千年之疑。依此曆算導出古賢卒年之世系考訂算法。狄宛《中孚》、《乾》重消息畫與半坡《大過》魚畫、《泰》、《否》重消息勒刻檢討揭示，對照《繫辭傳》即知庖犧氏係狄宛二期聖人。文王卦述諸疏揭示，文王猶存狄宛聖賢合朔曆算。依消息勒刻解六書之象形，定中華明道之教以此書持續七千餘年。

　　此書不事剿剝，唯貴堉當見古，後舉聖人功業使國民長久瞻仰：細觀黃道與北極、天極、造陽射率六畫、爲交點年長與陽曆年長。造圓底器象半天球，三足器以喻補 3 日於璇璣歲 360 日。以 H3115：10 記其爲陽曆歲 363 日加平二分。以 H398：72 述日全食間斷兩節氣而并記日全食 54 年輪返。爲 H3107 尺寸基準，放 H391 角宿解天球、爲東西垣而後別週天二十四分度、以 H363 方天圖記壁宿、氐宿、女宿觀測，以赤經與黃道面春分日交角 5 度把握璇璣歲與陽曆歲日數差，準乎氐宿而見日月五星中道。以 H279 爲二期經天之基礎，故放此穴記日全食而規劃土功，地穴星圖係後世星圖之母，數學史上負數源於曆日見節氣日虧。四座似房遺址係聖人觀象臺，赤經滿歲觀測致四垣二十八宿起源。

　　此書考訂，狄宛一期聖賢肇造重消息，二期重消息畫與勒刻、單消息勒刻俱爲傳承，重消息驗算所恃蚌殼係聖人日全食合朔之典。依日全食陽曆逆輪返算定河姆渡一期、裴李崗早期日全食發生於 B.C.5037 年、B.C.5522 年。考訂「神道設教」之本，考得共工水紀五官是中官加四方星官，其本在乎尾宿信仰，此念致龍信仰生成。附此，疏證墓葬源頭不涉靈魂信仰，「九黎亂德」在乎縮度曆算、王季伐鬼戎有成故在深知曆算而豫其德衰、并考曾子傳孔子大勇說本乎縮度。依 H363 氐宿觀測日月五星中道通釋山西吉縣柿子灘遺址岩畫日全食曆志義。

　　此書涵蓋如後領域舊事：天文史學、民族史學、宗教起源、政治起源、建築起源、春分耕種起源、《易》源與流變、田野發掘與考古學、六書學。此書係狄宛一期文明體統認知之基礎。

目　次

第一卷　中國瓦器起源暨狄宛瓦器太陰歲長補差

一、前賢納物愿念融合寒暑之別暨放豕負塗爲瓦

（一）陶器起源研究諸說蹇足

1. 納物之欲催生陶器說與起源九千年前斷代

1）造器納物之欲催生陶器說

（1）造器納物說

涉及瓦器暨陶器製造起源，考古學界迄今並無通達解說。依趙朝洪與吳小紅述，史前研究者形成兩種出發點一致，但結論參差的觀點。出發點一致即學人推斷各地造器者都曾受一種欲愿誘導，欲以器物容納。因此，諸觀點都出自溯跡推斷，研究者推斷造瓦器前賢欲容納某物，圖此而造陶器。

其一觀點認爲，前賢將泥土塗抹在葛藤類植物編成的筐籃，封閉爲器。偶然以明火燒毀植物，但其外層的泥土如殼，亦能容納某物。此說本乎恩格斯，但被我國學界信從，而爲「主流」觀點，有學者嘗試以瓦族器物證實此說[註1]。此觀點似乎堪以生活印記佐證，譬如酒簍、油簍。另一觀點認爲，陶器伴隨農業興起產生。農耕以定居爲前提。西亞狀況如此，中國文獻也記神農耕而作陶，這兩者類同。

對於前者，學界晚近漸舉異議。金岷彬、陳明遠從冶煉工藝出發，闡述

〔註 1〕 李仰松：《從瓦族製陶探討古代陶器製作上的幾個問題》，《考古》1959 年第 5 期，腳注③。

此説是缺乏依據的猜測。泥土陶化的最低溫度是 600 攝氏度，倘若在燒食過程中陶化泥坯，泥器容納的食物必被碳化。未陶化而過火的泥坯不能盛水燒煮。他們認爲，陶器發明與定居相關，啓發先民爲陶的技術誘因是穴居室內的用火，火塘灶坑泥土被火燒，硬化甚至陶化〔註2〕。與後者相敵觀點是，陶器發明與以農業定居無必然聯繫，一些區域陶器早於農耕。這個觀點源於 Clak 與 Childe〔註3〕。我國考古發掘證明，此説沒有問題。

前説有兩缺點：第一，發掘出最早房屋是狄宛一期房屋 F371 等，室內雖見火燒土，但無灶坑。第二，灶坑燒火是多次用火，是多程間斷焙燒，難免灑水其上，不能定形。筆者幼年多次用土灶，灶以胡基盤壘，敷草泥、素泥，也參與家父拆除灶坑，但未見燒結的瓦片。

（2）基於納物欲愿之仿生爲陶説

仿生學本是人類的古老技能之一，此技能基於前賢效法自然界生物，以其爲師，刻意模仿其某種作爲，以圖改良生活。欲以造器改良生活，此即欲愿。晚近，一些瓦器起源研究者將目光挪向仿生學視域。

祁繼慶、馬小慶曾闡述此論點，這爲陶器起源關開新途。他們發現，泥蜂能夠塑造微小的陶罐。查其勞作，見泥蜂能夠盤筑、敷泥。他們推測，中國古聖賢目睹此情狀，受啓發，放泥蜂築巢漸次造瓦器。敷泥與泥條盤筑俱基於此能力〔註4〕。

一些學人認知火性之功首在熟食，沿此思路推斷，前賢從此深受啓發，認知火有燒結之性。他們用火探暖與熟食，同時發現粘土能被燒結。而且，燒結後的陶片，足以重複使用。他們因幸運而察知自然界某種器物，譬如葫蘆，從而塑造泥土，燒結而爲陶器〔註5〕。

以上三説含義交叉，不得分割並立。造陶器須用火。無論推斷前賢先有收納某物欲愿，還是先見葫蘆，抑或是目睹泥蜂作爲，都不能避開前賢用火燒結泥土爲陶。總之，用火是造器根基，這確定不移。其實，包括推測敷泥於葛藤類植物筐籃的思路在內，諸推測沒有確定的思路來由，也無生活環境

〔註2〕 金岷彬、陳明遠：《沒有陶器技術就沒有青銅器時代》，《社會科學論壇》2012年第 2 期。
〔註3〕 趙朝洪、吳小紅：《中國早期陶器的發現及相關問題的討論》，《考古學研究》（五），科學出版社，2003 年，第 101～103 頁。
〔註4〕 祁繼慶、馬小慶：《彩陶起源的仿生學分析》，《絲綢之路》2013 年第 18 期。
〔註5〕 孫天健：《中國陶器起源的探索》，《景德鎮陶瓷》1998 年第 1 期。

關聯。陶器生成的緣由迄今不清。

（3）盛斂之欲與農業催生瓦器兩說之困境

若推測前賢造瓦器旨在納物，須發現無瓦器不得維繫生存或壯大族邑之故。倘使簡單推斷，欲盛斂而造器，須推斷彼時聖賢不能以獸皮盛斂物件。譬如，以牛皮盛水。如此推斷顯不合理性。學界迄今在此未能立論。

在另一面，農耕定居不是造瓦器之前提。那麼，瓦器生成之故係大疑問。解此疑須下大工夫。倘使斷定，農耕與瓦器產生毫無關係，此斷於中國學人甚難接受。於今日五十歲以上土生土長國民，何人不曾目睹瓦罐送食於田間？由此，我斷定，真相應在農業與非農業之間，即使迄今研究證明，瓦器發明與農業無關，則瓦器之功用必涉農耕。其發明在早，農業後起，而此物於農業猶如助產士。

2）中國瓦器起於九千年說與南北器底模樣參差之疑

（1）舊石器末期陶胎含砂多

王昌燧與劉歆益認為，在陶器起源時期，粘土加適量水，可以捏塑成形，是生活常識。用火烘烤後，本來潮濕的粘土變得堅硬而緻密。這也是日常現象。他們發現，中國北方或南方萬年以上的陶器的質地類同，此即陶胎含大量石料碎屑。至於石料品種參差，這出自環境差別。他們從此出發，模擬製陶，其驗證結果是，陶坯樣品在 400℃ 即能燒結成形。測試分析顯示，摻砂 20% 的樣品在 400℃～500℃ 的物理性能最佳。彼時，前賢根本沒有陶窯。

鑒於這兩點，他們建議將萬年以上的陶器火候定在 400°。他們重申，陶器起源於農業起源前。定居生活「導致」陶器的出現。農業興起促進陶器發展〔註6〕。

（2）九千年前南北瓦器底圜平相反

朱乃誠對比前人研究結論，認為中國陶器起源的時間在距今九千年前，其上限是一萬五千年。他認可陶器與採集、狩獵有關的觀點。他表示，陶器起源有多元性。他承認學界迄今不知陶器形成方式。他還斷定，北方已發現的早期陶片不是「最早陶器起源階段的產物」。

〔註6〕王昌燧、劉歆益：《早期陶器芻議》，《中國文物報》2005 年 11 月 11 日，第 7 版。

　　他記述北方、南方遺址發掘狀況與發掘結果。河北懷柔轉年遺址位於白河北岸，出土少量陶片。陶片以夾砂褐陶為主，陶土夾雜大量石英顆粒。陶片表面粗糙。個別陶片口沿處飾附加堆紋或凸紐，其餘皆是素面。工藝是片狀貼築，而且不牢固。查看陶片，推知器形屬筒腹罐與缽。距今 9800 餘年。

　　河北徐水縣南莊頭遺址位於太行山東麓與白洋澱之間河流沖積扇面，遺址出土「灰坑」與用火遺跡，另有陶片若干，可辨器形是直口罐、缽。器形單純。底部有煙熏燒烤痕跡，罐內壁有炭化物痕跡。一些陶片有鑽孔。陶片上有淺繩紋。碳十四測定，文化層泥炭樣品距今 8600～10000 年。另依《河北徐水縣南莊頭遺址試掘簡報》，此遺址出土豬骸骨〔註7〕。

　　河北陽原于家溝遺址位於冀西北泥河灣盆地。在遺址文化堆積層的下層是細石器堆積，此層出土物距今 8000～14000 年。它有三層。第三層出土陶片若干，最大一片是某一平底器的底部，是夾砂黃褐陶，質地粗糙疏鬆。熱釋光測定年代超過距今 10000 年。

　　江西省東北萬年仙人洞與吊桶環遺址出土不少新石器時代早期遺物。除了石器、骨器，還出土數百陶片。多屬器腹陶片，個別陶片似是直口圜底罐類，是雙面繩紋。不少陶器有黑色夾芯。距今 10000～12000 年。在小河山山腳下，仙人洞洞口朝東南，高於洞外文溪水面約三米。吊桶環遺址位於仙人洞西 800 米處。兩遺址發掘出大量石器、骨器、穿孔蚌器、陶片，以及一些人骨。文化層別為三層：舊石器時代晚期、舊石器時代向新石器時代過渡期、新石器時代早期。新石器時代早期地層出土 800 多件陶片，多是器腹陶片。個別似可復原為直口圜底罐（釜）等。陶土羼雜粉碎的石英岩，其顆粒較大，有些長達 1.5 釐米。粗坯以泥片貼塑、泥條疊築完成。湖南道縣玉蟾巖遺址位於南嶺北麓，洞口向東南，高出地面約 5 米。1995 年出土的陶片復原為敞口尖圜底器。測定遺址年代距今約 8009～9861 年〔註8〕。

　　臨桂縣大巖遺址位於臨桂鎮二塘行政村小太平村東南下門巖山北麓。遺址位於山洞。兩相鄰洞口向北。下門巖東側有小河自東南向西北流過。此遺址出土陶、石、骨、蚌器。有用火遺跡。文化堆積從舊石器晚期延續到新石

〔註 7〕保定地區文物管理所等：《河北徐水縣南莊頭遺址試掘簡報》，《考古》1992 年第 11 期。

〔註 8〕朱乃誠：《中國陶器的起源》，《考古》2004 年第 6 期。

器時代末期，分六期。第三期陶片可復原一件，係圓唇、斜弧壁、圓底器。接近湖南道縣玉蟾巖復原的敞口尖圓底陶釜。

　　朱先生概括早期陶器的質地與工藝：厚胎、夾石英岩顆粒較大、火候低、質地疏鬆。似貼塑形成、係素面或有粗繩紋。南北方器形屬直口圓底釜、罐類。工藝初是泥片貼塑法，後向泥條盤筑發展。紋飾向細做發展。他注意到，中國南北器形有別：南方器形是圓底器，北方器形是平底器。爲何如此，朱氏歸諸生活環境，並認爲細節須探索。

（3）南北器底樣貌對立須爲根本問題

　　此處，須舉兩問，以明考古界迄今未曾深入主題，多年戮力未達目的。首問：聖賢先輩爲何偏好夾砂陶，而不用泥土？第二，北方聖賢爲何謀造平底器，而南方聖賢先祖謀造圓底器？

　　圓、平之間存在何等關係，這值得深思。如上兩問基於前述遠古造器狀況。但兩狀況之間有無必然聯繫，學界無人操心。相反，不少學人從關注器形、質地，轉向瓦器工藝研究。純匠作思維把握學界，以致聖賢造器之背景與造器後賦予瓦器功能之間唯存在一條通路：非容水、食不造器。如此推論，必致聖賢之念等同世人之念。最終，聖賢不異於世人。此等潛在結論值得深思。

2. 陶器即瓦器起源研究困境與克服之途徑

1）四等要題未曾澄清致諸起源論蹇足

（1）類比古人與今人基於輕忽古賢認知積累

　　王昌燧與劉歆益進言以低火候爲古陶器定義，此言不誤。但他們以爲，彼時以水合土和泥，捏泥塑形是生活常識，此說欠妥。跋涉於泥濘路面者苦於不能速及乾燥處，何來捏泥之欲。在灘塗謀取水蟲者欲饜口福，無暇操心手掌偶然觸泥敷塗的形狀。彼時，根本無人能擺脫飢餓，謀取食物是頭等大事。而且，謀食又須以時。此是先輩傳授、目能接、手能感之事。況且，塑形基於查看物形，無暇查看物形，何來塑形？因此，不得謂彼時捏泥塑形是常識。

　　他們還以爲，用火燒結捏泥，是日常現象。此論點的前提是，用火頻見，燒結泥塑頻見。如此推定的前提是，火種易得，生火便易，燒火隨欲。從山火採取火種已與皮膚安然關聯。彼時，何人敢於認爲生火便易？倘使無山火，須生火。因此，火種難得。

彼時，前賢絕非似今日幼童一般博聞泛睹。一人得火種，寶之、藏之。非此人不得用火。而且，查看物形須基於善察之力，此能力還須結合捏泥之力。用火、察物、捏泥三者統一，造器基礎具備。一些學人輕率類比古賢生存時代與現代，這無異於抹煞前賢知識積累之程，消滅時代之別。

（2）不究用泥季節以致陶器生成在時空之外

敷泥於筐籃說雖能饋給敷泥、貼泥基礎，但此觀點的空缺甚多，絕非確定觀點：敷泥是地上行爲，地上別秦嶺——淮河南北。蓋中國今日地貌古已存在，非後代工巧而爲。南北既別，乾濕之地有別，溫涼之域亙古既存。寒日敷泥，顯非智者欲舉論點。如此，陶器之造須涉及季節。如何與季節聯繫，迄今仍是空缺。此外，初敷泥於筐籃，還是逐捏泥後敷泥，再焙燒，此仍是工藝研究空缺。

祁繼慶、馬小慶曾述泥蜂夠塑微小陶罐。此觀察頗顯獨到，但仍有立論空缺。泥蜂固能盤筑、敷泥。但此作爲唯能塑造罐器，不及其餘器形。不得以此泥蜂之力爲樞紐，連屬其餘器形，闡述容器起源，更不得泛論瓦器起源。

（3）器底模樣參差未嘗關聯兩地先輩所知自然狀況

如前述，朱乃誠概括了早期陶器的質地與工藝，而且發覺南北器形有別：南方器形是圜底器，北方器形是平底器。爲何如此，朱氏並未澄清。迄今，有人嘗試以筒形罐爲舊石器末期以降的樣板器，討論陶器起源。但是，此論點沒能包含圜底器起源，根本不能統一解釋中國陶器之系統起源〔註9〕。

學界輕忽南北方遺址位置特點。南方較早遺址所處位置幾乎盡在岩洞內或岩洞附近，去河流沖積平原較遠。北方古遺址位於河流沖積平原。

再查看南方遺址的地理位置，須重視其緯度。檢江西省萬年仙人洞與吊桶環遺址、湖南道縣玉蟾巖遺址、英德青塘獅頭巖黃巖門 2 號洞穴遺址、英德牛欄洞遺址、桂林市甑皮巖遺址、柳州鯉魚嘴遺址、廣西邕寧頂螄山遺址等，以廣西南寧市邕寧區爲南，南寧市邕寧區當北緯 22°13'～23°32' 之間。廣東英德牛欄洞遺址約處於北緯 24°20'34"，柳州市處於北緯 23°54'～26°03'，道縣位於北緯 25°32'。萬年縣最北，北緯 28°30'15"～28°54'5"。這些遺址俱在今日北回歸線附近，尤其是南寧市邕寧區，其位置恰在今日北回歸線

〔註9〕姜念思：《從筒形罐談陶器器形的起源》，《遼海文物學刊》1995 年第 1 期。

上（北緯 23°26'21.45"）。儘管回歸線漂移，但終究有穩定期間，而且回歸線循環漂移。此話題扼守圓底器起源問題的門戶，澄清此題是統一解釋中國陶器起源的根基。素面或繩紋寄託此題出現。

（4）混淆瓦、陶義界及背景致立論向純容器說傾斜

迄今研究用陶，不用瓦。諸多撰文旁證，研究者用陶字是一種慣性。學人不省思用字，必不能發現此名的表達力不足。

依許慎說，陶謂「再成丘」，此言述事，其事發生地位於濟陰。《夏書》言「陶丘」，其地有堯城，堯曾留居彼地，堯號陶唐氏。許記告喻，夏以降迄漢代，有陶名。此前無陶字。欲論遠古燒結泥塑，用帝堯以降的概括，表達力顯得不足。

陶字讀音源於匋，其古義從匋，此字又從缶，缶是瓦器，能盛酒漿。由於匋是容器，考古界迄今凸顯其容納功能。無論燒結的物件有無其餘功用，其塑造者最初是否欲以此物表達旁的意趣，我們不能亟定，倘使用陶述燒結的某狀貌泥塑，必將容納功能薄弱的泥塑燒結物置於重點考究的範圍外。

這導致研究對象過分集中，未曾考究的與容納無關的話題始終是空白。既無此等研究，必無相當結論。既無相當結論，故無所謂泥塑燒結物多種功能輕重之權。無輕重之辨，燒泥塑的起源與系統含義留存空白。比較而言，瓦名更早，其含義寬泛，能容納形狀各異的泥塑燒結物。甚至毫無容器功能的器物也被涵蓋，譬如瓦線陀。這樣，便於發現遠古器物含義的系統性。

2）中國陶器本係瓦器及其起源研究決疑略要

（1）以時謀食應是南北方瓦器探源根底

前既言遠古聖賢認知非似今日幼童，他們不能從師傅口傳、身傳獲得知識。他們須自謀知識。《墨子・經上》論知有一事三途。一事：「知，接也」。三途：「知，間、說、親」。器官受之，此謂接。一物間隔，知間隔之要，從此推知第三物之性狀，此謂間。一人已言是非當事理，聞者悅服，此謂說。事有不逮，不知其要，欲決疑，須躬臨察辨析，此謂親。遠古聖賢絕無「間、說」二途，他們唯能指望親以接。接以受為根基。彼時，前賢罹受最大苦痛是忍饑挨餓。決此難題有多途：殺族人、殺異族人、獵殺獸類、捕獵幼鳥、入水取水蟲。採集果木果實、草籽粒實，甚或挖掘植物塊莖、折斷秸稈。

自然界固有諸多食源，但求食者甚多。自然界食源以時而成，求在食成

之前猶如在後，都將身臨餓斃之患。如何以時得食，是彼時最大難題。欲告喻族人此事爲要，須用食器宣教，欲圖此事，故須造食器。

食源多樣，不限於採集，故採集植物籽實絕非唯一食源。此事導致遠古前賢造瓦器在早。曆法初成導致播種因循，後有耕作大事。

概括前述，今別瓦器探源爲二端：表象研究、本質研究。表象研究側重器形與工藝，本質研究側重器形述時知與曆算。唯以此能凸顯瓦器功能。倘使無火食，瓦器毫無用處，倘使不須採集籽實，瓦器不必盛果蓏，由於前賢能在果蓏成熟時即採即食，且果實難以儲藏。總之，討論瓦器起源其實是檢討前賢如何以瓦器記錄其季節認知，乃至曆算與曆日補差。瓦器器形與工藝居於此話題之下。

（2）豕冬夏行爲認知係瓦器溯源要題

敷泥說儘管不能解決瓦器起源涉及的每一問題，但此話頭確是造瓦器工藝的根基。問題在於，此藝能起源何在。我察諸多古遺址出土物，對比器外話題，欲見古賢肇造愿念，並對照《周易》記述，最終認定，敷泥藝能起源於前賢仿生。仿效的生物是豕，而非泥蜂。

與此涉連，豕的諸多能力俱是古賢仿效對象，譬如豕知寒暑而別有應對。此力是古賢竭力仿效之能。而且，豕覓食不以寒暑而敗績。

欲申述此題，我對比北方舊石器晚期與新石器早期河北徐水縣南莊頭遺址與秦安狄宛遺址，見兩地都出土豬骨，而且下頜骨俱在。唯南莊頭遺址豬下頜骨已是碎塊〔註10〕。這不阻礙類同判斷。澄清此話頭後，中國南北方瓦器器形之別始得檢討基礎。

中國南北方器形參差，故在古賢欲以此述當地日照狀況。由此，北方非古賢偏好平底器，南方古賢偏好圜底器。

欲系統檢討瓦器類別、系統，顯古賢述曆算補日之意，須甄別諸多古遺址，發現瓦器與瓦片表意系統。我擇狄宛遺址一期瓦器爲樣板，展開檢討。彼地文明延續甚久，地下、地上遺存有系統。

（3）春秋之甘陝土器本指瓦器

凡檢討狄宛一期燒土器，俱以瓦指稱，不用陶。狄宛處於龍城西，穆公

〔註10〕 河北省文物研究所等：《1997年河北徐水南莊頭遺址發掘報告》。附錄：袁靖，李君：《河北徐水南莊頭遺址出土動物遺存研究報告》，《考古學報》2010年第3期。

伯西戎，戎人乃神農後裔。神農事早於唐虞，故而宜用「土器」。檢戎地舊名，以土簋、土鉶相對。前者是食器，後者是飲器。鉶字從井，井納水，以縱深爲構造特點，而水器深亦是其特點。食器以簋，簋讀音從歸，器納飯，人噬之入胃府，粒食喪。證在《韓非子・十過》記由余對穆公：「臣聞昔者堯有天下，飯於土簋，飲於土鉶，其地南至交趾，北至幽都。東西至日月之所出入者，莫不賓服。」由余是今山西北部人，他與穆公言，固須用西土名稱。無論土簋、土鉶，都是土器。由此推斷，土器是西土舊名，也是總名。

許愼辟土物爲二，未燒者與已燒者。未燒者或存於自然界，如靜水在土地上流動，能夠塑形。又如工匠捏泥坯。但是，這兩種情形都非眞正匠作，因此許氏講：「瓦，土器已燒之總名。」從此得知，「瓦」字凸顯泥坯焙燒義，係高等土器技藝。段玉裁引《毛詩・斯干》傳曰：「瓦，紡專也。」段氏依「有虞氏尙陶」辨《古史考》「夏昆吾氏作瓦」說非是。段氏依《廣韻》引《周書》云「神農作瓦器」判定，此說得其實〔註11〕。工藝不高謂之土器，工藝成熟謂之瓦器。唯此等器物便於保守，以其紋飾能記事。弄瓦之俗本乎西土，係女媧爲君之子遺。我定段說近是。神農氏即神戎氏，是戎人之祖。狄宛是西戎地，用瓦器是傳統。且紡專即瓦線陀，此物絕非簡單器物。倘使用「陶」字，時代推後，不能表述古誼。

以方輿故名論事，用「瓦」字又有一便利：清水河流經狄宛所在邵店村，在靜寧縣匯入葫蘆河。葫蘆河本名瓦亭水，匯入渭水。附近故地非戎地即氏、羌舊地。用瓦字能關聯古史與本地舊俗。總之，用瓦字能避免將燒土器的功能限於容器，從而獲得最寬泛視域，使檢討不必囿於一隅。

3. 南北方先輩從知存身之術到祝日往來以造圜底器

1）南方古賢生存之難在於日北遷而多雨

（1）古遺跡在山洞之自然因果

南方不少古遺址都在山洞，考古界迄今未嘗關聯此地於瓦器起源。蓋話題關聯難在話題主人行止關聯。於慣於以模樣查看樣貌相似者，《莊子・外物》之外內之辨難於化爲自省之題。我察南方山洞爲瓦器肇創之地，故在彼處係避雨之所。雨多爲患係今日南方某年之患，但遠古之雨實係飄風苦雨：不能

〔註11〕段玉裁：《說文解字注》，上海古籍出版社，1988 年第 2 版，第 638 頁上。

遮蔽體膚，謀食而頻遇獸類，故在多雨致草木茂盛。草木茂盛招引鳥獸。果實誘人，但猛獸目明而足捷。故雨季乃南方先輩之困厄季節。我曾三年就學於南京。每年梅雨季是我最難忍受時節。體膚濕膩難耐，沐浴不能緩解。此等狀況較之先輩已善若天壤。此等記憶偶爾返回夢境，而此等苦雨於古賢係愈難忍受之景象。

鄰水洞穴有若干便利：其一，和泥取水方便。挖掘河畔砂泥，以大葉盛水。捏製模樣。第二，在洞穴生火，不致大雨澆滅。如此，即得造瓦器地利。此二者必係造瓦器之行動基礎。

（2）從知日往而返爲吉到謀造圜底器祝日返

先輩雖得天時、地利之合，但他們萌發造器之欲不在審時度勢，而在乎造器圖吉。今歲雨季能夠存活，此即往而返。來年雨季能否存身，此係未知。從洞穴外奔向洞穴，躲避野獸爪、噬，即使與前方某人有一步之遙，也難免被野獸捕獲。如此生存困厄使先賢知曉，去歲雨季與今歲雨季乃死生之境，唯度過今歲雨季爲吉。如此，他們期盼日南返。日北返即爲多雨之時往。即使無獸患，濕氣致疾疫能滅亡生氣。故而，春季於南方爲催日速行之季，而非詩文所言春和景明。先輩思謀日早南返，日南返即乾燥，乾燥便於保養。夏至後季節其實便於出行覓食。他們觀察日運動，目睹天爲半球狀。周遭地貌如截球者引人注目。某個聖賢由此而捏圓泥片，投擲火中得其狀。由此，他們關聯日往返於圓形蒼穹，最終定型。洞穴遺址多見圜底器殘片，其故在此。圜底器在彼時初非容器，而是吉兆，係先賢自占之物，非洞穴人與有之物。

初造圓瓦片者大抵不知此瓦能喻天象，但在知日運動者眼裡，此等創造須得進益。謀求吉祥須能模擬日運動。如此，須一門覓求砂泥。在圓瓦片初成後，先賢著力覓求此砂泥，以喻蒼天星宿。此器在洞內以火炳照而反光，似悠遠星體。此等造器之法傳及後世，致南方洞穴遺跡多見圜底器殘片，殘片又含砂粒。

2）北方先輩知存身圖吉而萌發造平底器之念

（1）北方先輩從知下上凵界定生存到知星往來出山

北方先輩面臨困厄異乎南方先輩。北方無多雨季節，而遠古渭水流域最多雨水豐沛，遠不及連陰雨境地。季節變遷亦致生存困境。渭水流域山脈多屬早期發育山脈，無大而深洞穴容納人多部族。他們存身於小穴而分散。晝

出洞而圍獵係覓食之法。他們相互配合而動，山呼以驚嚇，擲石以傷殘，得肉食而安。採集於他們本屬陌生行為。

人謀獸肉，獸亦謀人肉。渭水流域畫為人樂園，夜為獸天堂。人目力於夜間衰弱，故不能隨欲避害。避獸係求生第一學時。彼時，先輩夜須避難。外出圍獵，抑或人眾而不能與入洞穴，洞外存身難以避免。野外誕子而不忍捨棄者攜子而返，洞外存身係艱難處境。

彼時月光係其最佳照明器。不得月光即謂大難：或以獸來而喪生，或以驚走而肢體傷殘。從躲避處猝然奔走，難免墜凵或碰撞硬物。而逃難者不得向高地奔命，以獸速而人遲故也。向河川速行乃夜間逃命之上佳選擇。河畔乃吉祥之所。河畔較之高地為凵，但在河岸即見地平。故凵之於平，對高地而論，非徒為平地。

在此吉祥之所，一歲察日東升西落。而每歲春分晨見日正東出，昏見日正西落。能睹日出正東，此乃生。不能在凵而睹日出正東，此為亡。死生之別在乎生者知去歲日在多出，今又睹其東出。

（2）造夾砂平底器喻平地為上吉

死生之界雖清，但仍不免恐懼。如何克服恐懼，是新話題。渭水流域聖賢開始謀求以物祝吉。而吉祥之物在河畔，故將目光投向今日最不起眼之物——河畔砂泥。先賢取河畔砂泥，捏平直泥片，投擲火中。基於此而捏底而後為器身，捏出平底凵。此係北方最初瓦器。以口向上，此喻人在下或日落山而人逃逸於川道。以開口向下喻日出平地，此謂往歲不死，今歲存身而謀來年。持此等物件者係最初尊者。彼等係知風險而能避險，知今而豫來之人。

此後，認知發生重大變化，但仍不捨凵觀。獲得此物者在河川避難之際，初窺星體。偶然之間，目睹星體之間能畫線相連。欲謀算春分，須在此前觀宿。觀中官偶見魁四星，由此又知天理四星。此後，平底斜壁瓦器化為基準器。

如上狀況解釋夾砂瓦器起源：察先輩遺跡附近必有土壤。有土壤即能碾壓土粉。但他們不為純泥瓦器？察南北各地先輩所造瓦器俱貴夾砂質地，其故僅在他們欲擇泥土配沙粒之配方。他們刻意謀求細砂粒匹配泥土。此等器物較之細泥燒結之器更耐久。便於久持。能久者即為吉祥。由此，得知南北方先輩俱謀吉祥而為夾砂瓦器雛形，謀避難故造圜底、平底瓦器雛形。

（二）察豕拱地與豕負塗是為瓦基礎

1.學者論豕下頜骨之象徵義參差難驗

1）北方遺址遍見豕下頜骨顯示古賢崇尚此物

（1）豕骨大量出土於北方仰韶時期遺址

中國大陸各地史前遺址發掘甚多，據羅運兵統計，迄 2007 年初，中國大陸境內史前墓葬見隨葬豬骨 656 例，豬骨 2868 件。海岱、漢水、甘青地區較之皖西、鄂東南、晉南、寧鎮地區更爲集中。

河南淅川下王崗文化一期遺址（仰韶文化半坡類型），M705 合葬成年男子二人，南側死者腹部見豬上頜骨。屬於仰韶文化二期遺址的 M173 是「二次葬」，隨葬豬頭一個。河南鄧州八里崗遺址墓葬較少墓隨葬較多豬下頜骨。湖北棗陽雕龍碑遺址一期（約 6300～5800 B.P）墓葬未隨葬豬骨，二期（5800～5300 B.P）3 處甕棺有豬頭、豬腿。第三期（約 5300～4800 B.P）42 座墓坑之 32 個含有豬下頜骨。包括大地灣（狄宛）遺址一期的前仰韶遺址僅見 7 例，豬骨 8 件〔註 12〕。

（2）前仰韶時期狄宛遺址見豕下頜骨三件

全國各地遺址出土的豬骨多屬於仰韶文化及其後時期。其中，代表性區域是關中地區、漢水流域、泰安地區。豬下頜骨在大汶口文化晚期似乎是一種代表性物件，陵陽河墓地係其例證。

但是，在前仰韶時期遺址罕有豬下頜骨出土。在狄宛遺址一期墓葬出土此物達到三件。遺址一期甲組三座墓坑出土豕下頜骨，M14、M15、M208 三處俱見豕下頜骨，而 M15 與 M208 內，豕下頜骨處於成年男人骨殖腹部。

此狀況給予我等啓發，彼時狄宛前賢拋棄豬頭其餘部分，唯保留豬下頜骨。顧及時代差別，狄宛前賢最早放棄隨葬其他豬骨，唯選擇下頜骨。他們的目光獨到，這不容置疑。此狀況旁證，豬下頜骨於他們是貴重物，猶如隨葬瓦器一般。而瓦器製造不易，必屬貴重物件。那麼，豬下頜骨的貴重處何在，這值得深思。無論怎樣考究此題，狄宛一期以及稍後遺址見豬下頜骨都證明，古賢喜好豬下頜骨。當然，我們能從此狀況推斷，狄宛一期埋葬墓主的邑人不能割捨墓主與豬下頜骨的關係。這種關係的本質是什麼，這種關

〔註 12〕 羅運兵：《漢水中游地區史前豬骨隨葬現象及相關問題》，《江漢考古》2008 年第 1 期。

係爲何能夠延續，動物考古學迄今仍未澄清，我們仍不知此俗的起源關竅〔註 13〕。考古界嘗試檢討此事，出發點都是豬的某種象徵義。他們舉論多樣而懸殊，是否反映必然狀況，值得解析。

2）豕頭骨象徵財富與以其多產寄託食源兩說不通

（1）基於野豕馴化飼養之食源與財富說

考古發掘出豬骨，此是事實。但是，不同學人立論皆依各自辨識與節制力。有人謹愼立論，有人大膽立論。美國學人斯坦利以爲，狄宛、半坡、裴李崗發掘證實，豬已是前人必須依賴的重要食源之一〔註 14〕。

佟柱臣研究大汶口古墓出土豬頭骨後以爲，豬頭骨象徵財富，標誌彼時出現私有制〔註 15〕。徐旺生以爲，出土豬骨旁證新石器時代已有人馴化野豬、飼養家豬。他進而判定，新石器時代北方養豬已屬普遍〔註 16〕。

平心而論，第一說近乎事實，由於謀食不必擇物。有鹿須獵鹿，有豬即獵豬。獵以圖食，此是事理必然。但從豬頭游離出豬下頜骨似乎僅能旁證此骨頭於古人有重要價值。權衡一部肉食與全身肉食多寡，我得知豬爲食源說不盡可靠。以爲豬頭骨象徵財富，標誌私有制出現於仰韶時代大汶口地區，此判斷太過草率。判定北方仰韶時期遍養以圖肉食，此說的前提是豬圈。彼時有無此物，本是一個問題。總之，我不信從此三說。

（2）豕係食源與財富說詰問

佟柱臣講豬頭骨象徵墓主財富。此判斷的基礎須是，豬頭彼時充當換算它物的等價物。以豬頭爲中間等價物，此是假設，不能證實。集市交換出自神農之制。但神農時代是何時，誰能清言？即使認可豬頭爲中間等價物的設擬，仍不免發問，豬頭所屬豬係何人豢養：倘使是死者生前豢養，此物仍不免被其族人、或後嗣繼承。既然繼承，此物屬於旁人，旁人隨葬此物即謂否定原繼承。墓主私有一說顯不能通。唯能假設後嗣私有。除此以外，另能假設旁人捐獻豬頭，或邑人共同捐獻豬頭，由於邑人是同宗。而且，彼時聚落

〔註 13〕馬蕭林：《史前隨葬豬下頜骨現象的思考》，《中國文物報》2004 年 10 月 15 日，第 7 版。

〔註 14〕〔美國〕斯坦利・J・奧爾森撰，同號文節譯，李有恒審校：《中國是動物早期馴化的一個中心》，《人類學學報》1993 年第 2 期。

〔註 15〕佟柱臣：《從考古材料試探我國的私有制和階級的起源》，《考古》1975 年第 4 期。

〔註 16〕徐旺生：《中國新石器時代北方的養豬業》，《豬業科學》2010 年第 5 期。

以族人爲主。此假設消解彼時私有制存在一說。兩種假設相敵，不能定是非，最終仍不能確定彼時存在私有制。

以豬頭是食物論此事，豬頭也不應該出現於墓壙：死者不須食物，喪主以食物隨葬。彼時處於食物短缺時代，隨葬豬頭有暴殄珍饈之嫌。喪主難道不知自己亦能享用此物？喪主以豬頭隨葬死者，必定出自必須，即他們以爲，食用此物不能帶來某種便利，唯隨葬能帶來某種便利。在食材養生與食材隨葬之間權衡，食材隨葬的價值更高，因此他們放棄低等價值，勉強忍住食用慾望。這種高等級價值是何等價值，後將解釋。

認爲豬是必須依賴的重要食源之一，此說半是半非。在此，食源即滿足肉食需要之源。我們認定，肉食極端重要。但是，欲捕獵並馴化野豬，這並不容易。捕獵得豬是成年豬，還是幼豬？彼時遍存野豬，野豬有獠牙。羊較之於豬，更易捕獵。鹿也易於捕獵，爲何不飼養鹿？以饋給肉量多而論，牛犢較之於羔羊，是最佳捕獵與飼養對象，爲何不捕獵牛犢？

棄置如上詰問，唯察圈養。北方彼時無地上椽牆、板牆，無石塊壘築豬圈。圈養豬須恃地穴。比較豕、羊、牛三者生長樣貌變化，牛犢、羔羊角遲出，但凡養豕，即使幼豕猶能以喙拱地，能夠洞穿窖穴隔牆薄弱處。因此，養牛犢、羔羊洞穿地穴的風險遠小於養豕。諸多詰問都指向一點：養豕遠不勝於養牛羊。

不獨諸般事理不能支持謀肉食而馴養豬一說，古生物學研究也不附議此說。研究表明，野豬馴化的證據根本不夠充分。迄今古生物學研究根本不能區分現生豬、更新紀（世）黃土中（化石）豬何者爲祖先。以淚骨比例區分家豬、野豬似乎是一種途徑，但生物學上否認其可行性〔註 17〕。生物學不能佐證野豬馴化。

凡閱歷養豬者還能用敲擊豬食槽一事反駁新石器馴化野豬說。馴化野豬的基礎是定時饋食，非不休饋食。饋食須有容器，不得隨地拋灑，由於馴化者欲豕囷膔，不欲其勞頓奔走。定時給豬置食於槽，野豬能記憶此事的前後關聯。敲擊食槽，豕知曉饋食，奔向食槽。彼時造食器艱難，無此類食槽。倘使以瓦器爲食槽，純是暴殄。無此條件，不能推斷新石器初期馴養野豬完畢。

〔註 17〕前者是 Pearson 於 1928 年所持觀點。後者是 Epstein 於 1971 年所持觀點。揭前注，《中國是動物早期馴化的一個中心》。

3）豕象北斗七星並寄託神聖說不通

（1）馮時、王仁湘、户曉輝三説略要

馮時先生基於天文考古學討論豬的價值。此說在論點質地上優於豬爲食源說。他從北斗崇拜出發，舉諸葛孔明禳星祈壽、舉七星法器、理天司斗的天蓬元帥，又舉僧一行擒縱北斗，最後舉《初學記》卷二九引《春秋説題辭》云：「斗星時散精爲彘，四月生，應天理。」他讀「天理」如星宿天理，即天理四星。依《天官書》「在斗魁中，貴人之牢。」從此又講古人以北斗建四時，後又推斷，「天理四星本正應合斗建四時之象。」最後，他引《易本命》「六九五十四，四主時，時主豕，故豕四月而生」。他以此爲階梯，闡發毛傳、孔穎達等述《詩・小雅・漸漸之石》「有豕白蹢，烝涉波矣。月離于畢，俾滂沱矣。」最後講豕配北方，於卦於坎。他將北方與北斗等同，最後得出結論，古人以豕象徵北斗〔註18〕。

户曉輝認爲：「它（豬）曾經是地母的動物化身和象徵物，當時的人們用豬作隨葬品，實際上是藉助豬或地母的繁殖力與生命力使死者復活的一種巫術手段。」〔註19〕

王仁湘聯繫葬豬於宗教，並認爲，豬寄託著神聖觀念。王文列舉眾多葬豬遺址，諸例以豬下頜骨叢葬最爲顯著。王氏甚至在古希臘文化覓得佐證〔註20〕。

户說與王說大約都涉及一個史料的認知。豬頭形狀在古人眼裡能與人身合併爲靈物，漢墓壁畫有豬首人身靈物模樣〔註21〕。但是，此說頗涉《山海經》獸說。此著作多種觀點都出自虞夏時代的教化，其時代遠遲於狄宛遺址一期時代。

（2）豕象徵北斗與地母生命力及下頜骨寄託神聖説詰問

馮氏立論回環，固非佳論。依《墨經》論諸言，馮氏「故」與「說」交叉出現，變換騰挪，唯結論「古人以豕象徵北斗」暢曉。我察中國天文學固然早熟，但狄宛前賢根本沒有豕象北斗的證據，其餘古遺址瓦器器形不全，

〔註18〕馮時：《中國天文考古學》，中國社會科學出版社，第 3 版，2010 年，第 147～149 頁。

〔註19〕户曉輝：《豬在史前文化中的象徵意義》，《中原文物》2003 年第 1 期。

〔註20〕王仁湘：《新石器時代葬豬的宗教意義——原始宗教文化遺存探討札記》，《文物》1981 年第 2 期。

〔註21〕《文物》1977 年第 6 期，《圖版一》。

無起源時期體系可言，亦不能佐證此説。倘使依傍紫微垣冬至星象，斗在北極下，左樞星在西，右樞星在東，魁內有天理四星。僅當魁斗在北，坎配豕能夠成立。但是，坎卦當北説是易消息説配八方説系統形成後的認知。新石器初期，根本沒有此説，易學尚未發蒙，何以配八方？且北方與北斗是兩物。因此，馮説豬的象徵義有其闡發之力，但仍不足以支撐其説。

戶曉輝講豬是地母的動物化身，此是一題。戶氏講，用豬作隨葬品可解釋爲藉助豬或地母的繁殖力與生命力使死者復活，此是巫術。此是別題。察戶氏兩題，知其根基是豬有強大的繁殖力。巫者從此繁殖力引申出復活死者之力。

戶氏此説包含一項難以證實的前提：設巫者欲使死者復活，須巫者能夠招魂靈。但是，經籍無一例能證明巫者有此能力。而且，鬼神觀的起源尚未澄清，如何能講巫術復活死者？僅以繁殖力而論，囓齒動物的繁殖力同樣驚人。考古發掘曾見史前鼠類，但遺址墓葬未見隨葬鼠類骨殖。比較得知，戶説豬象徵繁殖力也不能貫通。

我同樣不能信從王氏説，由於王説不能陳述宗教的底義，也不能申明豬爲何能寄託神聖觀念。未曾澄清「神」早還是「豬」早這個看似滑稽但務實的話題，斷言豬寄託神聖觀念，這顯不能使人信服。王氏輕斷神依附豕下頜骨，這是神學起源研究匱乏誘導的結果。畢竟，東西方神學研究都有空白，神學最大的空白在於，神觀念起源不清。

我的基本認識是，豬覓食能力與寒暑適應環境的能力被輕忽。此題恰是解釋豬被崇尚的根源。狄宛新石器聚落之期，寒暑分明而食源短缺。謀得食源是迫切問題。而食源又緊密結合季節。因此，食源問題的解決其實是當時前賢的綜合難題，非單一難點。

2. 從察豕拱地認知致冬至節氣到遊獵力提高

1）狄宛一期缺食刺激前賢察看豕冬季適應力

（1）狄宛一期前寒暑分明而缺食

地質鑽探與考古研究對照顯示，狄宛聚落一期時代，寒暑分明，而且食物匱乏。舊石器以降的石器技術變遷與此密切相關。而且鑽探所得文化層遺物能夠旁證六萬年以來狄宛生存狀況變遷。

研究者在遺址周圍野外考察發現，舊石器時代晚期遺址與代表性器物，譬如石英石打製器物，與莊浪長尾溝與雙堡子遺址是同期，距今 3.2 萬年～

1.8 萬年。

在探井 Dadiwan06 發現同期打製石片與碎片，以及細石器技術製品。最早的打製石英細石器始於距今 6 萬年前。此時值地質學上末次冰期的第一副間冰期：45～25ka B.P，所謂 MIS3 時期。打製石器存續與此期間相當，匹配探井內生土層上第一到第三文化層，彼時能用此類器物採集、狩獵，由於食物足夠多，氣候濕潤，草食、肉食動物多樣。

第三層位於末次冰期間冰段到盛冰期的過渡段，石製品甚寡（距今 3 萬年前）。這旁證打製石器珍貴，此情況旁證獲得食物不易，謀食工具因此珍貴。此狀況旁證末次盛冰期是食物匱乏的根源。細石器出現於末次盛冰期。第五層距今 1.3 萬年，細石器製品迅速增加，狄宛陶片出現。瓦片與器形的聯繫不明。第五層炭屑的 AMS 碳十四測年結果接近距今 8 千年〔註22〕。

這個結論足以說明，一期稍前時候，狄宛聖賢生存於較難謀食環境，當時首務是謀得食源。謀食源是一項綜合難題，事涉季節認知與食源存在規律。爲此，他們觀察動物生活特性，最終發覺野豬有應對季節變遷的能力。

（2）認知野豕寒季適應力須短期圈養而抑制口福

春、夏、秋三季是前賢快意的季節：接近果木即能果腹。發覺籽實，即刻採集，尤能提高工巧。彼時捕獵，多得野獸。彼時，易見草食獸類。但是，在寒冷時節，肉食獸類因草食獸類遷徙而漂泊。但是，雜食獸如野豬不必遷徙。在寡食時節，捕獲野豬是喜慶事件。儘管這是偶然獲得，前賢不知豬的活動規律，以及規律之後的自然信息，但他們能夠認定一個事實，在寒冷而食寡季節，遊獵於野外，頻見野豬等。野豬對於寒冷季節的適應力使前賢敬佩。

他們已能用火，不愁不能熟食。數人動念圍獵或某人動念逐獵，見麋鹿腿長，奔走如飛，善於跳躍。又見豬腿短，奔走速度不快。捕獵野豬未能顯著減少野豬數量。相比群居人類攻擊致種群消亡，捕獵野豬未見此狀況，野豬在寒季的生存能力造成心理震撼：他們由此得知，野豬種群能夠在寒冷的冬季生存自如，遠勝於前賢族群。他們在驚歎、欽佩之餘，想要模仿。彼時，尚無神怪觀念，因此野豬不是神怪。但他們能發現野豬的行爲寄託某種特異的生存能力，遠距離查看野豬寒日行爲，他們見野豬拱地。近處查看驚擾野

〔註22〕陳東菊，Bettinger R. L.，王輝等：《甘肅大地灣遺址距今 6 萬年來的考古記錄與旱作農業起源》，《科學通報》2010 年第 10 期。

豬，逃逸的野豬遺留拱地後的凹槽。細觀即見殘存的草根或埋於地下尚未萌發或已萌發的植物籽實。這促使前賢堅信，野豬能知地下食源。但是，野豬如何能知曉此事，他們最初不得其解。

這種自然機巧刺激他們戮力圍獵野豬，但仍不能近處觀察野豬的行為特點。他們期盼近處查看，又不得其法。而且，逐獵又很費體力，功效不高。他們相與發覺圍獵能提高效率。賢者從野豬拱地發現圍獵乃至近距離觀察野豬的辦法：他們仿效野豬，掘坎後從適當的方位追趕野豬，逃亡途上的野豬不辨方向，唯求圍獵者之間的縫隙，逃逸至不遠處即落入陷阱。坎穴或陷阱是人類最狡猾的創造。

掘坎禁豕逃逸既便於獵殺，又便於近處查看野豬行為。彼時，前賢面對一種艱難的抉擇：或殺之而果腹，或留置於坎而查看其行為。賢者知曉，查看野豬行為關涉恆久謀食，寧捨口福不敢殺之而後快。在眼前短暫快意、未來長久穩定謀食之間，人類進行了第一次自我意志鬥爭。當然，這種選擇絕非純粹的圖謀求知而選擇，這種選擇是功利與智慧的混合：賢者決定留下獵獲的小豬，而足以解決多人食源問題的大豬須即刻殺死，在野外燒烤而食。畢竟，圍獵使人飢餓乏力。

狄宛出土的豬骨研究與測算顯示，狄宛遺址豬屬於一歲至一歲半的個體最多，大於兩歲者僅佔 7.3%。研究者雖未給豬骨分期，這不影響宏觀討論。這個相對集中的死亡年齡被古生物學研究者解釋為，大多數應該是馴養的家豬〔註 23〕。此推斷可謂是非參半：彼時前賢謀取肉食，這毫無疑問。但若推斷當時有家豬，須同時推斷當時馴養野豬已完成，而且家豬種群的特徵穩定。但是，這一點在古生物學界尚無定論。家豬所以是家豬，除了種群特點穩定，還必須是人們能夠人工繁殖，豢養到一定年歲宰殺的動物。倘使解決了飼料問題，豢養的時間越久越好，由於長久飼養能使其囤膘。但是，一期時代的前賢謀食不易，豈能為養豬而一心覓得適當的飼料，或堆積乾草料。我認為，一歲到一歲半的豬個體數量最大，這恰證明，一歲以上的野豬對於前賢觀測其行為最為便利。這個階段的豬拱地能力大於豬仔，對於氣味的辨識能力強大。與此相關，較大野豬豬骨寡見於遺址，這是由於較少大豬豬骨被攜帶到居住地。發掘得到諸物，自能成為檢測材料。7.3%這個數字恰是佐證。與此

〔註 23〕祁國琴、林鐘雨、安家瑗：《大地灣遺址動物遺存鑒定報告》，《發掘報告》（下冊）附錄一，第 890 頁。

匹配，圍獵所得小豬被帶回住地，沒有即刻殺死，留置於住地，查看其行爲。這是馴養野豬的起源，但絕非馴養完成。

諸般行爲導致若干知識積累：其一，《易》學坎爲豕說起源於此。其二，春、夏不動土也源於此。至於兵家計謀，非此絕無根源。

2）留置豕於穴乃至圈欄以察冬季拱地

（1）留置豚於穴致前賢認知冬至地氣動

留置豚於坎穴不得等同飼養，但短暫餽食不得排除。倘使坎穴地下無食料，豬拱地而不得草根果腹，豕將餓斃。倘使此間又未曾發覺豕拱地的細節，豕已餓斃，豈非事與願違？儘管最初能夠出現此等窘境，但前賢能再接再厲，改良技巧，短暫餽給野豬。

短暫是一個時段不定的稱謂，何久當得短暫？我以爲冬至前後。短暫飼養是一種技能，而非隨意決定。大寒前後，最難獲得食物。有圖謀的前賢在此之前動身圍獵，以備不虞。因此，獲得的幼獸大約在冬至前後被置於地穴。

另外，地穴不等於地表，高度差明顯。草根與籽實在距地表不深處生長。因此，幼獸在地下拱地獲得草根籽實的幾率甚小，但能在坑底以上獲得草根等。如狄宛一期發掘出坎穴佐證，彼時的坎穴不深。這樣，前賢獲得了關於冬至的最初認知：豕能拱地覓草根，自求食物。此期間是草根萌發的時節。而且，豕拱地以喙，豕喙是豕察知草根生長的樞要。而且，前賢從野豬的味覺敏感推知，坎穴下定有地氣催動草根萌芽。中華古聖藉此知地氣動，他們獲知豕生存能力旺盛的機密。這是中國北方古聖賢最偉大的能力。

（2）半坡圈欄佐證短暫留置野豕

豕爲畜剛猛不避險，即使在現代猶能爲勇者偶像。前仰韶時代前賢圍獵頻仍，圖謀獲得幼獸而未必每次如願。分割母豬與豬仔，固能得豬仔。豬食草而生長緩慢，野豬體形小。猛獸環伺，無疑抑制野豬體形擴張。顧及幼豬體形更小，短期留置幼豬的圈欄須有特別設置。此等狀況的證據殘存於仰韶時期的半坡遺址。

發掘半坡遺址時揭露早期坑穴，坑穴曾見不少豬骨。這是前賢留置野豬的證據，不必是長期圈養的佐證。《西安半坡》圖版壹玖伍第 1、3 相片顯示的幼豬下頜骨。第 1 號圈欄如《西安半坡》圖四五所示，平面呈梯形，從西

南向東北延伸，漸次更寬。長7.1米，寬1.8～2.6米。發現時，四周僅有一圈小溝槽，寬20～40釐米，深20～30釐米。槽底有柱洞43個，深5～10釐米，口徑15～20釐米。柱洞密度較大。東南有一豁口。西南、東南沒有柱洞。發掘者推測，此處是飼養的圈欄。我附議這個推斷，但又認為此推斷不夠精詳：石興邦等人未曾重視此遺跡的邊緣有三處被坑穴破壞，也未討論此處未見豬糞的事實（《西安半坡》，第49頁）。邊緣破壞即考古學所謂「打破」關係。古遺址打破關係的根源是某種替代，此題將在後述。這三處打破至少證明，飼養絕非必不可少，僅是權宜之計，暫且而為。此外，此處又不見豬糞長久堆積的蹤跡，不得判定飼養業興起。所謂權宜，即暫且豢養，而非長久飼養，以為可以期待的食源。畢竟，彼時前賢遊獵即能解決肉食問題，不須忙於獲得飼料而飼養。此即自然飼養優於人工飼養，此是遊獵久行於中華的根本緣故。一些學者不辨此間細節，欲為中國農業發達在早立論，導致論點不能立足﹝註24﹞。還有一點，能夠立論短暫留置豬舊事：此處無坎穴，豬能逐拱地，覓見地下草根冒芽。這比在坎穴覓草根或籽實更便易。坎穴底面不是植物生長的土壤，草根不能延伸到此層。因此，坎穴不便察豬因冬至地氣動而拱地，在平地修造圈欄是明智的選擇，是查看豬拱地旁證冬至節氣的更新、便捷途徑。此點恰是兩地前賢文化傳承的旁證。

3）前賢借豕能而認知冬至提高遊獵效率

（1）二期遺址見獵鹿數量旁證遊獵能力提高

依《發掘報告》述，遠古的邵店村一帶氣候濕潤，一期時代曾有馬鹿與梅花鹿，獸類多樣。一期到四期哺乳動物種類多，將盡30種。一期見14種，包括中華鼢鼠、狗、豺、貉、棕熊、蘇門犀、豬、麝、獐、狍、梅花鹿、馬鹿、黃牛。二期見20種，獼猴、虎、豹、豹貓、象、盤羊、蘇門羚等，其餘與一期相同。第三期見哺乳動物種數幾乎與一期相等。第四期有17種。此情況表明，一期到四期的前賢的肉食來源多樣，而且一期後的狩獵或遊獵能力提高。二期哺乳動物種數顯多於一期。其中不乏難以捕獵的動物：獼猴、虎、豹、豹貓都是難以獵獲的動物。欲得諸物，須能預算其出沒時間，季節知識必不可少。圍獵虎豹的規模遠大於圍獵一頭野豬。捕獵盤羊須能預先在高地埋伏，由於盤羊喜在無林木的高地、丘陵、或山麓活動。

﹝註24﹞ 羅運兵：《試論我國早期家豬飼養的方式與規模》，《農業考古》2008年第4期。

發掘所得動物骨骼標本都出自坎穴、房屋與地面。各期出土哺乳動物骨骼標本的數字足以表明，二期捕獵能力迅速提高：一期 748 件、二期 3727 件、三期 2666 件、四期 3817 件。二期骨骼標本的數目接近一期五倍。認知豬拱地潛藏的節氣規律，這不獨方便前賢捕獵野豬，他們藉此預知草木萌發時間，能夠預先埋伏，提高圍獵草食動物的能力。鹿骨數量不小，這是最佳證明：豬與鹿類標本數占總標本數百分之九十以上。四期以出土動物骨殖論，鹿骨最多，標本總數達 3348 件。屬於二期的標本比例最大，達 1260 件以上。屬於一期的標本數最少，達 169 件以上。

（2）察豕拱地驗冬至地氣動對照鹿角解

如前述，哺乳動物骨骼標本以鹿類與豬骨標本最多。依各期一種骨料標本絕對數而論，鹿類犄角最多。可測的 113 件標本含自然脫落的標本 47 件，角盤的前後徑相差很多，從 20 毫米到 70 毫米。47 件標本不乏幼鹿犄角。標本 H307：38 是其例證：「這是一個獨枝的幼年個體的角，長 360 毫米，只在角盤處角表面長有豎溝和骨質瘤，其餘部分磨得很光。這是一個大約 1 歲或一歲半的幼年馬鹿的角。」〔註25〕

前賢收集大量鹿角，這可視爲他們喜好鹿角的旁證。西安半坡的前賢也有此喜好。但是，若問此喜好的根源何在，這是難題。欲知此事，須先澄清鹿角的來源。鹿角大抵有三個來源：其一，獵鹿得犄角。其二，鹿冬至解角而喪之。其三，雄鹿春季發情相鬥而損犄角。這三等狀況以第二狀況最爲穩定，是鹿角的來源。

謀取鹿角有兩目的：第一，謀求較硬的加工材料。第二，欲滿足特別的嗜好，或喜好。這種喜好與鹿角解存在緊密聯繫。察前賢謀取鹿角故在求證冬至節氣。兩則文獻能佐證麋角解值節氣是冬至，是前賢求知地氣動的把柄。

《夏小正》：「十一月，……隕麋角。隕，墜也。日冬至，陽氣至始動，諸向生皆蒙蒙符矣。故麋角隕，記時焉爾。」

王聘珍引鄭玄注《周易》云：「蒙蒙，物初生形。」王氏云：「是其未開著之名也。符，信也，驗也。萬物應微陽而動，皆有信驗也。」王氏又具《月令》：「日短至，陰陽爭，諸生蕩。」復引鄭玄注云：「『爭』者，陰方盛，陽

〔註25〕祁國琴、林鐘雨、安家瑗：《大地灣遺址動物遺存鑒定報告》，《發掘報告》（下冊）附錄一，第 899～906 頁。

欲起也。『蕩』謂物動萌芽也。」〔註26〕

《逸周書・時訓》:「冬至之日,蚯蚓結,又五日,麋角解,又五日,水泉動。」朱右曾注云:「麋,澤獸也。」〔註27〕澤獸者,能覓水源之獸也,彼等逐水草而生。

冬至是節氣名,但冬至日是冬至節氣之一日。一節氣約當十五日。冬至日不必在冬至節氣的中點。《夏小正》「日冬至」謂冬至節氣。而《時訓》言冬至後五日。這兩説絕無矛盾。前人初不能預算節氣,但知此節氣爲一歲關竅,故欲以麋角驗之。這又能與藉豬拱地覓草根知地氣動對照。而且,將求知冬至日限定在數日內。這樣,前賢能測算出門遊獵的最佳時間。欲從速獲得麋角,故須鄰近河流居住,不得在洞穴。古賢選擇此地,因此北方古遺址靠近河流。《發掘報告》講,「五營鄉附近河谷地帶寬約 800~1000 米,南岸階地寬約 500~600 米,較北岸階地寬闊。南坡比北坡平緩,所以先民選擇在南岸建造聚落。」對於我們認知當時前賢擇居此地,這條信息是門徑。對照地圖得知,西邊緊鄰遺址區是閻家溝,溝道有溪流。與第 IX 發掘區緊鄰古河道相似,此處是逢北風或西北風觀察麋鹿行爲的最佳位置。冬季,這裡多吹西北風。倘使麋鹿到來,他們稍加留心,即能確定其位置,睹其摩擦犄角,得知節氣來臨。

總之,狄宛一期前賢能夠認知冬至節氣,能夠驗證冬至節氣。這種能力來自仿生修爲。無論野豬、麋鹿,都是他們效法的師傅。憑此,他們能夠預算出門遊獵的時機,狩獵能力提高,生存能力加強。

(三)豕負塗認知致瓦片技藝進益而爲瓦器

1.前賢放豕熱月負塗造瓦片以及瓦器工藝起源

1)熱季豕行止概覽

(1)北方前賢初去山穴以避寄生蟲害

北方人群自山穴爲居時代起,不堪寄生蟲糟害。寄生蟲傳染病菌不必爲他們知曉,但多人同受一苦是他們相與知曉事件。免疫概念去他們太遠,蠕蟲如同瘧原蟲一般,不爲他們知曉。但他們知曉蚊害。此類寄生蟲爲昆蟲綱

〔註26〕王聘珍撰,王文錦點校:《大戴禮記解詁》,中華書局,1983 年,第 46~47頁。

〔註27〕朱右曾:《周書集訓校釋》(卷六),《續修四庫全書》第 301 冊,上海古籍出版社,2002 年,第 5 頁。

寄生蟲，其他如虱、蚤等都能致其皮膚不適。熱季的臭蟲侵擾頗難忍受，使人難眠。一些寄生蟲在夏季頻繁吸血，譬如雌蚋、虻。況且，虻、蚤中的致癢蚤等，皆是傳播疾病的媒介，後者能夠傳播鼠疫〔註28〕。

　　山穴功能多樣，是現代人嚮往居處：冬日能在山穴用火，夏季能在山穴享受涼爽，濕潤又能保藏食物，近處有溪流便於取水。但問，北方古賢爲何較早捨棄山穴而擇河流沖積平原或河岸土塬？

　　我推測遠古前人走出山穴的首要理由是夏季避免寄生蟲糟害，以及避免病菌傳染。山穴雖能用火，焚燒不潔物，遏制病菌傳播，但山穴通風不佳，凡空氣爲病菌傳播媒介，發病率甚高，難免致死。這兩種情況促使前賢從速捨棄山穴，遷往平原近水處。這個選擇長久影響他們的生存方式。

（2）放野豬塗泥養護皮膚例與清潔頭髮促生爲瓦知識

　　遷往原隰沒能給他們帶來多大便利，由於近水處夏季蚊蟲多。土地易存跳蚤。唯有此處通風良好，空氣清新。由於十數萬年來日漸掌握火種，他們不獨熟食，而且驚走猛獸。但是，解決蚊蟲叮咬是迫切問題。

　　每逢熱季，他們目睹豕入水滾泥，而後豕滿身塗泥，此即豕負塗。前賢不知滾泥的感受，仿效豕滾泥，而後知虱子、跳蚤之類寄生蟲不能上身攻擊。泥水蒸發，泥坯硬化即留在身上，固定體表原來的寄生蟲，摩擦去泥殼，寄生蟲被於粘附在泥殼上。脫殼的舒坦與去寄生蟲的舒適使他們記憶負塗的便利。此時，即使他們不知爲瓦，已到達爲瓦的臨界點。用泥塗抹於是化爲原始吉祥信念，而相互塗泥漸次化爲崇尚吉祥的人際交往。而且，夏季是最不需要衣裳的季節。

　　後嗣傳此俗多代之後，不再知曉最初塗泥的初衷，加之崇尚清洗，於是不再塗泥，而塗抹顏料於身體某處。這仍表達吉祥企愿。人塗泥護膚的狀況漸次消亡。

　　寄生蟲在身體上移動自如，頭髮生寄生蟲也屬多見。前賢知曉，頭髮長而蓬亂不便捕獵，也不便清除寄生蟲，但苦於並無良策應對。很久之後，他們發覺葛藤綁縛頭髮，以樹枝爲笄，這足以阻礙寄生蟲在頭上自由移動，使人舒適。舊石藝時代已有骨笄旁證此事。狄宛一期出土的骨笄彼時是珍貴的器物。標本 H254：3 殘長 8 釐米，寬 8 毫米，厚 5 毫米。從此推斷，前賢的髮髻寬度在 10 釐米內。遠在此前，束髮前須梳理頭髮，此是清除寄生蟲的途

〔註28〕詹希美等：《人體寄生蟲學》，人民衛生出版社，2001 年，第 278～301 頁。

徑。這樣，他們獲得了一種新知識：零散的物件，即使再細碎，都能約束。泥土顆粒的粒度難定大小，乾燥則小，但能用水連屬，定形則約束，猶如束髮一般。

於是，泥片附著、熱季與加熱、固定形狀三種認知存留腦海，為瓦的前端知識積累足夠了。憑藉此等體系認知，前賢能夠解釋他們曾歷怪事：焚燒原隰稗子求食，火受風勢，隨地肆虐，燒毀大片稗子，稗子根部也被燒焦，根部的泥土被燒結。古賢不得不嘗試在燒結而無形的堅硬物質中找尋稗子籽實，他們不能解釋，為何火燒稗子後稗子落入堅硬而失水的泥土。積累了這些知識，他們能夠得知，火燒泥片能夠成為瓦片。瓦器產生的條件具備了。能夠證實古賢知曉此事的證據是，狄宛二期遺址出土某種瓦器，被考古者稱謂陶銼，其上有穀物籽實。造此器前，古賢將籽實滾在泥坯上，他們知曉，火燒之後，穀物籽實將變得焦黑，而燒結後的泥坯是紅泥陶。

探井 Dadiwan06 第五層證實，大約 1.3 萬年前，狄宛前賢能夠燒結泥塑為瓦片。這些瓦片來自瓦器，還是僅是瓦片，探井所得文化層不能解答。但有一點可以肯定，當時燒製瓦片的火候已被把握，地層覆壓的作用力沒能將瓦片分解，這是明證。燒結溫度高低如何，無資料可以對比。

（3）豕負塗之經籍佐證

豕負塗事涉耕作起源，而耕作遠在前賢認知豕負塗之後。基於認知豕負塗，前賢知曉豕蓄水與積肥並行一事。而且，此事絕非發生在居住區，而是在野外。

《禹貢》：「大野既豬。」孫星衍引注：「史遷『豬』作『都』。」鄭康成曰：「大野在山陽鉅野北，名鉅野澤。」孫疏云：「史公『豬』作『都』者，鄭注《檀弓》云：『豬，都也，南方謂都為豬。』《周禮·稻人》：『以豬畜水』。」〔註29〕楊筠如引酈道元「水澤所聚謂之都，亦曰豬」，並云「是也。」〔註30〕

臧克和云：「豬，敦煌本、內野本等寫作「豬」……渚、都、豬皆從者得聲，為一組同源字：水中沙土所聚曰渚，人所聚為都（見《堯典》『曰幽都』孔傳），水所聚曰豬《周禮·稻人》『以豬畜水』，敦煌本『伯3469』傳文：水所停曰豬。後者又專寫作瀦，乃後出分化字。」〔註31〕

〔註29〕 孫星衍撰，陳抗等點校：《尚書今古文注疏》，中華書局，1986年，第 154 頁。
〔註30〕 楊筠如：《尚書覈詁》，陝西人民出版社，1959年，第 59 頁。
〔註31〕 臧克和：《尚書文字校詁》，上海教育出版社，1999年，第 106 頁。

各家所見略同，但又不盡原意，人們難以附議「以豬畜水」說：豬是活物，如何能夠畜水？《稻人》記述雖是古史，但仍須補足信息。

今案，豬、都讀音通，故在夏日豬負塗之所，以豬略指豬負塗。豕畜水即豕盛夏初秋在濱河淤泥細流處打滾致水停滯。今日稻田是水田，遠古無水田。《稻人》「以豬畜水」的根源是豕負塗。

「畜水」發生於夏秋，彼時水盛。秋末及冬，水位下降，濱河並無積水。唯夏秋季，雨多致水量增益，漫過河沿，進入川外。豬能鳧水，但不能久在水中。熱季，濱河泥水壅塞，豬打滾其中，弄得滿身河泥，壓倒一片植物。豬打滾過後，泥中氧氣貫通，地表淤泥被分割，豬滾過之處，淤泥被擠壓而凹陷，豬站立後，未曾打滾之處有隆起淤泥或曰壅泥，此是最初的「障水」〔註32〕。加上豬在此處排洩，這類水田很肥沃，便利濱河植物例如稗子生長，原始採集變更。採集方式的變更大約發生在萬年之前，但在前賢初識豕負塗之後。而豬打滾於濱河泥水，此即「水所停」，灘塗有水，但水不川流，故言水停。

另外，《說卦傳》講「坎爲溝瀆」，其源是豕打滾於濱河淤泥，預防蚊蟲叮咬。於人即謂疏通水道，以致河濱停水漸次流淌。此亦是《易》源。

2）火燒泥片爲瓦片初成

（1）瓦器起源時段研究未解答瓦片工藝之源

李文傑先生給中國古代製陶工藝劃分五期：新石器時代早期（西元前10000～5000 年）、新石器時代中期（西元前 5000～3000 年）、新石器時代晚期（西元前 3000～2000 年）、夏至春秋、戰國至漢。將新石器早期別爲前後兩段：前段當西元前 10000～7500 年。徐水縣南莊頭遺址、江西萬年仙人洞遺址下層、廣西桂林甑皮巖遺址下層爲例。他概括此階段的工藝特徵：用料爲易熔粘土，夾砂陶是多數，羼和料有粗細不均的沙粒、雲母。陶片成型方法尚待研究。質地鬆軟，色不均，有褐色或黑色斑塊〔註33〕。

學術界也有人集中研究距今 9 千年到 7 千年期間的工藝，包括陶窯出現後批量燒製。他們接受李文傑對於初期製陶工藝特點的認定，將工藝別爲手製與模具敷泥。手製法別爲捏塑、泥片貼築、泥條盤筑。而瓦片作爲瓦器的

〔註32〕陳瑚撰，邵廷烈校：《築圍說》，《續修四庫全書》第 975 冊，上海古籍出版社，2002 年，第 1 頁。
〔註33〕李文傑：《中國製陶工藝的分期和類型》，《自然科學史研究》1996 年第 1 期。

基礎，其工藝起源根本不清〔註 34〕。查看這些研究結果，仍不能解答瓦器如何起源的問題。

（2）瓦片先於瓦器生成

考古學界雖斷定中華陶器起源的下限在 1.5 萬年前，諸多遺址出土瓦片是此判定的基礎。我以爲，須深入理解此斷代。若以陶器指成形瓦器——無論其器形多麽簡單古樸——這個時間點當得適中。若此言包含瓦器前端物件瓦片，這個斷代顯遲。

瓦器起源的前端是瓦片，由於前賢仿效野豬滾泥而用河灘泥敷泥，後捏泥片，後有瓦片。這在事理上有進程特點，故顯一定的系統。這樣，瓦器的生成有較長的預備時間，新石器初期的瓦器形狀多樣，含義深邃便不再顯得偶然而突兀。將瓦片初成的時間斷在 2 萬年前，還是更早，須在未來依靠鑽探解決，而鑽探須在一些尚未破壞的古遺址進行，譬如狄宛。

陶片最初的生成地應是濱河一帶，而非山洞。即使南方洞穴出土的陶片——不論含石英岩顆粒多大——仍含泥土。泥土絕非山洞材料，而來自土壤發育處。南方的山洞遺址去河流不遠，前賢能夠從容採取那裡的泥土。而且，野豬拱地與野豬在夏季滾泥在南北方是通例。河姆渡遺址出土瓦器上豕喙甚長，即其例證。從此觀察，南北方造瓦片的基礎應無差異，不因古遺址在山洞參差。

（3）細石器與瓦片並存以及河泥柔變剛而爲瓦片

舊石器時期，靠近狄宛一期遺址的閻家溝一帶曾有人類活動。閻家溝西岸的馬蘭黃土臺地下埋藏石製品，發現於 2009 年 6 月 18 日。此地點堆積物主要是土黃色粘土質粉砂，厚約 8 米。此層從上到下依次是耕土層厚約 0.5 米。淺黃色粉砂土，厚約 2 米。灰黃色粘土質粉砂，厚約 6 米。底層頂部下深約 4 米處出現石製品〔註 35〕。

Dadiwan06 探井第五層出土細石器，並見瓦片。兩種物件並存，這至少容許一種物性類聚解釋，細石器在功能上與陶片類似。陶片是火燒泥的結果。前賢以此物爲剛性物件，是克旁物之器，故與細石器處於一層。

〔註 34〕 趙朝洪、吳小紅：《中國早期陶器的發現、年代測定及早期製陶工藝的初步探討》，《陶瓷學報》2000 年第 4 期。

〔註 35〕 李鋒、陳福友、高星、劉德成等：《甘肅省水洛河、清水河流域 2009 年舊石器考古調查》，《人類學學報》2011 年第 2 期。

　　此推斷的旁證是，徐水縣南莊頭遺址發掘灰溝，在灰溝的南端揭露了一個圓形鍋底狀凹坑，編碼 H1，出土鹿角三支，是有意掩埋。坑底埋藏紅陶片一枚（《河北徐水縣南莊頭遺址試掘簡報》，揭前注）。狄宛一期多見紅瓦片，紅瓦片色赤，似火。南莊頭遺址 H1 坑底埋藏紅瓦片，顯涉埋陽於地，促其生發之欲。

　　瓦片的起源關鍵一步在於，前賢決定將泥塗抹於石塊上。使附著泥片的一面向上，石塊受熱，熱氣自下向上薰蒸泥片，泥片喪失水分，而後揭下，從柔向剛的轉變結束。瓦片生成的歷史畫上了句號。

　　瓦片製造工藝成熟的標誌是，中國南北方諸多遺址的文化層一層一地出土甚多形狀單一的瓦片。這些瓦片沒有任何紋飾。這種狀況證明，當時是製造瓦片技術的驗證、穩定期間。多番試驗，證實此技藝能導致此種結果，前賢對於造瓦片的工藝充滿信心。從此開始，物料準備不再是難題，和泥敷泥的技術日漸提高。瓦片從薄厚難掌握到薄厚隨心所欲。剩餘的工藝難點集中在造器，而後造器沿上。

3）石塊陰模及脫模為器

（1）從認識豕留置泥片平凹到類比坎穴納物

　　在瓦片生成之初，古賢知曉，豕負塗在熱季，豕能以自己的體溫並外部光照加熱身體表泥漿，形成殼。覓食移動於水，腿部、腹部硬殼遇水脫落，脊背硬殼猶在。這不便野豬覓食，野豬因而在樹上側身摩擦，磨去部分殘存於樹下乾燥處。發覺此物的前賢知曉，此物可兩面觀，將帶有凹陷的殼狀物底部置於手上，見此物能容水。沒有凹陷的泥殼也比較堅硬，能夠平置。這是關於泥片凹陷與平面的最初認知。這種認知與塗泥於石塊綜合，產生了原始和泥。最初隨意採取稠泥漿塗抹石塊，如今變成一心謀取淤泥底部的稠泥。底部稠泥往往散發難以忍受的氣味，前賢將目光轉向和泥。這樣，造泥餅工藝生成。

　　可以推測，從不知豕負塗到知曉豕負塗，耗費的時光甚久。但自從知曉豕負塗到前賢造瓦片，此間耗費時光甚短。早期舊石器考古很難發現瓦片，而晚期舊石器考古能夠集中發現瓦片。此事的緣故在於晚期舊石器時代的前賢知識曾有飛躍，而後迅速逐步提高。

（2）瓦片升華到瓦器之技藝難在脫模

　　揭下瓦片較之獲得瓦器更困難，難點在於脫去石塊。當時，前賢不能似

後世陶匠一般造瓦器泥坯，和泥的技藝也不很高，選擇土質的技能也沒有很大提高。無論狄宛，還是南莊頭遺址，粉砂質泥土足夠前賢使用。他們的造器之途充滿障礙，瓦器出現緩慢。

前賢解決此問題的途徑仍舊集中在用石塊上，他們敷稠泥於球狀石塊，或上端平，平面形狀不辨的石塊，獲得的瓦器形狀不甚規則，但猶能盛水。但是，此技藝面臨難點，此難點的類似脫模的難點。欲從石塊脫去粗糙的瓦器並不容易，由於石塊表面有凹陷，而且石質不必純正，石英岩石塊縫隙能夠吸附泥餅，即使倒扣燒結完畢的瓦器，邊緣破碎，器底附著於石塊難以避免。器形不完整。此難題困惑前賢甚久。

欲解決此難題，他們添加一些看似光滑的材料，用杵臼粉碎蚌殼，殼內光滑基料與石塊不相黏連，雲母夾雜的瓦片質地也源於此，南莊頭出土瓦片屬後者。根據古遺址出土燒骨、燒土與炭屑並處一地的情況推測，當時前賢還運用一種脫模法，他們將啃完肉的骨頭置於火上，使骨髓等含油脂的液體滴在石塊上，而後迅速將泥餅敷在石塊上。彼時，他們不懂敲骨吸髓。圖脫模迅速，他們必須短暫撤火，甚或用水先澆滅石塊旁的明火。這樣，木料不能充分燃燒，生成了炭屑。迄今所見瓦片上黑色斑塊的根源是油脂碳化過甚，粘附在泥片上殘存的痕跡，它已滲入瓦片結構，瓦片分層不能消除這種斑點。江西省仙人洞遺址出土的瓦器殘片外面有煙炱，這顯是用火燒烤外部的結果。此洞穴出土大量骨頭，其中一部分用於燒烤骨髓脫模。一些學者認爲，當地古人享用骨髓與骨含油脂，故用瓦器盛斂〔註36〕。這個觀點不大可靠。骨頭恁多，骨頭出自不同體位，含骨髓多寡不一。古人知曉，脛骨骨髓與脊椎脊髓多，而其他骨殖骨髓寡，根本不必敲每件骨頭吸髓。不便享用之骨髓大可用來脫模。再者，即使骨髓再多，也不至於用瓦器盛斂。

筆者幼年曾燒泥裹麻雀，其事類似，能佐證敷泥後置於火中生成瓦片。幼年因飯食短缺，謀取替代而造殺業，曾在冬夏兩番謀得麻雀，後以青鹽、水、黃土和泥敷雀，火燒之後，泥皮變硬，泥團上有蒸汽絲絲發聲，蒸汽極少時以木棍撥出縮小的黃泥塊。其面上罕見裂縫，後使力掰開，得肉食一撮。雀毛已被烤盡。及後偶爾思考此事，猶有未解點：敷泥由火燒變成包裹，而且不見裂縫，這是爲何？及本科畢業，在陝西省建築科學研究所與劉倫章、

〔註36〕吳小紅、張弛、Paul Goldberg 等：《江西仙人洞遺址兩萬年前陶器的年代研究》，《南方文物》2012 年第 3 期。

周裕農兩老師試驗建築構件預製件脫模，後知其要：塗泥不曾粘連雀肉，而且未曾破裂之故是，雀身油脂受熱泛出，火燒不均而泥團有縫隙，但雀油滲入這些縫隙，在泥包的內壁形成一層脫模劑，因此沒有粘連。

　　甘肅中部有一處舊石器時代遺址，即東鄉王家遺址。在遺址地層第二層底部，曾見燒骨、燒土、炭屑，碳十四測定距今 14490±150 年。最下層是灰褐、灰綠、鏽黃色層狀粉砂質粘土〔註37〕。前賢撤去石塊，剝離粗糙的瓦器後，剩餘材料俱在舊地。前賢撤去石塊的緣故在於，滲油脂的石塊能重複爲陰模，能繼續使用，因此被移去。珍貴的瓦器被人使用，攜往旁處。萬餘年後，發掘者能睹的殘跡不再包含瓦器，以及充當陰模的石塊。

（3）平底與圜底瓦器技藝起源

　　南莊頭遺址發掘紀實述：徐水縣南莊頭遺址出現瓦器，總數 44 件。但其殘片難以復原。器底、腹部、口沿三部比例如後：器底比例最小，僅是 18%。腹片最多，占 54%，口沿比例居中，占 28%。另外，陶片 G：394 內側殘留碳化物痕跡。頸部有附加堆紋，肩部、腹部有細繩紋，口沿有花邊的痕跡。質地是夾砂灰色、夾砂黃褐兩等。前者夾雜虷殼末（揭前注，《1997 年河北徐水南莊頭遺址發掘報告》）。這一組數字有無代表性，包含的事理怎樣，這需要考慮。考古界尚未嘗試。

　　依前述造瓦片與造瓦器工藝，我推測器底瓦片存留寡少之故在於，前賢的脫模技術不佳，黏連導致不能完整脫模，以致瓦器底部分層、殘破，器底在造瓦器工序完結後破損，這樣，因器底黏連導致的廢品率較高。換言之，成品少，因此，像樣的器底少。腹部多的原因是，腹部黏連少。器底能夠脫模，腹部論理接觸面更大，應更多黏連。但是，骨頭含骨髓等油脂類液體滴在石塊上，隨之向下流淌，因此石塊四周接受的油脂並不少。敷泥時從石塊上部向下敷，作爲內模的石塊被支起，下部留有空隙生火。這樣，作爲陰模石塊被脫去後，瓦器四周黏連少。

　　口沿比例居中，此事有其工藝緣故。口沿不存在脫模問題，唯有抓握口沿的塑造最初絕非出自修飾，使瓦器美觀，而是一種方便剝離的措施。敷泥於石塊上，自下燒結石塊完畢，迅速撤火，後須迅速剝離瓦器。剝離須有處下手攫握。欲方便攫握，須將下垂而沒有上翹的一周口沿向上略折，燒結

〔註37〕謝駿義：《甘肅西部和中部舊石器考古的新發現及其展望》，《人類學學報》
　　　　1991 年第 1 期。

後，有處抓握，揭下瓦器。此等口沿是折口沿。徐水縣南莊頭 T5 ⑤：15 即此狀。

圜底、平底的功能沒有差異，都能用於容水、食物。但其製造工藝有別。以石塊球體狀為陰模的上端，敷泥並向下延展，支撐石塊陰模，而後燒結，獲得圜底器。以石塊平整處為陰模的上端，敷泥後向下延展，燒結脫模後獲得的瓦器是平底器。無論用球形石塊陰模為上端，還是用平整石塊平面為陰模上端，瓦器都須有抓握處。獲得的瓦器便於攫握。當然，前賢製造無沿瓦器的工藝世代傳承。

2. 舊石器末期南尚圜底北尚平底瓦器原故

1）瓦片肇創時南北古賢初無平底、圜底偏好

（1）新仙女木事件前北方南方本無往來

推測中國南北古賢在瓦片肇創時本無往來。如此判定的理由如後：第一，各地遺址出土的狩獵工具是細石器。細石器用本地材料打製，譬如狄宛細石器。第二，食源穩定，而且可以期待其恆定。狩獵的地點去留居區不遠，古賢不須遷徙。細石器被集中發現佐證，彼時狩獵頻繁。這間接證明，肉食來源穩定。食源穩定出自氣候穩定，而且便於草食、肉食動物生存。湖沼滋潤大地，因而草木茂盛。植物吸引草食動物，草食動物又吸引肉食動物。雜食動物也能得益。獵獲哺乳動物是頻見行為。

古賢在彼時沒能發明更多的生產工具，這旁證當時他們根本不須旁的生產，即能果腹。他們當時以時狩獵即能滿足生存需要。簡單的瓦器僅是個別古賢必要時盛食的器物，遠非日用品，由於此類物件太珍貴，其製造艱難，數目太少。

於北方古賢而言，不遷徙即不須往南方。於南方古賢，則不須前往北方。這個時期是狩獵自足的時代，間或有採集，但採集難於延伸到籽實植物，採集的對象是瓜、果、蓏、堅果。用石器攻堅果之能久來傳承。採集與狩獵時節的認知使他們諳熟植物枯榮規律，由此，他們須認知季節參差與循環。他們從這些動物行走處所開始查看植物生長規律，季節與生長被聯繫起來，因果律的認知促使他們的預知與判斷以及預計關聯。

（2）新仙女木事件使蒙古高原古賢南遷

仙女木是一種草本植物。它用於表明北歐區域氣候寒冷事件。「新」指末次冰期的最後一次寒冷事件。我國北方不少地區都有此事的地質記錄，其期

間是 12.80 ka B.P～11.58 ka B.P，此間氣溫大幅下降〔註 38〕。

　　內蒙古有新仙女木事件的地質記錄〔註 39〕，河北平原也有相應記錄，徐水縣南莊頭在影響範圍內。河北平原新仙女木降溫事件以乾冷爲主，降溫達 8 攝氏度〔註 40〕。

　　蘇北盆地也有新仙女木事件的記錄〔註 41〕，在新疆同樣有此事的地質記錄〔註 42〕，與去狄宛不遠的河西走廊也有此事的地質記錄，河西走廊的新仙女木事件發生於 12.0 ka B.P～10.0 ka B.P 期間。這導致河西走廊一帶晚更新世末轉暖、濕潤的氣候間斷。降溫致洪水突發、乾旱、風暴、沙暴、塵暴等突發，降水減少，湖泊乾涸，生存環境惡劣。古地理環境變遷〔註 43〕，這種狀況不局限於中國北方，南方也有相同的地質記錄，譬如雲南〔註 44〕、貴州、廣西〔註 45〕。

　　北半球大幅降溫的趨向是自北向南，而且從北向南的降溫絕非均勻分佈，南邊降溫幅度小於北邊。這次將溫加劇北方生存環境惡化。末次盛冰期以來，草原與沙漠帶迅速向南擴張，南邊植被吸引草食動物，肉食動物隨之流徙，中國境內出現大範圍生物南遷。末次冰期間冰段舊石器文化地點都能夠是遷徙的出發點〔註 46〕。南遷抑或是留居故地對於當時的古賢是重大決定，爲每股北方人的文明發展埋藏了難以釋讀的界碑，決定了後世南北文明

〔註 38〕　覃嘉銘，袁道先等：《新仙女木及全新世早中期氣候突變事件：貴州茂蘭石筍氧同位素記錄》，《中國科學》（D 輯，地球科學）2004 年第 1 期。

〔註 39〕　王蘇民、吉磊等：《內蒙古扎賚諾爾湖泊沉積物中的新仙女木事件記錄》，《科學通報》1994 年第 4 期。

〔註 40〕　廣新菊、許清海等：《河北平原沉積物中記錄的新仙女木事件》，《雲南地理環境研究》2000 年第 1 期。

〔註 41〕　張麗蓉、舒強等：《新仙女木事件在蘇北盆地德勝湖沉積物中的記錄》，《地質科技情報》2011 年第 1 期。

〔註 42〕　羅超、彭子成等：《新仙女木事件在羅布泊湖相沉積物中的記錄》，《地球科學》（中國地質大學學報）2008 年第 2 期。

〔註 43〕　曹興山、赫明林等：《河西走廊地質記錄中的新仙女木事件及其前後古地理環境演變》，《甘肅地質學報》2002 年第 1 期。

〔註 44〕　周靜、王蘇民：《新仙女木事件及全新世早中期降溫事件——來自洱海湖泊沉積的記錄》，《氣候變化研究進展》2006 年第 3 期。

〔註 45〕　李彬、袁道先等：《桂林盤龍洞石筍中新仙女木事件及全新世氣候變化記錄》，《地質學報》1998 年第 4 期。

〔註 46〕　吉篤學、陳發虎、R. G. Bettinger 等：《末次盛冰期環境惡化對中國北方舊石器文化的影響》，《人類學學報》2005 年第 4 期。

的落差。

2）遷徙致古賢加深日出點變動規律認知

（1）地理認知積累以及日出點認知體系

向南遷徙的部族選擇遷徙方向，此間存在三等選項，或向南、或向西南、或向東南。在中國北方，無論遷徙的部族初生存於何處，這三種選擇都導致一個結果，遷徙的前賢都認知中國東西走向的高地與南北走向的高地，包括山脈。東部見南北走向之山脈太行山、中部偏西有南北走向之隴山。翻越山脈的前賢有廣闊的視域，他們在高地系統察知日出點變遷規律，匯集了最初關於日照之關聯認知。其要點是：日東南出爲歲初，日正東出爲春秋分，日東北出爲夏至。寒暑一番必見日出點南北中各一番。

這種歸納在各地傳播。太行山東邊前賢猶如太行山西邊前賢，他們俱知此事。隴山東邊前賢如西邊前賢也知此事。遷徙於秦嶺以南，或嶺南前賢也知此事。這樣，中國各地前賢所知日運行規律不異。

（2）南遷極限是北回歸線附近

古賢南遷是謀求更佳生存環境的嘗試，但問其遷徙的跬步有無休止？此題難以一項解答窮盡。我的基本認知是，彼時前賢南遷的極限應在北回歸線附近，但頗有隨遇而安的狀況。但凡到達某地，越兩年而遊獵、捕魚便利，不再遷徙。倘若未能獲得此等福地，即須登程繼續遷徙。另一種狀況是，遷徙途中，見某福地被旁的部族佔據，不得接近。故須另覓福地。否則，難免衝突與殺戮。因此，中國南方部族有不少原著民不是土著南方人，而是北方人，或北方人在遷徙途中與南方人血緣相混的結果，是他們的後嗣。

天文學涉及的回歸線漂移話題與此處討論沒有必然聯繫。今日，北回歸線穿過雲南、貴州、廣西、廣東、台灣。在古代，或許不在北緯23°線上，或在其北，或在其南，但緯度差別不大。例如，1997年，北回歸線向南移動了大約14.7米，南回歸線南移的距離相等。此謂南、北溫帶等里程變動。北溫帶面積增加。但是，這種移動範圍有限，而且回歸線漂移呈循環特點。每一循環耗時4萬1千年〔註47〕。從舊石器末期到當下，總年數不及此數，因此不須操心此事。換言之，新仙女木事件後，北回歸線漂移對於此檢討前賢遷徙影響不大。

〔註47〕 鮑夢賢：《淺說回歸線漂移的天文成因》，《天文愛好者》1999年第2期。

遷徙到北回歸線附近後，前賢對於日照的認知加深一大步。在北方，一歲最佳季節是仲春到仲秋。其餘時段是難謀食源的時段。到北回歸線附近，前賢閱歷一種異於北方的氣候類型：夏季高溫多雨，冬季潮濕溫和。在多雨季節，暴雨也非罕見，但凡晴日，日照蒸發水汽，難以忍受。在夏季，晨刻日出東北，正午日照當頭，傍晚日落西北，似乎在天際畫了一個較大的三角形，尖底在頭頂，兩邊線在東北與西北。這個角度等於九十度。這是察日者的印象。積攢兩年相同認知，觀測者獲得太陽直射點回歸運動〔註48〕。冬季，他們不愁食物，但夏季是他們難捱的時節，避暑與避雨是他們的大事。考古發掘見北回歸線附近遺址多在高於河流的洞穴，其故在此。這個狀況誘使北回歸線附近古賢設計瓦器器底模樣，後將專論此題。

古賢遷徙同時是古賢增益地理知識的進程，兩種狀況尤須貴重。其一，他們初多溯水源而上，絕不沿水流而下，他們須避開水澤結冰導致的寒氣。寒冰致病，故是害人之物，因此欲避開大水。地上水澤俱有水源，溯水而上，能及土塬或山脈泉水。遷徙途中翻越山脈是頻見行為。其二，他們遷徙是一項含有謀算的行動，其本質是相機動止，須行進則行進，便於生存則留居。故此，山地、平原、池沼畔、森林邊等都是他們留居之所。攀登高地的古賢回望足跡曾履的谷地，見水流方向，知山脊能劃分川澤。從此，他們獲得水系認知。翻越山脈後，他們又見日照狀況在各地不異，他們從此獲得日照陸地絕無遺漏的認知。因此，陸地地理與日照知識絕非仰韶時代前賢初成認知，此等認知形成於舊石器末期古賢遷徙。

（3）留居北方古賢鄰川寒日食魚而貴春秋分

一些北方古賢存留故地，因地制宜，謀得食源。他們的智慧超越遷徙者的平均智慧，因此能夠在故地繼續生存。此間，他們不獨在寒季解決了食源問題，而且以坎穴燒火解決了採暖過冬問題。當時，獲得食源是其留居故地的根本。狄宛前賢大約是此等部族。彼時的食源不是遠處的走獸，而是河川魚鱉。在結冰時節，他們能夠破冰求魚。

他們在獲得寒日食源的同時，推進了造器技藝。此事涉及兩種物件的發明：其一，骨針的發明。其二，魚鉤的發明。

寒季缺食難以生存，寒季無衣亦難生存。解決穿衣問題的途徑在於，發現雜食動物的覓食能力、覓食規律，以便獵獲雜食動物，野豬是此類動物。

〔註48〕白雲蘭：《太陽直射點回歸運動解讀》，《文科教學探索》2006 年第 7 期。

野豬能夠在大幅降溫之後的北方生存。獵獲野豬後，剝皮為裹體之物。欲如此，須連綴皮張。圖此，古賢發明骨針。在那個時代，豬皮對於古賢有特別象徵：熱季能掛泥應對酷暑，寒季能夠禦寒。河北徐水縣南莊頭遺址出土骨針即其證。

魚鉤的發明是寒季謀食淡水魚的最佳證據。此物的前身是骨針或骨錐。骨錐尖銳，前賢能以此物刺中水蟲。但魚能辨識水外物，察覺異物入水，警覺而走。故此，骨錐後來不能致用。換言之，欲在寒季得魚果腹，人須遠離魚能睹視域。同時，又須用錐狀物刺魚而得之，不使逃脫。後來，前賢從秋日類似鬼針草的植物獲得啟發，磨製骨錐時刻意磨出有鉤的模樣。這是留居故地的前賢一項偉大發明。魚鉤也是解釋舊石器末期北方、南方古賢生存方式差異的憑據。那個時代，南方古遺址幾乎不見出土魚鉤，其故在於，南方古賢不須在冰下求取水蟲為食。

釣鉤的發明與綁縛關聯，此事又涉及以獸皮製衣。這兩事都促進古賢認知經緯線綁縛。最初的漁網發明於這個時代。鑒於魚是寒季食物，古賢大腦印記最佳漁事時節是冬至前。這樣，寒冷與食魚相聯繫，魚的模樣最後升華為寒季的象徵。此認知傳及後世，在陰陽消息觀出現後，古賢在瓦器上摹寫陰陽消息時以魚摹寫《大過》。仰韶早期出現的魚紋述重消息《大過》始於狄宛，半坡、姜寨古賢放此，此題將在後述。

如此，光照認知與季節認知關聯。南方古賢以日照北回歸線時節之後為一歲節氣的樞紐。值夏至日前後，暴雨頻仍，難出窟穴。夏至日是轉折點。此後雨水減少，既不缺食物，又能動止自如。北方古賢判定一歲最佳季節也根據日照：春季、秋季之間是一歲最佳時節。此間有兩番日出類似狀況，一番在春分，其次在秋分。日似乎從東邊地平線而上。這種生存狀況的差別導致認知參差，喜好春秋季與喜好夏至後時節是彼時基本的趣味傾向。

但山川模樣與季節認知在不休加深。沿冰封水澤南遷、東遷是便捷途徑，北方各地古賢大約都歷此番艱難。狄宛附近曾有平涼一帶遷來的古賢，狄宛大而堅硬石器皆非產自邵店村一帶岩石，而且隴山附近缺少燧石等材料，因此不宜製造細石器。有學者推測，狄宛附近優質細石器材料源於寧夏、內蒙古等地（《甘肅大地灣遺址距今 6 萬年來的考古記錄與旱作農業起源》，揭前注）。

3）一萬三千年以來南北圜底平底器出自夏至與春分時節好惡

（1）北方平底瓦器映照古賢喜好春秋分間氣候

考古界很難考定北方古賢喜造平底器緣故。此題今日能夠解答。北方古賢喜好居於河流沖積平原，甚或在河流旁第一階臺地，故在平原便於查看春分、秋分日出地平線的狀況。精準查看這兩個節氣關係他們的生存與食源謀取。

他們最初並無歲時認知，但他們喜好日出東方地平線這個日出點，由於寒季之後，睹此景即謂不久後能夠見到草木蒼翠，禽獸眾多。這個時節終於下一番日出於東方地平線。在此期間，他們有充足的捕獵對象，補充養分。而且，秋分之前，是最佳的採集時節。食物的多樣得謂養分多樣。

如此，東方地平線上日出是一種祥瑞，預告一歲美好時節到來。古賢造瓦器融入這種吉祥，於是精心燒製平底器。此是平底器的觀念起源。工藝上，前賢已掌握石塊平面爲陰模的技藝。

（2）南方圜底器映照古賢喜夏至後氣候

南方古賢喜好造圜底瓦器，其故在於，古賢希冀夏至前後的大雨早日結束，以便動止自如，出門採集。南方植物種類眾多，足以解決食源問題。圜底器於古賢其實是球底器。此狀的根源是，古賢知曉夏至日日出點、午時日照點、傍晚日落點形成夾角，他們消除夾角的尖銳，使之變爲弧形。瓦器器底是圜底。至於此器能用於盛水，還是盛食，這是權宜話題。但造此器的初衷是一種祝願，企愿夏至節氣早過。因此，圜底器寄託南方古賢的願望。

從如上狀況出發考究瓦器器形的穩定與古賢喜好某形狀瓦器，我們得知，造器絕非簡單地用泥、燒火、謀求容納物件的行爲，而是一種寄託希冀的行爲。無論北方古賢，還是南方古賢，他們造器俱包含一層好惡寄託。所好者以器底形狀反映，所惡者亦能以器底形狀反映。北方古賢造平底瓦器屬前例，南方古賢造圜底器屬後例。

概括地講，中國北方、南方古賢給瓦器定形的標誌是器底形狀。此事是中國瓦器較早成熟的標誌。欲檢討瓦器起源，須設定數個指標，譬如器底模樣、器底火候、器腹模樣與火候、口沿模樣與火候，而後檢討紋飾，斷不可以瓦片出現爲瓦器起源。紋飾雖是古賢表意途徑，但它寄託於器底。總之，器底狀況是檢討瓦器起源的樞紐。

（四）豕寒暑首下上認知以及恃豕下頜骨記寒暑六月差率

1. 熱季寒季匹配豕頭上下動止

1）豕熱季負塗而頭向上

（1）古賢尚豕集於豕首

豕在一年寒暑兩段都能謀得食物。這不獨由於豬是雜食動物，飢不擇食或飽不厭食，而且由於豬有靈敏的嗅覺，能夠察知地上植物與籽實。人沒有這種能力，此是事實，而且不值得深入討論。但是，人類能夠由於自己某事上能力不足而默然求教於動物，野豬是這種動物。在新仙女木事件以前，人類偶爾目睹野豬覓食狀況，已知其雜食而食量較大，但缺乏特別事件，人類沒有思考野豬行爲的契機。大約在新仙女木事件後，氣溫大幅降低導致覓食困難。此時，前賢刻意觀察生存能力強大的動物，譬如野豬，以圖獲得豕的生存訣竅，指導自己求食。此時，系統觀測野豬的時代到來。

在熱月，豕覓食不費氣力。地上有足夠的野草、落果（包括水果與堅果）。野豬覓食的能力集中於喙，這種動物不用眼目辨識地上物種，唯以喙斷定某物可否食用。古賢欽佩這種智能，這種欽佩集中於野豬的喙。河姆渡遺址曾出土圓角長方缽一件，標本編碼 T243：235，此缽面上刻劃一豕，其喙甚長，幾乎占身長的二分之一。這是最佳例證。

（2）豕熱月入泥負塗而口鼻上揚

在熱月，豕動止別有特點。如前述，豕欲避寄生蟲糟害入泥水，除頭部之外，豕全身掛搭泥漿；此狀即豕負塗。前賢本不知豕外形如何在熱季變更，細察其入水、踐泥水、在河灘打滾而知其狀來由。但是，這並非豕負塗的細節。有一點使他們驚愕：爲何頭部以上沒有泥漿？他們不知其故。多番觀察，他們發現，豕打滾並非全身入泥漿，而是在身體入泥漿後保持頭部在高處。似乎唯獨欲使頭部以外入泥漿。他們最初不能解釋此事。但觀察野豬行爲的前賢謀求解答。多番查看之後，他們開始明白其間隱秘：入水豕喙並向上揚。豕喙尖銳，上揚之故在於，豕須維持呼吸。古賢未必有興趣查看豕如何呼吸，但能夠察知豕在身體入水滾泥時保持喙在高處的體位。於是，古賢將酷熱與豕負塗，以及首向上三事聯繫，獲得重大的推類：凡睹豕首向上，必爲熱季。這個推論主導中國北方古賢的認知維度。

2）豕寒季頭向下拱地覓食

（1）霜降後翻地拱土覓食

在秋分前後，豕不必拱地覓食，此間稗子一類植物籽實成熟，風吹之後，籽實落地。這是豕的美食之一。但是，霜降之後，氣溫降低，地面能獲得的食物或因氣候朽敗，或因草食動物啃食不復存在。以鮮嫩植物爲食的動物開始向南邊遷徙。雜食動物豕不須遷徙。其喙的便利在霜降後發揮得淋漓盡致：古賢焚燒稗子，食其籽實。焚燒不盡的稗子，淪爲豕食。豕喙拱地，能得草食動物踏入土中的籽實，而後開懷享受。

前賢欲在霜降後獵豕，須費力追蹤。豕遺留的蹤跡是拱土、蹄印。細心的獵人察知，草木枯萎之後，豕掘土初淺、次深、後淺。初冬地表不曾封凍，故拱土淺。小寒後須深拱，由於地氣被地表寒冷封阻，非深拱不能得食。但豕甚有靈性，能自覓便於拱開的地面。在大寒前後，野豬近原隰活動，這裡地表濕度大，地下水保存的地氣不易封凍。

更寒冷的時候，譬如原隰附近冰凍之後，豕仍能以喙觸地，拱出籽實，倘使拱出冷凍的骨肉殘餘，豕不挑食，也不浪費。豕在彼時是古賢心目中的能獸。冬夏都不愁食源，寒暑都能生存。這個時代是古賢謀求食源而難得的時代。認知並仿效豕的求生技能，是古賢的頭等大事。

（2）頭向下能得食以及人類因食物寡少印記寒季

初時，聖賢根本不知一歲時段堪別寒暑，更無寒暑次第。寒暑於他們是混沌而偶然狀況，他們唯求食物，欲免被旁的部族獵食。他們也欲避免各種體表痛苦。

關於寒暑次第認知，前賢大約從寒冷而食寡的時代開始重視此事。此事應是新仙女木事件引發的認知趣味。向南遷徙加深這種認知。困擾前賢的難題是求食。夏季，果蓏多見，初秋又有籽實採集。

霜降後，古賢難以度日，不免骨瘦如柴。這個時節是產生痛苦記憶的時節，夏秋期間的幸福容易忘卻，但仲秋之後覓食難得的困苦刻骨銘心。寡食與寒冷並被刻入記憶能力。同時，求生所需與痛苦記憶是認知的材料庫。在毫無憑依之時，聖賢遊獵時偶見豕在寒日體壯膘肥。反察豕的狀貌，寒冷不能導致豕孱弱、消瘦。古賢察知豕的動止，最終發現其行動特點。這個特點即豕喙向下。這個期間延續甚久，從霜降迄大寒時節。立春後，草木萌發，豕能啃食地表植物，不須以喙掘地覓食。

寒冬時節，凡睹豕首向下，以喙入地表，即知豕必得食。古賢久察得知三事關聯：寒冷季節，豕喙入地，得食而肥。目睹豕喙向下入地，等於寒冬時節。這種概括基於一種解析與抽象。

2. 豕首下述建正之《周易·睽》新證

1)《睽》上九句新解

（1）虞說未澄清爻辭歲紀寒暑六月參差曆義

《睽》卦：兌下離上。卦畫：䷥。卦畫結構：第二爻迄第四爻爲離，第三爻迄其五爻爲坎。依《易林》，值小寒後大寒節氣，在冬至之後。卦畫見二陽深藏，二陰間上二陽，上陽不相屬。

爻辭：「上九，睽孤，見豕負塗。載鬼一車。先張之弧，後說之壺。匪寇婚媾，往遇雨澤吉。」

虞翻訓此言貴乎坎有數義，又以爻變爲事。他講：「睽三顧五，故曰睽孤。」又言「坎爲豕、爲雨。四變時坤爲土。土得雨爲泥塗。四動，艮爲背。豕背有泥，故見豕負塗矣。坤爲鬼，坎爲車。變在坎上，故載鬼一車也。」〔註49〕虞氏「睽三顧五，故曰睽孤」，謂《睽》第三爻爲陽爻，但第五爻非陽爻，不能匹配，故言「孤」。他以第四陽爻變陰爻爲樞紐，得坤、得土、又以坎雨和泥，得負塗。同時又用坎爲豕，坎擔當數任，顯見多賦坎義。況且，《說卦傳》坎爲弓、輪，輪非輿，故非車。虞解「豕負塗」過早攫持「往遇雨」句，終以「三在坎下」解「往遇雨」，使此句時義隱沒。虞說不近舊義。尚秉和雖見此卦易象取象是「反目」，言「坎數一」，此說是。但其說「載鬼一車」非古義〔註50〕。

在虞翻前，京房曾說「豕負塗」。《漢書·五行志》引《京房易》云：「『睽孤，見豕負塗，』厥妖人生兩頭。」京氏爲何以此災異說《睽》上九句，這使人難明其要。及今日，京氏易研究未曾澄清京說含義〔註51〕。可以推定，無論京氏說還是虞氏說都基於爻辭「豕負塗」，兩說如何相交，後漢以降的易學界並未澄清。此題看似《易》學難題，但其事是易曆難點，以及豕首上下曆算根基，不得不在此澄清

〔註49〕李鼎祚：《周易集解》第2冊，商務印書館，1936年，第190頁。

〔註50〕尚秉和：《周易尚氏學》第十一卷，中華書局，1980年，第147頁。

〔註51〕冒廣生撰述，冒懷辛、毛景華整理：《冒鶴亭京氏易三種》，巴蜀書社，2009年，第81頁；第441頁上欄。

（2）《周易・睽》上九句述謬算節氣顯寒暑六月差率

今案，《睽》上九爻辭述《睽》（小寒迄大寒）謬算致重消息（卦）變《歸妹》，非虞氏卦象說。「睽孤，見豕負塗」述新歲節氣預算得衰陽、此爲謬算，以致曆歲初現歲中豕負塗。此謬誤源於「載鬼一車」，即謬以一歲起於節氣寒露，寒露節氣合重消息《歸妹》。一歲節氣須起於多至，欲算大寒節氣，反得多至前寒露節氣，故曆算誤。此曆算致一歲有兩番開頭，非法。

「先張之弧，後說之壺」經文有誤，原文須是「先張之壺，後說之弧」。此兩句以謬算導致的節氣逆轉惡果述「睽孤，見豕負塗」的算法謬誤。《咸》值夏至節氣，彼時天氣熱，故豕負塗。經文傳本謬誤詳後考訓。「匪寇婚媾」「往遇雨則吉」述曆算匡謬須截至《姤》卦。更正此算，須從雨水之後開始。術算不可越過《姤》卦值時段。經文須備細考訓。

「睽孤，見豕負塗」之前者「睽孤」述節氣計算失度、「見豕負塗」述節氣預算失度導致的證據。「孤」者，無父也，引申爲失度。「父」字甲骨文從「又」、「｜」，引申爲守斗柄寒暑指向之數。孤謂喪此度數，非謂無父母幼童。「｜」南北指述兩季節，南指爲仲夏，北指爲仲多。期間月數差是六，即多至、夏至間有六月數差。欲算歲初多至，得節氣是夏至前後節氣，此是失度。「見豕負塗」係以豕負塗顯示繆算歲初節氣。「見豕負塗」謂謬算將致周遭將在曆算多至而睹豕負塗。古人無端午、夏至等名，唯以豕負塗標誌熱季。夏季，豕在濱河泥槽打滾，立起即見泥漿糊體。卦辭「睽，小事吉」含節氣匡謬義，足見曆算能顯謬誤：「小」引申義是少而無父，本義是喪節氣度數。「事」指史，算節氣。「吉」述節氣曆算匡謬。

「載鬼一車」：謬算曆算節氣合當《歸妹》，但北辰恒在而歲值斗魁一周。載者，《爾雅》述唐虞歲也，歲紀起於多至節氣，彼時無歲星說。《尚書・牧師》「戎車」，陸德明音「居。」居者，不遷動也。

「鬼」，歸也。《春秋左傳・昭公七年》子產曰：「鬼有所歸。」《睽》卦末陽爻變陰爻，是爲兌下震上《歸妹》，合當節氣寒露。寒露在多至前。欲得小寒變大寒節氣，反得多至前寒露節氣。「一車」言斗魁一歲週旋一番，但北辰不動。楊履泰以坎爲輪言車象：「睽上九爲離上離下伏坎。其數一而不見一陰極之象。睽，極之道也。故曰『鬼一車』者，坎爲輪也。」〔註52〕楊說強

〔註52〕楊履泰：《周易倚數錄》（卷上），《續修四庫全書》第34冊，上海古籍出版社，2002年，第11頁。

以《說卦傳》坎爲輪述車義，喪失《睽》末陽爻變陰爻爲卦變事，致易曆術算義隱沒。

「先張之弧，後說之壺」句「弧」「壺」在語句出現次第值得考究。此句本述「豕負塗」見於《咸》合當的夏至節氣，但後漢傳者未考，以致存此不協。我察此句文字本應是「先張之壺，後說之弧」。

考陸德明記各家述「睽孤」句，見傳本不協，但必有統一基礎：「睽，苦圭反。馬、鄭、王肅、徐、呂忱並音圭。《序卦》云『乖也』。《雜卦》云『外也』。《說文》云『目不相視也。』」〔註53〕陸氏訓音義：「弧音胡，弓也。」「之弧：本亦作壺。京、馬、鄭、王肅、翟子玄作壺。」〔註54〕據此得知二事：其一，《周易·睽》上九句兩傳本弧、壺二字相對位置值得考究，此是相協根基。第二，《序卦》以乖訓《睽》全合卦辭「小」義。此名又述曆算失紀。《雜卦》言「外」，其義不悖《序卦》義：外者，卜得陰，未得陽也。甲骨文外字從月、卜。月乃陰象。此述晝爲夜，陽變陰，指爻變。以一爻變統卦變。另：陸德明以弓訓弧亦是。

先，上也。後，下也。猶如結繩，繩頭在上，此爲先。繩頭向下延伸，爲後。此言又述古八經卦構造重卦之次第。

「張、說」二字述震、兌二卦。「壺」述兌，「弧」述震、艮。張謂彎弓，述月初、月末狀，之述卦變。「說」述兌。弧表二義：震、艮。壺盛水，口向上，有澤象。「先張之壺」：月初震變爲兌，上卦爲兌。「後說之弧」，下卦兌變爲艮。重消息今是艮下兌上，此是《咸》卦。「先張之壺，後說之弧」述曆算大寒節氣，但從寒露起算，導致一歲再以多至開端，此間導致霜降、立冬、小雪、大雪、多至、小寒六個節氣術算隱沒，其日數約等於三個月的節氣差，這個期間值當逆算寒露到小暑的節氣。其節氣是夏至。這樣超算與虧欠持平。夏至時節天熱，故而豕負塗。

焦氏《易林》卷十《睽》之《咸》」能證此事：「三牛五牂，重明作福，使我有得，疾人官獄，憂在心腹。」尚秉和《焦氏易林注》改「人」爲「入」。「三牛五牂」述《咸》卦構造：三，自第三爻起算，三陽爻爲坤包藏，坤爲牛。「五牂」《咸》卦上卦爲兌，兌爲羊。牂是母羊，母爲陰，應《睽》寒冷

〔註53〕今本《說文解字》：「睽，目不相聽也。」此不合陸德明《經典釋文》記。推
　　　　陸氏所見即唐本。
〔註54〕陸德明：《周易音義》，中華書局，1983年，第15頁。

節氣。但第五陽爻當位，陽氣盛。「重明作福」謂曆算依法，再啓歲初。此是謬誤。福讀偪，訓法、範，術算也。前賢曆算節氣謬誤，未依算範，猶如自爲算範，故言「作偪」。重明者，歲再起算也。冬至後有春日，春日明媚。「使我有得」：令我算後曆數不當節氣。有，依許愼訓「不宜有」，謂節氣誤。「得」自然節氣直。己算不合自然節氣。「疾人官獄」：爲患出自巫者。人，巫也。兌爲巫。謬算出自兌誤。《睽卦》兌下離上，今兌不在下，而在上。是謂禍出自兌不當位。尚秉和謬改「人」爲「入」，焦氏體悟《周易・睽》節氣災異義喪失殆盡。「官獄」，算寒日節氣謬得夏至節氣基於《觀》、《訟》卦變。獄字從犬，犬熱月張口吐舌，指熱月節氣曆算。「官」，灌也，通觀，《觀》卦構造：坤下巽上。「獄」，《訟》也。重消息構造：坎下乾上。《訟》上卦乾降落，一陰上出，《訟》下坎變爲《觀》陰爻，故得艮下兌上《咸》卦。《觀》述謬算起點。《訟》述謬算節氣至夏至節氣的謬算起點，此是清明節氣。「憂在心腹」：患起於不察心宿出沒。「在」，察也。心，心宿，指大火星也。腹，府也，藏也。心宿起，季節熱，心宿西落，節氣變寒。察大火星而校對節氣，能免此誤。此事之源是狄宛一期古賢以豕下頷骨隨葬賢者，而且下頷骨位於骨殖的腹部。

「匪寇婚媾」「往遇雨則吉」述匡正大寒節氣誤算須從今歲冬至，而且謬算節氣的時段應包括《姤》六日在內。從冬至迄雨水是四節氣，勘誤須在此期間，順延驚蟄，後得春分，當年節氣平。「匪寇婚媾」謂顚倒兌卦位置，揩開月初。「匪寇」者，壺動也，即兌顚倒，得巽。匪，篋也，瓦壺是也。「寇」謂動盪，更置。瓦壺動即口向下，變爲巽。「婚」，昏也。巽在陰是也。巽在陰謂隱藏，即巽爲下卦。「媾」，《姤》也。乾在上，巽在下。

「往」，之也。「遇」，偶逢也，求算者及某時節。「雨」，雨水節氣。「則吉」節氣直，免去禍患。

概括上述，謬算大寒節氣，出自兩算冬至，以致節氣誤差積累，寒暑顚倒。寒暑相差六月。「豕負塗」在此象徵災異節氣。

2）京房《睽》「豕負塗」災異說起於算寒謬得暑

（1）京房「豕負塗」災異說含義迄今未解

《漢書・五行志》（第七下之上）：「平帝元始元年，六月，長安女子有生兒，兩頭異頸面相鄉，四臂共匈俱前鄉，尻上有目長二寸所。京房《易傳》曰：『睽孤，見豕負塗』，厥妖人生兩頭。下相攘善，妖亦同。人若六畜，首

目在下，茲謂亡上，正將變更。凡妖之作，以譴失正，各象其類。二首，下不壹也；」顏師古云：「《易睽》卦，上九爻辭也。《睽》孤，乖刺之意也。塗，泥也。」

顏氏未解「見豕負塗」與《睽》卦關聯，也未澄清「豕負塗」與「厥妖人生兩頭」、「下相攘善」、「首目在下」、「茲謂亡上，正將變更」、「二首，下不壹也」諸言含義關聯〔註55〕。王先謙引王念孫曰：「『下不壹』當為『上不壹』。人首在上，故上不專壹，則人生二首上文所謂各象其類也。今作『下』者，涉上下文諸『下』字而誤。《漢紀》作『二首上不一也。』是其證。」〔註56〕

王念孫引文並無義釋，不足為憑，一字參差見於兩處，兩處俱能出錯。系統考釋誠是證偽之途，王念孫未曾考證。案京房言「二首」指「人生兩頭」，此事被定為妖。京氏以「下不壹」解釋「二首」。他以為雙頭人是妖，此是「妖作」，妖作「以譴失正」。「雙頭人」於現代遺傳學不算難題，最多應視為變異。古人以此為災異。這一點不值得深究。

漢易皆本田何，傳及焦贛，災異說興起。京房學於焦氏。《藝文志》記京房著作含《孟氏京房》十一篇，《災異孟氏京房》六十六篇等。班固是東漢人，以《京房易》解釋平帝時代異事，譬如人生兩頭。此屬易爻例災異說。災異說本源是《周易》六十四卦爻變，其闡釋出自爻辭，非焦贛首創，此事以為前考揭示。但是，京房將此事關聯「失正」，其故何在，迄今猶未澄清。

（2）「豕負塗」「人生兩頭」及豕首在下述寒暑六月差義考

今案，班固言漢平帝元始元年六月長安女誕雙頭子，此事是種素變異。中國生物學好用對音者名之「基因」。「兩頭」指連體嬰兒。「下相攘善」謂「臣屬擾多至地氣有眚。」攘，擾亂也。「善」，膳氣，引申為上行氣，即多至地氣。「人若六畜」即婦人產子，頭下足上，此是正。六畜是總名，出自歸納。而歸納基於枚舉。其根基是豕首下。豕首下為正，即豕首下謂寒多地氣在下，豕拱地得草芽得食，此謂地氣上升，當冬至前後節氣。建正不誤。此氣乃穀物生長之氣。穀物長成即有芒，故言「茲謂亡上」。茲，生也。亡，芒也。麥芒在上即麥粒灌漿不誤。一歲僅得一多至，一歲始。始即開頭。一歲唯有一開頭，若有兩開頭，此歲節氣必亂。因此，「二首，下不壹也」謂多至地氣曆

〔註55〕班固撰，顏師古注，陳抗等點校：《漢書》，中華書局，1962年，第1474頁。
〔註56〕王先謙：《漢書補注》，中華書局，1983年，第20頁。

算有兩得數，此是曆算謬誤。「下不壹」指斗柄在下，但豕首不下。豕首下象徵天氣仍未回暖，由於豕拱地覓食。二者參差，故不壹。「下」，《夏小正》「斗柄懸在下」也，於時為正月。斗柄下懸處所不匹配冬至後節氣，此致歲紀謬誤，農事敗績。

「豕負塗」是夏至時節現象，算《睽》者欲得大寒節氣。謬算而得豕負塗，此是《睽》上九義。大寒、夏至是寒暑兩種迥異的節氣。從此得知，豕負塗與豕首下述相反節令。兩者相差六個月。豕負塗與豕首下的月數差等於六，此即寒暑六月差率。

3. 豕下頜骨象寒暑六月差率暨中國曆法起源

1）從喜好全豕到喜好豕下頜骨

（1）從豕喜好到豕首喜好

古賢查看豕行為，進而留心觀察豕喙，發覺豕能拱地得食，象徵技能。後來，他們從此抽象出豕首。此進程蹤跡甚明。河姆渡遺址曾出土圓角長方缽一件，標本編碼 T243：235，此缽面上刻劃一豕，其喙甚長，幾乎占身長的二分之一。此作品證實，彼時古賢喜好豕。古賢這種喜好後來升華，其後嗣縮小喜好範圍，罕有關注全豬，而將其喜好更多地傾注於豕首。大汶口古墓遺址出土豕首骨殖最多，此事佐證，彼時古賢葬人時亦埋豕首。

古人喜好豕首之俗延續至漢代，西漢墓壁畫有豕首人身靈物模樣。孫作雲曾討論此物象含義，他以為，此畫述豬頭人方相氏，又以為此豬頭怪人陳述打鬼〔註57〕。豕首人身畫的含義問題後被深入檢討，但都未能形成統一而連續的認知。我以為，豬頭與人身連屬，此形象絕非後世凡人，而是古巫。此巫尚豕首技能，族人知曉此事，傳言此事，後輩記此事。當時並無旁的途徑述舊事，故作畫記述。作畫者是古聖族人後嗣，屬相同文化系統，故能作此畫。古人喜好全豬到喜好豕首，這個轉變終結。

（2）從豕首喜好到豕喙喜好

豕首有多塊骨頭，但豬在寒日以喙拱地覓食。因此，豕喙是豕覓食的關鍵。比較豕喙與豕首，豕喙更為緊要。從此，能夠知曉，豕喙能夠寄託豕的覓食能力，能夠從豕首分離。考古發掘旁證這個判斷。上世紀 60 年代初，長江三峽地區考古調查揭示，宜昌楊家灣遺址存在一種豬嘴形殘存瓦器，此物

〔註57〕孫作雲：《洛陽西漢卜千秋墓壁畫考釋》，《文物》1977 年第 6 期。

被一些學人稱爲支座。當時，此物被稱爲豬嘴形器〔註58〕。七十年代後，又在宜昌中堡島、伍相廟、清水灘、秭歸龔家大溝、枝江關廟山、四川巫山大溪等地發掘出此類物件。1984 年，宜昌太平溪伍相廟遺址出土了豬嘴形瓦器〔註59〕。此器頗似豕喙頭彎曲，豕喙頭彎曲即豕拱地時的形狀。

關於此物的功能，有人推測，它是陶器的支座。陳國慶、孟華平研究，大溪文化有些支座用於支撐炊器，中堡島遺址發現的支座有煙炱。但是，這絕非普遍種狀況。不少遺址出土的豕喙形器不是炊器支座，由於器身沒有摩擦痕跡，也無燒烤痕跡。僅豕喙狀端頭紋飾清晰。無論 A 型、B 型器都無力學上的支撐功能，前者是直立圓柱狀，不能連接圓底，也不能連接平底炊器。B 型器的頂端是一點，不是面，不能承受壓力。器身佈滿紋飾，倘使用作炊器，紋飾的功能喪失。作者認爲，這些器物是一種模擬物。他們的結論是，A 型、B 型器有紋飾及頂端有角狀者可能是一種宗教祭祀的產品，是當時人們宗教意識的產物〔註60〕。他們的推測後被楊權喜採納〔註61〕。

陳國慶等人撰文否認此瓦器用作支座，但論文標題又承認「陶支座」的稱謂。論述與標題之間存在一種張力。他們推測此物是宗教的產物。此物有何宗教價值，迄今仍是謎團。

我察諸物最初俱是瓦豕喙，而非支座，而且此物是古賢教化邑眾之器。其功能是顯示豕首上下的季節差異，此物故是地理教具。既能以其尖端向上，也能尖端向下。這足以模擬一歲寒暑：豕喙向上述熱季，豕入泥沼，口鼻向上。豕喙向下述寒季，此時豕喙拱地覓食。據此得知，豬嘴形器是巫者教化邑人之器，用於指示一歲寒暑之別。

前述卜千秋墓豕首人身壁畫局部源於人臉豕鼻孔瓦器紐，即河南鄧州八里崗遺址 H714：1，發掘紀實所言人頭形器紐。古賢欲揭示邑首一類人物知曉寒暑差別的藝能，在塑造人臉時，著力塑造人鼻似豕鼻的形狀。鼻樑粗大遠超過人鼻比例，但中部向下延伸到鼻頭的形狀不是棱狀，而是圓弧形，這不像鼻尖，而似豕喙。而且，鼻孔的位置近鼻尖。鼻尖上翹，鼻孔是圓形。此

〔註58〕中國科學院考古研究所長江隊三峽工作組：《長江西陵峽考古調查與試掘》，《考古》1961 年第 5 期。

〔註59〕湖北省博物館、江陵考古工作站：《宜昌伍相廟新石器時代遺址發掘報告》，《江漢考古》1988 年第 1 期。

〔註60〕陳國慶、孟華平：《大溪文化陶支座用途剖析》，《江漢考古》1991 年第 3 期。

〔註61〕楊權喜：《大溪文化豬嘴形陶支座》，《江漢考古》1998 年第 2 期。

狀根本不是人鼻形狀，而是豕鼻狀。這個細節被發掘者輕忽〔註62〕。此狀是豕喙上揚狀，於時爲暑，象徵物產豐饒，食物充足。

（3）從豕首離析豕下頜骨以象歲寒暑六月差率

古賢喜好豕喙，這種心態並未止步，而是繼續變遷，最後演變爲喜好豕下頜骨。比較豕下頜骨喜好與豕喙喜好、豕首喜好、全豕喜好，能夠發現，這種喜好是一種以離析爲特點的變遷：從全豕離析豕首，從豕首離析豕喙，再從豕喙離析豕下頜骨。這是中國古賢最早的解析心理，此心理狀態的根源是古賢認知能力向系統認知邁進。

古賢從豕喙離析豕下頜骨的緣由有二：第一，豕下頜骨是獠牙的根部。獠牙似弧形，兩邊獠牙相耦，狀似娥眉月與殘月。搭拼娥眉月、殘月，即得一月日數。太陰曆一月起於滿月，終於滿月，而非朔日。第二，豕首上下能喻一歲寒暑。細察豕首上下即知豕喙上下不異於豕首上下：豕喙下，旨在謀取土下食物。豕喙上，以圖負塗時不被泥漿封閉鼻孔，阻礙呼吸。因此，豕首上下等於豕喙上下。在豕下頜骨與上頜骨之間，存在一種主次關係。豕下頜骨是承載部，上頜骨是下壓部，二者相合能夠嚼碎食物。但豕拱土時以下頜骨支持上頜骨尤其是喙部翻動土壤，因此下頜骨是主幹，是冬日覓食的根本。在寒日，豕嗅知地氣的能力須以下頜骨發揮。總之，豕下頜骨是豕頭部要緊的骨頭。豕首上下象徵的寒暑六月差率本質上不異於豕下頜骨六月差率。這樣，豕下頜骨綜合了月數、寒暑月數兩數，濃縮了曆法的基礎。古賢喜好此物出自古賢諳熟月日歲曆。曆算是預算的根本，是謀食的樞紐，是新仙女木以來中國古賢認知能力的飛躍。

查看不少前仰韶、仰韶乃至龍山時期遺址，涉及豕喜好的物件多樣，此事隱藏的信息是，古賢認知豕有自己的偏好差異。古賢能夠捕獵野豬，他們敬畏野豬。這種彪悍、剛猛的動物能夠在寒冷季節安然生存。這促使古賢刻意多獵野豬，以圖增補自己的能力，譬如肥碩、勇猛、善於嗅知地氣、不懼寒冷等。於是，喜豕肥碩者謀其肉，喜其剛猛者謀其首，喜其不懼寒冷者謀其皮，喜其知地氣者謀其喙，喜其喙寒暑上下反動者謀其下頜骨。這是豕喜好參差的根源。因此，在各地同類文化遺址，發掘者能見不同埋藏，一些遺址埋豕首，另一些遺址埋全豕，也能見埋藏豕下頜骨。

〔註62〕張弛、樊力等：《河南鄧州八里崗遺址1998年發掘簡報》，《文物》2000年第11期，圖一，H714：1。

如上喜好有精粗，豕下頜骨喜好是高等喜好。從豕喜好分離出豕首喜好，以及豕喙喜好、豕下頜骨喜好，這個進程發生於中國大陸。最早發生離析的地點是甘肅秦安狄宛。其時距今大約一萬年。這樣講的根由是，狄宛一期出土的豕下頜骨沒有獠牙，由於前賢已清除兩邊的獠牙。左右獠牙象徵滿月。將獠牙清除即謂去滿月之象，所以去滿月之象，由於古賢以將其象徵義融入知識。保留豕下頜骨即謂豕下頜骨象徵寒暑六月差率，六這個數字出現了。

古賢從六月抽出六這個數字，這個抽象進程緩慢，其耗時長短難定。參照狄宛一期距今年代 7800 年，古賢從豕喙抽象豕下頜骨在早，從豕下頜骨清除獠牙也較早。依據這三者推斷狄宛古賢從豕喙分離豕下頜骨之事大約發生於一萬年前。

後來，這種喜好向各地傳播，而且綿延甚久，從前仰韶時期延續到青銅時代。吉林永吉一遺址出土了石棺，其中曾見以陶缽盛豕下頜骨〔註 63〕。陶缽象徵死者之尊，豕下頜骨象徵得地氣。納此物於尊，爲死者隨葬物，顯示後嗣自認先人「得地氣動靜」之能。

至此，豕下頜骨喜好的隱秘全被揭示：豕下頜骨象徵一歲寒暑六月差異。寒暑各一番等於十二個月。歲月寒暑認知具備。這是中國最古老的太陰曆印記。

2）中國太陰曆源於寒暑六月差認知及月日歲統一

（1）舊說曆法起源俱無歲紀期間

題涉中國曆法起源難題，學界若干學人嘗試以自己的論點逼近事實。大抵能抽出兩種論點爲代表，這兩種論點交叉存在，而非對立。其一檢討原始農業與曆法起源先後關係。其二檢討曆法紀日、紀月到紀年法。

第一話題出現於上世紀五十年代，雷海宗認爲，原始農業的發展需要促使曆法生成。他以爲，古人注意風向、雨來、花開、鳥來，這些狀況幫助他們安排簡單的農作活動。後來，他們重視觀測天象，由於天象有精準的循環，他們從觀測月亮開始，觀測星辰、太陽。初民不知有年，只能模糊察覺季節循環，知月而不知固定時限的年，能算出月輪轉幾週是收穫時節。初階曆法不滿一年，一次的季節循環只有八個月或十個月，這個期間涉及農事，另外

〔註63〕吉林市博物館，永吉縣文化館：《吉林永吉星星哨石棺墓第三次發掘》，《考古學集刊》第 3 集，中國社會科學出版社，1983 年，第 121 頁。

的兩到四個月無人過問。拉丁人當初的曆法曾是這樣〔註 64〕。以拉丁人曆法形成爲例證，立論討論中國曆法起源，這種檢討路徑本不可靠。但農業促進曆法生成的觀點統轄曆法起源研究數十年。

晚近，馮時先生重點討論第一類話題，他基於天文考古查看曆法起源，及其與原始農業發達的先後，最後認定，中國原始農業遲於中國歲時認知（《天文考古學》，第 176～177 頁）。這個認知逼近事實，但無曆法起源的經緯線條，曆法起源的動因不清。畢竟，曆法涉及眾多話題：南北、寒暑、節氣、造器、紀年等。原始採集依粗淺的曆法知識不等於採集者知曉曆法，原始採集也不等於原始農業，9000 年前的古賢非獵獸不能生存，無果蓏不能果腹。總之，中國原始農業與曆法起源並無深層因果聯繫。

晚近，天文學學人以爲紀日是曆法的根本，因此嘗試立論紀日制度是曆法的開端。他們還以爲，紀日具有社會功能。社會生活中的集體行爲迫切需要有統一的時日，包括祭祀、戰爭等。他們舉我國基諾族、佤族曆法爲證〔註 65〕。這個觀點逼近曆法起源，但仍未澄清紀日與紀月的關係，也未能澄清一歲觀念的起源。關於中國太陰曆歲、月、日相統一的曆法起源，考古界仍有諸多疑問。

（2）狄宛歲寒暑六月係中國最古寒暑歲長

欲檢中國曆法起源，須覓中國古賢曆算舊事。參驗古遺址器物，對照新仙女木事件以來古賢業績，其曆歲認知要點可舉陳如後。歲紀起於月日查看，形成於寒暑各六月期間斷割。其形成地是今甘肅秦安縣狄宛。

中國古賢認知曆法要素在早，歲曆認知遲起。最初，古賢因追蹤獵物、採集果實須光線而加深晨、昏與日、夜認知。夜狩獵的前提是知曉月起落日率。晝狩獵而傍晚不能速返留宿地，他們須依月起落時分知識動止。月圓缺日率隨之被他們知曉。如此，積累了日數與月數認知。涉及月數與日數的關係，存在兩種排序：一是月日，二是日月。彼時，古賢重視月日，而非日月。月日即滿月一循環的月相夾日數。從此滿月到下一番滿月，見半月、殘月、娥眉月、半月。月相夾日數即月日數。曆法研究者思想的紀日、紀月、紀年的基礎紀日、紀月是積日爲月。前者是太陰曆，重視月相，後者是

〔註 64〕雷海宗：《曆法的起源與先秦曆法》，《歷史教學》1956 年第 8 期。

〔註 65〕鮑夢賢、冒蔚等：《「紀日」芻議》，《廣西民族大學學報》（自然科學版）2009 年 S2 期。

純曆法，重視太陽曆或陰、陽合曆。這是不同曆紀，其時代相差甚遠，不得混淆。

能夠狩獵的古賢能算月日，但最初並無年歲。年歲觀念涉及寒暑斷割。在濕潤而水草肥美的地域，倘使寒暑差別不顯，根本無年歲觀。新仙女木時間前，北方諸多濕潤地域沒有歲曆。但是，將寒暑一番分離出來，此事出現於新仙女木事件後。此事最初發生於中國北方。由於狩獵，古賢須知植物循環生長率。故而，他們重視春分。又由於他們須焚燒稗子採集其籽而食，他們重視秋分。但這兩節氣不是一歲的節點。從豕一歲動止暨豕喙上下，前賢知曉寒暑各一番，往後即見重複。斷割這期間即得歲紀期間，這個期間相差六月，這個期間能用豕下頜骨表述。以寒統六月，再以暑統六月，此是寒暑差六月的頻率。從此，歲紀形成。這個算法是中國最早的太陰歲紀，是後世曆法之母。

末了，須申述豕下頜骨於古聖的價值。此物輪廓似∧或∨，從豕首部查看是前狀，從喙尖查看見後狀。於狄宛古賢，豕下頜骨是靈物，象徵預計節氣的能力，是巫者之器，旁人不敢覬覦。恰由於這種寓意，其輪廓最後被摹寫、刻劃於瓦器，成爲曆紀，此是中國數字暨文字起源。於是，豕下頜骨輪廓、瓦器摹寫暨刻劃其輪廓是後世曆紀與文字之源的兩個側面。葛英會檢討中國數字起源，認定籌策是數字起源〔註66〕。此說不能立足，由於缺乏基於古器物辨識的考古心得，不能貫穿古史，我不附議此說。

二、狄宛一期常瓦器與異常瓦器歲志例釋

（一）瓦器研究須貴曆紀

1.瓦器與歲紀志關係

1）成熟瓦器迄今研究舉瑕

（1）唯貴容納不貴古聖曆紀教化

成熟瓦器即新石器早期瓦器。成熟二字喻造瓦器技藝成熟。其標誌是瓦器形狀較多。古史研究者頻繁歸瓦器於「飲食工具」，他們重視諸器的容納功能。學人從瓦器爲日用器皿視域出發，將遠古瓦器與今日日用陶瓷器等

〔註66〕 葛英會：《中國數字的產生與文字的起源》，《古代文明》第6卷，文物出版社，2007年，第138頁。

同〔註 67〕。這個視域選擇顯屬謬誤。古時瓦器珍貴而寡，不能蘯造，即批量產出。今日瓦器屬低等燒土器，絕非珍貴物件。而瓷器有產地、釉色冷暖、器身花形、口沿裝飾、器形模樣等差別。今日見瓷器俱有盛納功能，或不爲盛納，而爲擺設。遠古瓦器即使完整，也存在器形甚小，勉強納物，功能不強的特點。如何解釋此現象，是一個問題。

聯繫上述瓦器起源以及瓦器與歲紀關聯，今須申述一普遍狀況。遠古造器者是聖賢，而非旁人。聖賢造器器形單一，由於彼時不須更多器形。即使僅有數件瓦器，諸器不必用於盛納物件。古聖看重諸器的緣故在於，諸器是其傳教歲紀之器。既然古聖從傳教出發造器，器形大小、造器的土質含砂多寡、器身粗糙與否等都非標準。總之，古瓦器研究未曾揭示聖賢以瓦器傳教歲紀的系統，此係迄今瓦器研究空缺。

晚近，張遠山將伏羲族的創造與曆法等同，撰文頗多宏觀表述。但此文未能解釋一些基礎問題，未將伏羲族瓦器與曆法關聯。張氏對立伏羲族、東夷族等，他推定東部存在三支玉器族，這三族系不屬伏羲族系。他以太極魚圖開頭，引出百年考古前兩件大事與後兩件大事：前兩件大事即甲骨文、仰韶——龍山文化；後兩件大事即甘肅秦安狄宛、陶寺。從此，援引劉宗迪《失落的天書：〈山海經〉與古代華夏世界觀》，闡發劉宗迪閱讀《大荒東經》與《大荒西經》的心得：各有東西七對日月山，東七山是日月所出，西七山是日月所入。劉氏從此斷定古人認知南北回歸線，由此進入年歲認知。張氏從此切入狄宛彩陶，未曾涉及普通陶器表義系統，以及其餘涉歲紀話題〔註68〕。

總之，研究者迄今未曾視瓦器爲傳教器。造器者與接受造器者造器兩事缺乏認知津梁，故兩等人不能統一認知，後人接受古賢的造器必顯偶然與迫不得已，自決與願意的基本心態不能證實。這是迄今瓦器研究不能解開的死結。

（2）區域器形比較唯導出中國區域文明離散

蘇秉琦與殷瑋璋支持地層與器物形態結合，這個路徑可靠無疑。前者是

〔註67〕 王志俊：《中國新石器時代人類的食物與進食工具》，《史前研究》，三秦出版社，2000 年，第 440～448 頁。

〔註68〕 張遠山：《陶器之道，開天闢地——上古四千年伏羲族曆法史》（上），《社會科學論壇》2014 年第 3 期。

地質學普遍遵循的條律，也是考古學區域出土物分期的依據。如此獲得的結論是比較的參數。但是，在考古基礎研究與考古理路匱乏的條件下，廣泛的比較不能導致系統認知。他們曾詬病這種狀況〔註69〕。區域器形比較迄今沒能導出系統認知，這是明白無誤的證據。

從區系類型討論考古文化也不能統轄中國古文明的系統。蘇秉琦、殷瑋璋曾概括六等區系：陝豫晉鄰境地區、山東及鄰省一部分地區、湖北和鄰近地區、長江下游地區、以鄱陽湖——珠江三角州為中軸的南方地區、以長城地帶為重心的北方地區〔註70〕。這個概括使各地區研究者重視所在區域出土器物類型。此等研究必須面對一個難題：多地見同樣或模樣甚似物件，這是流傳的證據。這種狀況使人疑心，究竟是相互影響而趨同，還是一地形成體系而後傳播。倘若此題是淺表問題，形成體系的根據何在，則是深層問題。辨識簡單器形向複雜器形的過渡，這似乎不是考古界的難題。但是，前兩問題迄今未決，這導致今日學界不能針對簡單器形的觀念系統表達觀點。即使簡單器物也包含隱微而巨大的價值，但學人無從談起。文明起源研究者更不敢奢望謀得穩定而統一的文明進益臺階。中國區域文明離散難一的考古學觀念是考古界難以驅逐的鬼影。

（3）質地研究未曾證實紅褐陶或紅陶生成之必

觀察瓦器者最先重視器形，但不考究瓦器質地，由於器形大而質地微。涉及紅陶或紅褐陶器話題，迄今不乏研究成果。但問古賢為何唯喜好造紅色或紅褐色瓦器，迄今學界難以形成統一而接近事實的解答。這個學術空白顯示，中國瓦器起源研究的基礎問題之一，材料選擇之故仍未解答。

涉及紅陶，還有一相關的使人驚訝的問題。安徽含山縣凌家灘遺址是新石器時代遺址之一，彼地發掘揭露了面積約 3000m² 的廣場，與水井，廣場以紅陶塊鋪成，并以紅陶塊砌成。考古界斷定，此物是現代磚的雛形〔註71〕。

李乃勝等人研究這裡出土的紅陶塊，發現紅陶塊是粘土在 950° 以上火候燒結而成。這為我們認知磚瓦等建築材料的工藝起源饋給信息〔註72〕。但

〔註69〕蘇秉琦、殷瑋璋：《地層學與器物形態學》，《文物》1982 年第 4 期。

〔註70〕蘇秉琦、殷瑋璋：《關於考古學文化的區系類型問題》，《文物》1981 年第 5 期。

〔註71〕張敬國、楊竹英：《凌家灘發現我國最早紅陶塊鋪裝大型廣場》，《中國文物報》2000 年 12 月 24 日，第 1 版。

〔註72〕李乃勝、張敬國等：《我國最早的陶質建材——凌家灘「紅陶塊」》，《建築材料學報》2004 年第 2 期。

問：前賢爲何大量使用似紅磚的紅陶塊，而不用其他顏色的陶塊？以前賢喜好紅瓦器解答此難題顯見不足，由於這項解答不能解釋喜好紅陶的動因何在這個根本問題。

2）宜聯繫歲月認知進益與營造檢討瓦器模樣與紋樣

（1）瓦器寄託寒暑認知是檢討中國文明內涵之把柄

基於前考瓦器起源認知，今定造瓦器寄託寒暑認知。此認知是檢討瓦器器形與紋樣之基。捨棄如此深厚根基，任一檢討將喪失瓦器存在之關鍵價值。寄託於此價值之上，古賢看重其容納功能。容納食物或飲水係其表現，二者以食物爲要。

瓦器容納食物，這與古賢加深寒暑認知關聯。容納與掌握相類，二者都含包藏，猶如手握果蓏一般。因此，成熟瓦器容食絕非造器階段的簡單瓦器。彼時，古賢唯仿效野豬負塗，造成瓦片能喻暑期酷熱，儘管能夠脫模，但沒有造就形狀穩定的瓦器。而新石器早期瓦器是成熟瓦器，古賢以形狀穩定之瓦器告喻邑人，他們能夠掌握食物，儘管季節變化，寒暑更替，但他們不受寒暑變遷影響。這對於邑人是最大誘惑。倘使不能關聯二者，古賢在邑內不能施教。於學人，此體系思想包藏中國文明起源與發展脈略。

（2）古賢並計改良瓦器與營造謀通記爲曆

中國新石器時代的瓦器是成熟瓦器。古賢初造瓦器與瓦器成熟階段的瓦器雖有聯繫，但不得等同。此判定基於兩故：第一，初造瓦器階段，古賢有創造初成的喜悅，但未曾系統考慮造器的各個側面，譬如形狀與表意，器身內外裝飾、有無底座或支腳等，能否匹配營築表意等。營築表意即歲紀認知以營築表達。營築有坎穴、巢屋之別。涉及器形變遷，新仙女木事件後，他們造平底瓦器的技藝嫻熟。古賢必須思考一歲寒暑劃分的細節，他們須加深造器涉及的寒暑認知，造器旨在自我提醒、加深記憶、對照外部節候現象。這將提高他們謀食的能力。畢竟，造器源於仿效野豬的生存技能，生存技能以寒暑期間的食物索求能力展現。這個思想準備是瓦器成熟的觀念基礎。第二，圖謀精選造瓦器的材料、改良瓦器，並照顧已積累的歲紀、月紀認知的表達方式，並爲這種系統表達精選某地爲居住地。這是古賢曾面對的切實難題。即使在狄宛，古賢曾須考慮選擇臺地。

古聖造器，非徒足己欲，而欲演示其認知歲紀、月紀，深化某認知或糾正舊認知。進而，展示其掌握食源。邑眾不知此間關聯，但知食器包藏食

物，而且食物爲邑首掌管。邑內食物與邑外食物俱是食物，但古聖以其認知寒熱節律知曉食物成熟。古聖在彼時於邑人爲無需宣揚的統帥。旁人能從食器、飲器得知，遵循歲紀是生存根基。即使沒有成熟的言語，古賢能叩擊飲食器，鳴響而告其所欲，令其動止。狄宛出土的彩陶鼓係其衍生〔註73〕。總之，古賢以瓦器教化邑眾，非以此物顯擺其有器，刺激旁人垂涎其闊綽。瓦器寄託中國文明成長的步履，而非某階級炫耀富有的工具。系統檢討瓦器月紀、歲紀含義，是揭示中國文明生成的基礎研究。

古聖造器遵循月紀、歲紀思想，因此成樣器物出自統一觀念，唯此念頭是瓦器發達背後的信息。器物模樣繁多也出自這種思想：最初粗糙的思想深化，這導致某種修正。修正的記錄是器形變化，器形變化導致器形多樣。在月紀與歲紀認知加深的每階，造器技藝流傳，接受者被折服。這種服從源於等同享受一種知識體系致食，而非一種文明征服，故東亞大陸的文明傳承絕非甲文明攻掠乙文明。九千年前的遠古中國大陸，主導文明在狄宛一期形成。

（3）前《易》象時代古賢依節氣及日月認知造瓦器

《繫辭傳》述《易》有聖人之道四，「以制器者尚其象」列第三。以器爲瓦器，可否以爲，易象是造器之源？此判斷不能立足，由於易象是《易》形成後的別解。《易》的系統不能早於瓦器起源。但是，又不能否認野豕動止認知與《易》曆算知識起源同步。如何解釋「以制器者尚其象」，是中國文明起源與發展研究的難題。

既往，《易》學界不少人檢討此題。無論早先撰文的賀聖迪〔註74〕，還是十年後撰文的庾瀟誠，都以「尚其象」指稱《易》象，秉承漢《易》學以降觀點〔註75〕，未曾考究與《易》起源並起的氣象話題。這種觀點未能指導瓦器器形、紋飾起源研究。

我察古賢「象」的認知更早，與《易》萌芽的時代不異，前「豕負塗」考釋佐證此點。因此，在「以制器者尚其象」之前，存在「尚象」，此象不是《易》象，而是仿生學動物象鼻指稱的知氣，如殷商銅器佐證。此物的原形

〔註73〕此器上部是彩陶盆，下部是鼓腹罐。馬巖峰、方愛蘭：《大地灣出土彩陶鼓辨析》，《民族音樂》2010年第5期。

〔註74〕賀聖迪：《周易「尚象制器」說與傳統科技》，《周易研究》1990年第2期。

〔註75〕庾瀟誠：《論周易的「制器尚象」》，《周易研究》2000年第2期。

是豕。幼時聞母言「牛生麒麟，豬生象」。我窺測「豬生象」謂狄宛貴豕下頜骨之俗寄託尙豬舊俗，尙豬舊俗衍生尙長鼻獸之俗。兩種動物鼻長仿佛，長牙相似。獠牙上翹，呈弧狀，兩根象牙也呈弧形。豕以喙取食，象以鼻取食，也相類。事理相同，故古賢初喜好豕喙，後喜好象鼻。在此，尙象即尙象鼻，尙象鼻即貴知地氣、節氣乃至節氣變遷。因知節氣，故須告喻節氣認知，便於多人相與行爲，族系成長。

許愼解「象，長鼻牙，南越大獸。」甲骨文「象」字凸顯彎曲的長鼻，未凸顯長牙。鼻主嗅覺，能夠知氣。甲骨文佐證，古賢曾離析象鼻，凸顯其知氣之能。從這個離析出發，得知「象」的要義在於知氣。

這樣，「尙象」即從貴氣而達到率節氣。在《易》象產生前的「制器尙象」表現在順從節氣認知而造瓦器。節氣不能目睹、手觸，唯以心智存在。欲顯其在，故假途塑形表達。塑形又須顧念寒熱，寒熱之源在乎日、月，而且日月經天，在天際留下軌跡，這猶如摹畫蒼天，殘存紋樣，古賢模擬日月的思想融入「尙象」，中國古賢將造器與曆紀統一。

「尙象」之「尙」訓「常」，常者，率數也。象即日月氣象，引申爲日月氣數，節氣。張惠言引張衡《靈憲論》釋庖犧氏「觀鳥獸之文」曰：「日者陽精之宗，積而成鳥象。鳥而有三趾，陽之類。其數奇。月者，陰精之宗，積而成獸。象兔，陰之類。其數偶。」〔註76〕張惠言此訓深得《易》形成之要，亦能解釋古賢造器之系統術算依據。相反，美術史研究者檢討狄宛瓦器的基礎是審美說，這種討論不能解釋狄宛古賢造器體系。成熟瓦器製造出自圖謀與運算，而非簡單的狀物與模仿，更非毫無利欲的遊戲。

2. 瓦器述曆故爲曆紀

1）紅色及紅褐瓦器爲曆紀本乎前賢初觀月全食

（1）聖賢初恃紅色或紅褐瓦器紀月全食

我以爲，紅色或紅褐色瓦器爲曆紀器，此謂彼時聖賢以這兩色瓦器爲首選曆紀器，不排除以黃泥陶爲曆紀。瓦器成品的顏色出自狄宛前賢創造，即他們刻意爲之，而非偶然造成紅瓦器或紅褐色瓦器。這種器物曆紀功能出自其顏色控制。以工藝視域而論，此話題屬火候控制與選料等話題，但此話題

〔註76〕張惠言：《周易虞氏義》卷八，《續修四庫全書》第 26 冊，上海古籍出版社，2002 年，第 2～3 頁。

是純粹的物料討論，它與表意慾望無涉。我以爲，聖人的表意慾望是成器的根基與出發點。

此事的出發點是聖人欲表述月全食，而非表述自己的盛食喜好。依此，順道申明含山縣凌家灘遺址與狄宛遺址文明同源，而狄宛文明是其初相。安徽含山縣凌家灘遺址的面積約 3000m² 的紅陶塊鋪成的廣場是祭月全食之廣場，邑眾逢此事須到場聽從邑首訓誡。水井是圓形，井深約 3.8 米，井底是鍋底狀，井壁上半部以紅陶塊砌成。這口井述月全食。《說卦傳》:「坎爲月」，井即坎，井底即坎底，鍋底狀即圓底缽的圓底狀。圓底在水下謂隱沒。圓底隱沒即月全食時月一部進入地球陰影，不再能夠窺測，猶在地下，故在井底。

凌家灘聖賢是狄宛聖賢後嗣一脈，非憑空出世。彼地聖賢祭月全食之法出自先輩傳授，其先輩出自甘肅秦安狄宛，後流徙而去。狄宛聖賢造紅色或紅褐色瓦器，旨在紀月全食以及依月全食形成的曆算。前賢刻意造就此等瓦器，故在前賢察知食既時月色是這種顏色，或近似此顏色。食既時刻，陽光未被隔絕，但在地球大氣層散射、折射，偏藍光被散射，唯偏紅的光折射到月球。因此，食既時刻，地球大氣的狀況能導致月球呈現棕褐色或各種深淺不同的橙色。棕色近乎紅色，棕褐色近乎紅褐色。橙黃色則致造器者造黃泥瓦（陶）器。總之，食既時聖賢察知的月色是陶色的起源。鑒於瓦器出自月全食，任一紅陶、紅褐陶都是曆紀瓦器。題涉狄宛瓦器曆紀，後將訓釋。

（2）紅色或紅褐瓦器爲曆紀器之技藝述要

《發掘報告》別瓦器三等：生活用具、生產工具、裝飾品。生活工具類瓦器名稱，譬如罐形鼎表達研究者認定的器物功能。此辨識能夠說服現代人，但不必反映古賢認知系統。瓦片的功能迄今不清。炊器尺寸別大小，工藝複雜，難以製造，但成形瓦器的容納功能易於辨識。

狄宛一期炊器形不多，能辨識七等：鼎、罐、盆、缽、碗、壺、勺。鼎別罐形鼎、盆形鼎、缽形鼎三等，都有三足。罐有深腹罐一種，A、B 兩狀差距較大，A 有弧壁，B 有直壁。瓦盆俱是圓底盆。碗有圈足。不論諸器表面有無紋飾，器物的容納功能都很明顯。諸器器底形狀顯有差異。

研究者嘗試揭示狄宛考古文化，立論基礎是一期瓦器工藝。研究者發現狄宛一期瓦器在局部是仰韶彩陶的前身等重要信息。他們另外證實如下狀況：狄宛一期瓦器用料以夾砂泥料爲主、純泥料爲輔、以模具敷泥成形、以敷泥修整粗坯，以繞繩圓棍向相反方向滾壓兩遍，形成交錯繩紋。缽器口沿

的紅色彩帶是彩陶圖樣的前身〔註77〕。

瓦器表面的紋飾是研究瓦器工藝的開端。紋飾研究迄今未曾澄清紋飾與模樣的含義根源。我以爲，瓦器器形本有曆紀義，瓦器器身紋飾尤其是交錯繩紋有此含義。其本源是單向繩紋或線紋。曆算基於日月照耀，日月照耀猶如細絲。古聖知曉蜘蛛絲網，晨露灑落其上，偶見光照透過露珠，其色美麗誘人。光照與絲線在此連屬。古賢用絲線表達日照。因此，線紋最初是表述曆日的紋飾。交錯繩紋的含義較爲複雜，後在瓦線陀紀日全食題下系統檢討。器形研究涉及前賢塑形根源，此事在狄宛是體系行爲，後將深入檢討。

2）炊器寓曆紀堪別為隱曆紀與顯曆紀

（1）瓦器是曆紀器

我察聖人造瓦器的初旨是曆紀，包括曆算、月紀與歲紀，乃至不合曆算的災異紀。歲紀是年內節氣認知與跨年節氣認知之記載。由於歲內寒暑必然，瓦器形狀必然。日月運行必然，瓦器形狀亦爲必然。聖人認知寒暑必然，日月運行必然，斗樞運行必然，故而瓦器形狀必然。

無論狄宛瓦器是圓底、圈足，還是三足，無論罐是弧壁還是直壁，無論瓦器爲丸狀還是半球狀，抑或是殘月狀或半月狀，這都是古聖賢認知天象後仿造的結果，而非率意而爲，隨欲而造。因此，狄宛一期瓦器的塑造與成形，不純是工藝進步的產物，更是古賢認知自然，概括自然，傳教邑人知曉節氣的產物，是中國文明的載體。某種知識論是其生成的動因。

無論寒暑認識，還是斗樞、日月運行認識，諸事最終都歸結爲歲紀認知，此是曆紀。造就的瓦器因此是曆紀器，而非簡單的飲食器。瓦器替代石器，不獨由於瓦器工藝成熟，更由於瓦器能夠記載聖賢的曆算成就，對於後世，諸物是曆紀。當然，我不否認狄宛一期聖賢能夠用一些形狀近圓的石塊表達曆紀。但是此能力在狄宛一期已處於尾聲，被瓦器替代。

考古界一些人重視瓦器殘片綴合，這是一種重要的研究途徑。對此，仍須提議增添一種工作，即研究形狀相似的瓦片，而後辨識其上的特別標誌。須發現諸標誌的曆紀義，最終足以匹配成器的曆紀義，發現二者之間的必然聯繫。

〔註77〕李文傑、郎樹德、趙建龍：《甘肅秦安大地灣一期製陶工藝研究》，《考古與文物》1996 年第 2 期。

（2）隱曆紀器

前述狄宛瓦器是瓦器歲紀，無論是鼎、罐、盆、缽、碗、壺，都是曆紀器，器形完整，諸器非單純的飲食器。諸器堪別爲隱曆紀器與顯曆紀器。隱曆紀器即曆紀義不顯之器，譬如沒有特別歲紀紋飾的瓦器。顯曆紀器是器身或內面或外面有特別紋飾的瓦器。紋飾的含義是歲紀或月紀或季紀。

狄宛一期曆紀瓦器有隱曆紀器，也有顯歲紀器。隱、顯不針對古聖造瓦器，僅便於現代研究者檢討。古賢造器本來用於表達曆紀，即使毫無紋飾與特別標誌，他們亦知曉此類瓦器能夠紀月或紀歲，或表述節氣。紋飾是察知某事——或是新知，或是糾正舊知——後記錄此認知之器，也是古聖告喻自己深刻記憶相關話題之器。《大戴禮記·武王踐阼》師尚父以《丹書》教武王，武王受之，「惕若恐懼，退而爲戒書」。古聖賢造歲紀器，其實是「戒書」。我言「隱」，欲告沒有特別紋飾的瓦器雖有曆紀義，但其義難以窺測，由於諸器古樸無華，深刻含義易被器形比較者疏忽。他們疏忽的緣故多在不知成熟相匹的瓦器生成之故，及其背後知識論根源，這恰是後嗣繼受、傳播的根據。今人不知，聖賢後嗣必知之。而今人與聖賢後嗣是兩等、兩時代人物。後一點恰是研究者應尊重的事實。

察狄宛鼎、罐、盆、缽、碗、壺、勺等曆紀器，若不考慮瓦器有無特別紋飾，凡圓底器都是隱曆紀器。其餘瓦器或多或少是顯曆紀器。圓底器似半球形，勉強豎立並以物支撐必狀似半月。古賢是否曾以此物倒扣，等問題都是此器曆紀義研究的基礎。罐與壺都是瓦器，但形狀參差，三足罐產生的根本動因何在，也是基礎研究。諸多疑問的解決都須基於根本問題的發現與研究。這是隱曆紀器研究的前提。

（3）顯曆紀器

狄宛一期歲紀器七等之鼎、碗、壺三者大略屬顯曆紀器。碗有圈足，圈足便於平置。其義已被古聖限定，圈足是其標誌。鼎類三足器也是顯歲紀器，三足之數穩定，未曾變動，其含義確定，圓底器的表意因此被限定，獲得新義。平底壺平置容水，傾倒出水。其狀似滿月，含義明顯，故是顯曆紀器。

另一類顯曆紀器是三足器或圓底器口沿見赤寬帶紋或內壁見赤波折紋，譬如《發掘報告》圖二四第第6、第8，即標本T213⑤：8與標本H10：37，都是顯曆紀器。狄宛一期前賢遷徙攜出的瓦器有紋飾者，譬如《師趙村與西

山坪》圖 182 第 12，即標本 T18④：35，也是顯曆紀器。

（4）辨識瓦器曆紀義須察瓦器動止

如何爲前仰韶時代瓦器含義辨識奠定體系基礎，是新石器考古的難點。安特生參與發掘以來，這個問題迄今高懸。我察狄宛瓦器的體系含義是曆紀，而辨識其曆紀含義的途徑有二：第一，察瓦器形狀。在此須貴重自然界大物，譬如日、月、星，乃至天球。第二，須循從動止辨識瓦器曆紀義。古賢捕獵、採集而食。非奔走不能取食，古賢善於查看動止之別，這是其長處。故而須鑒此而見其認知水準。

譬如，圓底大缽可以倒扣，倒扣之後，其狀是天球。此是靜態。圓底大缽能放置於平底，古賢能使之左右搖擺，此似日出東南，或日出東北。此述日在南北回歸線之間往返，於狄宛古賢是夏至於冬至之間。其歲紀義不容否認。瓦器色澤支持此說：圓底缽是夾細砂紅陶或紅褐陶，其色類陽。天乃星宿之地，星宿能在昏暗處發光，猶如遠處火光。這是同理。星體即使是氣球，不能左右古人這種類比認知，古人無射電天文望遠鏡。圓底缽還能直立，以模擬月初狀，譬如初八月狀、或二十二日月狀。這樣，一樣物件足以表達複雜的認知，瓦器雖寡，能表達系統的天象認知。此是古賢歲紀一斑。將初八、二十二日與月在天球聯繫，即合併小圓底缽與大圓底缽，月紀、歲紀俱在其中。圓底缽看似簡單，但包含的歲紀義在當時最爲豐富。據圓底缽複雜的天象與曆紀表意能力推斷，狄宛古賢系統認知曆紀更早，創造器物稍遲。我推測他們認知天體的能力形成於距今九千年前（以 1950 年爲界），系統造器的醞釀大約耗時一千年。倘使沒有這個預備期，他們根本不能查看災異，譬如日月食，更不能記錄日全食。記錄日全食事件發生於狄宛一期。欲使智慧初萌的古人知曉某事，大約須演示至少三遍。理論上講，大自然在千年間能在一地演示日全食約二十次，但須照顧日月交食認知前食寡、壽短與知識代傳之因果，這約二十次的間隔年數相加，大約是千年有餘。此事後將系統申述。

3. 瓦片曆紀

1）曆紀瓦器殘破而為曆紀瓦片之類別初階

（1）曆紀瓦器破碎而爲曆紀瓦片

古遺址多見瓦（陶）片，無論新石器早期、中期、晚期都能見不少陶片。此事涉及造器失敗，也能涉及器成而刻意敗之，或涉及地殼或地層某動止失調致破碎力效果。在造炊器失敗後，設計炊器燒結後所得殘部頻被視爲加工原料，

用於打磨其他物件。瓦塑功能難於一概而論。凡見瓦塑模擬動物，其含義易解。倘使塑造涉及歲紀或天象，含義難解。已發掘古遺址出土瓦塑不少，迄今猶有不少物件，學者莫明其義。缺少系統解釋，是瓦塑研究的弱點。

地層壓力異常導致殘器愈加破碎，地動使數塊分離，難以拼接；或本是陶片，後被拋棄，土層疊壓，埋於地下；或舊在某處，因山洪暴發，氾濫兩岸，先民不及搶救珍貴瓦器，崩塌的構建壓碎瓦器，瓦片隨水沖去。考古者甚或能在一處見到多種難以類別的陶片，而且諸物幾乎暴露在地表上。考古者幾乎永無機會溯其源頭。

另外兩等情狀也屬模範事例：前賢欲造器，須先捏泥條爲粗坯。無論和泥是否摻雜某種染料，欲爲陶器是夾砂陶、還是泥陶，都不能避免焙燒失敗。倘使一窯粗坯盡敗，或因火候不到，或因染料熱值不足，或因粗坯擺放位置不利，前賢定然沮喪。此後，能夠理性思維的前賢定不會砸碎未成的次品。相反，他們將利用諸物。在利用之前，須先考究當下須得何物。倘使欲得利刃，他們依所知打碎此器，獲得平直處，最後研磨邊棱，圖得利刃。倘使有他欲，譬如放日爲盤模樣，即能將一塊瓦片棱角磨去，獲得盤狀物。狄宛一期陶刀、陶餅即其例。

另一種加工即依某數字敲打殘陶，使棱邊如數，而後在陶片上施彩爲畫。狄宛一期有此等陶片，模範畫作所在陶片多是五邊。這個數字值得重視。

（2）瓦片曆紀舉要

瓦器用於曆紀，此事不須贅言。言瓦片爲曆紀器，這似乎難以使人信服。檢討此題須始於瓦片生成。在瓦器技藝成熟時段，造器失敗仍不能免。但此時的瓦器異於舊石器末期嘗試製造瓦器，由於燒結後的瓦片質地穩定，不起層開裂，堅硬而能加工成一些實用工具。但是，古賢加工思想仍遵循曆紀的思路，因此形成一些看似使用不便的工具。圓形瓦（陶）片是其一例。學界迄今未曾考究此題，而以瓦片的化學成分爲題，輔以工藝研究。

與此對照，半坡遺址圓陶片的使用實驗顯示，半坡前賢能以圓而有銳邊的陶片割粟〔註78〕。我相信這個判斷，由於半坡一些窖穴出土不少粟粒，這顯示彼時不再焚燒粟穗而食，古賢曾能脫粒。脫粒須取穗，取穗須切割，故造就此器。但問，爲何以圓形瓦片爲刀具？涉此，有人推測，圓陶片能夠作

〔註78〕 王煒林、王占奎：《試論半坡文化「圓陶片」之功用》，《考古》1999 年第 12 期。

爲計數工具〔註 79〕。這個推測毫無依據。計數工具能是瓦片，但不必是圓瓦片。半坡遺址有三角狀孔的瓦片（《西安半坡》圖版壹肆玖）已是計算工具，這已被數學史研究者確認〔註 80〕。

　　自從王煒林、王占奎發佈心得，考古界罕見深入討論。這種立場似乎出自一種或然選擇，陶刀能夠切割穀子桿，似乎不必有圓形瓦片切削器。其實，給王氏二人的心得增補一些曆紀認識，其觀點將被學界欣然採納。圓形瓦片的功能固是切割穀物莖稈，但收穫須依時節。穀子成熟於秋分，春分播種。從春分到秋分，此是節氣持平，圓瓦片是平面，能表達此義。知節氣須察月相，月數滿謂節氣滿，月數滿的外部表現是月滿，太陰曆以滿月期間爲月。節氣滿，穀物成熟，故須收穫，從此判斷，半坡早期聖賢以圓形有棱瓦片切割穀子穀穗或莖稈。他們肯能用莖稈敷於屋外層立柱之間保暖。

　　圓形陶刀源於圓形石刀，此是傳統刀具。《發掘報告》圖三五舉四種模樣的石器都是刀具，包含圓形與矩形，兩件近圓形，一件三角形，一件弧刃梯形、一件矩形。弧狀刃面占多數。彼時，前賢創造了矩形陶刀，但其兩角仍是圓棱。圖二八第 6 器（標本 H363：4）即其例。圓刃刀具顯是傳統刀具，遷出的保守派仍喜好圓形刀具，他們用瓦器碎片加工圓形刀具，同時，半坡此器是曆紀器。狄宛近圓形刀具標本 F372：2 與 F371：13 包含的曆紀指圓有短缺，此喻歲曆不足，其深層含義是歲曆須增補。彼時歲紀十二月，每月二十九日，新歲不見滿月，故近圓石刀不得有滿月狀。其細節將在營築曆紀題下申述。

　　其他模樣的瓦片仍是曆紀器，甚或是精緻的曆紀器，譬如狄宛一期 M15 第 6 物是瓦片，此物是三角形。我察圖四六墓 15 平面圖示，此瓦片較長一邊與子午線平行，涉及北方七宿。此題將在墓葬曆紀題下申述。

　　（3）曆紀瓦片俱是隱曆紀器

　　狄宛出土的曆紀瓦片都是隱曆紀瓦片。從殘瓦器選取腹片，依定數敲打棱邊，在一面塗上色彩，或赤色、或白色。最終獲得的一組數字難以辨識。這組數字是曆算。儘管聖賢寄寓瓦片確定的曆紀，辨識、考定其義，須耗費若干勞動。較之壺象滿月，月數滿之義明顯，瓦片紋飾的曆紀義隱藏很深。

〔註79〕 趙藝蓬：《臨潼零口遺址新石器時代「圓陶片」的功用淺析》，《西安文理學院學報》（社會科學版）2014 年第 4 期。

〔註80〕 李迪：《中國數學史簡編》，遼寧人民出版社，1984 年，第 4 頁。

因此，可斷定曆紀瓦片都是隱曆紀瓦片。

隱曆紀瓦每件都有明確曆紀含義，它以瓦片上彩繪的紋路表達。考古界迄今未曾顧念諸多要素，尚未揭示其系統含義。曆紀瓦片還包括瓦線陀。瓦線陀含曆紀最難考定，它有無磨光，有無槽線，槽線幾何，表面明暗比例與對比等等，諸題俱是辨識其義的把柄，是曆紀瓦片的別類，涉及面重大，將在別篇系統討論。另外，隱曆紀瓦片匹配其曾所在的遺跡，能獲得最佳解釋。

2）狄宛一期隱曆紀瓦片概覽

（1）隱曆紀瓦片棱邊貴五

細察狄宛一期有彩繪隱曆紀瓦片，其外廓近似，都有棱邊，沒有一樣隱曆紀瓦片呈圓形，僅見一器有扇面。圖三〇舉五物，一件是六邊形，其餘四件都是五邊形。圖三一迄圖三三舉標本模樣類似。圖三四有一扇面瓦片。除瓦線陀是圓形外，表達曆紀的瓦片都來自瓦器腹部，或刻意打破瓦器，或瓦器殘破後加工而成。

細察諸多瓦片，見大多數瓦片是五邊形。個別瓦片是六邊形。爲何瓦片有此形狀，這值得深思。鑒於狄宛瓦器多是曆紀器，須聯繫曆紀尤其是太陰歲紀，以及此曆歲改易爲璇璣歲曆大事，我斷定這個數字表達某種天象觀測記錄，而非偶然目睹的現象，此題涉及太陰曆，將在後申述。

（2）瓦面刻劃或施彩寄託術算

狄宛出土的最難辨識含義的隱曆紀瓦片其實有兩種，一種是摹寫異常節候的瓦片，一種是曆日精算瓦片。這兩種瓦片的曆紀含義迄今未解。涉及施彩，須多講幾句。

狄宛一期模範陶片不是其他遺址所見刻符，西安半坡遺址、臨潼姜寨遺址的刻符是勒刻而成，狄宛諸多陶片出自破損瓦罐，殘破內壁有一種「彩繪符號」。其模樣或是一種紋樣連續，或是單樣。色彩僅別紅、白。彩繪模樣有十三等。發掘者以爲，這些「符號」有表達某種意義的功能。關於其含義基礎與系統走向，即表義系統，考古界迄今未能呈示研究結論。

無論怎樣查看這些陶片，其內壁圖樣的含義非凡。這個結論的源頭先是顏料的昂貴，其次是圖樣的具象特點不明。當時，顏料多採自山石，屬於礦物顏料〔註81〕，非常珍貴。顏料以 X 射線螢光光譜（XRF）分析顯示，紅色

〔註81〕馬承源：《仰韶文化的彩陶》，上海人民出版社，1957年，第35～36頁。

顏料成份是赤鐵礦、朱砂，而黑色顏料成份是磁鐵礦、赤鐵礦與磁鐵礦之混合物。白色顏料成份是石英、方解石、白雲石、方石英、硬石膏，土黃色含成份是鐵白雲石。加工方式是研磨〔註82〕。欲獲得純色顏料，前賢須研磨多久，難以推算。他們如何研磨，也值得考究。他們獲得顏料甚寡，故唯塗抹於有限瓦片。其施彩構思如何，難以勘察。唯恃體系理性。這大約也是考古界迄今罕言其義之根由。

涉及施彩瓦片義釋，晚近有張遠山將狄宛一期施彩瓦片圖樣視爲連山曆公式（揭前引），我不能附議此等猜測，由於「連山曆」三字不指如何爲曆、有無調曆、爲曆者察地上景物抑或參照旁物。但我承認他講曆字不誤，這耦合我多年來考證狄宛曆算。

張遠山關聯此題於「連山」，其實延遲中國曆算起源。視《連山》爲《易》曆之一，其時代須在狄宛一期後。古史曾有三《易》，夏、殷、周各有賢人精於《易》算。此算是曆算，而非今日占卜。夏人傳庖犧氏《易》，此爲《連山易》。此已是「十有八變而成卦」與《河圖》《洛書》後話題。十數年來，不少人猜測，秦安五營鄉邵店村附近係庖犧氏族系龍興之地，但無人堖言曆算。而且，無人考究曆算與寒溫認知之關聯。此等基礎研究係中國文明研究久存空白。

刻數瓦片術算不是純數學，而是隱曆紀。其體系宏大，學界迄今尙未澄清其構造細節，以及曆算系統，此是狄宛一期曆紀研究重點之一。施彩曆紀瓦片固是隱曆紀，其含義求解與刻數曆紀一樣，都須恃狄宛古賢從豕下頷骨離析而得用六曆算，此算法背後又有久遠星曆認知，此係前人未嘗察覺之題。

3）曆紀瓦器之別與常器異常器譜系

（1）瓦器別曆紀常器與曆紀異常器兩等

前言顯曆紀與隱曆紀旨在告喻考古者，須尊貴形狀最簡單的瓦器。在此基礎上，查看顯曆紀，這種辨識方法的妙處是，逐步辨識，在紋飾與刻數存在時，不須再回頭討論基礎話題。這類似審刑案，從疑犯行動與某種損傷的關聯性出發，斷定此事存在，後須深入考究。倘無此事，不須查看顯曆紀。考慮曆紀事有戒書功能，顯曆紀與隱曆紀不能盡足古賢寄託於瓦器的期待。

〔註82〕馬清林，胡之德，李最雄：《大地灣遺址出土彩陶顏料以及塊狀顏料分析研究》，《文物》2001 年第 8 期。

因此，須另闢類別標準，以便細緻判別瓦器於古賢的功能，而非於現代人的功能。此舉旨在關聯古史，尤其是《尚書》起於帝堯曆舊事。否則，《史記》、《漢書》涉曆記載的隱微含義難以解釋。

在此，引入曆紀常器、曆紀異常器以別瓦器。這個標準是功能標準，非純粹精神標準。曆紀常器即器含曆紀屬常數，須熟記，用於預算。所以是常器，由於曆數是常數，模範容納量最大。邑人與後嗣不須再考究這些曆算的含義，或者考究其是否能穩定。他們唯須信賴這種曆算，相信遵循如此曆算能獲得正確的結果，指導他們謀食。

異常曆紀即標誌災異的曆紀器物。災異即日每依因果律可期待頻見結果之外，使人受害的狀況。於曆紀，此是節氣早、遲，隕石落地，抑或是月食、日食。從戒書的功能出發，曆紀常器的警示功能遠不及曆紀異常器，由於異常器記錄的舊事暨損害，故深切難忘，影響深遠。在狄宛，古賢的類別甚清。《發掘報告》圖三〇、三一顯示，他們以紅陶或紅褐陶爲常曆紀，甚或以赤色在盆、缽殘片內壁彩繪曆紀，發掘者稱爲「彩繪符號」陶片。圖三四顯示，狄宛聖賢在罐形器內壁以白色顏料繪製異常曆紀。赤色象火，述日照，引申爲日數。白色象徵祟氣，即日數合節氣之外不能合節氣的氣數。這顯是災異，儺戲以白色喻災故，秦腔、京劇以白臉喻反派，其本在此。

（2）狄宛曆紀常器譜系

狄宛出土的鼎、罐、盆、缽、碗、壺、勺、盤、陶塑（標本 H363：21，圖二九第 1 器）、以及有赤色紋樣的瓦片都是曆紀常器。圖二九 6、7 即發掘者講陶彈丸與陶網墜其實也是曆紀常器。這一類器物甚多，功能似乎不能統一。但這是表面狀況。我不否認炊器能夠容納飲食，但炊器於狄宛聖賢的關鍵功能是曆紀。欲凸顯表達曆紀之欲，他們在炊器之外創造了看似藝術品的器物，譬如陶塑。陶塑的材質支持我如此判定：陶塑是泥質紅褐陶，圖二六 3、10、13 是壺等，器的質地也是紅褐陶。圖示多數碗的質地也是紅褐陶。

常器表達曆算有恆定含義，譬如壺，它能表達月數滿，即二十九日爲一月。勺能表達北斗七星運轉。圓底缽能表達天球，也能表達日從南回歸線向北回歸線遷移。這些數位都是常數。

曆紀常器所以含炊器，由於節氣率動有定數，聖賢依定數謀食而得食，炊器象徵得食的曆紀毫無問題。而陶塑也能反映節氣率動的定數，故而能與

炊器歸入一類。後將詳釋其曆紀義。

（3）狄宛曆紀異常器譜系

狄宛出土的特別瓦片，即有白色紋樣的瓦片是曆紀異常器，圖三三、圖三四具瓦片都是曆紀異常器。這些瓦片記錄當年節氣異常，不合預算。對於精心預算節氣的聖賢，諸物是失敗的記錄。諸物類似戒書，足以提示狄宛聖賢覓得解決曆算失敗的途徑。

狄宛一期遺址出土 19 件瓦線陀（紡輪）的瓦線陀的質地也是夾細砂紅陶或紅褐陶、或夾細砂灰褐陶，但《發掘報告》圖二八舉五種瓦線陀都是曆紀異常器。這樣講的緣故是，諸器多數都涉狄宛一期某年曾發生了日全食。這番天象是異象，造成節氣延遲，此事能與標本 H398：72 曆紀異常對應。此事對於狄宛一種發揮很大影響，以致狄宛舊邑部眾分裂，一部遷徙。瓦線陀這種曆紀力能夠旁證早期中國文明的側面，將關一篇獨述此題。

（4）異常曆紀器化爲常曆紀器以及曆紀進益

上世紀末，考古界有兩篇重要論文討論三足器。張忠培曾一門討論黃河流域空二足器興起，對照不少地區的陶鬲、陶鬲、陶鼎、陶斝等器，但未考究狄宛、裴李崗等地三足器的起源〔註 83〕。吳耀利討論新石器時代早期陶三足器的類型，嘗試求索其原產地，他甚至正確推測，三足器的前身是有支座的圓底器。但未曾解釋三足的起源〔註 84〕。他們未曾涉及此題，這反映，考古界迄今仍一門心思考究炊器的納食功能，根本不曾考慮曆紀話題。

比較狄宛遺址一期出土的圓底器與三足器，能睹器物流變。其流變的動因是狄宛聖賢以三足定二分，即春分與秋分。換言之，圓底器流變爲三足器，器身上部沒有變化或罕見變化，唯器底增添三足而已。添附三足的緣故是，古賢增添三日於某種曆算，這種曆算便於定春分、秋分。三足器記錄了狄宛聖賢的曆算成就，最後廣爲傳播。其東傳路線大抵是：狄宛──陳倉──關中西部──關中中東部，譬如臨潼白家村──潼關以東。

從圓底鉢到三足鉢，這雖是器形變化，但此事包含大事即曆算進益，原本有圓底器，此是常曆紀器，最初的三足器是異常曆紀器，這種異常曆紀器記載曆算的進益，其正確被驗證，由於以其曆算而在秋分得食物，故三足被置於食器底部。三足鉢誕生、三足盆隨之出現，陶鬲、陶斝、陶鼎都是

〔註83〕張忠培：《黃河流域空三足器的興起》，《華夏考古》1997 年第 1 期。
〔註84〕吳耀利：《新石器時代早期文化陶三足器初論》，《考古》1997 年第 3 期。

其變體。後世的三足圓口鼎是其工藝演變的高階。彼時，三足鼎仍象徵某種曆紀。

（二）圓石硯、刀、瓦壺、罐記交點年向璇璣歲演進

1. 狄宛太陰歲紀起源以及十二月日數不足初窺

1）圓石硯紀 M15 聖人窺知日月行道以及交點年

（1）舊石器文明以來狄宛石器生成思路問題

狄宛遺址的史學價值基礎是舊石器文明向新石器文明過渡。學者較早重視這個話題。據謝駿義等曾檢討遺址剖面出土的舊石器時代遺存，話題集中於一件錘石，標本編碼 Q.D.P.93001（圖 3）。此器的棱角曾被磨蝕，扁平狀，淡紫色，是紅色石英砂岩礫石。器形呈不等邊的六面體。長、寬、厚（cm）：10.44、11.45、6.71。重 552g。此物便於把握，重量不大，同時無礙敲擊力。此器的年齡在 50～100 ka。此物被發現於 1993 年冬，地點是 F901 下約 17 米深處〔註85〕。

此物出土地在 F901 下，這點示，狄宛舊石器文明向新石器文明的變遷也出現於這一地域，而且本地文明是主導文明。這件便於使用的工具證明，前賢已能按一定的需要打製石器，譬如重量、形狀、材質。他們能夠依決定製造嘗試製造石器的工藝，譬如先打或先磨，甚或邊打邊磨。這種認知日積月累，聖賢最後匯集了所需知識，主導造石器。舊石器末期，生成造器的基本工藝。此時，造器的自決力凸顯。

例如，狄宛一期出土兩種被稱爲「研磨器」的石器，一種狀似三角形或梯形，一種近似圓形。前者標本 H10：36、H397：5 與 H12：5，即《發掘報告》圖四二第 5 件，圖四三第 1 件與第 2 件。另一種是圓形。此物是圓形，是研磨器，核心有顏料殘跡以及摩擦痕跡。研墨石器謂之石硯，圓形磨染料的石器謂之圓石硯，因此我用此名。此物即《發掘報告》圖五四第 2 器，標本 M15：7。此物周邊磨光，係砂岩磨成。直徑約 73～79 毫米、厚 45 毫米。

狄宛遺址一期單一文化層 1979 年揭露，考古界已知此地石器工藝狀況，磨製石器僅佔十分之一。這顯示，狄宛一期聖賢磨製石器的能力沉澱，已開始刻意磨製石器。考古界認知磨製石器的生成史顯有不足。關於圓形磨製

〔註85〕謝駿義、陳善勤：《記甘肅大地灣遺址剖面和舊石器遺存》，《第九屆中國古脊椎動物學學會年會論文集》，海洋出版社，2004 年，第 233～241 頁。

石器生成的緣故、磨製石器的寓意，學術界從 1981 年到 1983 年保持沉默〔註 86〕。他們以命名表達對於此類石器功能的猜測，這種猜測沒有佐證。譬如，閣渭清等認爲，標本 M208：7 是敲砸器〔註 87〕，這個觀點被《發掘報告》記載，圖五三第 3 物即此物，其直徑 60～75 毫米，厚 10 毫米。

此個猜測不夠精準。我認定此物絕非敲砸器，由於此物徑長、厚度、重量都不便於敲砸，其形狀毫無敲砸器的特點。此物近圓形，超過二分之一的棱邊被打磨，因此銳利，此物顯是切割器。此事證明，考古界判斷近圓形石器仍無辨類系統。我認爲，新石器時期的石器研究應重視聖賢磨製的石器的寓意。解答此題的根本是聖賢的造器思路，唯此途是揭示新石器時代聖賢認知飛躍的津梁，此處是窺測聖人智慧之光的孔隙。

（2）圓形砂岩硯 M15：7 紀滿月之光散亂不聚

欲檢討 M15：7 的寓意，須先查其材料與形狀特點，而後討論寄託於這兩者之上的其他寓意層，而且諸多寓意須類別認知。在初階，須先辨識此器的材料特點，結合其形狀特點。

依我對砂岩的認識，砂岩粒度不一，但砂粒在白日有耀眼斑點。M15：7能表述光線反射。此物是圓形，中心有凹陷，類似滿月黑斑。因此，圓石硯用於述滿月，表達月光亮不均，即月光散亂。月照唯在月全食時散亂不聚。此外，砂岩能反射光線。前賢選擇此料，顯欲表達月反射日光。從此推知，狄宛古賢知曉月、日之間的光照關係，日爲主，月爲輔，月藉日而照耀。這是彼時關於月球的基礎知識。

（3）M15 聖人以圓石硯磨赤、白色染料紀日、月行道

澄清了圓石硯的基礎寓意，今再澄清 M15 聖人以此磨染料與以石硯本身表意的能力。欲解釋此事，須先查看顏料的顏色，再結合石硯爲圓的樣貌。在此須能回答盤詰：此聖人爲何須用圓形石硯研磨染料？方石硯亦能用於研磨染料，他們爲何避而不用？

依狄宛發掘紀實，彼時出土物顏料有二等：白色、赤色。而且，這種施彩傳及狄宛二期以後。一期時代，這兩色染料被塗抹於瓦片上。無論白色，還是赤色，都被使用。而且，紅色使用頻率高於白色。白色、赤色使用比例

〔註 86〕張鵬川等：《甘肅秦安大地灣遺址 1978 年至 1982 年發掘的主要收穫》，《文物》1983 年第 11 期。

〔註 87〕閣渭清：《甘肅秦安大地灣新石器時代早期遺存》，《文物》1981 年第 4 期。

顯不相稱。這是爲何？我思考的結果是，赤色是常色，而白色是異色。前者是常曆紀，後者是異常曆紀的顏料。澄清這一點還不夠，尚須澄清 M15 聖人在何條件下使用赤色。揭示異常色使用的基礎是揭示常色使用。在此，研究紅色出現的特別環境，即 M15 聖人使用赤色表達何事，這是關鍵。在此，不得將普遍現象視爲 M15 聖人用赤色的誘因，由於赤色物件太多，珍貴超過金玉的染料絕非聖人用於表述日每頻見物件的顏色，譬如漿果或水蜜桃、構桃。因此，某種罕見或難以目睹的現象是他用赤色表達的對象。這種對象是黃道，或曰赤道。黃色、紅色色差不大，用於表達火色，或黃、或赤，都不算謬，由於火有三色：黃、赤、藍。後者溫度最高。赤色用於表達黃道，即日行道。而白色表達月行道，即白道，由於月色爲白。

圖一　M15：7 石硯喻聖人察月全食

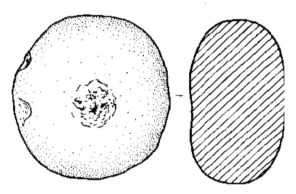

日行道關聯日數，月行道關聯夜數。自然日夜必相聯繫而匹配，但曆算日夜不能始終匹配，由於曆算須截止於某日日出。倘使前算照顧此日前夜，曆算無誤，倘使起算時唯照顧旦，後將產生日夜匹配問題，在《易》曆系統，此是乾坤冊匹配話題。不夠精準將致曆算謬誤。

此外，日行道固是黃道，但日食尤其是日全食能導致曆紀悖亂，由於晝納夜，或曰日見星斗，這導致一日劈開，變爲晝——夜——晝。這促使曆算增添夜，今日蒙學生似乎能忽略晝夾夜現象，視此晝爲完晝，但古人不能，他們辨析晝夜旨在記錄晝夜，他們如實記錄。這也導致災異曆紀，災異曆紀融入曆算，將致謬算出現。

不管怎樣考究此題，仍舊存在一個懸而未決的疑難：何事最初促使 M15 聖人決定以赤色表達黃道？此事既是天象認知的基礎，也是中國太陰曆生成

基礎，是中國後世天文曆算文明的前端。此難題存在不能影響一個基本判定：在東亞，中國狄宛聖賢初識日行道、月行道，這是事實，絕非揣測。M15 聖人所紀是「戒書」曆紀，其先輩傳授相關認知，旁人未得傳授，因此他的隨葬物含 M15：7。這種認知是成熟認知，由於聖人以物記載此事。黃道、白道於他們是常識，猶如常數。在黃道、白道成爲常數之前，他們先察覺此事，後又耗費較長時段複驗此認知，最終穩定這種知識，此知識化爲常識，有曆紀之須，以便傳教。在世界文明史上，中國狄宛聖人 M15 曾用器物證明，中國古人最早探知黃道、白道。題涉 M15 聖人知曉月行道是白道，詳後瓦片異常曆紀。

我甚至推測，他們知曉黃道帶，即黃道圈南北八度的區域是太陽、月球以及水星、金星、火星、木星、土星在天球上運動的範圍。此事的證據在於，狄宛前賢探知太陰曆補足八日的曆算，詳後標本 H3115：10 太陰歲補八日天文曆紀。

（4）M15 聖人觀測月全食而知紀黃、白道輔以石丸

依我對一期一些石器與施彩瓦器曆紀的辨識、觀察，以及辨識的石器寓意，今能斷定，M15 聖人知曉黃道、白道出自他或他的先輩曾觀測月全食。狄宛某年曾發生月全食，而且此番月全食發生於春分或秋分後。春分、秋分日察日出最便利，察落點也便利。察月全食的聖人得知食既時，月在地球本影內，其赤色是反射光。從此推知，夜間日照仍在繼續，此照耀使月色通紅。此日去秋分或春分不遠，這使夜觀天象的聖人印象深刻，由此窺知春秋二分與黃道的恆定聯繫。

輔助如上辨識，有一器堪爲佐證。狄宛發掘紀實圖四一，第 3 是石丸，發掘者命之石彈丸。標本 T210 ⑤：30，以花崗岩打磨，直徑 43～47 毫米。彈丸是一種攻擊器。石丸甚小，不足以在較遠距離攻擊獵物或敵人，即使投擲力甚大。而且，花崗巖質地堅硬，來之不易，豈欲擲出？即使圍獵時須投擲石塊，它不須是這種罕見的硬物。攻擊獵物不須直徑不足五釐米的圓形無刃器，相反須有棱角的石器，以圖打擊乃至刺傷獵物。因此，石丸根本不是彈丸，而是匹配 M15：7 的器物，埋葬 M15 聖人時，兩物分開。此物最初被聖人刻意置於斷崖附近，表達日行道將因月迅速復明目不再能睹，因此被埋藏於地下。

察此物出土地是第五層，出土於探方 T210，依發掘紀實圖三，第 III、第

IV 探方分佈，T210 緊鄰斷崖，在西北——東南走向的斷崖線的中部偏上。依此位置判斷，聖人最初使用此物欲告邑人，月全食時能睹黃道，但時刻短暫，即刻消亡。花崗巖耐磨，猶如日行天摩擦而不損一般。埋葬 M15 聖人時，後嗣未曾埋石丸 T210 ⑤：30，此事應解釋爲 M15 聖人刻意留置此物於此地，後嗣不敢改易。石丸在此謂日在軌道上照耀月球的光線被截斷。截斷日照之物是地球。而截斷的斷面恰能反映三者位置瞬間在同一平面的事實。

當然，能夠佐證狄宛前賢刻意野置器物之例不限於此。發掘紀實圖二四，第 6 器，標本 T213 ⑤：8 也屬此例。此物是「盆形鼎」，夾細砂紅陶，口沿外飾一條紅色寬帶紋，有一圈所謂「波折紋」。此器是曆紀器，詳後。兩探方相鄰。兩物寓意映照前述石丸的功能是曆紀教化。

探方 I、III 區含一期遺址，此地不少構築物都涉及聖人 M15 的功業。此人最初曾參與此地規劃。發掘紀實講斷崖其實最初本來存在。檢斷崖走向，見其與子午線夾角是三百度，斷崖線段是日照被地球本影切割的走向。T210 ⑤：30 石丸位於此線邊緣，石丸的位置被賦予西的方位，而斷崖被視爲月，地面處於斷崖地段的下面。這樣，出現三者並在的狀況。三點位於一個平面的感受出現。這個狀況恰能以幾何學解釋日、月相對位置角度差是 180°。狄宛聖人認知這等天象的基礎是刀切某物，二者平面角度差等於一百八十度。這個解析表明，一期遺址出自規劃，此題將在營築曆紀題下檢討。

欲表達日墜於目不能視處，前賢將一瓦丸埋入坎穴。瓦丸遠近亦能述冬夏。圖二九第 6，標本 H398：13 是瓦丸。埋藏此器，欲告赤丸墜地。而 H398 位於斷崖至內，去其邊緣不遠。其義蓋在月全食食既，月復明，其面積增大。日遠去，故小。墜落，故埋藏於坎穴下。

2）聖人已知交點年長 348 日不容 24 節氣

（1）標本 M15：7 紀太陰曆算不精

前述揭示，聖人 M15 知曉太陰曆。月全食發生於十五、或十六日當夜。從滿月起算，迄下一滿月，得日數二十九日。寒暑各一見的期間是十二月。這樣，太陰歲紀出現於狄宛。此曆法計歲十二個月，每月二十九日，一歲三百四十八日，毛算當交點年。這個曆法是後世曆法之本，也是中國古史可信的基礎。

涉及狄宛太陰曆在狄宛的施行時段，以及聖賢何時開始知曉太陰曆，我不能給定年限，推測這套曆法在狄宛一期之前已被 M15 聖人的先輩知曉，此

事應是距今 7800 年前舊事。其傳承甚久，而無更新。唯狄宛一期聖人初生革新之念，而且依天球上星體認知獲得改易的啓發。因此，狄宛一期是充滿變革的時代，而非純粹傳承的時代。這套太陰曆在狄宛一期被 M15 聖人改易。改易的大要緣故是，聖人 M15 發覺歲曆不足。無論瓦器之成器還是有赤色標識的瓦片都是此事的佐證。後將逐步闡發此事。

（2）石刀佐證聖人斷割交點年長而見節氣不足

舊石器時代石器研究廣泛而深入，但中國新石器時代的石器研究迄今尚未與瓦（陶）器包含的知識論關聯，迄今無人系統研究新石器時代石器蘊藏的知識論。考古界發掘了若干新石器時代遺址，狄宛一期遺址的知識論涵蓋面最廣，而其石器含知識論識別是難點。前述標本 M15：7 僅是一例。在此引入兩件石器，展開檢討。

狄宛發掘紀實圖三五第 2 與第 3 是兩件近圓形石刀，標本 F372：2 與 F371：13。這兩器都出自構築物，即發掘者所言半地穴房屋。這種房屋其實是巢屋。此等營築在狄宛是演示曆算的構築物，而非單純的留居地。此事的系統將在後述。

這兩件石器不全是磨製石器，打製的特點明顯，是首要製造工藝。依發掘紀實，標本 F372：2 是打製石器，體較厚，由凝灰岩石片打製而成，長 66 毫米、厚 12 毫米。此器或是傳承舊石器時代古器，或是新製石器。發掘者未曾對此物進行碳十四測定，我不能斷其所屬時代。

儘管如此，此器的功能辨識與此其形狀值得深究。發掘者講此器是石刀，我附議此說，由於其邊棱是刃，能用於切割。問題是，此物用於切割何物？動物體表，還是收割穀物？這兩問之解答決定此物功能辨識之走向，它是狄宛前賢分割獵物之器，還是切割稗子穗之器，將因此明晰。同時，回答此問須照顧彼時曆算能力，也須考慮聖賢以此器並割兩物，而且此器的曆紀功能明顯。

我以爲，此器不獨用於切割物件，而且是前賢演示節氣之器。演示的節氣應是秋分，由於彼時稗子類植物成熟。察此器模樣與尺寸，手握此器能迅速切割植物莖稈。此物也可用於剝離動物皮革。此器近似圓形，而非長方形。這個形狀使人疑心。若以功能論造器，前賢不必造近圓形石刀，四邊切割器亦能致用。聖賢一心打製近圓石刀的唯一理由是，古賢知圓月被地球本影切割事，圓形虧欠，故產生近圓形石刀。鑒於圓形有虧，而滿月狀能寓意日數滿，

近圓形石刀寓意日數不滿，指一歲日數不滿。這恰是太陰曆歲的特點。這種日數不滿能夠導致太陰曆二分預算謬誤，春分、秋分六個月的差距其實不等於太陰曆六個月，這導致當年秋分後的春分節氣遲於預算。這使狄宛聖賢困惑。節氣預算能帶來的便利消亡，這是謀食源的聖人難以容忍的事項。

換言之，倘使春分去秋分六個月的日數足，必逢秋分節氣。但是，狄宛聖人察 174 日得 6 個月的時間，但是秋分節氣未至。這使他們困惑。

圖二　F372：2 石刀喻秋分日節氣未至

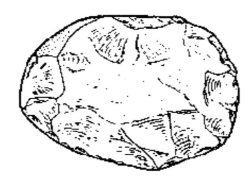

另外一件表達太陰曆的石刀是打磨製成的刀具。標本 F371：13，一面磨光。由泥灰岩石片打磨而成，長 71 毫米，寬 33 毫米，厚 6 毫米。此器也出土於半地穴房屋。其狀猶如月闕，發掘者講長其實是直徑長，其缺損部約等於望月的四分之一。以滿月當滿數二十九日，F371：13 的缺口約等於 8～9 日。這個數字恰能匹配 F371 的曆算演示，前賢以這座半地穴房屋驗算的曆法特點是，太陰曆增補八日，以合節氣。兩相對照，得知 F371：13 較之 F372：2 的表意更進一步。石刀 F372：2 表達的太陰曆虧欠日數難以疏定。

圖三　F371：13 磨打石刀喻歲日數不足

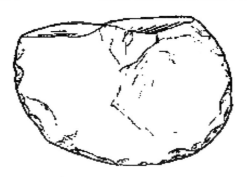

總之，狄宛一期聖人已知太陰曆日數不足，這個不便導致預算今年秋分到來年春分，或來年春分預算來年秋分謬誤。曆算謬誤在彼時導致食源掌控失敗，人不能以時收穫稗子一類植物籽實，這導致採集失敗。圍獵與捕魚不如以時採集可靠，食源問題仍舊高懸。

2. 太陰曆補暨三百六十度璇璣歲曆起源

1）瓦塑斗勺週旋三百六十度當璇璣歲曆發微

（1）標本 H363：21 瓦塑含義之疑

狄宛發掘紀實舉一件一期陶塑，圖二九第 1 器，標本 H363：21，俯視呈近橢圓形，上下左右均向外突出，有 4 個上下左右相通的孔。後端下垂似尾部，前端似頭部有殘缺，泥質紅褐陶，捏製。體長 5.4 釐米、寬 4 釐米、高 2.3 釐米。此物有何用，迄今不知。

陶塑研究顯示，史前陶塑能表達自身崇拜。王吉懷先生曾研究史前雕刻與陶塑，發現這兩類器物都有蘊意，是當時社會生活的真實寫照，也是原始宗教的殘影。彼時，兩類物件表達人對自身的崇拜〔註 88〕。他認為陶塑有蘊意，我附議此觀點，但我以為「原始宗教」的涵蓋面太大，須深入、系統考究。

（2）標本 H363：21 瓦塑述璇璣歲曆 360 日以及二分二至

從狄宛陶壺的印象出發，我觀陶塑俯視圖有陶壺鼓腹的形象，細察此物有孔，而且兩端上翹，儘管一端破損，其殘破豁口損失無多。兩端上翹則中部凹陷。凹陷部狀似容物之坎，猶如斗魁，即天樞、天璇、天機、天權四星構造的凹陷。察此四星在天球上旋轉，其遺留的軌跡是弧狀。這個認知是瓦塑 H363：21 產生的根源。

另外，此器有四孔相互貫通，四孔別為南北一組、東西一組。南北一組謂斗柄南指、北指。東西一組謂斗柄東指、西指。斗柄南北指直仲夏、仲冬，斗柄東西指直春分、秋分。這樣，獲得這件陶塑包含的知識系統：狄宛聖人已知斗柄週旋，而且知曉這個度數是圓周角度數，而非平面度數。他們已知一歲四分曆。他們的二分、二至認知已成熟。

此器的功能是，記錄聖賢依斗柄週旋校正太陰曆歲，大抵得二分、二至。聖賢察斗柄週旋緩於太陰曆十二月，發現斗柄週旋用日多，而太陰曆用日少，

〔註 88〕王吉懷：《史前時期的雕刻與陶塑》，《東南文化》2005 年第 1 期。

從此推算出璇璣歲。璇璣歲以斗柄週旋一番當三百六十度，以三百六十度當三百六十日，於是出現三百六十日這個參數，但它不是完滿歲曆。此數是後世乾坤冊數相加數。此物南北定寒暑暨日照，東西定歲滿。彼時，歲滿與否，依春、秋分定。

　　此器證實，中國太陰曆在狄宛一期時代已有陽曆要素。古曆研究者頻以斗柄週旋喻回歸年三百六十五日。虞夏時期，觀測或許已如此細緻，但狄宛一期大抵不曾有如此入微觀測。算太陽曆可恃星宿與日軌道認知，不須仰仰仗斗柄方位細測。

圖四　H363：21 喻曆正乎春而寒暑貴乎南北

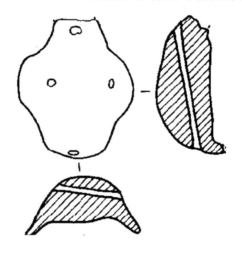

　　（3）標本 H398：18 述魁斗週旋不捨北辰以爲週天 360 度

　　發掘紀實圖二九第 7 器即標本 H398：18，此物是泥質橙黃陶，這種顏色值得特別重視，由於狄宛一期 II 段僅出土一件。發掘者命此物「陶網墜」，此說不塙。網墜匹配漁網，倘使不須網魚，不須網墜。彼時前賢是否需要以網捕魚，值得疑問。新仙女木事件以來，北方古賢多日食魚，此確定不移。取魚之法不限於撒網捕魚，可在河道壘石塊，開春時節，魚若洄游，能得大魚，這顯是事半功倍之舉。冬至日前後，可在冰面敲擊冰窟得魚。由於水折射光照，前賢發現水深難及或魚行方向難料，欲得魚，故造魚鉤釣魚。半坡前人的魚鉤磨製精細，與現代魚鉤基本無別。那裡的捕魚與釣魚應是並存事件，由於捕魚導致魚分散存在，魚鉤是得魚之器，二者相輔存在。但狄宛一期遺址出土骨器不含魚鉤，從此推知，得魚不是彼時前賢的大事。狄宛前賢尚魚，

大約是一期末，二期初舊事。是否因缺食物必須以魚補足，這是另外話題，此處不表。

我察標本 H398：18 是狄宛聖人紀魁斗週旋不捨北辰，以爲週天 360° 之器，如此斷定故在此物兩端相連，尖銳一端核心唯一，橫截的上端平面形狀是圓形，狀似陀螺。傾斜旋轉此物，即能模擬天球上北極點相對傾斜。

此器的使用容納了魁斗週旋、天球傾斜、北辰恒一不動三義，其含義複雜，在狄宛一期曾是重器，前賢根據這些認知製造了橙黃色陶器。此器製造並不容易，由於燒製橙黃色泥陶的火候控制不是易事。

圖五　H398：18 喻魁斗週旋 360 度

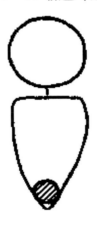

此物的系統含義是，狄宛前賢能夠迅速準確辨識斗柄四季旋轉，辨識它在天球上的動向與位置，是認知其他星體移動的基礎。此物還能證實，彼時前賢知曉天球能夠傾斜。這種認識是中國天球赤道坐標系的最初知識。是彼時最系統的地——天關係認知。這種認知是他們劃分天區以及給星宿排序的認識基礎。

2）H363：21 與 T316 ⑤：1 涉二分二至與紫微垣關係並壺罐曆義

（1）瓦勺 T316 ⑤：1 平面狀似紫微垣外廓

後圖是標本 T316 ⑤：1，《發掘報告》圖二七，第 8 即此物。此物出土於探方，而非坎穴。探方 316 位於斷崖附近，其北爲 T315，二探方處在經緯線上。T315 出土了壺，兩地見兩器，而且都在經緯線上，這顯示二者在表意上存在關聯。而且，探方出土之物絕非野處物件，而是前賢刻意放置，疊壓後存於此處。

標本 T316 ⑤：1 俯視近橢圓形，後端附一翹起的扁狀柄，圓底。夾細砂紅褐陶。出土時殘缺，勺的多半與殘柄保存下來。此物殘破或由於鑽探時打破，或在地層覆壓之前被打破，難以斷定。此物出土時呈倒扣，還是側置，抑或圓底在下，不得而知。我曾多番考察此物模樣，並對照它與旁物，最終見其與瓦壺、瓦塑之間的天文表意關聯。此物本源有三點：第一，紫微垣的輪廓認知。第二，北斗七星是紫微觀測的核心。第三，七星瓢蟲的蹤跡。紫微垣冬夏在天空的形狀似此。但此狀不易辨識，認知者寡，推測最初僅聖人知曉此事。聖人欲告喻邑衆，言語不達，故生造器之欲。造器前知曉某昆蟲形狀與北斗七星數字關聯，其俯視模樣又近似紫微垣，故放此昆蟲模樣而造此器。此昆蟲是七星瓢蟲成蟲。此昆蟲的鞘翅是橙色或赤色，兩側有七個黑斑點。比較數目七，其體狀在此被顯示，但燒結瓦器用火，難爲七點，故此器無黑斑點。此蟲夏季藩殖，此時匹配斗柄南指，紫微垣一端向南。基於諸判定，今斷標本 T316 ⑤：1 聚合了三種認識：昆蟲形狀與能力認知、紫微垣認知、北斗七星依傍紫微垣的認知。

這些知識恰是曆算必須的知識。北斗七星斗柄四指足以辨別季節。以七星瓢蟲的頭部爲斗柄，造器後斗柄甚短。

圖六　T316 ⑤：1 喻北斗七星與斗柄及紫微垣紫時序

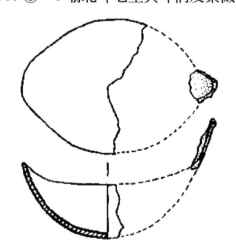

（2）瓦勺有柄紀斗柄四指天樞向中官係觀測對象

中國古人何時開始認知紫微垣，《中國天文學史》（上）並未提及，但是陳先生討論了三垣設立狀況，推測最初以太陽東升的方向爲觀星的標準。先

觀天頂，定北極周圍廣大區域爲紫微垣，這是《天官書》之中官。而後向東北腳投射目光，定太微垣，後向其東南延伸，定天市垣〔註89〕。紫微垣認知起於何代，無人討論。但是，標本 T316 ⑤：1 外貌似紫微垣輪廓，不得否認此二者模樣相似。既如此，得認定前賢觀象制器，觀紫微垣之狀，造此器。他們未嘗漫無目的一般造器。由此推斷，中國聖賢知紫微垣是在狄宛一期，而非春秋或戰國時期。

紫微垣星間位置特點是，十五顆星分東西兩區，北極是中樞，十五星爲屏藩，似兩弓環抱爲垣。東藩八星、西藩七星，從南起算左星謂左樞，右星爲右樞。五月黃昏，北斗在南，左樞星在東，而右樞星等在西，冬至時節，斗在北極下，左樞在西右樞在東。

北斗七星不在紫微垣屏藩內，但依傍屏藩。而北極星在屏藩內。依《晉書・天文志》，北極星位於太微垣北。四季都見天樞指北極星。如此，見三個天文話題：天球北部，核心區是斗柄指向的北辰。紫微垣是弓形合抱狀。

標本 T316 ⑤：1 告喻，狄宛一期前賢已知北斗七星、已知紫微垣左右屏藩、知北斗七星旋轉於天球。紫微垣認知是狄宛前賢造設 F378、臨潼白家村前賢造設 F2 之根基。在狄宛二期，聖賢依此狀規劃 F238 之輪廓。

（3）瓦壺 T315 ⑤：6 俯視似魁四星以演水住、水平與水下

《發掘報告》圖二六第 10 是標本 T315 ⑤：6，其狀如後。此物是壺，發掘紀實所謂 A 型 II 式。尺寸：口徑 8.8，腹徑 28.5、底徑 7.6、高 31.3 釐米。考古界迄今未考證其源，因此不曾給定其類，僅滿足於辨識此物是實用器。

此物鼓腹似滿月，但下部顯小於球狀，正面查看見其面小於圓形，壺下部呈收縮狀。此物能平置，但裝滿水即不很穩定，由於壺腹上部裝量大於下部裝量，底部較小。此器無耳，無槽痕繞繩，又不便把抓，灌水後不便攜帶，故非遊獵者攜之器。倘使口渴者以此物止渴，其出水口小，能夠止渴。但此物須處於某地，人須到來，否則不能解渴。此物出土於探方，而非房屋，應懷疑古人是否以此物爲日用器。

我察此物是採納瓦勺標本 T316 ⑤：1 與瓦塑標本 H363：21 形狀，兼顧魁四星運轉特點塑造成的器物。我如此講的理由是，瓦塑鼓腹狀是標本 T315 ⑤：6 腹部形狀來源，而紫微垣旁的北斗七星的魁四星是此壺腹部的直系根源。依《石氏星經》，魁四星自魁口排序天樞、天璇、天機、天權。這四星分

〔註89〕陳遵嬀：《中國天文學史》（上），上海人民出版社，2006 年，第 196 頁。

佈不是正四邊形，而是魁四星口與底每兩星的距離不等，天樞到天權的距離長，但天璇到天機的距離短。

比較此標本與標本 H363：26，見後者的左右兩半對稱，底面平，縱向中軸線均分兩半，腹部弧形均與，上下大小無別，故盛滿水不致傾覆。再察二者，得知狄宛一期前賢非不能造上下對稱、左右對稱的器物，而是由於前賢須造上下不稱器。其理由是，前賢燒製此物旨在演示「直」與「倒」的關係。此物裝滿水能自倒，能夠比擬魁週旋，時至則倒。這是造器者本意。在器身肩部偏下表面取兩邊平行兩點，再在底部較小處表面取平行兩點，自上向下畫線，將下面兩點以線段連結，此時必得魁狀。魁四星有口，壺口模擬魁口。

既然如此，標本 T315 ⑤：6 的含義清白無誤：此物是聖人演示一歲水行、水住或水平狀況。水平：春秋；水下：夏季；壺口向上：水住，冬季河床納水，冰凍不行，故水雖在而不行。匹配魁週旋等於一年，四季四指，此與壺口朝向匹配。季節之別已深入聖人心田。考古界不少人研究器形學，但未曾照顧此事，故每遇壺、罐過渡器物，恒有見解之鬬。其實，此等紛爭出自不察二器之別與其述季節之義。季節能過渡，器形亦能過渡，此猶手指動止一般，有何怪哉？

圖七　T315 ⑤：6 以水住水平與水下喻四季

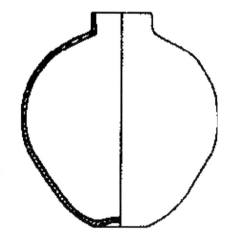

基於如上辨識，今定標本 T315 ⑤：6 不是實用器，而是演曆器，是狄宛聖人告喻何季水多，何季水少之器。由此得知，彼時存在四分歲曆。

（4）收壺腹拉長其身爲鼓腹罐以喻節氣平

發掘紀實別罐形器二等，「筒狀深腹罐」與「平底罐」。有三足者定名「罐形鼎」，入三足器，其基礎是罐，後將檢討。關於罐的起源，考古界迄今未見深入討論與見解，今彌補這個空白，澄清其起源，並重新類別。

考古界所言深腹罐其實是鼓腹罐，筒狀深腹罐其實是直罐。形狀相似，但尺寸較小者稱謂杯。鼓腹源於壺壁鼓起，此弧狀出自模擬魁旋轉。因此，鼓腹罐如壺，根源是魁，口平與底平是明證。

此器與壺的差異在於，壺身在此收緊，球面變弧面，後得拉長弧面平底器。發掘紀實圖二五，第 13 器，標本 T7 ⑤：3 即此物，發掘者歸類：A 型 III 式。此器敞口，深弧腹。夾細砂灰褐陶。口徑 21.5 釐米、底徑 9.5 釐米、高 37 釐米（原文作 3.7 釐米，誤）。比較 T315 ⑤：6 的尺寸，見鼓腹罐器高增加 5.7 釐米，底徑增加 2 釐米，口徑增加一倍多，此器拉長，儲水後的穩定性增加，水滿不易傾倒。上下平，因此能象徵春秋二分節氣平。

它與壺 T315 ⑤：6 的器形關係能從出土地勘驗：此器出土於探方 I 區第 7 探方，探方 315 處與探方 7 處於斷崖的平行線上。斷崖也能表達一歲日照的規律：日出東南，直射西北，此是春季初日照。倘使考察日落，夏至後，日落之所在西北，後落點降低，此是秋季。一歲春秋兩季皆被表達。

如坎口向上，站在高處，面南查看鼓腹罐，其狀似夏季斗柄南指時魁盛水。由於它的來歷涉及陶塑，因此歲紀日數應等於三百六十日。

圖八　T7 ⑤：3 喻四分曆春秋二分平

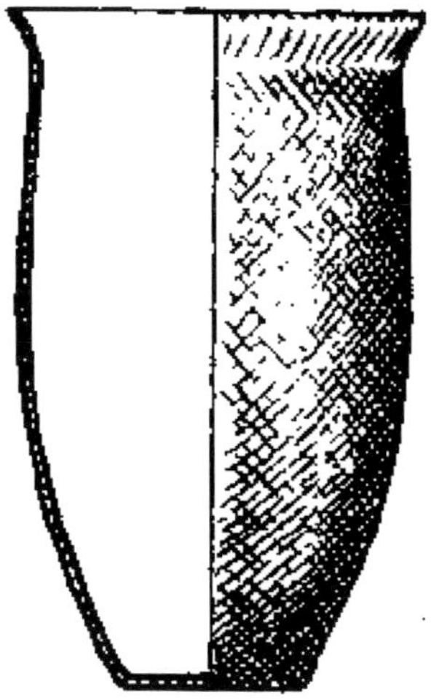

横置此物，能象徵水平，鼓腹處能容水，由於口沿外撇處著地、鼓腹處著地，二者爲支點，容水甚少，其液面即水平面。此物在狄宛一期同時用如水平尺，是中國最早水平尺，是找平地面之器。

（5）**直罐 H398：60 源於鼓腹罐以喻寒暑**

《發掘報告》圖二五第 16 物是所謂 B 型筒狀深腹罐，標本 H398：60。此物深而直腹，夾細砂紅褐陶。口徑 7.5 釐米，高 10 釐米。發掘者講此器通體施左斜向細繩紋，倘使將此器翻轉一百八十度，繩紋的走向仍是向左。前賢爲何造器有此狀，這值得深思。今考察此器形狀特點，勘其本源，顯示其義。

圖九　H398：60 喻寒暑節氣直

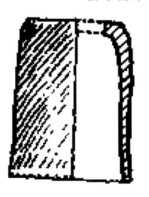

此器器形上大略源於鼓腹罐，因此保存了斗柄南北指的信息。口向上喻冬、春，口向下喻夏至後秋、冬。直罐面上斜線喻日照線增長，絕無垂直傾向。細察斜線，見中部斜線甚長。此有兩義：其一，在夏至後，日出東北，足以向西南照射。其二，日落西南，能炳照東北，但日照射線是斜線。夏至迄來年年初的日照因此被摹寫。與此對照，斗柄南指直夏季。斗柄北指爲冬季。平置直罐，罐口向上，此爲夏。罐口盡向下，此爲冬。罐口傾斜，將有所容，此爲春。罐口反向傾斜，將傾倒出所容物，此爲秋。題涉此器直筒狀起源，似乎猶有可考之處。

細察其狀，能見此器與鼓腹罐截然有別，由於此器身直。以此器爲日用器，便於解渴，其解渴性能優於壺。此物在自然界的原形是竹節或甘蔗節，或高粱桿。在狄宛一帶，我認爲是高粱桿節。但不是玉米桿節，中國本無此植物，近代引進。

農業考古揭示，中國中、西部的聖賢曾培育了高粱，而培育旨在謀取顆粒，以便充飢〔註90〕。艸節對於今日考古學界無特別表述力，但對於遠古謀食者是頻見之物，咀嚼蒿草於今是難堪話題，於古是品嚐解渴之物。口渴者目睹不枯植物，俱是謀飲對象。高粱一類植物莖稈富含水分，甘甜可口，而且補充熱能。其節給前賢留下了印象。飲甜水類似口嚼甘甜的高粱桿，兩者同類。而且，高粱可春作、也可秋作。放其桿造直罐，能喻春秋兩季節。這是直罐述春秋義之本。此是直罐本源。

（三）圜底器天球與曆紀義發微以及類別標準

1.圜底器天球與曆紀義發微

1）圜底器表意系統

（1）圜底器狀貌與濃縮表意

在狄宛遺址出土大量的圜底器，其他遺址絕無其匹。考古界以此以及與此相關的三足器初期定名「老官臺類型」，後轉而定名「大地灣類型」。這個轉變值得慶賀。畢竟，老官臺類型器物之源不清，此遺址附近沒有出土體系性瓦器，其造器觀念不清。狄宛造器前賢造器歷程甚久，從舊石器延續到新石器時代。既往，圜底器產生之源不清，它與釜、盆關聯亦不清。此處依據狄宛前賢天球認知解決起源問題，從此出發即能斷定盆、三足圜底鼎起源。

圜底器的樣貌特點是，底圓而不能靜置，底著地必見器身左右輕微搖動。使力按壓左邊或右邊，放手即見口沿平面上下搖晃。此物不是隨處能夠放置之物，因此不是室內平地放置的食器。其形狀往往與某種地穴穴底形狀匹配。因此，狄宛坎穴出土物多見圜底器，《發掘報告》圖二五列圜底盆、圜底缽多數出自坎穴。我認為，此類器物都有表達三到四層含義之功能：其表面紋飾表達某季節日照。其半球狀表達天球之半。口沿抹光象徵日全食食既見日周圍有光圈。口沿配赤帶象徵某年某月月全食見食既紅月亮。諸器俱係夾砂瓦器，夾砂以喻天象與微弱光照。眾含義須關聯看待。

（2）圜底器及碗紀聖賢觀星與交食暨王事初萌

狄宛出土的圜底器數量多，諸多圜底器之間存在細微差別。發掘者基於此辨識若干器物，他們辨識的基礎是尺寸大小，例如《發掘報告》圖二五見

〔註90〕石玉學、曹嘉穎：《中國高粱起源初探》，《遼寧農業科學》1995 年第 4 期。

圓底器排序始於圓底盆，終於圓底碗，中間器是圓底缽。這個排序有一定的問題，由於前賢造器能力日漸進步，認知某對象而後仿造某物，表達這種認知須始於小器物。因此，事理支持的關於圓底器出現先後的排序應是：圓底碗、圓底缽、圓底盆。在一期之前，這種造器嘗試已結束，到一期時代，分別造小器、大器表達相關而不同的含義。

如前述，圓底器是前賢表達天球認知之器，但前賢選擇查看天球的地點不必一樣，可高可低，可在開闊的平原，可在川道，也可在山頂或土塬頂上。觀察地決定向上高度差感覺，也決定目測天球頂與地面之高度差。這種感覺是造器基礎，也是造成器物差異之源。其背後係觀測季節。今以圓底碗為例揭示此事。在申述此題時，將《發掘報告》圖二六圓底碗旋轉一百八十度。圓底碗的排序：標本 H363：43（第 11）、標本 T304 ⑤：5（第 12），標本 H398：65（第 9）、標本 F371：40（第 14）。翻轉之後，即見諸物都述天球認知，但細微處難以遮蔽。今例釋如後。

標本 H363：43 反映的天球較小，而且觀測者與天球頂距離較近，天區較近某處唯是觀測對象，前賢選擇在高地上觀測天球某處星體，而且此處似乎因月光照耀，聖人不得遠近對比，獲得印象是天球小而淺。倘使無月，能夠產生天球、北極較遠之印象。恰由於月照，器面上有紋飾，此紋飾喻某季節日照狀況。

圖一〇　H363：43 觀近天球

這個季節應是夏至日，日照甚強，光影短，因此器內淺，而且表面線條短，又有下垂狀。其表意與前述圖二五第 16 即直杯標本 H398：60 的表意能力類似。

標本 T304 ⑤：5 記錄聖人觀測天象的地點不同，其認知也不同。聖人在平地觀測天體，因此表面是素面，蒼穹深以喻天遠人，時在冬季。天球去人遠，而且觀測地點應在河道平地，由於兩側有高地限制，視野難以開闊，山

高顯天高，星小顯天極深。此物給我的印象是，狄宛聖賢在邵店村古河道察天體。發掘者講此器底較深，這個觀察不誤。此器與 F371：40 相類，但器面模樣參差。

圖一一　T304 ⑤：5 觀遠天球

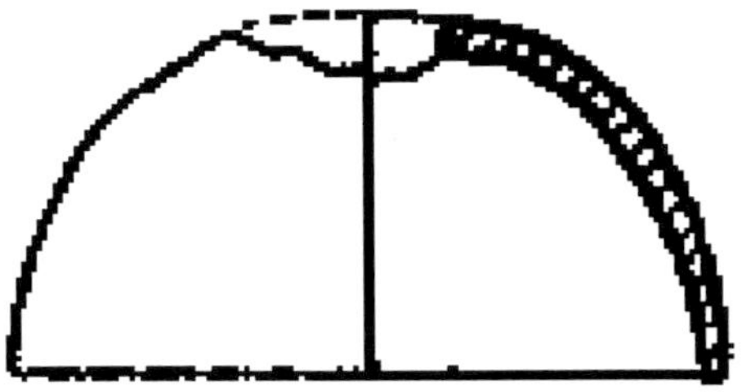

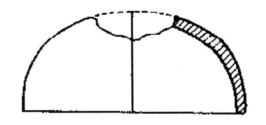

第三器是標本標本 H398：65，發掘者講此器腹較淺，這個觀察不誤。此器記錄聖賢觀測天球與天象的地點是高地，彼處寬敞，視野廣闊，兼在高地，又無月光，查看四周天區，見半球狀籠罩。此器給我的印象是，聖人在某地察天球，但天球去人似乎在遠近之間。此喻察天時節去春分或秋分不遠。

圖一二　H398：65 春分或秋分前後觀天球

此器亦記錄聖人晦日當夜或朔日前半夜查看天球，由於此器是素面。素面謂無光照。如此，能獲得一點關於聖人察天象時間與地點的認知：在高地或川道查看北極、天球與星象。查看的時間是朔日當夜或在月炳照之夜。

第四器是標本 F371：40，此器最難辨識，而且發掘者的表述能引人聯想到圈足碗。因此，發掘者講「通施左斜向細繩紋，近底部有一周微凹，可能是脫落的圈足痕」。但是，此器不涉圈足碗，其底部絕非圈足脫落痕跡。顛倒此器，即見舊事蹤跡：器頂突出謂北極處最深處，爲最高點。線條走向顯示，日在東北向西南方向畫圓圈。故此器是傍晚睹日西南落之赤經觀測記錄。兩

種依據支撐此說：器深喻冬季察北極。口沿無任何裝飾，此謂無交食。無交食，故地上觀象者記日行如常，無天象發生。

圖一三　F371：40 某年冬觀天象

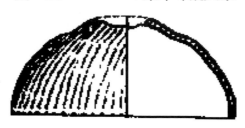

此物不堪平置地面，在地上搖擺不定，故非擱置地上之器。其表意能力與圖二五第 16 所謂 B 型筒狀深腹罐（標本 H398：60）顛倒後表意能力相類。觀星象時在冬至係其表意目的。

　　澄清了如上話題，圜底缽或盆的敞口含義也凸顯出來：以圖二五第 7 為例，圜底盆標本 H254：21，口微敞，器較深，口部下有交錯繩紋，口沿抹光並飾紅色寬帶紋。聯繫這三者，得知前賢前後察知兩番天象，此器係天象記事。口沿抹光喻發生日全食，口沿裝飾赤寬帶紋述月全食發生。口沿抹光述食既見日為月掩蔽，但周圍有光圈。口沿赤帶述月全食食既見血月。抹光帶與圜底之間見繩紋，為年月日記錄。此器濃縮數層表達：第一層是天球含義。第二層是日月全食。第三層是日全食與月全食發生年月。依此器與標本 F371：40 深度推斷，此器述時不在冬至，而在冬至前。辨識此等器物之訣竅在於，從總深減去口沿抹光帶寬度，即得當年日全食發生時節表述。此器證實，狄宛某年或春分、或秋分前後數日發生日全食，日全食與月全食係同年內天象大事。敞口部所占口沿帶寬度恰等於抹光帶寬度，抹光帶與器頂（底）間見截球弧線勻稱。

圖一四　H254：21 春分前後觀月全食

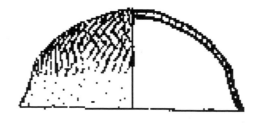

　　狄宛一期圓底缽形狀相似，都有紋飾，都喻光照。這顯示，狄宛聖賢尤其重觀天象於日月全食發生之夜。他們已知當夜能見天象最有代表性。圓底盆類似圓底缽，其天球觀測含義不須贅言。諸器物背後是狄宛聖賢已知天球上星宿循環歲紀。

　　圓底器於中國政治史起源有佐證力上，圓底器口沿向上喻下半天球。器底向上是聖賢戴天傳教之源。天子說本乎此事。鏊而王天下亦本乎此事。《淮南子・氾論訓》「鏊而緫領」事發生狄宛文明二期 I 段與二期 II 段，傳播地係今陝西寶雞北首嶺遺址下層所稱時代。此事後將申述。其實，狄宛一期聖人王天下之途是以圓底器戴天曆算而得曆法。

（3）圈足碗隱曆紀義發微

　　《發掘報告》圖二六舉圈足碗模樣五等。單以美感而言，第 4 器即標本 H363：31 是我所見最美圈足碗，幼時家母購數碗如此，印象深刻。

　　此物看似簡單而易曉，但其系統含義絕不簡單。於器形說，其形狀簡單指其狀來自圓底缽添附圈足，而後得碗能平置，不傾斜，故不散落盛食、飲水。但此狀含義真如此簡單易知嗎？我懷疑納物造器說，由於聖賢造器絕非如今世民眾購買而使喚，此間觀念差異很大。彼時，邑人根本不知此物能容何物。於邑人，知形與不知形乃兩等人。不知形者期待知形者教化，不敢妄自思索。圈足碗係圓底器之「後輩」。從圓底器到圈足碗，型土觀念跨越圓底器界線。跨越之後，兩器表達季節與天象觀測、乃至謀平二分之義被融通。

　　圈足碗上部係半天球，口沿述春分日黃道線。圈足平行上沿，此謂前番秋分於今番春分平，故節氣平。於春分日，睹得日自東出，西落。下半天球不深，不涉秋季變為冬季之義。將 H363：43 的圖樣尺寸放大，使其比例匹配H363：31，能顯其義。且此二物出自同處，表意關聯。

圖一五　圈足碗配圓底缽喻天球旋轉暨平二分

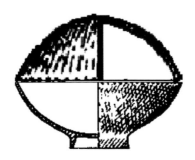

聖賢得知天球唯一，上下兩半接界，星體在其上運行。此等認知自始給中國曆法打上陽曆烙印：朔望月須照顧日經天角度變遷。日在天球軌道變動一週，即合氐宿察日往返。如此，即能預見來年節氣，平春分、秋分。由此，造器者爲圈足碗須照顧上下平行。「上」「下」於古人能表述物位置，也能表達去歲、今歲。此說證據在於，地穴 H363 圖樣邊角關係隱藏聖賢觀氐宿舊事，詳後聖賢氐宿觀日月交食。

2）魁斗以外星象曆紀

（1）西山坪赤色紋飾山字說質疑

在狄宛一期，曾有前賢遷出，後居異地，但仍在推進狄宛一期文明。異地包括天水附近的西山坪、天水以東寶雞西邊的關桃園、南鄭縣龍崗寺、臨潼白家村等。前賢遷徙攜出的瓦器多見狄宛一期瓦器模樣。器物紋飾有互補特點，譬如西山坪遺址瓦缽上的紋飾不見於狄宛瓦器。缽形、尺寸都相似，這足以使人判斷兩地器物同源，即造器者是同一文明的承載者。《師趙村與西山坪》圖 182 第 12 器，即標本 T18 ④：35，是其例證。涉及兩地文明的同系特性，後有申述。

發掘者定西山坪遺址標本 T18 ④：35 爲 BI 式缽，此器內壁有一赤色紋飾，被定爲「山」字，口沿內外都有這種顏色，口徑 28.5 釐米，高 10.8 釐米〔註 91〕。謝端琚，甌燕支持這個判斷〔註 92〕。這個觀點的源頭是《甘肅省天水市西山坪早期新石器時代遺址發掘簡報》〔註 93〕。

這個解釋值得懷疑，以此紋飾爲「山」字的判斷基於文字象形，其基礎須是文或字，但在狄宛一期時代恐怕僅有文（紋），沒有字。「山」文尚未出現。基於措畫的紋（文）的背後是天文曆算。我判斷此紋飾是大火星觀測記錄，而非文字。此觀測記錄的基礎是天球加星宿認知。原圖見《文物》1988年第 5 期圖四，第 1。我翻轉平面圖，使紋樣在上，以上爲南，下爲北。人面南察南天亮星，睹此星。這樣翻轉的理由是，翻轉缽足以還原前賢半天球認知，以及天球上星宿認知。這恰是狄宛聖賢認知體系特點。

〔註91〕 中國社會科學院考古研究所：《師趙村與西山坪》，中國大百科全書出版社，1999 年，第 234～235 頁，圖 182 第 12。

〔註92〕 謝端琚、甌燕：《黃河上游史前陶器符號與圖像研究》，《考古學集刊》第 16 集，科學出版社，2006 年，第 90 頁。

〔註93〕 王仁湘、王吉懷：《甘肅省天水市西山坪早期新石器時代遺址發掘簡報》，《考古》1988 年第 5 期。

圖一六　西山坪 T18 ④：35 火正

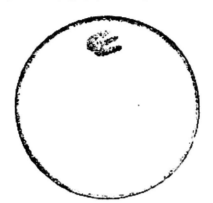

（2）狄宛聖人觀大火星位置變化以爲節氣之證

　　如前訓釋，此器形與含義是天球，此器記錄前賢觀測天球形象。其義因此紋飾被添附。查看器內壁紋飾之法須循此器特點。此器喻半天球，半天球上有星宿，星宿以紋飾標誌。這是造此器之故。天球一歲兩變，此變恒不變。但半天球之放大樣——圓底缽能以觀星象者察某星宿遠近而有深淺之別。而且，側轉或平轉圓底缽，星宿在半天球上變動位置，能顯能伏。因此，欲知此紋飾含義，須轉缽而察紋。我察此缽內壁紋飾非山字，而是心宿二，即大火星，天文史上熒惑是也。此宿有四星，自其一星向另外三星畫線，加粗劃線，即見此狀。此缽不得添附另一半，由於紋飾在內壁，察星宿者面向內壁，似以缽在頭頂。缽能旋轉，但旋轉方向是自左向右。這個方向合乎大火星在春夏位置移動之率。此器出土於探方第五土層，此謂前賢刻意放置此物於彼地，以喻大火星墜地。其時須在秋季。

　　這件器物雖出土於西山坪早期遺址，我推測此器是狄宛聖人差人遷往西山坪器物之一。對於西山坪前賢，此器是祖傳器，是其名分之信物。對於狄宛初聖，此器是紀其觀測結果之器。兩地位置關係以及此器是揭示狄宛文明統屬西山坪文明之證。

　　今察標本 T18 ④：35 腹內壁圖樣處所即謂在內，在內即在天球之內，喻紋飾含義與天球上星曆含義貫通，能夠等同。這恰是狄宛一期瓦器腹內壁殘片彩繪的解讀基礎。紋飾所在的腹內壁殘片出自殘破瓦器，瓦器以是瓦缽、瓦盆。基於此事，應將瓦片紋飾視爲圓形器物紋飾，旋轉與度數是必然含義。又由於紋飾出自星曆觀測，勘驗紋飾含義須在具備相關紋樣時，結合天球上

星宿行度。這樣，瓦器腹內壁瓦片紋飾是隱曆紀，而曆算有若干小名，譬如交點年、太陰曆、四季、月數、日數。日數增減，節氣校準，曆算更改與修正等。與此相關，狄宛盆缽腹部殘片的棱邊數根源也是澄清瓦片紋飾系統含義的依據，此題將在後述，以為瓦片隱曆紀辨識的體系基礎。

　　此標本記大火星是心宿二，於周曆謂春三月在東，夏曆每年五月，黃昏時在中天，六月之後，漸偏西。暑氣減退。《夏小正》「五月，初昏大火中。」《毛詩·召南·小星》「嘒彼小星，三五在東。」毛《傳》：「嘒，微貌。小星，眾星無名者。三心五噣。四時更見。」鄭箋：「心在東方，三月時也。噣在東方，正月時也。如是終歲，列宿更見」〔註94〕。鄭言三月即夏正三月。《春秋左傳·昭公十七年》申須曰：「火出，於夏為三月。」《堯典》「日永星火，以正仲夏。」鄭康成注：「星火，大火之屬……。夏至之氣，昏火星中」《毛詩·豳風·七月》：「七月流火，九月授衣。」毛《傳》：「流，下也。九月霜始降，婦功成。可以授多衣矣。」鄭箋：「大火者，寒暑之候也。火星中而寒暑退，故將言寒，先著火所在。」下即向西而墜地平線下（《詩三家義集疏》，第510頁）。時代差距甚大，大火星正季節之義詳後考證。

2. 夾砂紅瓦圓底器類別標準

1）形狀基礎上兩種以上裝飾互剋問題

（1）迄今圓底器類別標準不一

　　《發掘報告》圓底缽類型與圓底三足缽類型辨識迄今不協。這一點似乎未曾引起學者重視。此題是若干仰韶器物含義辨識的另一基礎。

　　圖五一具圓底缽別為A、B兩型。A型敞口，圓唇，口沿有一條窄抹光素面。下有交錯細繩紋。A型別I、II式。B型也別I、II式。B型I式僅列一件，敞口、腹較深。標本M208：3，口沿有一條赤色寬帶紋，圖五一，第2器。II式也是敞口，深腹。標本 M207：3，口沿有赤色寬帶紋一條，圖五一，第5器。準乎此說，口沿抹光素面是定圓底缽A型的基礎。

　　但是，面對圓底三足缽，即發掘者所言缽形鼎，他們定無抹光面者為A型，有抹光面者是B型，不計口沿有無赤色寬帶紋。A型沒有子項，但口沿有赤色寬帶紋，例如M308：12，圖五○第7。B型別為I、II式，口沿以下施交錯細繩紋。I式口沿抹光後裝飾赤色寬帶紋，如標本M227：2，圖五○第4

〔註94〕王先謙：《詩三家義集疏》，中華書局，1987年，第104頁。

器；II 式口沿有較寬的抹光面，如標本 M13：1，圖五〇，第 9 器。後兩者都有抹光面。

　　矛盾在於，發掘者給有抹光素面的圓底鉢定 A 型，但給無抹光面的圓底三足鉢定型 B。這反映發掘者未曾澄清抹光工藝的含義，不知此狀出自同一造器思想。這種定器型的矛盾背後是關於抹光與施赤色帶的工藝背景不清。

（2）口沿抹光圓底器述日全食對應口沿赤寬帶紋述月全食

　　檢狄宛聖賢抹光口沿，而非圓底鉢其餘位置。前賢為何抹光圓底器口沿，考古界迄今未定。我見圓底器狀似截球，故能述半天球。而其口沿平整，故能述地平。每歲逢春分日或秋分日，必見赤經面與黃道面相交。當月在地球與太陽之間，三者處於同一平面，即見日食。逢日全食，食既必見月入日，而日光為環，圍繞月球。手持圓底鉢，以鉢口向外，鉢底向人目，即見球狀。口沿抹光環摹寫日全食食既光圈。由此須斷，每件口沿抹光器都述日全食。

　　與抹光口沿圓底器對應，一些圓底器口沿有一圈赤帶。如何辨識其義，係久存難題，基於圓底器半天球、其口沿述黃道面得知，月全食必發生於日、地、月三者在一平面，月在此時被地球遮擋，月變為血月，赤色。持圓底器，使鉢口向外，能睹此物如圓圈，但其色為赤，而且口沿之赤加深器身之赤。血月之狀被凸顯。夾砂赤陶表意與此相稱。

2）圓底器類別標準及其日月交食曆紀通述

（1）依形色類別器述日月交食

　　鑒於狄宛圓底器是後世圓底器之祖，其色是赤色夾砂瓦器之祖，今須備細申述圓底器類別基礎。圓底器類別根基係形色二端：形涉模樣、深淺、內外有無紋飾。色即赤色是否貫通，有無在口沿抹光。圓底器喻半天球，能為上下半天球。口向下即謂北天，口向上即謂南天。器深謂冬季，器淺謂夏季。寒季天去人遠，溫季相反。

　　若論日月交食，唯須貴重圓底器赤底色是否貫通。若貫通，必不能謂日全食，唯能述月全食，由於赤色附著於半球能喻月全食：持此器當空，圓口向外，目直視半球，見圓面而赤。此係月全食狀。

　　倘使唯欲述日全食，此形固是，但色不稱。日全食食既見光環。通體為赤圓底器不足以述日全食。故而，聖賢在口沿抹光一圈。他們以此摹寫日全食。日月交食俱有時月，故在交點年長能以朔望月歸納。涉及日全食，圓底

器平口也能喻地平，由此摹寫黃道。故日月交食涉及黃道面、日、月三等參數彼時已被聖賢概括。倘使繩紋與抹光口沿並存，必見日全食曆紀。

（2）紅圜底瓦器紋日月交食曆紀通述

赤色圜底瓦器面上紋樣不多，若非平行線即爲繩紋。倘使不見二者，但在口沿或腹壁上見赤色紋飾，其數已非尋常，須深入考究。

平行線又旁證黃道線。繩紋涉及曆算某番日月交食後年月日。黃道線含義即璇璣歲。此數係預算日月交食之參數。凡見交叉繩紋，即須關聯年數計算。內壁偶爾見紋樣，但此等紋樣關涉重大，須嚴謹以待。考古界迄今疏忽此題，而關注器形學。但此説不能解答器形外核心話題。

（四）圜底與平底三足器革新太陰曆而爲歲三百六十五日初訓

1. 圜底三足器璇璣歲增補三日訓

1）狄宛三足器本乎天球滿度增補而爲歲紀

（1）三底釘添附事涉日月地位置關係

圜底三足器出自下半天球底增補之念。置圜底缽於地面，僅能象徵半天球，而且此半天球是下半天球。完全天球別上半、下半天球之念出自前賢查看北天星區，久則得知星體散佈於球狀天際。地旋轉而黃道一歲寒暑一變。於是，前賢以半球體象徵頭頂天球。一圜底器匹配另一圜底器能爲天球。

同時，他們歷月與月全食觀測導出系統思考。望月之夜，月夕出東方，黎明則消。此謂月行經天，當一百八十度。晦日不見月。前賢須曾發問，月在目不睹之處，即謂月在西天被遮蔽。月自下而升上。故遮蔽之物在上。月在下方。遮蔽物去，月顯。如此，他們獲得質樸而塙當日、月、地關係：三者能處同平面。

月全食是他們加深此認知之契機。月全食發生於望月，逢月全食，月入地球本影，月消後復明。前賢因此時機察知地面能遮擋日光。他們由此也獲知月在晦日亦在天球，唯此天球不得目睹。不睹之故在於大地遮擋。基於此等認知，前賢所知圜底缽有上下兩用：置於地，頂戴於頭頂。置於地，圜底缽象徵下半天球；頂戴圜底缽，此謂半天球在上。合之即爲完滿天球，它含目不能睹與目能夜察的半天球。如此，圜底缽係表達黃道三百六十度之器，口沿爲其要。

（2）三足圜底器下用火補陽暨璇璣歲三百六十補日

察天球上半當日月經天之所。半經天一程即當晚見月狀復返。此係朔望月一月。十二個月當一歲滿。此係陰曆一歲長。但察日月相交時段必短於陰曆年。如此，日數漫長，而月日數顯短。

準乎圜底器象璇璣歲，前賢基於多年觀測交食，給陰曆補日，使年長超過璇璣歲三百六十度當三百六十日，此即歲補。圖此，前賢創造補三底釘於圜底器底。將此器口向下，即見補日數之義。

考古界迄今不曾如此照看圜底三足器，故在發掘者等欲以瓦器納物說查看物件。他們不究三底釘起源，也未曾考究瓦器曆紀義，故多言容積。其實，前賢多年計算後以此等器物記錄曆算，故在圜瓦坯上端加三底釘。欲告補日，故可將此器著地，演示下生火而熱。前訓缽口當歲三百六十日，以頂端補日，此謂歲終補日，如此即得三百六十日補三日曆算。此事融入曆日算法，故見 H3115：10。後將考證此題。璇璣歲即察中官見斗柄週旋，此數匹配地球自轉三百六十度，此當三百六十日。

（3）補三日於璇璣歲以關兩歲謀半二分

瓦器帶底釘是史前發掘頻見一物，考古界迄今未曾澄清其起源與含義。吳耀利曾檢討新石器文化陶三足器，但未申述三足根源（《新石器時代早期文化陶三足器初論》，揭前注）。張忠培雖曾檢討黃河流域空三足器，也未能討論器足用三之故（《黃河流域空三足器的興起》，揭前引）。

察三足器之源是圜底三足器。圜底涉及某種歲曆。狄宛前賢造設璇璣歲三百六十日，此日數直天球三百六十度。天球在上，是爲夜。日行一晝夜，天球顛覆一番：晝不見天球，天球在卜。夜能睹天球，天球在上。夜時，日熱在下。晝時，日熱在上。寒溫與上下關聯。在圜底缽底添附底釘，此可解釋爲添熱於夜，即增夜數。用火於下，此是其旁證。另外解釋是，三足用於支撐圜底缽，毋使左右搖擺，獲口沿平。此器口沿平，謂春分日與秋分日正。每歲在這兩日，日直射赤道，日晨刻正東出，經天頂夕時正西落山。在此，採納第二解釋。

在圜底器添附底釘三顆出自精準曆算，曆算的明證是狄宛一期瓦片標本H3115：10。此器顯示，狄宛前賢增補總日數等於十日。這十日以三組分配：五日補於太陰歲，使太陰曆化爲璇璣歲。此外，三日補於三百六十日，這三日用於劃分一歲爲三段，每短一百二十日，即每四個月爲一段。剩餘二日用

於春分節氣、秋分節氣。此題細節將在後述。

狄宛一期圓底鉢在二期未曾退出歷史舞臺，二期前賢以彩繪表達其曆算。而且，彩繪多放日月樣貌，其類在於消息畫。表意屬系統將在後論。二期時代，頗有圓底器模樣的罐、器蓋腹部有指甲紋等。譬如《發掘報告》圖一三二標本表面壓有豎泥條，以及圖一三四第 7 器有指甲紋（標本 T220 ③：2）。這些形狀都涉及曆算。其術算義都來自天、地數各五，此數是雙手指數。從此解析陽數、陰數，匹配後增補。諸器的曆算都涉及置閏事。狄宛之後，三足器未曾退出歷史舞臺，而是流變為三足鬲、三足鼎等。其表意基礎未變，但其附加紋飾述曆更為複雜。這是後世話題，不在此檢討。

2）前仰韶時期甘、陝圓底三足器樣貌略說

（1）狄宛圓底三足器底釘勻稱而遠去圓底

檢發掘已見三組圓底器，皆係半球狀的切割，或鼓腹筒狀器底部附加三顆錐狀底釘而成。依發掘者見解，狄宛出土的三足器別三等：罐形鼎、盆形鼎、鉢形鼎。罐形鼎有交錯繩紋，夾細砂灰褐陶或紅褐陶。內部與外壁有紋飾者甚寡。盆形鼎質地相同，一些在口沿處有紅色寬帶紋。

檢狄宛三足器底釘形狀，見其形狀勻稱，與器身比例協調，故器顯勻稱。三足間距離相等但遠去半球頂端。平置諸器，器底近地面。這使人察覺器身穩定，容物不倒，器口沿平穩。每睹一物，輒使人讚歎造器者匠心獨運。此器形與各細部比例告喻，狄宛聖賢造器水準甚高。此事是三足器能夠穩定下來，並在後續數千年延續、發展之基。

西山坪遺址出土了狄宛一期器物，三足器亦在其中。出土器物有三足罐、三足鉢、三足鼎。此地多數三足器器形類似狄宛一期圓底三足器，但已見三足模樣流變。這顯示，西山坪圓底三足器出自狄宛圓底三足器，也是狄宛圓底三足器的發展。這旁證前面推斷狄宛聖賢差人攜重器遷往西山坪一事。

狄宛一期遺址出土圓底三足器之三足都是錐狀，散佈均勻而靠近球面外圈，如狄宛圓底三足器。但西山坪遺址一期出土三足瓦器的三足不全是錐狀，有柱狀。例如，《師趙村與西山坪》三足罐標本 T18 ④：23，圖 183，4。其體形略小、平底、三足呈柱狀。

（2）狄宛抹光加赤帶於口沿三足器述頻繁觀測日月交食並紀交食年

狄宛《發掘報告》圖二五列舉三足器模樣複雜，不少器口一週抹光後飾

赤帶。爲何如此，迄今無人檢討。我察抹光口沿出自摹寫日全食致食既月外有光環。而赤帶出自摹寫月全食。將此兩者拼接，即獲得如此圖樣。如此圖樣其實來自狄宛聖賢節用水火。彼時，造器甚難。在一物上施加兩等畫作，出自並舉。前賢知曉，不能並見日全食與月全食。但是，將一番日全食之後或此前月全食並舉，能爲連續天象記錄。此思路係體系曆紀思路，後世編年根基係此等連續觀測，《春秋經》含此等記述。造此等曆志背後存在某種統一觀念，即日月交食須統一清算，而非顧此失彼。如此理路係交點年知識之體統適用，爲後世史志之先驅。

但是，白家村遺址前賢不用抹光口沿，而加赤帶於缽口。此事本乎聖賢察知月全食。這至少佐證，白家村前賢專爲月全食設定類別。

（3）白家村口沿加赤帶記述月全食

陝西前仰韶時期遺址有隴縣原子頭，寶雞關桃園與臨潼白家村等。關桃園、原子頭二遺址未見圓底三足器，臨潼白家村與南鄭龍崗寺遺址出土圓底三足器。白家村圓底器三底釘長短不一，也是錐狀，器身較大。而且三底釘多見靠近圓底中心。《臨潼白家村》圖二二舉几件圓底三足位置俱是如此，而且某些錐形底釘較長。而且，依出土器數字論，白家村出土的圓底三足器大約一半是夾砂褐陶，一半是夾砂紅陶，唯個別三足器口沿抹光。圖二六舉鼓腹圓標本 T114 ③：1 圓底甕標本樣貌亦有此特點。

龍崗寺狄宛一期三足器不多，出土四件三足器：兩件三足罐，兩件三足甕。四器都是夾砂紅陶，如狄宛三足器，器身有繩紋。三足是扁錐狀。《龍崗寺》陶甕標本 H136：1，圖七，7，此器圓底，三底釘去圓底較近，似白家村圓底三足器。

白家村圓底三足缽之三足近底部中央。這不能引發更多疑問。此地三足缽多見口沿一週紅彩光面。《臨潼白家村》圖二二至少見六件口沿有此裝飾。前賢爲何如此，迄今無人檢討。我察此裝飾出自摹寫月全食。多見三足缽如此，即謂白家村先賢頻繁查看月全食。此係熟知交點年長之證。比較而言，狄宛聖賢更重視日全食觀測。

（4）渭河流於及附近三足器本乎狄宛暨聖賢欲豫星象而遷徙

涉及狄宛與白家村圓底三足器先後關係之問，迄今無人詳實討論。我在此順道解答此問。考古發掘已得同形狀器物頗見差異，這不足爲怪。微差異背後存在某種認知，此認知決定前賢器形設計變遷。此一更改必變動原曆紀

表意闊，或廣改狹，或周延改爲不周延。表意周延基礎上嘗試精微表意，此是一類。改動後器物表意從不周延到周延，此是別類。我察狄宛圓底三足器表意周延，而白家村圓底三足器表義唯是周延表義基礎上別門而述。

我認定白家村圓底三足器源於狄宛，由於白家村前賢是遷出狄宛前賢一部，猶如西山坪前賢，或原子頭前賢、龍崗寺前賢。圓底三足器初成於狄宛，後被攜出，遷往白家村。遷徙之故在於，聖賢欲以所知天樞直春季位置參證角宿一事。至於前賢如何遷出，後將申述。查看兩地造器工藝，發現狄宛聖賢造器技藝更高：他們能造口沿抹光圓底三足器，也能造有赤色寬帶紋抹光口沿圓底三足器。遷出者得其一部，即能發揚光大。

河南新鄭裴李崗圓底三足缽起源也是放天球認知造圓底缽，後在底部添附底釘三顆。依狄宛圓底三足器而論，裴李崗圓底三足器表義似乎類似狄宛圓底三足器。但我在裴李崗遺址沒能檢得當地前賢發明曆算之器，察其房屋構築略有驗算曆法之意。裴李崗圓底缽樣貌不多，質地類似狄宛，不見寬帶紋或抹光口沿工藝。個別圓底缽器表抹光。《1979 年裴李崗遺址發掘報告》，圖一三，10，標本 M111：6 是其例。圓頭石盤係樣板器。涉及當地曆算與狄宛曆算關係，後將申述。

2. 平底三足器歲紀義概說

1）平底三足器出自圓底更改

（1）平底三足器源於更改圓底器爲平底器

迄今未見檢討平底三足器起源。我察狄宛一期出土諸多平底三足器，見其模樣流變始於圓底更改爲平底，而腹部圓弧狀仍舊存在。其證是標本 H254：14，《發掘報告》圖二四，第 12 器。發掘者講：「侈口、齒狀唇、束頸、鼓腹、平底，下附三個乳突狀足。通施交錯細繩紋。夾細砂紅褐陶。口徑 7.3、高 8.5釐米。」

我察此器齒狀唇有術算義，惜乎不能細察齒數。此器鼓腹出自圓底器腹部弧狀更改。而三乳釘是三足。更改圓底爲平底，即得此形狀。繩紋表達冬春、秋冬季節交替時節日照狀況。三底釘表達璇璣歲增補三日，而且此三日用於分割璇璣歲三段。

陶色爲夾砂紅色，此謂器物表達光照之季節曾發生月全食，或在冬春交替之間，或在秋冬交替之際。冬春交替之際以冬至節氣爲要，當年節氣或在

冬至前後。秋冬交替以霜降爲樞紐，當年月全食大略發生於霜降前後。倘若兼顧太陰歲曆變爲璇璣歲，再增補三日曆算，當年月全食應發生於冬至前後。

圖一七　鼓腹平底三足矮罐

（2）弧腹圜底器添附三底釘致弧腹與斜壁平底三足器

發掘者所講罐形鼎之一，標本 H398：58，《發掘報告》圖二四，1。此器筒狀深腹，腹壁較直，下腹微收。器形瘦高，夾細砂灰褐陶。口徑 14.5 釐米，高 23.6 釐米。此器不能表達月全食，此器身施加的交錯繩紋表示日出點一歲在四隅以內變遷。三足謂璇璣歲補三日，而且三分，即璇璣歲總日數達三百六十三日，每一百二十日一段加一日，三段均衡無誤。

圖一八　弧腹平底三足罐

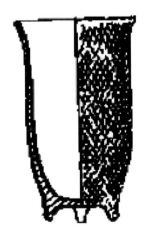

斜壁平底三足罐，即圖二四，14。標本 T202 ⑤：10。發掘者謂之 C 型罐形鼎，敞口、圓唇、深直腹斜收、素面、夾細砂褐陶。口徑 15 釐米，高 11.5

釐米。

此器其實是斜壁平底三足罐，單手不便攫持，其下面也不便燒火，因此是演示歲曆增補日數之器。素面顯謂不再考慮增補日數於何季節。依此，得知增補三日於冬末或初春事已化爲聖賢常識，不須提點即知此事。

圖一九　斜壁平底側視如斗三足罐

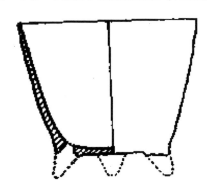

細察此器，又多異於弧腹平底器。此器面上毫無裝飾，此是何故，迄今未知。我察面上無飾頗涉此器起源。此器形狀初準乎魁斗，故顯下小上大。此器除器口、器底截面是圓形，再無一處能與圓形關聯。但此器側視似魁斗，週旋三百六十度爲一歲。斗柄北指，魁斗口向西，時在冬。斗柄東指，魁斗口向上，時在春。斗柄南指，魁斗口向西，時在夏。斗柄西指，魁斗口向下，時在秋。春秋二季，魁斗口朝向相反。平底增三足喻璇璣歲增三日，而且被三分。術算義與弧腹平底罐術算義相同。

2）圓底三足與平底三足器歲曆義比較

（1）同述璇璣歲補三日後三分

若論工藝，平底三足器之平底源於圓底更改，後見平底。事實上，狄宛出土圓底、平底三足器屬於同期。我以爲，同期之下，應別早中晚。使我判別早、中、晚，我定圓底器稍早、平底器稍遲。圓底三足器早，平底三足器稍遲。較大器物以及口沿或器身、器內壁有紋飾圓底三足器最遲，由於此類物件表意最複雜，頗含精細曆算義。此後，出現平底三足器。

圓底三足器述璇璣歲曆增補三日，平底三足器亦表達璇璣歲三百六十日增補三日。圓底三足器以口沿平並表達春分、秋分節氣平。而平底三足器上、下平謂日出點上升，日出點下降平。日出點上升平，此謂日照赤道，而後日

出點上升。此是春分日。日出點下降平，此謂秋分日日出正東，落於正西，而後出點逐日下降，迄冬至點。將春分日與秋分日算入歲三百六十三日，狄宛一期一歲總計有三百六十五日。因此，兩樣器物表意相同。若計存續時段，圓底器存續最久，從狄宛早期綿延及清朝，圓底三足鼎繼承了狄宛圓底三足缽，它在中國綿延傳承七千餘年。

（2）平底三足器凸顯兩歲節氣平

平底三足器之平底出自魁斗斗底兩星在仲春仲秋兩季近乎平行地面。添附三足以放圓底器，造平整底面致平底三足器誕生。二器都能表達一歲三百六十五日歲曆，但二器側重點不同。由於平底器出自魁斗模仿，魁斗底上下之別即歲紀差異。斗口向上，此為今歲春季，斗口向下，此為今歲秋季。倘使斗口再向上，猶如平底三足器三足著地，此是第二年春季。三足均添於每一百二十日。

此外，平底三足器上下底平行，此象徵一歲節氣平，此器放置，拿去後再放置，喻義兩歲：此器容水，口向上，喻春。倒水，喻秋。容水，再平置，此喻第二次春季，故是第二年年初。狄宛一期一歲不起於立春，而起於春分。彼時，聖人教化多以行而不恃言語，彼時語音不夠發達，文字未成。若以器演示，隨聖人察天象者知其義。如此，族內教化漸次發達。

（五）瓦片常曆異常曆紀與陽曆三百六十五日並用八起源

1. 瓦片之形與紋飾之色係曆紀基礎

1）瓦片來源與外形

（1）瓦片源於瓦器殘破

狄宛一期紋飾瓦片總數 23 件，這個數字顯示，彼時前賢紋飾瓦片是大事。如發掘者辨識，紋飾施加於盆、缽形器內腹壁殘片。此事與前述圓底器內壁紋飾呼應，是一事兩面，標本 H10：37 直牙紋曆算也處於內腹壁。二等物件有別：一等完全，二等殘破。此處疑問集於一點：前賢先施彩於未破損圓底，而後確定破碎點，並破碎此器，保留紋飾，抑或是圓底器燒製失敗，前賢欲節用瓦片，擇而破碎，選用腹片。在此，須慎加判斷。

我以為，前賢燒製瓦器不易。粗坯完工，置於瓦窯，燒結後未得想見盆、缽，故擇堪用腹片，在內施加紋飾。選用瓦片有一大便利，即前賢能以獨片數位表達基礎算法，並以關聯算法演示體系曆算。

（2）瓦片外形與來源術算義訓

檢狄宛一期施彩紋瓦片，幾乎盡呈五邊形，六邊形者比例小。前賢究竟緣何破碎盆、缽腹片爲五邊形，這是重大疑問。六年前，我考證狄宛一期標本 H3115：10 赤色曆算用八算法，但未曾照顧此狀。唯於癸巳年末，澄清狄宛營築曆算體系是關桃園、白家村營築曆算基礎後，始見此事尤其重要。

察狄宛一期赤色曆算紋有五棱邊，此樣棱邊出自敲擊者以陶刀或圓刃石刀依數敲擊，此數即前賢欲太陰曆補五日。六棱邊是破碎腹片者打擊不慎導致，敲擊者以陶刀或圓刃石刀敲擊腹片時用力不直，導致破碎紋路彎曲，出現六邊，今日泥瓦匠猶出此等紕繆。總之，出自圜底器腹部的瓦片棱邊數喻五，此五指五日太陰曆補，而爲三百六十日。

張遠山以「連山曆公式」稱謂一期彩繪。但不究問彩繪「曆」爲何物，「連山」是何公式。張氏將狄宛一期與庖犧氏聯繫（揭前注）。此舉超越《易》教流變軌跡。庖犧氏絕非狄宛一期聖人，其生存時代遲於狄宛一期。此題將在第二部《狄宛消息盈虛〈易〉教體系生成與傳播——聖人功業祖述之二》展陳。

2）曆算紋赤白二色係別曆紀常器異常器之把柄

（1）赤色曆算紋喻日率或月率

狄宛一期出土彩紋瓦片二十三片，彩紋別爲赤色、白色兩等。赤色曆算紋多於白色曆算紋。赤色與日暑照相類，述熱氣。在紅褐陶片施加赤色紋飾，此色含義異於月全食食既月球之色。地球本影遮月，其色泛黃，頗見橙色，不是赤色。

赤色是火色，火色有灼熱感。但滿月在月全食食既時隱沒於地球本影，人不覺其色熱。月全食發生於夜間。夜涼而晝溫，故而夾砂紅陶或紅褐陶之紅色絕不等同赤色紋飾之赤。基於此異，赤色紋飾能喻日數，亦能喻月數。此二數即日率與月率。二者在後世化爲日數與月數。紀寒溫變遷是前賢曆紀特點，他們未曾形成後世脫離日溫月涼之日月觀念。

既紀日數與月數，此算須綿延不絕，故而赤色曆算紋連綿。例如《發掘報告》圖三二，3，標本 F371：17，係其例證。恰由於此等曆算志含連續月數或連續日數，此間溫氣未曾斷絕或間斷，依此得知，此等瓦片曆紀紋是曆紀常器。

（2）白色紋飾紀溫氣間斷

與赤色曆算紋相對，狄宛前賢創造了白色紋飾。白色是月在中天之色，月出夜間，故月使人覺涼、寒。在冬月，夜睹月倍覺寒冷。如此感覺促使狄宛前賢造設白色紋飾，表達溫氣不暢，難以連綿。

今須疑問，溫氣如何不得連綿。另須疑問，從何時起，聖賢操心溫氣不能連綿。再問，今日中人爲何不欲考察此題。此三問足以導向問題解答。今日，中人不察此題，故在食源不再是難題，或由於交易圖財而獲財，以金錢購得食物，或由於賒賬購買，或以物易食，必能得食。但聖賢創世之初，絕無此等便易。彼時並無交易，宗種自謀食源。或遊獵、或遊獵加採集。此二者俱恃寒溫氣認知。故而，狄宛一期前賢操心節氣連續。鑒於此，他們竭力計算溫氣延續月數與日數，預算完畢並依預算出行。但是，預算基於歸納算法，此算法不含阻厄節氣綿延情形，譬如日全食。因此，逢日全食，節氣間斷，不能綿延。此時，本應綿延的節氣似乎受寒氣影響，化爲寒氣。故而，前賢以表達寒氣之白色述溫氣之率喪亂。總之，白色紋飾表述溫氣間斷。

（3）瓦片赤白二色紋曆算基礎與功用

狄宛赤白二色紋飾瓦片甚多，而且紋飾形狀之間存在某種系統聯繫。察赤白紋飾形狀，見弧紋、三角紋、直線紋、直牙紋、反向弧線相連。以動靜別赤白紋飾，靜態紋飾眾，動態紋飾寡。我察弧紋紀事範圍最大，三角紋與直牙紋算法相通，直線紋能夠匹配弧紋、三角紋。動靜彩紋以動態彩紋含義最難辨識。

諸多紋飾以弧形彩紋爲基礎，由於弧形涉及天球，與圓底器之圓底邊線相耦。諸多紋樣術算聯繫在於，無論算月數，記年數，或曆日，都在天球之內。因此，赤色天球紋飾是諸多紋飾根基。天球有天極與黃極，是查看日行道之所，探求節氣變率之所。而天極是查看星象之端點。

諸多紋飾瓦片在當時是數字庫，也是數位庫，也是驗算基礎。一些瓦片有定率紋飾，一些瓦片有變率紋飾。一些瓦片紋飾是常曆紀，一些是異常曆紀。二者相匹，曆紀數位庫完滿，能夠豫未來節氣。故而，諸物猶如曆志。

2. 溫氣升降六月率暨溫氣遲於太陰曆認知致置閏萌芽

1）天球內溫氣升降率志

（1）標本 F372：1 模樣辨析

《發掘報告》圖三一，第 1 幅，標本 F372：1，其模樣如後。瓦片有長短

不等五邊。赤色紋飾如倒拋物線，有一條不透縱軸，故見縱向短線均分此線標誌的扇面。

此紋飾獨見於狄宛遺址，其餘前仰韶時期遺址絕無其匹。《發掘報告》作者概覽推測 23 片彩繪可能「有記事或表達某種意義之功能」。這個推測不誤，但缺系統研究支持。考古界迄今未曾檢討諸多紋飾有無系統含義，其表意基礎何在。總之，前仰韶時期瓦片彩繪猶如冷僻話題，罕見學人操心。我察此紋述天球下熱氣上下（運動），故以此命之。

圖二〇　溫氣週天與上下

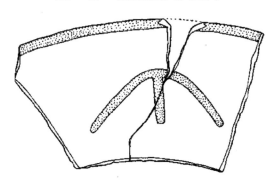

（2）天球內溫氣升降運動

察弧形紋飾未被直線穿過，弧線似圓底器器底輪廓。前述圓底器倒扣能喻天球，此畫作恰寫天球是半球形。天極在頂端。此處不凸顯黃極。故而，寒溫氣之源應是天極。此處是天樞恒指之星座，即北辰。垂直線也是赤色，故摹略溫氣。溫氣在弧形輪廓下，此謂溫氣不出天極，在地上與天極之間。

垂直短線呈｜狀，此狀能喻斗柄南北指。斗柄北指，於時爲冬；斗柄南指，於時爲夏。如此，四季之冬夏具備，一歲溫氣兩象具備，一歲之義被表述。由此得結論；狄宛標本 F372：1 述歲曆四季，冬夏各一番喻一歲溫氣上下運動完滿。此外，｜能喻十。這個數字匹配 F372 輪廓外十根柱洞暨圍柱，涉及歲星曆算法。此題將在後述。

2）溫氣六月降升志

（1）溫氣降期六月準乎斗柄南指

狄宛瓦片彩繪有一類紋飾，其狀類似∧或∨，但此狀匹配前述標本 F372：1 垂直線。如此，不得草率斷定此紋飾喻六月。六是自然數，是基數，但若言

月，須涉及序數，由於溫氣已被狄宛前賢排序，應用序數表述。準此理路，須循寒溫氣次第言數字。

檢標本 F301：73，圖三一，第 4 器，見三角外角向上，內角有丨。二者相連，似箭鏃向上。今須拆解二紋，見其含義，再述此紋曆算含義。丨喻斗柄南北指，一歲一垂直。逢夏南指，逢冬北指。不別指向，即喻冬夏節氣滿。

三角外角向上，此喻日行北陸，到達北回歸線，此是端點，後向下降落。細察三角，似是更改標本 F372：1 赤色弧線而來。鑒於日照地面，地呈平面狀，為方，日在北半球極點唯照一歲之半，夏至後日在中天畫弧線日漸降低，以 F372：1 紋飾弧線匹配日照地面，故出現三角狀紋飾。日出點從春分上升，故標本 F301：73 述日照是春分迄夏至狀況。此間，斗柄下垂，故丨上接三角內角。其含義是斗柄下垂，寓意熱氣下降，不得以箭矢向上譬熱氣向上，由於地上熱氣上而不降是秋季及冬至前氣象。

圖二一　秋冬六個月氣值

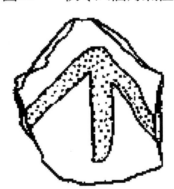

從冬至迄夏至，期間等於六個月。此間是暑六月。故而，此標本述冬至迄夏至六月。此紋飾三角似∧，其故在此。

（2）溫氣升期六個月準乎斗柄北指

將標本 F301：73 翻轉平角，即得相反形狀。此用器之途類似倒扣圓底缽一般，在器寡時代，聖賢多方用器，能告喻諸多訊息。基於前訓 F301：73 斗柄下懸義，今知斗柄在上是相反含義，即熱氣上行不還，地上溫氣愈寡。於時為秋季、冬季，自斗柄下垂迄斗柄上指，期間用時六月。

此期間是日至南陸期間，故而日行道在南，到南極。但南極目不能睹，由於天球之半在下，為地遮蔽。欲見此形，須模擬其狀，譬如以圓底器模

擬。改造圜底器底弧形輪廓，使之合乎地上日照，見日照方上，故而聖賢畫半方狀。與日在赤道南匹配，斗柄此時非下垂，而北指。此模樣又有熱在地中之象。

察狄宛一期聖賢用紋飾靈動而多方變通，二期則定此類紋飾方向。其證據是彩板一四，第1，第5圖，即標本H3110：P3與標本T108③：P1。圜形器口沿黑帶紋見斗柄下垂與斗柄上行刻符。彼時，陶器多樣，紋飾繁多，前賢欲明示某紋飾某義，故定其方向。此是前賢教化發達之果。

3）赤色太陰月紀與歲半一節氣遲滯率觀測記錄

（1）淨數六別於曆紀序數六

淨數相對毛算，曆算須涉淨數。後圖是《發掘報告》圖三二，1，標本H363：53。發掘者以及學術界尚未檢討其義。我察此紋首先是淨數六。所以講此數是淨數，故在此紋無拉長的尾巴，似斷割乾淨，不與前數、後數相連。依許慎說，措畫者是文，因而此紋飾其實是文。

它是數學史上最早的記數，但未必是最早的數字。這對於認知中國數學史極端重要。詢問某一基數與其序數產生先後，不能影響關於數字起源時間的判斷。但是序數、基數之別涉及面極大：曆算須基於序數，而算多寡恃基數。曆算講單序，算多少則不必考慮序列與先後。單序是時序，社會演進、變遷是時變。時變涉及認知，其根基是曆日。即使不察曆法，時變仍是單序。物件多寡認知與計數不能導致時變，社會演進唯恃「時行」。因此，判定某部族文明水準的把柄在於查看她知序數遲早。

狄宛前賢知基數，也知序數，此知識出自先輩傳授。先輩知基數大抵出自知覺，由於謀食、爭搶食物必涉多寡。但是，序數出自辨識先後。而曆算特點恰在辨識先後，講求時序。以果實喻，設有桃子一枚，睹之者自知獨佔。倘若此人能察旁人亦睹此桃，此時不得不產生序數：倘使自己不能走先，桃子一枚必爲旁人搶得。遊獵亦不例外。理性考察前賢認知基數與序數先後，宜定前賢先知基數，後知序數。基於卷一考察豕下頜骨喻寒暑六月差數，我斷定狄宛前賢是世界文明史上最早系統認知序數六之部族，即中國古人最早認知序數六。

標本H363：53數字既能當六，也能當第六。若算月數，是第六月。若算多寡，是六。此二數是淨數。倘若依此標識月數，必涉月序，由於月行綿延，某六月必是前後連續月數，連續即溫氣連續，此不得斷割，不得否認。

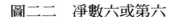

圖二二　淨數六或第六

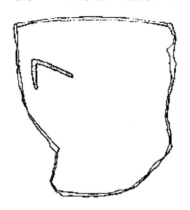

　　同時，此數爲淨月數時，不含太陰歲溫氣延遲義。此點是前仰韶時期瓦器曆紀研究基礎，學人不得與非淨數混淆。非淨數謂此等六字有下懸似尾短劃，此字喻溫氣拖延，暨節氣延遲。此題將在後述。

　　（2）三六月紀顯溫氣延遲一節氣

　　《發掘報告》圖三二，第 3 即標本 F371：17。陶片見術算是三番六字。此六當序數，是月序，故不是自然數六，而是含節氣綿延在內的六月。此瓦片赤紋記載中國曆算與節氣觀測演進足跡，記述狄宛前賢連續查驗了十八月寒溫氣數。而且，此數字有起訖點。準乎尖銳處在上，有兩個六，此是上六。準乎尖銳在下，見一個六。依前算，並顧及日出點南北移動之率，上六謂日出點北遷，自春分迄秋分，含夏至，此是六月。下六爲今年秋分迄來年春分，含冬至。上六、下六各半歲，相加得十二月，此是一歲。察標本 F371：17 上六後是下六，此是一歲，後見上六，此謂一歲半。彼時，一歲起於春分，終於春分。歲半在秋分。如此，一歲半即春分迄來年春分，算迄來年秋分。此是十八個月。

　　細察此紋飾，見右畫上面端點清白，此處是淨數。但左邊赤線下墜，端點在下，右邊向左下傾斜直線在端點上部接荏。這個細節反映作畫聖賢已知十八個月已見節氣延遲。節氣延遲以往歲終新歲初冬至時節見陽氣下沉不揚。所謂冬至時陽氣下沉謂畫作見下六左邊斜線下沉，不接右邊斜線端點。讀者察此色下墜即知新歲陽氣遲滯。歲初日自東南出，出點逐漸上升，此是春季。若陽氣呈下墜狀，即謂陽氣不升。此一下墜等於十八月見節氣延遲十五日。

圖二三　三六月紀及一節氣延遲

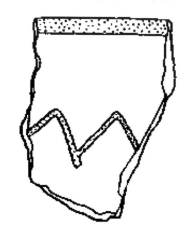

（3）太陰曆四十八月節氣遲滯始於歲半

基於上訓標本 F371：17 十八月當一年半算法，標本 H3115：28，圖三〇第 1 幅見上六、下六紋俱是四個。其義是四番春分迄秋分，四番秋分迄春分，總計八個六月，相乘得四十八月。十二個月當一歲，此數合四年。

比較前訓標本 F371：17 紋飾與此標本 H3115：28 紋飾，能見一可疑形狀：前者紋飾規整、是直紋，下緣齊整，但此處紋飾下緣不齊。依紋飾喻曆算論，能畫數字者能畫齊整六紋，毫無必要苟且畫下緣不齊的紋飾。顧念彼時前賢敬畏數字直牙紋，我斷定前賢絕不能草率畫下緣不齊六月紋。據此得知，標本 H3115：28 紋飾必當並有旁義。

前言月數是序數，序數須有起算點，驗看此畫作與曆紀，須自右起算，還是自左起算，這是難點。我意須自右向左驗算。前賢觀測地氣動靜與太陰曆月序是否匹配，須自歲首。基於前面歸納赤色六文溫氣上下準則，日南則線端在南，於時合乎冬至前後。冬至後是氣數之首，故而須從右向左驗算。

察六連文下多見端點拖沓，這使人考慮其算數不是淨數，而且節氣並未正常綿延。基於此須推斷，彼時前賢以赤紋記述連續觀測四歲太陰曆，見四十八個月後節氣拖沓遲滯。此等遲滯始於一歲半之後。因此，紋飾之右向左在一歲半之後。察第三文下緣不再是 ⩔ 狀，而呈 ⩔ 狀。紋飾下緣不直即不淨，月數不淨即當月節氣不直，雖見太陰曆月數，但節氣滯後。而且，三角開口部的豁口愈來愈大，這反映一個觀察結果：自最初一番夏至迄今，夏至姍姍來遲。豁口愈大，齒紋長度越大，喻時段越長，這從反面說明，節氣

延遲了。

　　涉及節氣日率。每十五日約當節氣一變。此頻率偶見微變，絕無革除可能。每太陰歲 355 日毛算寡於回歸年 365 日十日。太陰曆一歲半恰見日數寡於回歸年十五日，合一個節氣。察標本 H3115：28 模樣，自右向左推算，見第一文、第二文毫無可疑處，但在第三文、第四文接荏處見赤線向下延伸甚多，自此見每年冬季溫氣難以上揚，其貌是熱氣在右下延伸。右下方指冬至日出東南。此關聯告喻：預算迄冬至，在此日不見日上升，似乎日隱匿東南。此畫作解釋夏至延遲緣故在於，算迄冬至日但此日不見日行道北遷，仍在東南徘徊。

　　在此標本上，我等首番察知狄宛前賢連續記錄溫氣自一歲半起連續延遲。延遲日數與歲數是比例數，即一歲節氣延遲十日，一歲溫氣延遲十五日。四歲溫氣延遲積四十日。在世界曆算史上，這個算法是最早的節氣遲滯日數與年數等比算法，是最早的太陰曆連續四年溫氣延遲曆紀。

圖二四　四十八月溫氣自歲半起延遲紋

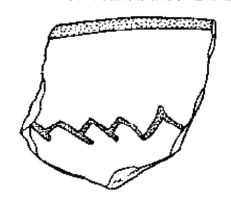

　　此標本記事是狄宛前賢略知置閏前夜，歲半節氣延遲十五日，三歲見節氣延遲三十日有餘，此日數當一月。四歲見節氣延遲四十日有餘。

　　倘使援引標本 F371：17 右邊斜線下墜短線訓釋導出的算式，即一處向右下墜落短斜線當溫氣延遲一節氣，照此標本右邊斜線下墜處有三，長短不一。每節氣當十五日，此標本亦見節氣延遲四十日以上。如此計算使我等認知狄宛前賢曆算偉績：他們已粗知節氣延遲率。

　　此標本不獨記載狄宛前賢處於置閏前夜，而且記載中國文字自右向左書寫規則起源：曆算定文字，曆算文起於右，故在一歲日起於東南。此亦是中

國文字自右向左書寫與閱讀之源。

4）從四歲半溫氣遲三旬到曆補以正二歲節氣

（1）五十四月熱氣遲四十五日曆紀與曆補

《發掘報告》圖三〇第 3 物即標本 H3114：1。此畫作與狄宛諸多赤色曆紀紋一般，迄今未受學界重視。此畫作是曆紀，此點無疑。初察此畫作，難睹真容。細察即見此畫濃縮若干∧與∨，諸畫三組相疊，縱向排列。而且見較長「一」字近乎橫貫疊畫中腰。

再察此畫構圖，自右向左，見縱向三組紋樣，每組紋樣是三個六字，如標本 F371：17。三組縱向排列。依前例以六當基數六月，每組總計十八月。將三組相加，得數等於五十四月。太陰曆五十四月等於四年半，去五年差六個月。此訓未曾照顧傾斜橫線，因此尚未窮盡此標本曆算含義。

圖二五　五十四月寒溫氣預算須值斗柄紋

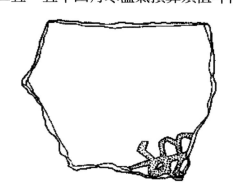

但問，前賢爲何記五十四月？彼時顏料是難得物，前賢絕非以此僅記其五十四月曆算。聯繫前算標本 H3115：28 記四歲節氣遲滯毛算四十日。今能斷定，標本 H3114：1 也涉及節氣延遲記錄。

再問前賢如何計算溫氣延遲日數，又如何標識其延遲？察標本 H3114：1 畫作模樣，不見向右傾斜線下墜，似乎前言每下墜短線當溫氣遲滯十五日法則在此失效。但是，若顧及接近平直的橫線，以爲此處無下墜短線即謂溫氣不曾延遲之念不能立足。橫線謂平，此線稍顯傾斜。念及此畫處所，須顧及天球上北斗七星運行。

此標本基料是瓦片，瓦片來自圜底器，圜底器象天球。其口沿喻天球半分，又喻地平。日經天即見東西。日間不見天球，倘使夜察星空，與口沿相

平行者唯有東西星際畫直線，此線唯能是前賢連屬斗柄東西指形成的連線。斗柄東西指謂春分、秋分節氣不誤。察此橫線不與瓦片上沿平行。以瓦片上沿當東西直線，斗柄未及東西指，而呈傾斜。春分時，斗柄未曾降下，故顯未能東指。曆算及秋分，斗柄未抬升，不與地平線平行，故未指正西。因此，講春分、秋分節氣未正。

基於斗柄如此指向，今定此標本仍表述節氣延遲。節氣延遲日率能從此畫作算出：縱向三組，依標本 F371：17 溫氣延遲算法，每十八月見溫氣延遲一節氣，當十五日。標本 H3114：1 有縱向三組十八月，每組見溫氣延遲十五日，三組見溫氣延遲四十五日。

以十二月計一年，五十四月當四歲半，於是得年數與溫氣延遲日數等比算法：一年溫氣延遲約十日，四歲半溫氣延遲四十五日。這個算法接近回歸年毛算日數 365，由於太陰曆 355 日當一歲。回歸年與太陰曆差十日餘。

這四十五日等於一月又十五日，再循前算曆算十八月，即六年，溫氣延遲日數等於兩月。倘使查看兩組曆算包含溫氣延遲，即得三十六個月溫氣延遲定數，即得每三年溫氣延遲一月。此算法是三歲一閏置閏法起源。仕人類曆算史上，狄宛這組算法是最早顯示置閏必要性之算法。至於中國何時出現置閏，是另外話題。

（2）曆補虧日數以致兩歲節氣循環

狄宛前賢深知太陰歲溫氣延遲大事，他們也知此事二導歲致溫氣不能循環。他們曾連續觀測太陰曆歲半溫氣節律，見溫氣延遲十五日，證在標本 F371：17。他們還測得四歲期間溫氣延遲四十日左右，證在標本 H3115：28。他們連續觀測最久期間是四歲半，見溫氣延遲四十五日，證在標本 H3114：1。

前賢既知太陰歲 355 日不能容納寒溫循環率，他們定欲覓得補日之法，以爲新曆。此事證據須在新曆須容納至少兩歲，而且兩歲期間溫氣須能循環。能預料節氣循環，即謂前賢獲得解決溫飽問題之根基：預計溫氣發起，等於預計草木茂盛，草食動物到來。這也等於他們能預計秋分採集。

我多番查看狄宛一期赤紋曆紀，最終認定，狄宛一期前賢已能解決溫氣延遲問題。而且，他們非以置閏而以太陰歲補十一日解此難。曆補算法細節將在後述。能證實他們解決此難之證是一期標本 H3114：3。

《發掘報告》圖三〇第 5 幅是此標本圖樣，今拓印此畫如後。考古界面

對此畫如其他畫作一般，迄今未定其義。我察此畫述二歲溫氣不誤。察太陰曆，並對照溫氣每十五日匹配，必不能見兩歲溫氣匹配太陰曆兩歲，由於太陰曆歲 355 日，溫氣延遲。但是，此畫見兩歲溫氣不遲，故在赤紋月紀於數等於二十四個月，而且赤紋無下六尖銳處下墜一畫。

圖二六　二歲溫氣不誤紋

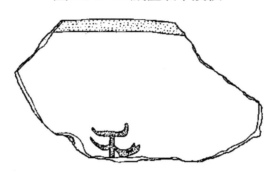

此畫上不見∨，而見此形銳角被更改爲直線，在直線兩端稍畫上翹，倘使縮短兩角之間直線，仍見∨狀。拉長之故是，某年察春秋分節氣無誤。下見兩個∨在∧兩旁，三個爲一組，被壓縮一處。中間有垂線。訓解此畫古義，是揭示同紋畫作基礎。

我察此畫術算應等於二十四月，而且，當年春分、秋分、夏至節氣不誤。上面赤紋述六月，而且其中間與瓦片上沿平行。鑒於圓底器口沿象地平線，日出地平線與日落地平線有特定含義，指日正東出地平線，日正西落於地平線下。在渭河流於，此事述春秋分平。

下一組三個赤紋於數爲三六，每六等於六月，總計十八月。此數加前六月，總二十四月，此數等於太陰曆兩歲。赤色垂線上不出頂端，此謂前半歲節氣有止，止者，不行也。無出曆紀邊界謂止。下垂線出下組月數，此謂斗柄下垂，於時爲夏至。換言之，察溫氣盛壯與否須準乎夏至，此節氣是校驗溫氣盛壯之準度。二十四個月溫氣節律既正，溫氣循環必被關聯表述。

此畫有一細節，幾乎難以察覺：下面一組三個六月之右組赤色∨紋右斜邊較粗，赤色顯被加厚。赤色加厚即謂陽數增益，在此謂一歲日數增益。依何算法增益，增益日數幾多，此是後將檢討話題，詳標本 H3115：10 太陰歲補十日訓釋。

3. 陽射率六暨陰陽神教源考

1）標本 H3115：11 陽氣週旋每歲散佈率

（1）赤色六爪是陽六射畫

狄宛一期遺址出土的彩繪含一種似六爪的赤色彩繪，其狀頗似六爪右旋，標本 H3115：11，圖三〇，2。原圖擺放方向欠妥，由於圓底器腹片上寬下窄特點或口沿向上湮沒。故此，我旋轉此標本圖樣，獲得上寬下窄特點。

初察此畫，不見核心，赤線如六枝散佈，而且枝條不直。細察又睹南、西南三枝赤紋較粗，西北、正北持身最細。再察此紋六爪似乎有貫通者，有不貫通者。西北、東南向較細赤紋貫通，東北正西向赤紋貫通。正南兩紋從前述兩紋交點滋生，向下流出。總察六枝，見其呈圓周散佈。這個構造使人迷茫：倘使以六劃分圓周角，圓周均分，各得六十度。但是，此畫又見夾角大小參差不一。故而不得先恃圓周角平均六分解釋此畫作。

欲論此畫，須先命名。察此畫紋俱是赤色，赤色喻陽氣。赤線粗，則陽氣盛。赤線細，則陽氣弱。陰陽氣壯弱是此畫表意基礎。又兼此畫有六爪，不論圓周內角大小，總之有此六角。另外，陰陽俱是氣。以此畫爲高懸天極之熱氣，此氣能誘地上熱氣、能主導地上熱氣壯弱。依天上熱氣功能論，此氣是地上寒溫氣之母。

我曾欲依《莊子·大宗師》記聖人庖犧氏「襲氣母」命此畫作，思慮再三，認爲此舉欠妥，由於此名將隱沒聖人當時竭力追蹤自然感受之境況。此外，彼時是否產生以父、母命名物源之俗，尚未確證。彼時，前賢服飾簡陋、敏感寒溫。他們能敏感明暗、光照、寒溫、虛實。他們察熱頗似幼童知熱，他們以熱氣散射知熱。而今日學術論熱，動輒延仲話題於場、媒介。鑒知此別，今照顧照標本 H3115：11 赤線喻熱，命此畫「陽射率六」。

圖二七　陽射率六紋

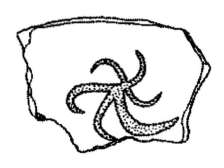

（2）一歲陽射率六

標本見陽氣壯弱參差：西北——東南赤線細謂熱氣弱，東北——正西赤線稍細喻熱氣稍弱，但在西見赤線長，此謂熱氣稍強。在中部橫向赤紋下，滋生兩條赤線，向東南、西南散佈。東南向赤線甚粗，此謂東南向正南移動的日照最盛。如此日照狀況凸顯夏季日盛，熱氣壯，逐漸向西過渡。

細察此畫，見紋飾輪廓有週旋狀。此喻熱氣一歲一週。準乎此念，狄宛前賢別一歲陽氣六分，此六分非均分六分，而是疏密有別。夏季日盛而熱，秋冬、初春熱不盛。南部赤線粗壯喻陽氣盛壯於南。此觀念誘導前賢算乾坤冊命歲多算南邊乾冊，標本 H3115：10 即其例證，詳後設六七二乾坤冊算太陰歲補十日使兩歲節氣循環。

前賢以此畫歸納一歲熱氣輻射率數，一歲熱氣循環也循此例。每歲夏季，熱量增多。春、秋、冬三季溫氣略小。

（3）陽射率六是璇璣歲之源暨乾坤冊之源

倘使以爲，陽六射畫僅歸納了一歲日照率度，此認知未曾照顧此畫與魁斗運行相匹事實。每歲日影短日照必盛，值此時斗柄南指。日照柔弱，斗柄北指，或西北指、或東北指。在春分、秋分時節，斗柄正東指、正西指。由此，大抵能見標本 H3115：11 蘊藏斗柄一歲四指含義。即使日初冬晨刻出東南，斗柄在西北與之匹配。初秋，日出點自東北南遷，而斗柄在南偏西。秋分正西指。

由斗柄一歲四指與日照壯弱匹配得知，此標本陽六射畫含義有體，聯通此歲與來年，也能解釋去歲與去歲前寒溫氣循環率。由此能夠得知，狄宛一期前賢已發明歲氣六分算法。此法是《管子・輕重戊》記「處戲作，造六峜以迎陰陽」事之本。此事將在後書檢討。而歲溫氣循環準乎六即謂歲日數能夠六分。此標本含陽氣六分算法必導向每分當六十日算法，此算法不是太陰歲，而是璇璣歲，是校驗太陰歲之法，詳後標本 H3115：10 算法解。

2）標本 H3115：11 是中國神教之源暨陽射之教考

（1）《觀・彖》「神道設教」舊説未理「神」義

題涉《易・觀・彖》「聖人以神道設教，而天下服矣」，存在兩類解釋。一類是漢《易》説。一類是政教與宗教學解釋。前者以虞翻爲首，虞曰：「聖人謂乾退藏於密。而齊於巽，以神明其德教。坤民順從，而天下服矣。（《周易集解》第 2 冊，第 113 頁）。」虞説是漢《易》學巔峰，「乾」、「巽」説不誤，但仍未得舊教本體，《繫辭傳》：「陰陽不測之謂神」是解《彖》句訣竅。今撮

錄當代政教與宗教學解釋如後。

高亨曾論：聖人教人信神。他講：統治者迷信神道，可以感染臣民。統治者曲解自然規律，以證明神道存在。以神道設教有麻醉人民之功用〔註95〕。

陳望衡以爲，「神道設教」之神不指迷信。「做人、治國之本」，在《周易》看來，就是「神道」〔註96〕。

楊陽以爲，神用如形容詞，不是動詞。「神道」無迷信之義，非自然規律外神秘主宰，是天地自然運作的天然法則。它不教人信神，聖人法天因人製作的「教」並非神秘人格一般宗教，而是儒家禮教〔註97〕。中國神學史是儒家禮教史。儒家有多久之問足以剝剝此說。

晁福林依王充說論神道設教在商周後演變。其理論基礎是《辨祟》篇：「聖人舉事，先定於義，義已定立，決以卜筮；示不專己，明與鬼神同意共指，欲令眾下信用不疑。」又以新石器時代龍造型玉器、以《周易》之《乾》《坤》兩卦言龍夯實此說。後述其神教在春秋後演變〔註98〕。此說固涉《易》教，但屬後六十四卦時代教化，晁說未及「神」本，固其言「龍」喻陽氣，不見體系。曲辰以爲，「神道」之神是神物，是統治階級愚民之器〔註99〕。

鄭萬耕以爲，「神道設教」是命題。此命題有兩層含義：尊崇神道，祭天地、祀鬼神；推行教化，明禮義、善風俗〔註100〕。吳泓認爲，「聖人以神道設教，而天下服矣」謂百姓睹貴族祭祖於宗廟，行盟禮，敬信誠服君象徵天之神道。自然界，此神道表現爲四季循環等秩序，神聖精準。聖人制立教法，欲彰顯天之神道，實現人道教化，使百姓純樸，以及社會有序〔註101〕。

李定文概括「神道設教」六說：神妙無形說，自然無爲說、至誠如一說、禮樂刑政說、祭祀禮儀說、巫筮鬼神說〔註102〕。如前諸說，李說亦未澄

〔註95〕高亨：《周易大傳今注》，齊魯書社，1979年，第214頁。
〔註96〕陳望衡：《周易「神道」析》，《周易研究》1999年第2期。
〔註97〕楊陽：《「聖人以神道設教」辨》，《孔子研究》1990年第1期。
〔註98〕晁福林：《試論先秦時期的「神道設教」》，《江漢論壇》2006年第2期。
〔註99〕曲辰：《「河圖」「洛書」與洛邑之營建及神道設教——關於「河圖」「洛書」的新揣測》，《周易研究》2006年第6期。
〔註100〕鄭萬耕：《「神道設教」說考釋》，《周易研究》2006年第2期。
〔註101〕吳泓：《「神道設教」的文字意義及其演繹》，《中山大學學報論叢》2006年第26卷第8期。
〔註102〕李定文：《「神道設教」諸說考辨》，《福建論壇》（人文社會科學版）2008年第7期。

清「神」義。

（2）聖人教民知秋分食採爲「神」今解

「神」有二義：其一，陽氣射。其二，陽眾而寡，穀物熟而有食，於時爲秋分。比較世界各地神學老幼，中國神學根源最深，故而最老。以其老，其記述頗多「褶皺」，原貌或以色掩、或以形掩難以綻開。甚或觀者昏昏，未見經籍昭昭言義。中國神學是認知三代文獻根基，是認知孔子、管子、墨子、莊子學行根基，亦是甄別王充謬說根基。此教亦是查看中國教化史之明鏡。今唯逼限話題於二端：其一，依《觀·彖》經文，訓解「神道設教」之神是聖人曾學，亦是聖人傳授。其二，發掘《繫辭傳》記「神」，以爲津梁，步履於狄宛庵堂，見識聖人以標本H3115：11爲教偉業。

《觀·彖》言「觀天之神道。」聖人觀天象，此是業績。聖人觀象能及某種認知，此是其意念之獲。此認知須是「神」。設教是聖人以所獲改良邑人意念之途。於我，此是其行。聖人察天行，教人行，民知天命在乎天地陰陽氣行，從此命者壽，不從者夭。父母知此，子不爲殤子。從之者得食，不從者餓斃。遠古邑人寡，欲眾之，須從陰陽氣行。如此，得知聖人有學、有行。欲知聖人曾獲何物爲神，須檢《繫辭傳》「陰陽不測之謂神」含義。

案《周易集解》卷十三，韓康伯曾以「窮理體化，坐忘遺照，至虛而善應」解「陰陽不測之謂神」。此說似涉本義，但讀者難覓把柄，辨其是非。以道說解《易》，雖是一途，但難及根本，道是《易》源之流，非《易》。

今案「陰陽不測之謂神」述《觀》卦卦源，虞翻未察此言，說《觀·彖》有瑕：「陰陽」者，坤乾也。二字序列有卦序義。坤上乾下謂之《泰》。「不」，否也。《泰》變《否》，故陽升。三陽爻在上，此是《否》。「測」者，側也，盥禮時側水器倒水，盥洗猶須如此。所側之物是盛水器。容水於卦爲兌，顛倒水器於卦爲巽。巽兌卦反。「之」指「之卦」，即《否》卦之《觀》卦。《觀》下卦爲坤，上卦爲巽。巽較之乾，寡一陽。此述陽氣減少。察《泰》、《否》、《觀》三卦，地上陽氣漸寡。地上從陽多到寡，此是「神」。但問，地上何事應此「神」？倘使無應，邑人何以服從？

案，聖人教神，旨在告喻陽氣盛而衰，於時爲秋分，彼時是食採節氣。不得耽誤。此也是《老子》言「道」，貴食即貴熱熟穀，此是神本。概括而言，「神」初謂秋分時節熱氣。《彖》「觀天之神道」謂聖人戴天半球，察陽氣出自斗柄，而及知歲時成於秋分。觀通罐，以圓底觀覆首，此是狄宛聖賢作

爲。後世仿效，譬如寶雞北首嶺遺址見骨殖無顱骨，T2M17 平面圖即其例〔註103〕。而周人行釁禮，此是北首嶺釁禮以降新式釁禮，是釁禮改良。此改良充滿人道，不殺戮而施教，是仁教。秦漢以降，罕有知此禮者，已知庖犧氏舊教湮沒。

（3）聖人察秋熟陽射設教今解

今案，神初文是申，申初文是乙。《繫辭傳》「陰陽不測之謂神」之「神」不應從《唐韻》讀「食鄰切。」檢此字字源是「乙」、讀音從熱、射。射讀亦，指光照，引申爲熱穀物。因此，神初文是乙，應讀射或熱。此字在春秋孳乳爲「申」，讀「申」本音是後起讀音。

案，「申」畫源是乙，其證在於，《甲骨文編》卷一四，一〇錄乙字有S、反 S 狀。反 S 狀是乙字，例如 ⌇、⌇、⌇，但是 ⌇文不是乙，此文有災異含義。《甲骨文編》作者未辨此義，將二字合編於「乙」下，這是謬誤。

察 ⌇（射）本乎狄宛標本 H3115：11 紋飾，以兩 ⌇相交爲準，刪除下垂兩股赤紋，即得標本 H3115：11 上相交赤紋。此兩相交赤紋相交謂熱一歲上射之率：日在天際射線似直而曲，由於日行道晨昏有別，每日變遷，一歲變盡，來年重複。日行道能高能低，從高而低，亦從低而高。比較二赤紋，見東北、西北是日射之極。從交點度兩紋四截長短，見橫向曲折赤紋較長。其餘三截較短。以日照率解此畫，赤紋短長之別有系統含義。一歲溫氣起於冬至，日出東南，時直寒冷，日短，故東南角赤線短。此照雖及西北，但射線乏力，不能直射。此後，日晨刻照射點北遷，東南——西北向赤紋有上翹跡象。直晨刻日出點抬升到東北向，不再抬升，反而降落。此日照能射向西南。此時節口長，故橫而曲折線在西較長，似乎一日後半日甚長。夏季，正午後日照強勁，故有此感。後熱氣收斂，故赤線彎曲還轉。值得驚訝者在於，東北日照延伸線變得平直。顧念日落在夏季延遲，而此間穀熟。穀熟以秋分。如前述，圓底器口沿平直能象天半球之半，以及地平線，日出地平線，此是春分或秋分。匹配西邊，此是日落。日落正西，於時爲秋分。比較而言，東邊不見平行於瓦片上沿直線。因此，標本 H3115：11 是述秋分紋飾。

〔註103〕中國社會科學院考古研究所寶雞工作隊：《1977 年寶雞北首嶺遺址發掘簡報》，《考古》1979 年第 2 期。

圖二八　標本 H3115：11 秋分紋局部

　　澄清標本顯秋分含義，縱向與西南向兩赤紋含義不難澄清：赤紋最粗喻盛夏熱盛，日影雖短，但熱量曲折散佈。此也謂熱重，即《國語・楚語》記南正重之重。此熱量在正午最盛。正午日懸於頂，熱量自上輻射。但前賢在平面作畫，摹畫熱輻射頗受逼迫，不得已將重熱繫於一歲日出點射線變遷與落點變遷交叉赤線，故最粗赤線似乎從秋分橫線派生。聖賢眞實表意是，夏至日盛，照耀大地，積熱氣而漸次至秋分。此能致穀熟。如此作畫表意困惑在教化史上不無影響：春秋時期，楚王已不知「南正重」之本，也不知「火正黎」職分所在。觀射父知此，能傳此教，爲楚寶，故告「南正重司天屬神」。南正者，正夏至也。重者，疊也，熱氣疊，大暑也。司天者，以熱氣率數爲命也。「屬神」者，連熱也。連熱及秋，輔以察大火星者，定七月，算秋分是也。武家璧未究問何謂神，竟以爲上古曆法有神曆、民曆之別〔註104〕。其說不合狄宛以降舊教。

　　察「觀射父」名，知此人是聖人一脈，故能知《呂刑》「乃命重黎，絕地天通」舊事。觀者，罐也。射者，日照也。「父」謂運度。

　　基於上述，狄宛標本 H3115：11 謂「熱射及秋」。此事蹤跡存於《觀・象》「聖人神道設教」。聖人指狄宛聖人。設教者，以天上熱及秋教化也。郭店《老子》能證此說。

　　《郭店楚簡老子校讀》：「爲之者敗之，執之者遠之。」「埶大象，天下往。」〔註105〕二處見執、埶字異。王弼本《老子》第三十五章：「執大象，天下往。往而不害，安平大。」裘錫圭先生以爲，今傳各本及帛書皆作「執」，唯有簡（案郭店楚簡）文作埶。「埶大象」如「執大象」一樣能讀通。「埶」字上古音與「設」相近，殷墟卜辭、馬王堆帛書、武威漢墓所出《儀禮》簡

〔註104〕武家璧：《觀象授時——楚國的天文曆法》，湖北教育出版社，2000 年，第 4 頁。

〔註105〕彭浩：《郭店老子校讀》，湖北人民出版社，2000 年，第 138、173 頁。

以及《荀子》等書中，都有以「埶」爲「設」的用例，「埶大象」也可以讀爲「設大象」。《易・繫辭・上》：「聖人設卦觀象，繫辭焉而明吉凶。」《易・觀卦・象傳》：「聖人以神道設教而天下服。」又引《韓詩外傳・卷五》「上設其道而百事得序」以說。裘先生認定，「執」「埶」形近，在古書和出土文獻中都有互僞之例〔註106〕。

裘說近是，但不達古誼。察埶是本字，是熱字，述陽氣。聖人教《易》，此學論溫氣多寡。欲教人知此，故須施陳。施陳即設。欲言聖人施陳，須讀設。欲言聖人教知熱氣行率，讀射。後音是最古讀音，賴郭店楚簡，此音被記載。今存方言也有佐證：湘鄂鄉間猶讀「熱」如古「射」（亦）音。此是明證。簡埶湖南方音猶見同讀。

文字史上，�（射）孳乳，產生《甲骨文編》卷十四，二一列舉ʓ、ʒ、ʓ字。此字是申。附加示部，即得神字。而「ʓ道設教」變爲「神道設教」應是春秋後傳本。

4. 補太陰歲氣數虧十日造璇璣歲暨占卜用八起源

1）標木 H3115：10 八字源於日全食觀測

（1）八是曆算核心

《發掘報告》圖三〇，第 4 即標本 H3115：10。此圖含獨紋甚多，能否辨識獨紋含義聯繫，獲得系統含義，此是難題。自此書發行以來，學界未曾考究。如何命名此標本，涉及狄宛一期知識體系的評價，不得草率。

今先查看此標本紋飾，以圖定名。無論怎樣查看此畫作，皆不得否認陶片表面有難以闡釋的四組數字。這四組數字究竟是多少，各組數字有何關聯，是難點。

我察此畫四組赤紋是陽六紋飾，承前訓標本 H3115：11，陽六射是基礎運算。標本 H3115：10 見赤色∧或∨，或其中某紋側畫，諸畫俱是曆算紋。此標本紋飾詳實計數暫不澄清，唯須以四組數字中心紋飾爲要，確定此紋飾系統含義。

四組數字圍繞核心一令符，此令符狀如 ）（。此於數爲八。依《甲骨文編》卷二・一，）（當基數八。準此，前賢以此標本曆算，曆算用標準數八。「八」字是狄宛前賢創造，狄宛二期有一合文，與此一脈相承。彩版一四，4，標本

〔註106〕裘錫圭：《郭店〈老子〉簡初探》，《道家文化研究》第 17 輯，三聯書店，1999年，第 53 頁。

T314 ④：P2 有)K，此是合文，位於瓦器殘片黑帶上。其上)(文仍是八，八夾丨等於十，)K 等於十八。此合文喻月數，等於歲半，其義不異於圖三二，第 3，即標本 F371：17 三六月數。

　　無論怎樣認識標本 H3110：10 曆算含義，皆須重視)(含義。基於此，命 H3110：10 為曆日用八志。

圖二九　曆日用八志

　　（2）前賢以八摹寫日全食見日消前與日初息

　　八字從何而來，是數學史研究難題，於我是曆算起源難題。四年前，我曾多番嘗試，譬如以實數一遞變二，以陸地為方，乘方得四，再以陰陽倍之，但此算不能解釋狄宛)(字形。後對照大汶口遺址窯址出土一彩陶片上月輪廓狀紋飾著手〔註107〕，嘗試以殘月與娥眉月日數關係解釋八起源，仍察不穩當。後勘破狄宛太陰曆認知與交點年長，復以 M15：7 等系列器物印證此認知，終可捨棄晦日前後月相日數為八起源之思路。蓋狄宛晦朔非今日晦朔，以望月為朔。

　　今察八確乎有王國維所言「背」義，許慎解云：「別也。象分別相背之形。」王國維論曰：「背出於北，北出於八。」高鴻縉以為，此字謂分，後世借為數目八九之八。張秉權以為，八字無形可象。李孝定以為，許說乃抽象之象形。其分別相背者，可為人、可為物、可為一切分別相背者之象。徐中舒也以為，卜辭借用此字為紀數之詞。戴家祥以為，八、分是轉注字，意義

〔註107〕山東省文物管理處、濟南市博物館：《大汶口——新石器時代墓葬發掘報告》，文物出版社，1974 年，第 113～114 頁，圖九三，上排第 2 幅。

完全相同〔註108〕。許慎未訓八字爲數義源，後學爭論此字數義非本義。

　　諸說並屬偏頗，去許慎說甚遠。此字固是數目字，唯其本是天文學現象，故許慎言象形。我檢八是日全食見日將消，食既後月復圓之初兩狀摹寫而來。此畫又是消息畫，係狄宛一期聖人創造。如此，得八字起源。換言之，中國太陰曆、交點年見交食多久，「八」這個數字有多久。我推測，此字印記觀念出現於狄宛一期前，摹寫者是一期聖賢。題涉此標本八其餘含義，詳後訓釋。

2）察斗柄週旋建乾坤冊爲太陰曆補以納溫氣循環

（1）太陰歲不容溫氣循環問題

　　關於十五日當一節氣之率起源，迄今毫無天文學史資料記錄。無人能言此事本相或變遷。我查狄宛聖賢常曆紀，見節氣循環率發明與曆法創造與演進是一事兩面。曆法貴在預知溫氣動靜，來年循環。而節氣循環是歲曆循環本質，由於節氣以溫氣行度爲內涵。節氣不誤，即謂歲曆不誤。節氣不誤，亦謂遊獵與採集時計不誤。此二事不誤，食源不誤，前賢能夠長養後嗣，否則不得言中國古史。

　　涉及溫氣延遲，太陰曆不納溫氣循環，狄宛前賢曾耗費巨大氣力，詳盡記錄溫氣與太陰曆月數關係。他們連續觀測歲半溫氣節律，見溫氣延遲十五日，如標本 F371：17 曆紀。他們還測得四歲半溫氣延遲四十五日，證在標本 H3114：1 曆紀。

　　彼時，儘管他們不知回歸年日數，不能依此數定義二十四節氣，但他們觀測而知一歲太陰曆虧欠溫氣日數是十日多。這個數字使他們獲得調整太陰歲曆日數之把柄，他們增補若干日數，後獲得至少兩歲溫氣循環曆法。其證據在於標本 H3114：3。今須澄清他們增補太陰歲曆算法。

（2）察斗柄四指週旋發明乾坤冊記璇璣歲

　　聖賢查看月全食，得知夜間猶有日照。基於此認知，他們得知恆星炳照，不捨晝夜。由此，他們推知夜空星宿恆久照耀。如此，太陽是其一，日行經天，類似其餘恆星。觀測太陰曆一年，見溫氣行進不如太陰曆。以十二月爲太陰曆歲，每半月當一溫氣節律，十二月盡，溫氣節律即二十四節氣須盡。

〔註108〕古文字詁林編集委員會：《古文字詁林》第 1 冊，上海教育出版社，1999 年，第 621～623 頁。

但他們發現，太陰歲五十四個月節氣延遲約是三個。這使他們驚訝。如何使一歲容納二十四節氣，是彼時前賢一大使命。若不如此，預算溫氣節律，謀取食物果腹難以成功。這將導致合族絕滅。

謀決此疑，狄宛前賢將目光投向星空，久察斗柄週旋，由此發現斗柄北南與寒暑對稱，亦即地上溫氣節律與斗柄位置匹配。精細查看天象，他們不僅發現大火星歲內位置與季節匹配，而且發現紫微垣模樣寒暑轉向。標本T316⑤：1一物二用，既當紫微垣，又喻魁斗，此是其證。瓦塑標本H363：21 遝述璇璣歲，前已訓釋。此二物證實，狄宛前賢已知解決太陰歲不納溫氣，不能預測來年溫氣節律難題之途。他們解決之道是，詳盡測算迄今觀測結果，形成標準算法。此算法基礎是發明乾坤冊，記錄璇璣歲，比照太陰曆。

3）設六七二乾坤冊算太陰歲補十日使兩歲節氣循環

（1）標本H3115：10赤數碼兩算法俱得六七二乾坤冊

鑒於八處於中央，能參與四組數字運算，今以此數爲倍數，驗算標本H3115：10各組術算，以爲日數。四組數字組合依兩法驗算。其一，別縱橫兩組，相加諸數，其得數乘以中央八。其二，別術算彩繪爲上、左、右、下四組，爲四季日數，度以日照長短，上、左、右三組喻春秋冬三季溫涼而日照短。下組匹配標本H3115：11下垂赤線甚粗，陽盛景象，以爲夏熱日長，其數最大。前三組數相加或以每組各數相加，以得數乘以三，兩算法得數相等，由於上、左、右三組數字相等。以此得數乘以八。最後以下組數總和乘以中央八。兩組得數相加，得數是璇璣歲積算日數，即前賢依斗柄週旋設數。最後，以此數折合太陰歲，再以此數折合璇璣歲，算太陰曆虧璇璣歲日數，見太陰曆應增補日數。

算法一，別縱橫兩組數字，相加單個六字，或算單個六總數乘以六，最後乘以中央八。

縱組算法：

$6 \times 8 = 48$

橫組算法：

$6 \times 6 = 36$

縱橫組合計：

$48 + 36 = 84$

此數乘八：

　　84×8＝672

算法二，別四組爲上、左、右一組，下爲一組。個組含六相加而乘以中央八，或算六數個數，乘以六，再乘以中央八。

上、左、右三組算法：

　　3×6＝18

此數先乘以八：

　　18×8＝144

此數見於三處，故須乘以三：

　　144×3＝432

下組算法：

　　30×8＝240

兩組數相加：

　　432＋240＝672

驗算顯示，兩算法得數相等，但含義參差。但問，狄宛一期前賢初造此驗算系統欲擇何者？我以爲，他們欲貴重第二算法，由於此算法包含乾坤冊算法，能匹配溫氣狀況，合乎標本 H3115：11 陽六分法及其熱氣散佈疏密。二標本出自一坎，故在其赤色「紋飾」含義互補，聖人造設體系曆算。

（2）H3115：10 兩歲配數及溫氣循環是《易》乾坤冊之本

前演算足以再演《易》乾坤冊數配比：上、左、右冊數都是坤策，每組總數等於一四四。而下組是乾冊，總數等於二四〇。三組坤策加一組乾冊，總數不等於兩歲七百二十冊，但已包含一歲總冊數三六〇。依此得知，此處存在乾坤冊數配比問題。

先從三組坤冊擇一組，與二四〇冊擇二一六冊，配爲璇璣歲之第一歲。其算法：

　　　240－24＝216

　　　216＋144＝360

剩餘冊數：

　　　144＋144＋24＝312

虧欠冊數等於：

　　　360－312＝48

這四十八冊當四十八日，是璇璣歲虧欠日數，這個日數即第二年不足日數。

欲設第二年乾坤冊數，須從另外兩組坤冊抽出一組，以爲坤冊，另一組坤冊與尚虧欠四十八日、從二四〇乾冊辟出的二十四日配平乾冊。乾冊算法：

144＋24＋48＝216

這樣，第二年乾坤冊等於第一年乾坤冊，兩歲乾坤冊相等即謂寒溫氣循環，兩歲溫氣率數計算無誤。

第一年乾坤冊數算法：

216＋144＝360

第二年乾坤冊數算法：

360＝312＋48

兩歲乾坤冊配平問題已解，今須澄清前言擇一組坤冊話題細部，即從何方擇坤冊，以爲乾冊基礎。此題所以必要，故在標本 H3115：10 見三組坤冊，三數佔據三方，三方匹配地上日照。標本 H3115：11 也含類似指示，即四方劃分熱氣輻射，如前解析所示。選擇即謂定日照狀況，方向謬誤必致溫氣計算謬誤，由於一歲日出點變遷不得更改，謬選即謂更改。前賢知日動之率，故其擇數必不謬誤，故而此題實爲溯跡前賢擇數。

我斟酌再三，最後認定，前賢從東組取一四四，加四十八日，再加南二百四十乾冊辟出乾冊二十四，得數滿乾冊二一六。從東一組取數故在日出點從東到東北方是一歲陽氣盛行之所，日東北出點降低，是秋分前溫氣之源。來年狀況不變。標本核心巨大八字上畫邊緣緊靠東組數字能夠證實這個推斷。

如此，兩歲溫氣節律得平，前訓標本 H3114：3 兩歲節氣不遲事涉此處璇璣歲算法，比較璇璣歲日數與太陰曆日數是解節氣延遲之途。

（3）太陰兩歲寡於璇璣兩歲冊數等於應補十日

璇璣歲乾坤冊是校驗太陰曆虧欠日數之準度。如前述，狄宛前賢以斗柄指向能驗太陰歲溫氣虧欠，即日數不足。設乾坤冊六七二旨在推算太陰兩歲溫氣寡少即短缺日數。而且，推算基準是兩歲溫氣能夠循環。在此，以乾坤冊爲兩數與有基準，定能算得太陰曆兩歲期間溫氣虧欠日數。換言之，察首年起始節氣不誤，其證據是斗柄北指，當冬至節氣。比較第二年璇璣歲算年底尚欠日數，與太陰曆年底尚欠日數，即見太陰曆一歲虧欠日數。這個算法

是比例算法，又以斗柄指向校驗，因此不致得數謬誤。

今先算乾坤冊六七二減太陰歲剩餘冊數，再用太陰歲日數減此剩餘冊數，以見太陰歲第二年年底溫氣將行日數。

六七二冊減太陰歲冊數：

672－355＝317

太陰歲次年未滿日數：

355－317＝38

這個冊數即日數，得數三十八日。此謂迄太陰曆第二年未曆日數有三十八日。

今察璇璣歲去次年年底剩餘日數：

672－360＝312

多餘日數當璇璣歲一年虧欠日數：

360－312＝48

兩數關係是，太陰歲速於璇璣歲十日。換言之，太陰歲溫氣以斗柄校驗虧欠十日。其算法仕於，以次年璇璣歲減太陰歲未曆日數：

48－38＝10

此驗算展示，狄宛前賢曆算翔實可靠，他們雖不論回歸年，但能觀紫微垣、辨魁斗週旋而爲曆補，最早創造了人類最精準曆法。鑒於北斗七星以及北辰等星宿是恆星而非行星，狄宛前賢以魁斗運行校驗太陰曆，以陽納太陽等恆星，狄宛前賢創造曆法是人類曆史上最早陰陽合曆。

如上算法是更新算法，既往我曾以爲，狄宛前賢以標本 H3115：10 四組數字中央八字述太陰曆補八日，後以回歸年驗算其堪用。迄乙未年 10 月，與花木蘭出版社議定出版授權後，回首勘驗一期其餘諸物術算考，發覺其驗算毫無問題，並見歲補八日之法不能揭示聖賢大業。倘使不能統一術算，必不合史實：出土物件體系單一，絕不能容許兩等曆算，觀一天得一算應是最自然不過之事。由此，我更改舊算，全然捨棄用回歸年驗算之法，以前賢自創算法證實此事。

（4）一歲二十四節氣與月數及餘五日分佈與陰陽曆歲初歲末

狄宛前賢如何布算太陰曆，思考此一難題在我考訂標本 H3115：10 術算後仍耗費不少時光。彼時，我先驗算前賢曆補八日，即狄宛太陰曆一歲三百六十三日，以三百五十五日增八日預算。最後，我發現此算法有問題，即兩

曆法算法基礎不一。後改定如今日算法。及此，太陰曆月數、日數布算不再有疑問。

歲三百五十五日布算基於上六月、下六月之別，以字符表達即∧、∨節氣一週各見一番。鑒於溫氣盛而日長，上六月計每月三十日，下六月計每月二十九日。而且，以春分到秋分爲一年上六月，以今年秋分到來年春分爲下六月。在五月，追加一日，如標本 H3115：10 粗赤線顯示。這樣，一歲日數等於三百五十五日。

上六月日數：

$30×6＝180$

下六月日數：

$29×6＝174$

$180＋1＝181$

$174＋181＝355$

狄宛補日算法：

$355＋10＝365$

這個算法與標本 H3114：1 曆紀實測四歲半溫氣延遲四十五日算法一致。此算法須補日數，以納二十四節氣。題涉中國二十四節氣起源，天文史學界迄今未曾清言。前算使我勘定，中國一歲二十四節氣率數起源於狄宛一期。其算法基礎是斗柄週旋，而且又須校驗、增補。其算法如後：

$360÷15＝24$

太陰曆歲日數三百五十五日增補五日，即能容納二十四節氣。狄宛前賢已算得太陰一歲虧欠日數是十日，自此數取五，即能以一太陰歲納二十四節氣。

剩餘問題是，取五日後剩餘五日如何分配。以這五日加於某節氣或某幾個節氣，這是根本問題。我察狄宛聖賢已有選擇：他們將剩餘五日巧別三日、二日。三日寄於每一百二十日，均分一歲。剩餘二日寄於春秋分。這樣，一歲節氣正，標本 H3114：3 所述兩歲節氣正係其例證。

關於三日散佈，標本 H3115：10 兩歲乾坤冊虧欠冊數三分即得其數：

$48÷3＝16$

十六日等於一節氣加一日：

$15＋1＝16$

三個節氣各多一日，總數等於三日。以此三日均佈一歲，得百二十日增一日。狄宛一期三足器三足之數即謂補三而足。剩餘二日以三足器口沿甚平表述，口沿平即謂春、秋分節氣平。

基於以上驗算，今斷狄宛一歲之半不在六月末，而在秋分。自春分迄秋分，此是半歲，自此歲秋分迄來年春分，總十二月陰陽曆歲期間。一歲終始照顧半歲曆算，此係豕下頜骨寒暑月率六殘餘。

關於二十四節氣系統形成時間，史學界傾向認定秦漢時期〔註 109〕。學界依《管子》兩篇記曆法判斷古曆。而且，此推斷基於古曆在前文王時代統一。如《幼官》、《五行》記，歲十個月，歲三百六十日，三十節氣。此說另一佐證是，《逸周書‧時則》世傳出自周公，此篇記節氣二十四。學人對照此篇與《幼官》，認定《幼官》篇出現早，而《時則》篇出現遲。由此，他們否定西部周人用二十四節氣。他們根本不曾照顧周族先輩來自西部，能夠獲得更早曆譜。而歲十月，每月三十日曆算是別種補日算法，其根本在於璇璣歲基礎上補五日，以爲回歸年。每兩月補一日。此曆術涉及狄宛曆法演變史，後世蚩尤曆法、黃帝曆法、彝族曆法皆是子遺，此處不再究討。總之，二十四節氣絕非秦漢時期穩定，而初在狄宛一期穩定。

（5）H3115：10 術算見《易》八經消息與用九用六換算

《易》教用八之本何在，迄今未聞。今依狄宛前賢算法，驗證一期陰陽合曆日數爲三六五日。依前賢設乾坤冊定曆歲，能見狄宛用八、用九與用六之源。

璇璣歲乾冊八分：

$$216 \div 8 = 27$$

璇璣歲坤策八分：

$$144 \div 8 = 18$$

乾坤冊八分之後三分：

$$27 \div 3 = 9$$

坤策八分之後三分：

$$18 \div 3 = 6$$

此術算揭示，乾坤冊八分致九、六之數。緊要處在於，此算法能使節氣循環。

〔註 109〕謝世俊：《節氣史考源》，《尋根》1988 年第 2 期。

狄宛前賢用九例在 H391：1《發掘報告》圖二九，4，即此標本。其圖如後：

圖三〇　狄宛一期用九循環平節氣紋

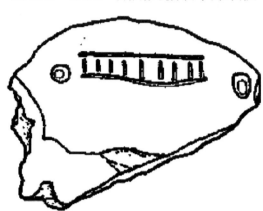

發掘者言，此器上端刻一組「方格紋」圖案，方格紋兩端各有一穿孔，孔徑：0.3 釐米，夾細砂灰褐陶。今案，標本上刻劃不是所謂「方格紋」，而是九術算。此標本與標本 H3115：10、H3115：11 是一系統物件。此物是聖賢解釋 H3115：10 乾坤冊八分後得數三分之證。檢此標本，見一歲節氣與次歲節氣相等而循環。而且，兩歲節氣平。此作品四特點支撐此判定：

第一，下曲線似拉長的兩端波浪狀線段拼接，自右向左查看，見線段向左下延伸，迄第四段，達波谷。第五線段起，迄第九達波峰。檢一歲溫氣，自乾冊八分之首分，日南遷。第四分，日遷南端。第五分起，日始北遷。日繼續北遷，迄第九分至極，後南遷。此是乾冊循環。此循環合乎一歲夏至後迄夏至溫氣運行循環。

第二，九短線述溫氣循環不休。欲細檢其數，須八分乾冊二一六，每分二十七冊。欲察二十七冊狀況，再三分此數，得數是九。

第三，兩旁穿孔述陽氣貫穿兩歲。右圓孔喻當年日透照。左圓孔喻日照下一週接此週期。這樣，兩歲日照相連。兩穿孔直徑相等謂兩歲日照強弱相等，即兩歲溫氣平，此述兩歲節氣循環。

第四，上直線表述兩歲節氣平。兩穿孔喻兩歲，直線延續次年仍將如此。因此，兩歲節氣平。這條直線同時也是狄宛瓦器口沿爲何平直之解答，並解答中國其餘遺址瓦器口沿平直之故。

如上討論顯示，《易》教用八、用六、用九萌芽於狄宛一期。涉及狄宛前賢歲曆細節，詳後乾冊佈算與狄宛歲曆三百六十五日排序發微。

（六）圜底三足器直合紋曆紀

1. 狄宛直合紋是中國其餘遺址同類紋飾之源

1）「喪葬紋」等舊說致古史恒難斷代

（1）涉波浪狀紋飾舊說

關於古器口沿波浪狀紋樣有無含義，尤其是相疊連紋有無含義，學界迄今未曾給定解答。此種未知或多或少涉及瑞典學者安特生作爲。他在半山遺址墓葬中發現彩陶器有波浪狀紋飾，鑒於諸器用於隨葬，定此紋飾「喪紋」。他還認爲，馬廠彩陶器上同類紋飾也是「喪紋」。通謂喪葬指某人被埋葬。喪紋似乎僅能記錄某人被埋葬，瓦（陶）器有此紋飾似乎不足爲怪，故而不須深究其細節與含義。

我國考古學界不欲分享安特生此項定名，他們堅持認爲，黑色的紋飾是「鋸齒紋」，以爲安特生的判定是「唯心的結論」（《仰韶文化的彩陶》，第 43 頁）。存在此等紋飾器物也被發現於一些遺址其餘地方，而非墓壙，譬如狄宛一期遺址探方曾出土標本 T213 ⑤：8，此器口沿見一圈如此紋飾。安特生說不能服人。海內學人鬥辯所據似乎局限於唯心、唯物兩論參差，多不涉及話題根本。

連續查看狄宛一期以後，尤其是三代各時期出土物，得知此紋飾未曾斷絕。殷商簋上多見此紋〔註 110〕，是其例證。此紋甚至融入文字，例如「昔」字甲骨文含此構造。葉玉森曾言「昔」字構形中的 ⧑ 「尤顯浩浩滔天之勢（《古文字詁林》第 8 冊，第 698 頁）。」商承祚承接此說〔註 111〕。葉說將「昔」字含義解說聯繫帝堯末期大洪水。

（2）舊說不利於虞夏前後古史關聯

古史研究者賴以檢討之媒介是古文字。而古文字研究者將「昔」字字形與帝堯末期洪水關聯，以波浪紋解釋其狀，這多少促使一些研究者將中國信史從帝堯末期斷代。此時期既往歷史劃歸史前。而史前研究又化爲以遺址發

〔註 110〕中國社會科學院考古研究所編著：《殷墟發掘報告 1958～1961》，文物出版社，1987 年，第 140 頁（圖一〇五）。

〔註 111〕商承祚：《〈石刻篆文編〉字說》，《古文字研究》第 5 輯，中華書局，1981 年，第 218 頁。

掘命名爲核心的「文化」類型研究。於是，帝堯時代前古史要麼以傳說時代概括，要麼以各遺址研究表達。碎片分散似乎合情合理。我以爲，此研究路徑割斷古史文明連續脈絡。我不附議。此題細部涉及「傳說」本相研究，將在後述。

　　新世紀迄今，此紋頗受研究者重視。倘使不論紋飾位於何器面上，也不論紋飾連點爲線，疊加爲紋，還是畫波紋構造細節，獨察其構成後模樣，王仁湘論此紋屬「地紋」。他舉秦安狄宛、寶雞北首嶺、西安半坡、臨潼姜寨陶壺與陶罐紋飾〔註112〕。趙世綱以爲，波浪形小點相連紋飾係「篦紋」，此紋飾應係裴李崗人創造。他甚至列舉了「裴李崗篦紋」在中華大地的傳播線路。他將中國西部剔除在所謂「接受區域」之外。如此分區，他避免話題敗績風險：倘使狄宛遺址有此紋器物屬較早時期，其論即刻喪失立足點〔註113〕。不論怎樣估計裴李崗器形與紋樣產生時代，其出現不能早於狄宛一期。而且，裴李崗遺址凡見表達曆算瓦片俱屬較遲時期。張江凱對於裴李崗陶器譜系研究旁證此事〔註114〕。李友謀承認，裴李崗文化的來源是個不小的疑問。學者曾嘗試在晉北鵝毛口遺址尋覓關聯，未能獲得證據。而且，在文化內涵上，裴李崗遺址出土器物的代表性不及仰韶器物〔註115〕。比較而言，狄宛遺址一期早於仰韶時期，其肇始價值高超顯而易見。總之，我承認安特生講此紋飾能寄託於喪葬品，但不附議喪葬紋說，也不附議地紋說，也不附議裴李崗篦紋說。我以爲，紋飾含義探究應是首題，是研究核心。

2）中國南北方直合紋起源三階及其算法

（1）前仰韶時期波浪狀紋飾舉要

　　在狄宛一期器物上，此類紋飾並不多見。前訓瓦片有紋飾狀似此類，譬如標本 H3115：28 紋飾。但是，須申明這兩等紋飾絕非等同。其故在於，標本 H3115：28 紋飾下六紋一斜邊向下延伸，似尾巴一般，揭前述。而此處論紋飾模樣異乎此等，兩紋形狀不同。考古界迄今未曾重視兩紋參差。

　　在狄宛，此紋出現於圓底三足器，譬如標本 T213 ⑤：8，標本 H10：37。

〔註112〕王仁湘：《中國史前彩陶地紋辨識》，《21 世紀中國考古學與世界考古學》，中
　　　　國社會科學出版社，2002 年，第 132 頁。
〔註113〕趙世綱：《篦紋的起源與傳播》，《中原文物》2006 年第 2 期。
〔註114〕張江凱：《裴李崗文化陶器的譜系研究》，《考古與文物》1997 年第 5 期。
〔註115〕李友謀：《裴李崗文化》，文物出版社，2003 年，第 161～166 頁。

臨潼白家村遺址見同樣紋飾。此遺址是關中前仰韶時期遺址。《陝西臨潼白家村新石器時代遺址發掘簡報》圖六，第4，所謂 II 式圓底缽。發掘者述：外壁有交錯網狀粗繩紋，口沿外有一圈寬赤色帶，沿內有一週窄條赤彩。內壁有彩繪符號。此標本殘破，其平面圖如後。

　　此器是狄宛圓底內壁紋飾孑遺，是其傳承，絕非獨創或新造。此器造器思想貴在演示曆算，不獨在於製造圓底器。前賢以圓底器表述天球，以天球演示晝夜，以告日數、月數。故而，我斷定此器蘊含造器思想等同狄宛標本 H37：10 造器思想。此器術算是狄宛一期曆算之繼承。可以推測，此器或是狄宛一期前賢後嗣從狄宛遷出時攜至白家村一器，或是依狄宛一期前賢教誨造器。

圖三一　白家村殘圓底缽內壁直合赤紋

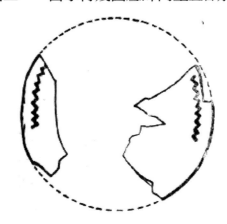

（2）紋飾喻六個月節氣平直故須名直合紋

　　考古界所謂「波浪紋」是謬名，此紋宜命「直合紋」。直謂節氣直，即後世數值之值。「合」取義豕下頜骨於上頜骨耦合，咀嚼食物。咀嚼即已得食物。因此，狄宛六字又謂得食，有吉祥義。此紋以三階生成，初階是∧，其次是骨器或蚌器口沿加工鋸齒狀，此謂上六、下六相連。第三階，從骨器、蚌器口沿諸形離析此狀，出現直合紋。

　　初階是∧紋，及其顛倒模樣∨，此紋單個存在。其證是狄宛一期標本 H363：53。其上見六，前訓淨六係其義。此狀可從兩方向解讀，順擺放解讀，轉向一百八十度解讀。倘使前者喻下六，後者喻上六。下六即秋分後迄春分前六個月。上六即春分迄秋分前六月。上下六相合，此謂節氣值合。節氣值

合即謂當年秋分得食。此是此紋吉祥義本源。鑒於此紋能述節氣值合，故又能爲常曆紀紋，紋飾錄曆算故爲常曆紀。

　　大約在多枚∨、∧紋飾連屬之前，出現骨鐮、骨鋸、蚌鋸等器物。此類物件一邊加工爲鋸齒。在北方，其代表物是狄宛系骨鋸、蚌鐮。西山坪遺址見骨鋸，標本 T18 ④：34，《師趙村與西山坪》圖 181，第 8。此模樣本乎狄宛前賢認知上六、下六連屬，此認知被子嗣傳及西山坪。子嗣一部遷徙關中，此技能又被後嗣傳到關中。臨潼白家村蚌鐮標本 T01（2A）：2 等係其例證。

　　即使在中國南方，骨鐮也是演示耦∧相連算法之器。譬如，標本 T231（4B）：276，《河姆渡》圖五三，第 6 器足以顯示此義。此標本模樣如後。

圖三二　河姆渡骨鐮演示曆紀

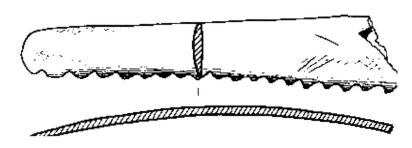

　　河姆渡遺址一期術算起源仍是六，詳後河姆渡瓦線陀紋樣術算體訓。關於河姆渡前賢曆算與狄宛曆算關係，今唯能知，新仙女木事件導致古賢向南遷徙，他們後來也知曉天球與星象，並知豕首、豕喙象徵六月義。

　　涉及新鄭裴李崗遺址出土遺物同類紋飾，我雖未能在此遺址出土物檢得骨鋸或蚌鐮。但是，不得以此而論裴李崗遺址術算用數異於狄宛系術算。裴李崗遺址前賢用數仍是六，而且這個數字被連屬，變爲直合紋。此恰是直合文產生三階之第三階模樣。趙世綱在篦紋名下列舉波折紋、三角紋二名，此二者其實都是數字紋，是直合紋。換言之，無論以若干彩點摹寫，還是以彩色連線摹寫曆算，所得紋樣都是直合紋。

　　自此得知，豕下頜骨∧是萌芽、造器放此狀，連屬而爲骨鋸、蚌鐮，放此摹畫爲「紋飾」，而後見連續直合紋，此是曆數，而非單純紋飾。由此得知，直合紋是曆算，它以三階演變出現於中國大地。檢各地直合紋，唯狄宛直合紋系統最早，曆紀含義顯明。

圖三三　輝縣孟莊直合紋

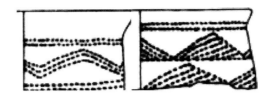

　　狄宛一期出土物有蚌器，但不見蚌鐮或骨鋸。這不得視爲狄宛前賢不知連∧相合之法，唯宜解釋爲狄宛前賢不須再造骨鋸或蚌鐮，由於他們術算能力已超越以蚌鐮演示階段，他們已能離析直合紋，不須保留有此紋飾骨器、蚌器。故而，骨鋸、蚌鐮被攜往異域，譬如西山坪、白家村。

　　細察狄宛直合紋誕生基礎，能見如後細節：豕下頜骨∧化爲加工圖樣，前賢加工骨料而顯直合紋，此工藝基於節氣直合思想。豕下頜骨象徵六月，而且此六月是序數六月，故是曆算數。曆算皆涉謀食事。豕下頜骨是謀食後咀嚼器，由豕下頜骨象徵得食引申爲把握此狀者把握果實。故而，連屬此狀，摹寫於器上，掌器者即掌節氣直合者。故而，凡見器上有此紋飾，即知此器最初絕非尋常器，而是重器。狄宛一期有紋飾器物莫重於有直合紋瓦器。而狄宛前賢曆算、謀食思想統一於直合紋，這是《帝王世紀》記庖犧氏養民說之本。

　　澄清了此難點，今知甲骨文「昔」字有世系義，此字本應讀「系」，通轉讀昔。《尙書·洪範》箕子言「我聞在昔」即其例。遠古，每君俱有「昔」，由於其世系未絕。因此，「在昔」謂察系，即溯跡世系。大禹世系本乎鯀，故而言大禹功業須始於鯀事業。自此得知，中國古史以君世系得傳。狄宛前賢世系是否能夠勘定，這須恃研究者凝聚心力，非一人能證。

2. 狄宛標本 T213 ⑤：8 直合紋體訓

1）器名辨與紋飾特點

（1）此器宜名陶錡

　　《發掘報告》圖二四，第 6 器即狄宛一期標本 T213 ⑤：8。發掘紀實命之盆形鼎，入 B 型 II 式。此器「侈口較大，弧腹斜收，素面」，夾細砂紅陶。口沿外飾一條紅色寬帶紋，沿面飾紅色「波折紋」。口徑 19 釐米，高 10 釐米。其模樣如後。在討論口沿赤色紋飾含義前，須先澄清此器名稱。

　　我察此器不得命以盆，由於盆不異於盎，是盛水器，盆不必受火。但此

器有圜底，底部有底釘，能受火。我觀此器與釜同類。其名本當「錡」，亦名釜。《召南·采蘋》：「于以湘之，維錡及釜。」毛傳：「錡，釜屬，有足曰錡。」鄭箋：「三足釜也。」〔註116〕錡字讀音從奇，謂異或不耦。歲曆每年唯一，時行不耦。我以此定此器爲陶錡。顧及此器有直合紋，故定直合紋陶錡。

圖三四　乾冊直合紋陶錡

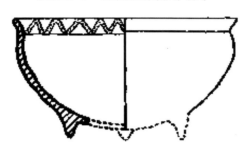

（2）T213 ⑤：8 樣貌涉及太陰歲曆

發掘者言「波折紋」其實是直合紋，而且直合紋位於口沿。此器圜底，有三底釘，質地是夾細砂赤陶。此形狀與紋飾搭配表達何義，值得考究。

察狄宛三足器用於表達太陰曆與璇璣融合，歲日數等於三百六十五日。底釘三顆喻三日，每四個月補一日。器物口沿平，此喻春秋分平。素面謂清潔，即算無遺日，溫氣盡得。

2）標本 T213 ⑤：8 直合紋乾冊曆紀

（1）直合紋述《易》曆乾冊二百一十六

察標本 T213 ⑤：8 口沿紅色紋飾是直合紋，也是常數列。此數列是驗算璇璣歲三百六十冊之乾冊紋。其算法基於前定上六、下六例。欲算其總數，須顧念發掘者截斷的紋樣是總紋樣四分之一。以積算乘以四，即得總數。

今察此截紋飾別爲兩部：見上六五個，下六四個。每個當六，於是得上六三十，下二十四，相加得數五十四。這五十四當何數，暫且不知。

此數字是原數四分之一，以四乘以五十四，得數應是原數字。兩數相乘得數二百一十六。今斷定此數是乾冊。

上六算法：

$$5 \times 6 = 30$$

〔註116〕鄭玄：《毛詩鄭箋》卷一，中華書局，1936年，第 12 頁。

下六算法：

$$4 \times 6 = 24$$

上下六總數相加：

$$24 + 30 = 54$$

周圈上下直合紋總數：

$$54 \times 4 = 216$$

驗算揭示，此標本口沿術算是璇璣歲乾坤冊之乾冊數。

（2）乾冊布算與狄宛歲曆三百六十五日排序發微

涉及乾冊爲曆算數根源，漢《易》學以降宿儒俱未言其要。荀爽曰：「陽爻之冊，三十有六，《乾》六爻皆陽。三六一百八十，六六三十六，合二百一十有六也。陽爻九，合四時，四九三十六，是其義也（《周易集解》第4冊，第338頁）」。

荀氏曆算拆散三十六爲「三十」、「六」。以《乾》卦六爻乘以三十，得數一百八十。六乘方。合二數，得二百一十六。又以陽爻於數當九，乘四時，得數三十六，合六乘方，佈於四季。如何配日數，荀氏未曾究討。

楊履泰以乾陽極於九，乘以四，得數三十六，再乘以卦爻數六，得數是二百一十六（《周易倚數錄》卷下，第5頁）。荀、楊二人算乾冊都基於《周易》成法，非溯《易》乾策根源。這顯示，《易》曆傳習曾喪失不少信息。《易》學界迄今未曾澄清古曆乾坤冊配日數。

欲解此題，須察此器直合紋模樣。前賢畫直合紋之上六謂陽氣盛，下六謂陽氣衰。上直合紋當春分迄秋分，下直合紋當秋分迄冬至、冬至迄來年春分。一歲陽氣滿，乾冊數盡。乾冊除以十二，得每月乾冊十八日：

$$216 \div 12 = 18$$

坤策一百四十四除以十二，得每月十二日：

$$144 \div 12 = 12$$

兩數相加，得每月日數：

$$18 + 12 = 30$$

這個算法匹配上六、下六算法：每歲溫氣六月盛，用此法。六月衰，衰減乾冊，增補於坤策，六個月總日數仍不變。其算法：

$$18 - 3 = 15$$

$$12 + 3 = 15$$

春分迄秋分乾坤冊算法：

（18＋12）×6＝180

秋分迄來年春分乾坤冊算法：

（15＋15）×6＝180

此算法顯示，每歲陽氣盛六月間溫氣日數多於弱月三日，陽氣衰六月期間，溫氣與熱氣日數持平。

一歲溫氣盛加溫氣衰總日數算法：

180＋180＝360

太陰月序歲起春分（二月）。一歲別爲上六（月）、下六（月）。上六月：二月某日、三月、四月、五月、六月、七月。下六月：八月、九月、十月、十一月、十二月、一月（延及來年二月某日前）。一歲十二月滿。

在此基礎上增補三日算法：二月、三月、四月、五月爲第一段。加一日於其中，三月大，三十一日。六月、七月、八月、九月爲第二段，加一日於其中，七月大，三十一日。十月、十一月、十二月、一月一段，加一日於其中，十一月大。此三日均分三百六十日，每分一百二十日加一日，總數三百六十三日。春、秋分各加一日，一歲三百六十五日盡。

此算法證實，前訓標本 H3115：10 記錄狄宛一期歲三百六十五日曆算毫無問題。而《易》教乾坤冊唯是太陰曆修正後待增補五日之基準數，不是標準數。

3. 從四歲半曆紀離析三歲曆紀週期之置閏萌芽

1）標本 H10：37 上組數列紀四歲半溫氣觀測

（1）器內壁兩組紋飾術算關係難辨

《發掘報告》圖二四第 8 物是標本 H10：37。此器口沿飾一條紅色寬帶紋，內壁有紅色「波折紋」，夾細砂紅陶，口徑 31.2 釐米，高 13.8 釐米。發掘者命之 A 型 II 式「缽形鼎」。

此器似乎宜呼陶釜，其三足除了演示曆算，能支撐器身，置三足於高平處，可在下用火，此物能用如釜。解釋此器並非易事，由於其內壁有兩組直合紋。因此，辨識兩組直合紋每組術算，進而辨識二組直合紋曆算關係，是解釋直合紋含義之樞紐。此器圖樣如後。

（2）標本 H10：37 上組曆算等同標本 H3114：1 五十四月曆紀

涉及曆算，標本 H10：37 有三處須照顧無遺：第一，底釘三顆。第二，

口沿平整。第三，內壁兩組赤色直合紋。依前例足以解釋前兩點數算義。而第三點須備細辨識。

　　兩組直合紋以上組爲大數，下組爲小數。上組數列含四個上六，等於二十四。含五個下六，等於三十。二數相加，得數五十四。今準乎前例，上六、下六都當六個月，故得五十四個月。五十四個月即標本 H3114：1 表述四歲半。二者表意相類。

　　下組下六、上六各三。每六當六月，總計得上十八個，下十八個月。總數等於三十六個月。此月數當三歲。今雖得上下兩組數字折合年數，但兩者之間存在何等關係，這是一個問題。

圖三五　四歲半及拆解三歲直合紋

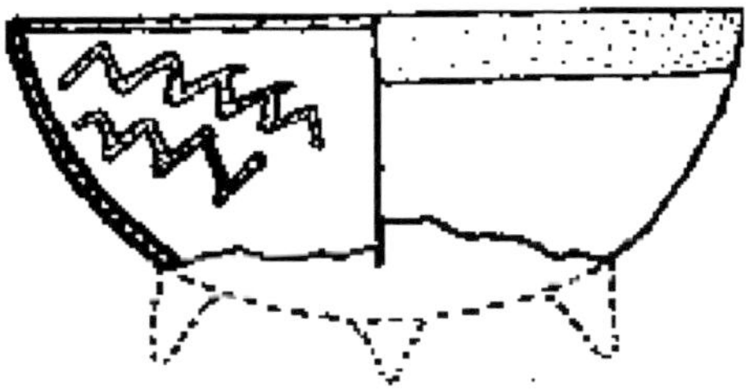

2）標本 H10：37 四歲半對比三歲顯月曆日數增補暨三歲置閏萌芽

（1）下組曆數出自上組曆數以及歲半見溫氣延遲十五日

　　標本 H10：37 內壁兩組常數列之下組直合紋等於三十六個月。此期間等於三歲。對比此數與上組直合紋數字，能見兩者源流關係：上組四十五月含下組數字。下組數字小於上組數字。兩者關係是上組曆算包含下組曆算。而且，算時間長短不能算負數，由於時間是矢量，單向行進。因此，三年這個數字出自四年半。

　　四歲半減三歲，剩餘一歲半，折合十八個月。此數又呼應前訓標本 F371：17 術算。如前揭示，前賢連續查看月曆溫氣行進，見每十八個月伴隨溫氣延遲十五日。此數恰是此處關鍵。這個數字似乎已被摹寫標本 H10：37 曆算者減去。

　　由如上術算得知，標本 H10：37 內壁兩組直合紋演算溫氣每年延遲日率。此事全與前驗算相合。此事給予我等關於瓦片曆紀與瓦器曆紀之間關係：前賢長久觀測溫氣延遲，迄其能夠清算延遲日數，記於器物，最後始在

瓦片上作畫。二者含術算屬於一個系統。

（2）內壁傾斜紋飾指示當年節氣不平

另外一點猶須重視，此處兩組數字傾斜，不與器口平行。此畫作異於標本 T213 ⑤：8 直合紋。彼處，直合紋作於口沿外。此處既在內壁，又不平行於口沿。傾斜而且不顯垂直，這使人深思。

察狄宛前賢以平行表達得春、秋分節氣。不平行即謂未得當年秋分節氣。此事頗爲怪異。連續曆算，得知此事發生期間。最初，曆算起於春分，推擬五十四月節氣漸次發生，但某年秋分之後，節氣根本不能連續，預算秋分節氣未至。曆算恰表達此問題：初算如既往，歲氣起於春分，論理應終於未來某年春分。以上六起，以上六終。但某年溫氣不如此連續，其間斷點在下六，因此下組數字起於下六。而且，下六見「尾巴」，這表達當年節氣在秋分後繼續延遲。這個曆算與狄宛災異曆紀緊密關聯，詳後災異曆紀。

（3）斷割三歲爲一元是三歲爲置閏期間萌芽

標本 H10：37 內壁下組直合紋記三歲，此數是四歲半減去一歲半得數。今問，前賢爲何須減去一歲半？此事值得深究。檢一歲半溫氣延遲十五日。依此比例，每一歲溫氣延遲十日，如前訓釋顯示。前賢今單列三歲，欲示三歲溫氣延遲日數等於三十日。這個日數等於一月。這個數字比例恰是三歲一置閏比例。這個深刻認知出自前賢實際觀測獲得數據。他們從此數據算出每三年置閏一番，即增加一月，能補足佔三歲期間節氣。如此算法固無問題，但問題在於，閏月置於何時，置於三年一元之首年、次年、還是末年？狄宛一期瓦器研究不能解答諸疑問，暫擱置此題。

題涉中國置閏起源，經籍記帝堯曆含置閏，似乎此前中國聖賢無置閏認知。今察狄宛一期標本 H10：37 曆算，知一期前賢已達三歲置閏臨界點。這樣看中國置閏起源，帝堯曆「期三百有六旬有六日，以閏月定四時成歲」毫無懸念：狄宛一期前賢已曆算一歲三百六十五日，去帝堯曆唯寡一日。狄宛前賢已從四歲半離析三歲，爲一期間。所欠者，唯是曆算閏月置於何月而已。倘若使我揣測中國置閏起源，我傾向於認定此事出現於黃帝之前，完成之地在狄宛，不在中國其他地域，由於狄宛曆算含此基礎。

涉及狄宛前賢觀測溫氣一歲半延遲日率，今須評價其觀測之進益或優勝。欲爲此事，須引入回歸年 365.24 日。

回歸年與太陰年一年日數差：

365.24－355＝10.24

三年見日數差：

10.24×3＝30.72

連續曆月四年半，實測日數差應該等於 46.08 日。前賢當時實測日數差等於四十五日。這個誤差甚小：

46.08－45＝1.08

遵循回歸年算法，璇璣歲冊數算法僅寡於回歸年 1.08 日。這個算法已很精準。

4. 瓦線陀外災異暨異常曆紀例釋

1）標本 F371：33 災異曆紀

（1）赤色紋飾模樣

災異即天象非如狄宛前賢熟知樣貌，其行止與曆度發生某種變化，而且變化根由是某種異象，譬如日食。狄宛太陰曆起源於月全食認知。比較而言，月食頻繁而日食寡少，尤其是日全食罕見發生。逢日全食週期之間，倘使某地一人遷徙地域有限，在數十里之內，此人終生未必能睹日全食。此事曾發生於狄宛一期，前賢爲曆，雖無文字以告此事，但能以曆紀告喻此事。此等曆紀即異常曆紀。

《發掘報告》圖三三，第 3 幅即標本 F371：33。發掘紀實錄載此圖平面有誤，其記錄導致紋飾細部構造難以辨識。今將此圖左旋，獲得圖樣如後。如此，瓦片上沿殘破一邊置於上面，而且大致水平。這與未破損圓底器口沿在上之狀相稱。此舉是辨識此畫含義根基。

檢此畫所在瓦片，也有五邊，如標本 H3110：10、標本 H3114：3 與標本 H3115：28。五邊基於曆算用五。五於數等於太陰曆增補五日，得數是璇璣歲乾坤冊三百六十。此標誌顯示，前賢此處曆算基礎與前算基礎相同。在此，我們得知標本 F317：33 的最大特點是，此畫作不見連續直合紋，前見赤色在此毫無術算序列之狀，這又增加了隱秘。此紋飾似天書一般難懂。

（2）標本 F371：33 寒氣致三十個月節氣不連

細察此圖樣，見赤紋處於瓦片之下。構圖無完相似紋飾，似乎不見上六，也不見下六。勉強準乎上六、下六模樣離析絞纏紋，見右有下六，其尾向左下方延伸，其上翹線不是直線，而是弧線。弧線謂日照不直，直合紋在此是稀罕物。此弧線向左延伸，此謂一歲節氣遊走。如前申述，狄宛紋飾自

右向左閱讀。此弧線向左連屬另外一下六。細察弧線開端及緊連左下——右上走向斜線，勉強可將此狀視爲上六，但此上六不是直合紋，由於此弧線與左下——右上向斜線接茬處冒出一線。左邊緊鄰下六上口被弧線相連，以致此下六不是清潔下六，此謂秋分迄春分節氣不直。由此再向左邊查看，又見下六，不見上六。再向左偏下查看，見上六收口窄曲，上六不夠充分。與之毗鄰，又見上六。右邊鈍角與上六、下六無涉。

總之，此畫不見上六、下六連屬，見上六、下六絞纏。無一處是節氣直合紋飾。倘使期初稍見下六與上六相連，而二者都顯節氣延遲，第二下六之後，又見下六，此謂秋分迄春分並列秋分迄春分。通泛而論，地上溫氣絕無此等連屬。第三下六之後，始見兩上六毗鄰。兩下六後連兩上六，其數似乎匹配。但是，此處不見下六連上六。兩下六毗鄰，此謂連續見兩番秋分後迄春分前節氣。而兩上六毗鄰謂連續見兩番春分迄秋分節氣。鑒於此等連續在曆算上不能與實際節氣相當，前賢修飾了紋飾，第二上六短促、第三上六稍長。無論怎樣，連續秋冬與連續春末、秋初節氣出現。這顯反映狄宛某年節氣失率。故此，我講節氣異常，而此瓦片紋飾述災異，是異常曆紀。

今以下六、上六術算驗算此紋飾表述節氣延遲數。瓦片見下六有三、上六有三，當月三十六。此數合當三歲。依此得知，此畫作述三十六月溫氣散亂不連。赤色紋飾在此喻節氣不能直合。在自然界，唯某種天象導致寒氣切斷節氣相連。故而，標本 F371：33 須命寒氣破三歲節氣連屬。

圖三六　寒氣破三年節氣相連

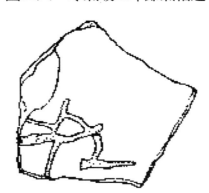

倘使算此畫表達節氣延遲，須檢標本 F371：17 赤色直合紋下六接茬冒出一端，此述節氣延遲日數等於十五日。檢標本 F371：33 下六模樣，見三處俱

有冒出一端，第一下六，第二上六上部、及其左邊上端多出短線。另外，第二上六，即開口狹隘的上六接荏處也有冒出短線。總計四處都有冒頭短線，每冒頭短線等於十五日，四處即等於六十日。依此得知，狄宛一期數年之間見節氣不相連屬，而且延遲六十日。這相當太陰曆六年節氣延遲日數。

此畫還顯示，前賢查看歲曆始於秋分後，由於下六始於秋分後，延及來年春分前，此時段等於半歲。此標本寄託之瓦片上面形狀恰是下六，此狀加重曆算起於下六之義。此點恰是此處曆算特點，它異於狄宛一歲歲初節氣起於春分曆紀。依標本 F371：17，狄宛歲紀起於春分後，但察此畫作，見前賢更改了一歲曆紀之序，他們從秋分後開始觀察。這是爲何？我認爲，他們當年遭受了日全食災害，而且此番日全食發生日去秋分不遠。此事導致標本 H10：37 三歲增補一月的歲紀被打破。舊算太陰曆一歲增補十日算法在此面臨嚴重挑戰。前賢閱歷前所未有之苦痛，他們不得不承認，迄今曆算謬誤。換言之，此標本是曆紀，即實測節氣延遲曆紀。

2）標本 H5：21 暨秋分前後災異致節氣舊算遲十日溯跡

（1）標本 H5：21 赤紋初訓

《發掘報告》圖三三第 2 幅即彩板九第 1 中下，標本 H5：21，其模樣如後。此陶片上赤色紋飾看似兩蛇，自右下向左上蜿蜒前行。其實，此紋飾絲毫不涉及蛇行，而是曆算紋飾。赤色如前諸標本用色。曆算紋飾基本形狀仍是下六與上六。如何辨識此標本畫作含義，是艱難問題。

我檢此處有兩條準上六、下六連屬，二者近似節氣值合，但又不規整，彎曲樣貌稍異於∧與∨。而且，畫作寄託之瓦片下面是上六狀。如何辨識此畫作曆紀義，是一大難題。

（2）日全食致秋分後兩歲延遲二十日

細察此畫作上下兩條紋飾，雖非規整直合紋，但猶見其跡可循：上直合紋有上六三處、下六兩處，總計五處，當三十個月。這三十個月歲曆起於春分，終於秋分前。下組值合紋起於下六，即一歲秋分後，它終於秋分前。檢此直合紋有下六兩處上六兩處，折合四處，當二十四個月，這是兩歲曆紀術算。倘使對照直合紋模樣，能見此處紋飾似直合紋，而非直合紋，由於直合紋樣貌規整，而此處紋飾樣貌不規整，顯被更改。

我以爲，在此須援引前訓標本 H10：37 上下兩組術算關係，即須將下組直合紋視爲上組直合紋拆解所得，下組直合紋是上組局部，前賢欲從上組直

合紋拆解局部，次第節氣。新次第起於下六，此歲曆節氣序列終於秋分。此算法較之標本 F371：33 是一種更新，前賢嘗試以秋分爲節氣次第之始，而標本 H5：21 是此嘗試之佐證。

比較畫作右邊起點，見下組紋飾較之上組紋飾首寡一截，此即上六。而上組紋飾起於下六。下組首合上組紋飾第二紋飾。這顯示，前賢截斷了上組紋飾，拆解其結構，不從秋分開始計算節氣，依此產生下組曆算。

<h3 style="text-align:center">圖三七　秋分起兩歲節氣難合曆紀</h3>

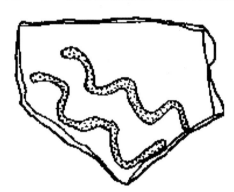

下組紋飾放上組紋飾而爲，下組紋飾春分後摹寫與上組紋飾模樣幾乎一樣。但問，前賢爲何須畫此紋飾？我以爲，某年發生日全食致秋分後節氣延遲，故前賢記錄此番災異。又檢下組曆算足數是二十四月，但又非直合紋，彎曲狀寫太陰曆兩年。倘使以直合紋表達，此間須見節氣延遲二十日，由於前訓標本 H3115：10 顯示，太陰歲每年節氣延遲十日，補足十日，得歲 365 日。上組紋飾起於秋分，故喻秋分後災異打亂了節氣。基於此考量，前賢作畫如此。此番節氣延遲日數究竟幾何，以標本 H398：72 訓釋揭示。此番災異導致寒冷節氣早至，次年陽氣恢復之率延遲一月。此時節依節氣預算處於春分後半歲，是春分關聯節氣，故上組曆紀須起於秋分。

曆算起於春分之事曾發生於陝西臨潼白家村，此事之本是狄宛 H5：21 秋分後節氣異常曆紀，唯白家村曆紀是常曆紀，似前述狄宛陶錡曆紀。前言臨潼白家村殘圜底缽內壁赤紋飾是直合紋，而非模擬歲紀紋飾。檢白家村殘圜底缽內壁直合紋有兩組，依仰韶時代早期前賢作相同兩畫於一器推斷，白家村殘圜底缽內壁兩組直合紋是相同畫作。故而，左邊一組直合紋起始紋微殘，這不能阻礙我判定它與另一組完整直合紋曆數相等。檢右組直合紋起於下

六，終於下六，總計八個上六，七個下六，合計九十個月。節氣曆紀起於春分後，終於春分後。這九十個月等於七年半，依前例每三年別一組，此謂六年又一年半。此直合紋紀曆含節氣延遲七十五日餘。

4）蚌狀瓦片日全食志及日全食五十四年輪返發微

（1）標本 H398：72 白紋曆紀含義之疑

輪返即今週期。《發掘報告》圖三四，第 2 幅即標本 H398：72。依發掘紀實，此標本也是瓦片，唯其內外壁俱有紋飾。瓦片出自罐形器。內壁有白紋飾，外壁有兩處交錯線紋。發掘紀實未述此瓦片外有紋飾。另有一殘瓦標本 H398：3，圖三四，第 1 幅，其上沿有豁口，內壁豁口右邊有一白紋，狀似殘月。在狄宛一期施彩殘瓦上，唯見這兩樣白紋飾。而且，H398：3 殘月狀白紋與 H398：72 弧狀彩紋相似，二物出自相同坎穴。

狄宛一期唯見此二物有白紋，故甚珍貴。此外，白紋樣貌異於前述任一標本紋飾模樣，幾乎毫無辨識基礎。如面對前舉諸器一般，我以爲此二物有特別曆算含義。鑒於 H398：72 形狀異於前舉標本，如何擺放此物是難題。換言之，以扇面底部置於地上，還是以扇形對應的鈍角置於地上，難以選擇。恰當擺放是辨識白紋含義之根本。

（2）河蚌三歲生長規律與頂部著地之黃道象徵義疏

察此標本模樣，頗似珠蚌。珠蚌有殼頂、腹緣、前緣、後緣、生長線等。此標本見殼頂、腹緣。蚌在水下曬太陽時，兩片腹緣張開，殼頂在下。蚌行水下，則腹緣向下。今見前賢表述日照，事涉節氣，殼頂須在下，類似蚌殼殼頂著地。

基於前決，今將發掘紀實圖三四第 2 幅畫以平角旋轉，得圖形如後。翻轉平角後，腹緣向上。其狀似圓，能象徵蒼穹，也能喻日行、月行周天。直線一般的前緣與後緣足以表達觀測者東、西兩邊地平線。言此之故在於，站立山頂查看平川地貌，地平表現爲斜線，相反方向同樣見地平線爲斜線。而察日者須面南或面北，故東、西在左右。狄宛一期聖賢熟知蒼穹爲圓，日月有遠近之別，而且日、月能夠循環。這恰能表達日行與節氣連續。

但問，前賢爲何須以蚌殼爲樣板，造標本 H398：72？我追問謀解此事甚久，前後耗時三年有餘。最後，認定他們在時節記錄與蚌殼生長節率之間發現了某種必然聯繫。在狄宛一期，此認知是基礎知識。爲驗證此判定，我在水產市場購得河蚌一枚，留置水盆達三個星期，翻轉以察，手持以察，豎立

以察。除了看見腹緣，我還見表面深色生長線，似樹木年輪。我曾向賣蚌者求證，野河蚌是否一歲一輪紋，而且生長遲緩。他證實此說，又告訴我，現代有藥物催生。野外河蚌生長須達三年，蚌鰓始能長全。蚌鰓是呼吸器官，主氣行。約五年，蚌始長成。此告頓開茅塞，我關聯蚌殼生長基數 3 年，勘察蚌殼以殼頂著地，腹緣部張開，獲得認知：著地即與地面平行。此點尤其重要。其翼在左而前緣在右。

此標本紋飾白色源於蚌殼內壁，以銳器刻刮河蚌內壁，能得此等粗料。研磨之後，能得白色粉末。以水拌和白色粉末，塗抹於夾砂陶瓦片，瓦片縫隙吸附顏料，著色完畢。唯前賢塗抹前已有曆算與記錄曆算之意，故紋飾模樣非同尋常。

前賢為何用白色，也曾是不小疑問。準乎日全食察此，得知白色喻日受月殘。月主夜，其色皎白。寒氣亦白，霜降見白，寒氣難耐，此為其證。而月殘日致陽氣虧欠，此類比白霜。

（3）標本 H398：72 日全食間斷兩節氣能致節氣延遲 30 日

欲辨識此標本局部繩紋含義，須查驗兩點：第一，內壁白紋表意。第二，外面槽線刻劃表意。顧念白紋含義難料，須先辨識其基礎，即槽線刻劃表意。

自右向左查看，見蚌狀瓦片線紋有確定含義。右部相交槽線別為兩塊，二者相鄰，但不相連。依《墨子・經說上》，不相連，即不體。此謂畫述節氣不屬，兩節氣被斷開，節氣連屬之率被打破。

察西南──東北向槽線總計十條，東南──西北向槽線有兩處，各三條。右邊東南──西北向三條線相交五條西南──東北槽線。

以槽線當日出射線、以一交點當一日，交點總計十五個，當十五日。另外一處的交線也是三線交五線，仍是十五交點，當十五日。這樣，十根西南──東北走向的槽線被區別為兩處。一年的寒溫氣在某個時候未如以往連屬。這證明，某事能致節氣不連。鑒於此蚌狀瓦片另一面畫白紋。此係月殘日之色，日全食即月殘日。由此斷定，此術算係日全食術算。而且，當年日全食發生日是某月 15 日或次日。狄宛曆法以月滿為初一，以月十五為晦日或朔日。

（4）標本 H398：72 黃道與赤經交合虧欠十八年術算

標本 H398：72 內壁白紋複雜難訓，但含義深刻。此紋飾初未招我重視，但在檢討《易》象出自日月消息之後，我始察覺此物係二期前賢以蚌算演示

六十四重消息之根基。在我考證狄宛二期消息畫源於日月食後，漸次認知此物，初見白紋序列，後見反面交叉紋與線紋述節氣不連之義。兩歲之後，始得其系統要義。

此畫係簡筆畫，述寫日全食月殘日。右邊白扇面為二，寡於左邊白弧線扇面一扇。每扇當一番日全食。總計見右邊兩番日全食。左邊見三個扇面，佔滿左下面積。此謂左邊數字為滿數。

獨察此數字對比，難得其要。但對比日全食週期，即知數字對立：每白色扇面當十八年，三白色扇面當五十四年。日全食準乎交點年，每 223 個朔望月一番，折算日數約等於 6585.32 日，約等於 19 個交點年日數（6585.78），折算陽曆年 18 年 11 日許。由此得知，狄宛聖賢討論之日全食其實是某輪日全食降臨前剩餘年數，剩餘年數應是 18 年。此術算係今天文學日月交食說支持之術算〔註 117〕。

這樣，上面白紋含義也隨之清白：右邊白紋粗而有直角，不能直。此謂寒氣致節氣日數不直。但是，隨著第三預期全食降臨，左邊白紋將平行於蚌狀瓦左邊緣。白紋直即謂月行將平行於黃道線。此時，月、地處於 180 度兩端。但是，欲表達日全食 18 年將至，聖賢無他器並舉日全食將致兩節氣間斷，而且日全食發生於朔日，唯能以回歸年多太陰年 10 日記述。既不用球體，唯能藉黃道面與赤經面交角表達。期而未至日全食致節氣延遲 30 日於此度數須並計，故另一面記日全食致節氣延遲日數，此面記交點年見黃道於回歸年角度差 10 度。30 日當 30 度，故為 40 度交角。謀此，蚌瓦頂部（蚌殼頂著地處）被刻意琢平。

圖三八　H398：72 日全食間斷兩節氣與黃道赤經交角

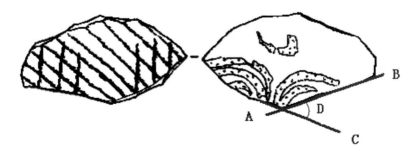

〔註 117〕劉次沅、馬莉萍：《中國歷史日食典》，世界圖書出版公司，2005 年，第 11 頁。

圖示 AB 爲赤經面，頂端迄 C 記黃道面。∠D 等於 40 度。涉及赤經面觀測，詳後 F371 等遺跡赤經面觀測疏。

澄清了當年日照與節氣狀況，今驗算乾冊以亦日全食輪返同地之期。右乾冊有三，左坤策見二。三、二比例是約分結果。約分之本數是乾坤冊。公約數有兩番：初是八，如標本 H3115：10 顯示，乾冊八分、坤策八分。後以三判分，得數十八。三比二之數成。其算法如後：

$$216 \div 8 = 27$$
$$27 \times 2 = 54$$
$$54 \div 3 = 18$$

此數即坤策虧欠數：

$$144 \div 8 = 18$$

而 27、18 合乎九六之比：

$$27 \div 3 = 9$$
$$18 \div 3 = 6$$

此術算揭示，聖人知曉日全食依三輪返。

（5）標本 H398：3 係當年氣間斷曆紀

前斷狄宛一期某年秋分後節氣不連屬，此謂常曆紀不行。標本 H398：72 內壁上部白紋、下部右邊白紋俱記此事。今再舉一物，佐證當年常曆紀不行大事。此物即《發掘報告》圖三四第 1 幅，即標本 H398：3。此標本口沿被敲出一豁口。此豁口規整，顯是謀算後敲擊而來。其右邊白畫頗似下弦月圖。其實，此圖摹略月殘日，即日全食食甚而日將消，未及食既。

圖三九　日全食致節氣間斷曆紀

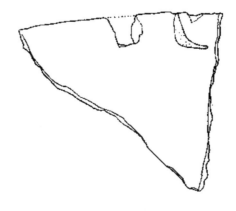

此畫左邊，見一豁口。此豁口打破瓦片邊緣連屬。如前述，圓底器口沿能夠表達兩歲春分、秋分節氣平。破碎此類物件，則不計兩歲節氣平，此謂當年節氣欠缺，談不上兩歲秋分節氣平。此記錄合乎標本 H398：72 內壁白紋記事。

照顧標本 H398：3、標本 H398：72 處於同一坑穴，二者的表意連屬，能相互說明、印證。這兩件標本都記述狄宛一期曾有寒氣爲祟，破壞常曆紀。此事融入前賢痛苦記憶。

（6）災異記於瓦罐殘片原故以及重消息《觀》與盥禮起源

與施白色記秋分前後日全食涉連，標本 H398：72 瓦片來源是重大話題。學人值得慶幸，發掘者曾判定此標本底料出自罐形器。我篤信此判定。但問，前賢爲何選擇瓦罐類物件殘片作災異畫？這是偶然選擇，還是審知氣象諸多表現，術算驗證後表達？

我以爲，前賢深思熟慮後作此畫。此事根源是，前賢彼時以瓦罐演示斗柄一歲四指，這能對照歲 355 日月曆。斗柄正西指，合當魁斗口向內傾斜。以地上物件類比，此是瓦罐倒水。前賢選罐上瓦片，故在此處。他們欲訓釋、告喻秋分節氣問題，故用此等殘片。

於《易》構造而言，下六、上六，及用九都是話題。但春秋以降，無一學人能夠解答《觀》卦爲何匹配秋分節氣。再者，觀卦爲何起於下六，也無人能夠解答。無論焦贛、京房、虞翻，還是張惠言、尚秉和，俱不曾研討此話題。

案《觀》起於下六，故在狄宛前賢歲曆初起於春分，在發生日全食之年，災異天象致節氣大段延遲。前賢改良歲曆，紀秋分季異象。故重消息《觀》起於下六。於時，已迄秋分，但重消息之下，仍是坤，此謂坤守而不捨。斗柄須指正西，但地上溫氣遠去，故異在上。

盥禮源於何處，迄今無人清言。曾有人述《觀》卦祭祀內涵與儒家哲學〔註118〕，此題屬於後春秋時代禮教與孔子私學教義探討，不涉盥禮之源。又有人述盥洗、漱口是古代禮儀之一。但不能清言爲何如此〔註119〕。檢《儀禮》，賓頻司盥。盥講究方向，以西爲上。《鄉飲酒》云：「當西序卒盥。」爲

〔註118〕楊燕：《〈觀〉卦的祭祀內涵與儒家哲學的關係》，《周易研究》2010 年第 1 期。
〔註119〕俞水生：《古代盥洗禮儀漫談》，《尋根》2014 年第 4 期。

何須如此，漢以降禮學不能釋之〔註120〕。涉「主人以介揖讓升。拜如賓禮，」鄭注以降，無人究問「介」本義。張惠言未能解主人為何以介揖讓〔註121〕，其故在此。胡培翬雖援引引鄭玄目錄云：「諸侯之鄉，大夫三年大比。獻賢者能者於其君。以禮賓之，與之飲酒。於五禮屬嘉禮。」疏引《校勘記》云：「注賓介、處士，賢者。」〔註122〕今案，三年之比者，三年之曆須校對，究問置閏如何。此算本乎狄宛眾標本。介者，《說文》訓：「畫也。從八從人。人各有介。」案，此字有從八者，也有從小者。《甲骨文編》卷二記之甚詳。從小之字指少，謂同宗傳承，少者頂門，為承嗣。從八謂術算。二事都涉變易。在古代，諸事涉巫祝。故而，注以賓介為賢。但是，《釋詁》介通大、通善、通右。但《老子》以凶事尚右。《大戴禮記‧易本命》以介鱗為水下生物。介能否涉右或凶？王聘珍云：「介，甲，龜鱉之屬也。」但是，《易本命》以又蚌蛤龜相屬：「蚌蛤龜珠，與月盛虛。」盧辯以為，月為太陰之精，故龜蚌之屬以盛虧。引《呂氏春秋》云：「日月望則蚌蛤實，月晦則蚌蛤虛（《大戴禮記解詁》，第 258 頁）。」對比諸說，今知介包括龜蚌，此龜是水龜，非旱地龜。前賢細察滿月，得知月曆基本知識。而災異初記於蚌狀瓦片，此是狄宛一期舊事。災異自是凶。知此事及此事記於蚌狀瓦片者，自然是賢能。右為凶謂右行為凶，即日全食食初，月進襲日自西而來。面南觀之，自右而入。以此事論，介通善、大，故在狄宛聖賢由災異曆算而得秋分節氣。綿延、端正被災異擾亂節氣次第，及來年春天，此是泰，泰者，大也。盟禮貴西，其故皆在此處。

由以上訓釋得知，中國盟禮源頭根本不在虞夏時期，也不在黃帝時代，而在狄宛一期。這個時代是中國禮教之母。禮教本乎豫難防災。

〔註120〕姚際恒：《儀禮通論》（卷四），《續修四庫全書》第 86 冊，上海古籍出版社，2002 年，第 5 頁。

〔註121〕張惠言：《讀〈儀禮〉記》，《續修四庫全書》第 90 冊，上海古籍出版社，2002 年，第 9 頁。

〔註122〕胡培翬撰，楊大堉補：《儀禮正義》，《續修四庫全書》第 92 冊，上海古籍出版社，2002 年，第 1、4 頁。

第二卷　聖賢掘穴摹天曆紀與放日全食復圓而虛穴規劃二期 I 段工程

一、從以穴陷獸到以圓口穴述滿月爲曆

（一）地穴源於捕獸陷阱

1. 舊說未澄清坎穴起源

1）穴為灰坑與窖穴或祭坑說指瑕

（1）半坡早期穴儲物說質疑

自從石璋如 1940 年撰文始用「灰坑」，李濟 1944 年認定灰坑是「灰土塡滿的地穴與地窖的總名」〔註1〕，此名變爲新石器時期遺址發掘報告通用名。此名沿襲於今頗顯學者某種學業舊債。今須檢討，以便償還：石璋如與李濟研究集中於殷商遺址，而新石器時代遺址坎穴與先殷遺址坎穴是異時土功結果。殷商時代遠在新石器時代之後，故而坎穴必涉祭祀。新石器時代有無以坎穴祭祀，迄今仍不清白。時代差異、以及功能參差未曾引發重視，而考古界一面不捨此名，另一面又不曾深入檢討新石器時代坎穴的諸多要素。學界嘗試討論「灰坑」名稱沿革，但迄今未曾涉連坎穴形狀表意系統〔註2〕，不曾照顧此等土功根源。

發掘見坎穴有灰，或坎穴無灰。倘使並以灰坑命之，給考古帶來不少麻煩：其一，學者欲澄清型土爲坎後覆蓋之義，迄今未有法門。不澄清此題，

〔註1〕 陳明輝：《「灰坑」詞源考》，《中國文物報》2012 年 5 月 25 日，第 6 版。
〔註2〕 付永旭：《略論「灰坑」的定名》，《華夏考古》2014 年第 2 期。

不能辨識前賢涉土功一類思想創造。其二，此等土功含義未曾澄清，這又導致學者敢於從現代人在社區聚集出發，斷言坎穴有某種儲存功能，或儲存穀物，或存垃圾。甚或聯繫二者，以爲儲物窖穴能演化爲生活垃圾坑。堅持此説者即使在坎穴發掘出土人骨後，仍堅持坎穴是儲物窖穴（《西安半坡》，第48頁）。西安半坡遺址晚期的坎穴曾被學者視爲生活區垃圾坑。

諸多觀點出自類比現代與古代生活，此法顯不成立。涉及新石器時代人居、生存方式，存在諸多難以破解的疑點。不少系列文獻都避免深入討論此問題。夏鼐先生作《考古學論文集》未論述此問題。陝西考古研究所成立三十周年紀年文集《考古學研究》也未涉此題。大型文明史研究叢書《古代文明》自第一卷至第八卷竟無一文論此。《廿一世紀中國考古學與世界考古學》未錄載一文討論「灰坑」。據此情形大抵可以推斷，涉坎穴考古研究迄今未能爲古史研究饋給詳實基礎，中國史學研究，尤其是匠作與科學技術史研究匱乏翔實基礎。

（2）前仰韶時期穴爲祭坑説指瑕

卜工曾於 1987 年在《文物》第 11 期刊發《磁山祭祀遺址及相關問題》，後又於 2001 年 1 月 10 日在《中國文物報》第 7 版發表《從灰坑的用途和性質說起》。卜氏後文以磁山遺址爲例，推測中國古代祭祀最晚出現於前仰韶時代。其證據是磁山遺址發掘面積 5519 平方米，這個平面上有 700 座灰坑，但居住遺跡、墓葬、窯址之數根本不匹配灰坑數。作者認爲，這種遺址構造異於普通村落遺址，其功能也不同。從這類坎穴埋家畜、放置成套生活器皿，或燔燒後灰燼，甚或出土人骨觀察，這些「灰坑」有祭祀坑特點。作者認爲，《爾雅》「祭天曰燔柴，祭地曰瘞薶」被這類坎穴體現。《周禮》陳述，燔柴焚燒使煙氣上升，以祭昊天上帝，用牲在柴上焚燒，使煙氣上升，以祭日月星辰，用牲埋於地下，以祭山林川澤。諸事都可在磁山一類「灰坑」見到遺物。爲夯實此論基礎，作者還認爲，磁山遺址有組合物 140 群，這種由石磨盤、磨棒、陶盂、支角構成的器物組合一堆堆擺放，這是祭祀的奉獻，是祭祀的語言。關於祭祀語言，卜氏援引《春秋左傳·桓公六年》「故奉牲以告曰，」「奉盛以告曰」「奉酒醴以告曰」三事解釋。

今案，《周禮·春官·宗伯》記祭天、祭地足與《禮記·祭義》相匹，解釋殷周祭祀，但不足以陳述祭祀起源。前仰韶時期是否存在「昊天上帝」，是宗教史難題，迄今無人清言。此外，磁山遺址出土的石磨盤等成套物件與裴

李崗遺址石磨盤是同類物件，表意相似。但是，器物組合之故迄今不清。擺放物件即循某次第，此事不涉「告」，而涉陳，即陳列。前仰韶時期，言語不發達，狄宛有幾多音韻，我迄今未能澄清。三代之告以言。《墨子・經上》：「言，出舉也。」墨子此定義包含兩層：發聲氣，以聲氣喻物數。倘使不如此訓此言，不能清言「辯勝，當也」章含義。未澄清前仰韶時期言語狀況，不得講當時有告。如上三疑難仍舊存在，故不得安然以爲前仰韶時期前賢祭祀，而且此祭祀等同三代祭祀。

2）迄今研究方法與地穴起源研究難點檢討

（1）地穴起源探究不足出自缺乏方略

其實，學界大約在上世紀 90 年代中期隱約察覺，所謂「灰坑」研究宜配享較大價值。曾有人集中討論田野考古與灰坑牽連，譬如《江漢考古》95 年第 3 期刊發《對灰坑的討論》。拓古、問鼎二作者告喻，學界茫然之故在於，「未能有意識地辨別『灰坑』的形成背景和功能，所以在一般的考古報告中，對灰坑的分類是基於形狀的。」〔註 3〕新世紀頭十年中，「灰坑」研究略顯頻繁，研究出發點仍是坎穴存物的狹隘視域。

《華夏考古》於 2008 年刊發《關於地層堆積和灰坑的幾個問題》，作者嘗試申述「灰坑」名含義。作者以爲，灰坑概念包含兩項：一是坑，二是坑內堆積。但是，學者未將二者聯繫考察，未曾發明內在必然聯繫。坑有窖穴，用於藏物件，多用於藏糧食。也有取土坑，用於營築。也有祭祀坑。也有半地穴房址……〔註 4〕。

作者打破了「灰坑」名狹隘含義，迫使此名化爲廣義的坑（穴）。同時，此廣義理解以坎穴容物爲基礎。作者未曾考慮，新石器時代有坎穴不容任何物件。這種廣義視域之源大抵是殷周後營築，乃至現代拆遷營築取土。無論其源何在，此思路殊不足取。

2009 年，《江漢考古》刊發了《「灰坑」的概念及田野工作方法再探》文，其作者嘗試離析「灰坑」名的含義，但不曾取得系統結果。作者對於灰坑的形成史推測、摹畫、斷代研究提出了一些思路，但文章結尾處未對若干觀點進行評判〔註 5〕。這樣，新石器時代前後含灰坑穴的含義仍舊幽暗。

〔註 3〕拓古、問鼎：《對灰坑的討論》，《江漢考古》1995 年第 3 期。
〔註 4〕燕生東：《關於地層堆積和灰坑的幾個問題》，《華夏考古》2008 年第 1 期。
〔註 5〕蔣曉春：《「灰坑」的概念及田野工作方法再探》，《江漢考古》2009 年第 3 期。

（2）前仰韶時期地穴系統論難方略概要

題涉前仰韶時期坎穴起源，須列六難：第一，中國各地遺址都見施加土功，彼地前賢爲何掘坎，而且掘坎深不過馬蘭土？第二，掘坎之前，前賢如何算計，以別將掘坎坎口、坎壁、坎底形狀，以及坎穴走向？袋狀坎穴如何萌芽？第三，坎穴爲坑，可納物，可空置。納物之例：瓦器、石器、骨器、蚌器、灰燼。前賢爲何納物？狄宛前賢爲何空置坎穴而薶之？第四，察每處前仰韶時期遺址，都見坎穴是房屋下部構築。坎穴與房屋有何必然聯繫？難道前賢不知地面搭建窩棚更省時間，更便於遷徙？第五，前仰韶時期房址多見破除，即後期營築房屋毗鄰前一期房屋，但不保全前期坎穴。打破之時，須並破前期房屋坎穴。這是爲何？第六，上舉諸難之本在於，前賢如何從地上坎穴沿用轉向自掘穴坎？

如上六難，是坎穴考古之難，也是中外考古界迄今未曾照顧之題，同樣是中國文明起源研究之難。解難之旨是通達聖賢表意。在此，須並舉解決六難之方，而後始能述前賢表意之旨。基本論難之方在於，辨識前賢外、內之別與外、內關聯，溯跡關聯之故。論難之方是研究之方，是當下方家之事。前賢別外、內，是前賢曾歷舊事。前賢積漸而知樣貌，能爲土功形色，此是前賢所爲。前賢爲作初以枚事，後貴關聯。發掘古遺址者不必是考古者，但發掘者所爲是考古基礎。若遇坎穴，發掘者能發不得掘。此是發、掘二事訣竅。今日，我等察知某遺址已揭露坎穴，其實宜察前賢關聯作爲，而非他們枚事，譬如掘坎。故層析遺址坎穴關聯，是坎穴論難之方。層析之後，始能得知前賢初施土功之故，顯其形土納物旨意。

（3）《祭義》述祭之天文學啓發

涉及古祭根本，須述其天文曆紀含義。《祭義》饋給此事蹤跡，但仍不能用於解釋前仰韶時期坎穴起源。《祭義》：「祭日於壇，祭月於坎，以別幽明，以制上下。祭日於東，祭月於西，以別外內，以端其位。」

鄭玄、孔穎達、朱彬並無訓釋坎是何形，但孔穎達已述「春分朝日」、「秋分夕月」〔註6〕。由此得知，漢以降經生大抵不知此間隱微舊事，但能言此禮大要。學人不得以《祭義》不言「坎」狀，而論此記粗疏。揣摩文義，得知前賢知曉月圓、月闕，每夜恒變，一歲節氣正乎春分、秋分，故知此事「時義」。顧念此等潛在關聯，祭日、祭月事皆涉曆算。如前訓，狄宛曆算容納初

<hr>

〔註6〕朱彬：《禮記訓纂》，中華書局，1996年，第708頁。

始聖賢天文認知。換言之，此記告喻前仰韶時代前賢掘坎涉及天文知識。

2. 新石器時代地穴出自遊徙暫居捕獵

1）遊徙捕獵與秋冬定居捕獵

（1）遊徙捕獵與知時及掘穴陷獸

倘使簡便從事，質問掘坎起源，定能從速獲得解答：掘坎源於陷獸。但是此答最多能解釋前賢食譜含肉類，不能解釋新石器時代坎穴與時間表述、與天象觀察之間聯繫。故而，掘坎涉及話題深廣。而且，坎穴進入前賢視域，是前賢維繫生存之必然結果。解答坎穴各側面之本是前賢謀求食源，欲解此難而造就坎穴。大約在新石器時代初，食源不靠採集解決，而恃遊徙捕獵。

檢索今存經籍，無一經記述遠古遊獵或狩獵。依秦漢經學傳承，遊獵或狩獵都基於虐。《釋言》曰：「獵，虐也。」虐者，殘也。殘又通嫗。此事根底在於切割獵物以食。新石器時代以降，農事不發達，食物短缺，謀得食源是當時最大難題。

前賢欲解此難，初須遊徙捕獲獸類，而非狩獵。遊徙捕獵往往被呼爲遊獵。而居於某地捕獸較之遊徙捕獵更難。定居者必須狩獵。遊徙捕獵基於寒溫季節把握，春日在某地見草木茂盛，禽獸到來。迄秋季，獸類遷徙，前賢率部民逐水草而居，養活自己。每歲春季，自南向北遷徙。秋季，自北向南遷徙，此是遊徙捕獵。今日陝西、甘肅等省中部，尤其是渭河流於在前仰韶時期都有水草茂盛之地。古賢初知遊徙捕獵，而後知狩獵。遊徙者查看獸類蹤跡，是遊徙捕獵基礎。故而，遊徙捕獵者最初不須更多操心季節，也不須研究天象，他們師法鳥獸春秋季往返，即知季節吏替，寒溫變化。

遊徙捕獵者初恃人力捕獵。一人很難捕獵，多人能夠圍捕。前賢奔跑不及，獸類輒能逃逸。後來，前賢略地形捕獵，一心誘惑或驅趕走獸誤入地面坎穴，儘管坎穴不必是他們挖掘，而是自然力造就。他們發現，落入坎穴而瞬間倒臥之獸便於毆擊，及時打擊足以傷獸，便於捕取。由此，他們捕獵技能日漸提高。

此時，前賢認知坎穴，但不能掘坎穴。隨季節遷徙者不必更多操心坎穴形狀，發現坎穴堪用即可。後來，人群攻擊走獸，走獸日益狡猾，能辨識地表樣貌，能繞而避開地表坎穴，譬如狡兔在發覺前面有坎，能旋轉身體，折轉九十度彎曲，迅速逃逸。至此，遊徙捕獵者技能窮盡，不得不考慮掘坎佈

置陷阱。陷阱是最初坎穴，掘坎者唯顧及其深淺與口大小，不須考慮旁事。遊捕者利用地表坎穴時代終結，代之以掘坎狩獵。即使在遊徙捕獵期間，前賢也知曉掘坎待獸，以便圍獵。

（2）徙居捕獵與以時掘穴陷獸

新石器時代以降，前賢居住方式似乎不獨是遊徙或定居。他們既遊徙，又選擇在徙居後定居。這種選擇是定居生活的開端。這種生活往往出自不得已：能夠遷徙者頻繁遷徙，遷徙路線是部眾知曉的路線。春秋兩季，往返於兩地之間。但是，並非每部族人都須參與遷徙。部族有不隨眾遷徙者，或以老弱不便行動，或以病患不堪行路，或以特別知識不須隨從遊徙而能在秋冬時自謀食物。總之，知冬季難以捕獵而不懼冬季降臨，是此等前賢基本心態。

前賢自秋季迄冬季留居故地，他們以精巧設伏捕獵。設伏有兩種：其一，眾邑人配合，多人圍獵，獸在左突，左邊邑人以器攻獸，獸逃逸而往右邊，右邊邑人攻擊。獸走，邑人亦走，圍獵陣形不變。這樣能獲獵物。其二，邑人寡，或二人，或三人，但不多於五人。此時，最佳設伏法是掘坎陷獸。獸落坎下，二人之力以石塊足以敲死野獸，後分食享用。

秋末乃至全冬，獵物甚寡，由於覓艸食獸類已遠去此地，唯雜食動物存留。前賢掘坎而後圍攻，獸慌亂而迷失路途，易於墮入陷阱。此是定居者謀食之道。但是，實施此策須先有人發覺獵物，發出信號，以便埋伏在近處協力圍捕者從速發力圍捕。但是，查看有無獸活動，必須俯身，由於雜食獸，譬如野豕嗅覺靈敏，能在遠處嗅覺人散發異味，遠遁而去。如何俯身，是一項難題。人直立行走，久伏地上，腿腳麻木，不便迅速直立俯衝，而且氣味易被獸類嗅覺，圍獵之謀難有成就。前賢無奈之下，掘坎埋伏。此等坎穴，也是前賢圖謀形土之果。

2）秋冬留居者捕獸時差義訓

（1）掘坎捕獵者跨歲狩獵

留居者掘坎與逐水草遊徙者掘坎全不相同。遊徙者春往北行，秋往南行，年年如此。每年重複遷徙，這導致他們掘坎不謀長久，唯圖當下敷用。但是，秋冬留居者不得如此，由於秋末以後，北方獵物不多，留居者捕獵嘗試不容敗績。欲謀捕獵成功，不得不援用關於秋冬獸類活動知識，並充分考慮獸類嗅覺，形土爲坎。

此間使用挖掘坎穴，非圖短期使用，而是秋冬季，乃至來年初春沿用。這樣，能節用體力，減少食物耗費。如此生活致使掘坎捕獵者須跨越歲寒與歲暖作為，故而掘坎作業是半歲作業。如前述，狄宛前賢歲紀基於上六、下六。上六即春分迄秋分，而下六即秋分迄來年春分。狄宛下六曆紀是遠古留居北方營地的前賢秋迄春掘坎捕獵習俗孑遺。其期間最久達六個月，但在節氣循環上，此是前一循環與新循環跨界。此事是新石器時代若干坎穴節氣或歲紀義之源。

（2）掩體地穴之穴底與穴口時差義訓

對於留居舊地者，坎穴須能掩體，但不得太深。坎口須便於隱蔽者迅速立身躍出，以便配合其餘捕獵者圍攻獵物。如此，彼時坎穴特點定是口大底小，坑壁傾斜，坑底或凹凸不平或稍微修正。坑深大約齊腰，能貓腰察看獵物蹤跡、遠近即可。坑壁不須修整，不障礙躍出即可。坑底不須找平。

這樣，掩體之坎有雙重功能：用如短暫留居之所，用如縮短捕獵者與獵物距離之器。迅疾與遠近觀念銘刻於捕獵者記憶。另外，前賢蹲踞以坎穴掩體之際，坎穴是隱蔽之所。但在躍出坎穴之際，坎穴有須去之義。察此等坎穴構造有坎底與坎口。坎底用於蹲踞，坎口連結地面。坎下謂之須去，坎上謂之登上奔走。行走野外的前賢，目睹此等坎穴，知坎下容人，此是往。坎外地上行人，此是今。從此，坎底、坎上象徵往、今之義進入記憶。此事若聯繫歲曆，往歲、今歲又被涉及。這層含義長久左右古賢思想，以致後來營築曆算家沿襲此等思維。狄宛聖賢筑巢屋 F371 等驗算曆補沿襲此等思想。此題將在後申述。

（二）畫圓掘圓穴象滿月及其連屬造月曆

1.喜好望月以迄刻畫望月於高地

1）前賢稀罕月光

（1）前賢難捱漫漫長夜

舊石器時代以降，晝覓食與夜休息是再自然不過之事。覓食即捕獵，捕獵即置身險境。此是不得已之事，故獸突奔傷人，是有計折損。倘使前賢以某種計謀指使部眾捕獵，其損失能降到最低。晝遇另一部族進犯，見其人眾，避而不鬥，折損無多。見其人寡，鬥而獲勝。晝而徙居，便於在植物茂密之處開路。故而，日間是前賢勞作、謀食最佳時段。

但是，日落之後，尤其是無月之夜，難事層疊出現，而且時常伴隨部族重大損失。此等損失難以預料，是當時人力不能避免之事。無意間棲身於野獸遊徙途上，野獸進擊。即使精心選擇棲身之所，獸類前來覓食，難免傷亡。以置身處所論，處於樹木之上，狸貓、金錢豹等能夠攻擊。在地上，犬科動物能輕易殺死族人，部眾唯能以高聲吶喊或敲擊物件或用火嚇阻。但若在秋冬季，火種難得，難免部眾死傷。

夜間，人力不如獸力，無論怎樣佈陣，都須略地而用人。目不能睹地面何處高低，不便發聲號令，散佈勞力對峙。倘使敵對部族有備進犯，也難免傷亡。敵人目力雖等同，但敵人熟知此地，知曉進退路道，攻擊之後，能輕易脫身。

如此種種，都是夜幕下部族勢力損傷。對於某一部族首腦而言，他或她遇夜而忷惕，此是再自然不過之事。面對此等困難，前賢唯能求助於自然力。這種自然力是月光。

（2）夜光爲善是月曆先於陽曆之本

比較日光與月光功用之小大，前賢得知：晝有日光，雖不必果腹，但猶能覓得些微食物養活自己，或以火炙烤昆蟲而食，或採摘果實、或參與圍捕分食，這都是晝時能爲之事，而且與其餘部眾勞作是最佳避險途徑。但夜間絕非如此，不可預料之險輒使族人喪命。晝日養活自己與夜間能夠喪命，此是晝夜安否對比。故而，前賢對於晝夜評價截然不同，由此評價日光與月光相異：日光平淡，而月光珍貴。此等珍貴以陰、晦、雨、晴增益，譬如天晴有月，月光可睹。天陰即使有月，但月光隱沒於雲後。落雨之夜，雲層低厚。當此之時，前賢期盼流雲迅疾，吹散雨幕。前賢期盼月光之欲甚勁。故此，標題言夜光爲善。

依今陰陽合曆，月光別爲月初之光，譬如朔日夜月光、初三後月光、滿月月光、殘月月光。比較而言，晦日最不得人心。自朔日起，月光日漸得人愛。滿月前與滿月後之月光受寵程度難別伯仲。唯滿月最得人心。今日世界各地部族言語參差，但在此事上，絕無差異。例如，日耳曼語族以月屬陽，以日屬陰，其故在此。以月光爲善，而滿月之光至善觀念是舊石器時代末期觀念，存留於前賢心中，傳達其後嗣。後嗣在滿月能夠避險，避險之餘，是著力觀察滿月。能夠觀察滿月，這是月曆即太陰曆在中國起源之故。換言之，月曆先於陽曆出現，其故在於人類生存能力寄託於滿月。認知滿月與婦人月

事關聯，此是新石器時代話題。

2）從畫月到掘圓坎象滿月之月曆教化

（1）畫圓象月寄託期盼以及最初月曆之教

前賢辨識滿月之光爲至善光源之後，仍不免雨、陰、晦逢滿月時遮蔽月光。前賢謀求滿月。此是彼時急切欲念。他們最初不知雲與月關係，也不曾計算一番滿月迄下番滿月耗費幾日。於是，他們在棲居地附近高低斜坡上畫圓形象滿月，以高處象徵天上，畫滿月在高地象徵月懸掛於天上。舊石器時代洞穴見岩畫圓形，其故在此。到了新石器時代，前賢不再仰仗洞穴記事，他們選擇坡地。譬如狄宛有此地貌，古河道南岸有高地。前賢能在河畔覓食，在下仰望坡地高處，高地高聳，上有樹木，樹木之上有雲氣。故而高地類比天上。高地地面有類似含義。在此地畫圓，或沿圓圈刻線，或簡單挖掘，即象徵期盼滿月。此等畫作是月曆之母。

對於彼時不同邑眾，此畫導致相類邑眾新聚落關係。此關係兩端之一是邑首，另一端是邑眾。此關係的基礎是以滿月爲善之心念相應。前賢以畫月肇造此等關係。某一前賢在無滿月之時期盼滿月作畫，與前賢群居之邑眾數人或一人目睹作畫，而自己不能爲此，唯有敬佩此等能力，又見此人能表達自己心願，由此推及此人能與自己心氣相投，故而信任此人。信任之，故服從之。服從不須更多外部條件，寄託於其意念之善即可。前賢以意識作畫，邑眾心理、前賢心理相與而且相稱，動作與表意得以統一，聽聞與目睹的邑眾基於信任產生服從心態，原始君臣關係日漸鞏固，原始月曆教化萌發於此時。

（2）從畫圓盼滿月到指盼滿月而謀算朔日與年滿

期盼滿月是欲望，這種願望定能實現，倘若前賢能夠安然渡過十五、六日後二十九日期間。在不知此間日數之時，前賢閱歷充滿變遷月夜。滿月之後，月狀日漸殘缺，以至全消。自滿月之夜起，月出時刻每夜都延遲。對於夜間避險的前賢，前半夜是危險期間。在晦日之後，日初出西南。從此夜開始，前半夜不愁月照。但後半夜無月照，是危險期。

在未知此等率數之前，前賢毫無心理準備，不能應對獸類侵襲。欲解決此問題，前賢須能預算此滿月到下滿月間隔多少日。這導致寒溫術算之外另外一種計算，此計算在最初是指盼滿月。他們從觀測著手，實測滿月後月消歷程，在晦日後察月息歷程，最後以兩人三手概括這個期間。印記此等謀

算之例證是今中亞岩畫見手掌畫作。此俗到仰韶時期發生變遷，切割手指藏於瓦罐，是其例證，此事在古遺址不算罕見。這種計算之果是月曆二十九日曆算完成。此是艱苦環境下望月喜好導致的天文知識基礎，也是月曆曆法根基。

這段歷史今日猶存於《繫辭傳》：「庖犧氏始作八卦。」虞翻注：「謂庖犧觀鳥獸之文。」張惠言補注：「鳥獸謂日月。」﹝註7﹞張氏說眞切無誤，但迄今無注。今案，「獸」者，守備也。此謂守備而無失。鳥行天空，人能察其春秋遷徙，此率不誤。日經天而往返於南、北陸。此也不誤。日行南北陸，征鳥往返南北，此相稱。故言庖犧氏「觀鳥文」。夜間害蟲肆虐，前賢欲避。月照能便於前賢逃避，欲得知月行之率，故察月在天上形狀變遷，此是「觀獸文」。知月行度，知其相變遷，以月出沒之率有所備，故言守。儘管月全消，前賢仍有所備。故言月爲夜之守備。

2. 掘圓口穴於高地及黃土層喻食既之色以及造月曆

1）高地掘圓口穴象月不洞穿黃土層

（1）高地掘圓口穴象滿月

如前述，前賢擇高地畫滿月。此是指盼望月之外部動作與動作結果。他們由此砥礪觀察能力，察每望月迄下一番望月是二十九日。此日數印記於他們記憶。在高地畫月於高地，人們或以日照良好——狄宛河川近處勞作者能夠目睹——或影影綽綽能查看出圓形輪廓。但是，遠處人們不能見此，眾人以爲此畫不足以全表邑眾欲念。此時仍無人自發在圓圈內挖掘，畢竟，以石器挖掘此圓圈無異於破壞滿月期待，前賢不能容忍此事，旁人也難容忍之事。如此境況在新石器時代延續下來，迄某年望月發生月全食，保全圓月之念遭受挑戰。

月全食發生，邑眾驚恐不已。滿月爲何頓消，後爲何生光而復明，此等疑問充塞前賢大腦，他們難以即刻解答。但是，此等閱歷促使前賢思考是否須保留圓月刻劃。關於月全食的記憶沖淡了保護圓圈不被磨滅之念。他們知曉，原來望月能消而片刻復生。這給曾動念深挖圓圈內土壤者翔實理由，他們堅信，天空望月能喪而復明，即使挖掘高地圓圈內泥土能喪滿月模樣，但

﹝註7﹞ 張惠言：《周易虞氏消息》，《續修四庫全書》第 26 冊，上海古籍出版社，2002年，第 536 頁。

天上滿月能消而復生。恐懼感消亡之後，前賢嘗試挖掘圓圈，以為河川勞作者心理慰藉。深挖高地上象滿月之圓圈不再是禁忌。

又鑒於光照變遷、或在河川勞作前賢相對位置變化，或者光照變化，一些人不便查看高地某處圓口坑，此事被前賢知曉，於是前賢動念在旁處也挖掘圓口坎。圓口坎於是由一變多。我推測此事出現於新石器時代之初。前仰韶時代遺址遍見圓口坎穴其實是此事子遺，唯此事要義在於月曆已成。

（2）穴不洞穿黃土層以記交食之月色

前仰韶時代前賢在圓圈內運器物向下，掏出地平以下土塊，滿月狀圓圈變為圓口坎穴。但是，圓口坎掘多深，此是問題。檢索前仰韶時期坎穴所在地層，坎穴多在生土層以上，不洞穿生土層。狄宛一期坎穴如此，磁山遺址第 III 發掘區第 3 層也如此〔註 8〕，唯當地有紅花土層，而狄宛土色是淺黃而已。前賢掘穴於黃土層、紅花土層，偶見穴在生土層上。絕不洞穿生土層。此事為何？

推究此事之本盡在前賢欲以黃土層為極限，磁山遺址前賢以紅土層為極限。此極限是深度極限，而深度極限出自色澤禁忌。彼時前賢以黃土層為界線，此念頭出自前賢目睹月日交食月色，甚至日色。他們知曉，月、地、日在太空運行，但三者能處於同一平面，交食之全食即見月赤，間或見日全食日橙色。欲為曆而算年月日，故須在此土層，無需在其他土層掘穴。此事也係狄宛紅陶之源。又譬如，欲以坎穴記月數，須挖掘及黃土層，不得洞穿此曾。於是，掘涉及曆算月數之坎不得打破黃土層化為禁忌。這是為曆禁忌，而非獨尚黃土。狄宛前賢如此，西山坪遺址地穴所在地層也是如此，其地層第 4 層是灰黃色土，其卜是生土層。

前賢掘圓口坎，控制挖掘深度，不洞穿黃土層是精心計算結果，這種計算是月曆計算，即太陰曆計算。此思路關聯緊密，貫通不歧。掘圓坎是系統大事，此事與標本 M15：7 記述月全食事相稱，同是月曆法明證。

2）連屬十二圓口穴造月曆及其換算今日曆法問題

（1）十二圓口穴平面象月曆一歲暨天球景象稱月曆起源

月曆一歲十二個月，這個數字如何算得？另外一問是，前賢如何記錄這

〔註 8〕河北省文物管理所、邯鄲市文物保管所：《河北武安磁山遺址》，《考古學報》1981 年第 3 期。

個數字？狄宛前賢解答前問之器是豕下頜骨。標本 M15：7 印證狄宛一期聖賢造月曆法，而此墓也出土豕下頜骨一件。如前訓釋，此物象徵一歲寒暑各六月。兩數相加即爲十二月。此題已在「豕負塗」題下討論，此處不贅言。

事實上，狄宛前賢演算寒暑各六月不獨恃觀察豕首寒月在原隰拱地，熱月在灘塗打滾而以首向上，他們能夠以查看征鳥北還、南遷月數差計算半歲。初春留心查看天際，後目睹鴻雁北還，秋季見其南遷，此間是半歲。在此期間，連續記錄滿月之數，能得半歲之期。另外半歲由此推導。這是月曆法一歲十二月簡便算法。

但是，此法猶有不足。在狄宛前賢認知星象，尤其是認知紫微垣若干星宿之後，此法不敷需要。天球上星宿位置與月次匹配，與季節匹配。如何反映天球上某景象與季節匹配，是當時難題。前賢在多番嘗試之後，發覺以十二圓口坎表述十二個月。無論節氣怎樣變動，都在十二個月之內。無論月曆法一歲節氣延遲幾何，星體位置在一歲某季節恒不位移。這種穩固狀況是前賢研究星辰聯繫之根基，是紫微垣之外星體之間聯繫的基礎。十二個月連屬，這是月曆法一歲月數。準乎此法，參照天球景象，前賢能在遺址內挖掘十二圓口坎，這十二圓口坎坎口象徵月曆法一歲。

十二圓口穴不須在平面上連屬，也能告喻十二月一歲曆法。其例證是狄宛一期圓口穴。六眼筒狀穴不須連屬，能告喻半歲。譬如關桃園遺址有六眼圓口直壁穴：H96、H97、H141、H149、H191、H271。H97 位於 T0116 中部偏北，穴口距地表 0.4、直徑 1.02、深 0.4 米。坑壁規整，坑底平整。坑內堆積較軟灰色黃土，出土三足罐、缽等前仰韶時期瓦片。此穴被 H96 打破。其平面圖見《寶雞關桃園》圖一〇，4。此等例證都顯示，前仰韶時期前賢已知在有限地域既表達月曆十二個月成歲，又以圓口直壁平底穴表達兩歲某兩節氣持平。這已超出最初以平面上掘圓口象滿月喻月曆表述方式。這是一種更新與曆紀革命，它孕育人類全新知識系統。

（2）狄宛曆法月內日次及前訓災異曆紀對照

我曾閱讀天文學著作，時常自詰自問：人類最初先知歲，還是先知月？月內日次起於何日、當月何狀？澄清了狄宛月曆法大要，今能給予較爲可靠的解答。在北半球，新仙女木事件之前，人類先知歲內寒溫週期變遷。此後很長一段時間，人類仍不能曆歲，不能算幾月當一歲。在指盼望月而算夜數時，前賢得知望月出現的日率。此日數即月日數。這是積算歲日數基礎。

前賢喜好望月，故以望月爲月日次之首，故每月起於晦後十五日。此日當月內日次初一。

　　準乎此算，前仰韶時期曆法月內日次與後世算法能夠轉換，而且不致出現謬誤。換算算式是：狄宛時期每月十五日當後世二十九日。狄宛十六日當後世下月初一。此算法最大便利是初一迄十五日合乎一節氣，便於預算節氣。此算法必然結果是，若發生日全食，於後世是朔日，此不必言，對於狄宛前賢，此事恰值下一節氣，即新舊節氣交替之時。

　　前訓涉及災異諸標本都能印證此計算。標本F371：33記錄日全食發生當年節氣不連。標本H5：21記錄，新曆次第起於上六，演災異曆節氣序列終始於秋分，故後番歲曆近似節氣起於秋分，而非春分。

　　標本H398：72驗算顯示，當月二十六日後五日是下月朔日。當年大事發生於某月朔日。檢災異天象，唯日全食發生於朔日。前訓標本H398：3顯示，標本上白色月相日數與此相合，是某年某月二十六日，月相圖旁豁口謂秋分節氣不連。此月色爲白，記述當月發生災異，此災異是日全食。而此番日全食發生於今曆算某月二十六日後，標本上月相圖與豁口之間存在間隔。此間隔當某日數，此日數依標本H378：72等於五日。

　　以月曆二十九日爲一月，前算二十六日後五日值狄宛發生日全食。此日數換算爲狄宛月曆，日數是當月十二日後五日，即狄宛一期當月十七日。在當時，日全食發生於秋分後。此間曆算，若合符節。

（3）中國北方曆算源於狄宛

　　考古界有人傳播一種觀點，以爲農曆產生於農耕，並以農業發達爲旁證。河北武安縣磁山遺址發掘之後，遺址窖穴儲存大量粟粒。有人推算其重量達14萬斤。由此推斷，當地已有農曆〔註9〕。此觀點偏頗過甚。農曆與農事關聯是後世事件，不涉曆算起源。而最初曆算是月曆，不是農曆。與太陽相對，出現太陰。太陰曆是月曆代稱。考古發掘資料顯示，農曆之農古名爲戎。申戎氏後被呼爲神農氏，此是歷史本相。我不否認申戎氏時代稼穡發達，但中國古曆不是這個時代聖人創造，而是很早以前的狄宛一期聖賢創造。

　　換言之，遠在耕作發達之前，月曆文明已誕生，而且此算法能用以指導遊獵，也能指導留居者事稼穡，譬如狄宛二期。食源穩定是狄宛二期文明根

〔註9〕申禮成、張海江：《磁山——農曆最早發源地》，《中國文物報》2006年9月22日，第4版。

基。比較而言，磁山遺址不見高地掘圓坎事，而且磁山遺址輪廓根本沒有月狀。無月相辨識與放大嘗試，不得斷定此地是月曆法起源地。

二、狄宛圓穴尺寸度當爲曆以迄方穴調曆起源

（一）從放月日爲圓口直壁平底穴到放紫微垣爲橢圓穴曆紀

1.正圓穴 H3107 例釋暨度當常數生成與陽曆春秋分月日起源

1）掘圓口直壁平底穴述二分平以及穴深不足一米問題

（1）H3107 樣貌與盛斂

穴 H3107，直壁、平底，筒狀，上部破損，看似較淺。坑底位於生土層。口徑 1.66～1.84 米，深 0.68 米。坑底平整且較硬。穴壁規整。坑內堆積係黃色夾褐斑土，質地較密。出土物皆係陶片，可復原、發掘者辨別的器形有罐形器、缽形鼎、圜底盆、圜底缽等。《發掘報告》圖一七即此，圖樣如後：

圖四〇　H3107 當月數滿平、剖面模樣

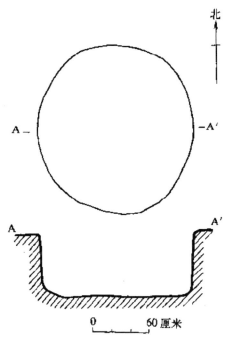

前雖揭示，狄宛前賢能連屬深掘後圓口坎表達歲曆。但是，在狄宛一期，前賢考量節氣與曆算遠超過記錄月曆一歲。他們必須直面節氣月曆 355

日與璇璣歲日數差異，也必須嘗試如何補差。甚至，他們須嘗試研究如何記錄災異致節氣延遲。至少，他們必須因節氣延遲重修曆算。諸多難題促使他們不得以十二眼圓口直壁穴相連。即使在其他遺址，譬如寶雞關桃園、西山坪，也無此例。

儘管如此，前賢欲表達節氣漸次不直，須先始於節氣預算無誤。如此，能見圓口直壁平底穴。這是 H3107 出現於狄宛一期之背景。

（2）圓口直壁平底正南北走向地穴是節氣不誤之模範

此處講模範唯謂圓形是掘穴模範。細察前仰韶時期各地坎穴模樣，正圓、直壁、平底而且平面直徑有微小差異，長徑呈南北走向，短徑呈東西走向，此等地穴是罕見地穴。一些遺址甚至根本不見此等地穴，譬如裴李崗遺址，磁山遺址沒有一例。其他模樣，譬如圓口弧壁垂底穴（鍋底狀）、橢圓口而平面如餅狀穴不為罕見。此等多寡比例值得深入分析。我以為，寡少之例謂罕見之例。地穴模樣眾多，唯圓口直壁平底穴能反映罕見之例。而此例是預算節氣全合自然節氣之例。日每預算難及精準，故罕見。

我對比諸多模樣地穴，見圓口穴是模範地穴，由於此狀象滿月，此狀足以表述月照不誤。倘使欲表達節氣不誤，此模樣是唯一可選模樣。其餘模樣不能反映日照狀況：穴口不圓，不能喻日照，穴壁不直不能喻日出沒俱直，底不平，不能喻過往某節氣，譬如秋分，與當下節氣春分平分一歲節氣。如此，地穴之罕見模樣——圓口穴——記錄節氣計算不誤。相反，圓口直壁平底穴模樣變更，即能記錄節氣不合計算之例。變更地穴模樣，其曆紀功能得以豐富與發揮。

（2）H3107 述前歲今歲寒暑氣平

依此穴平面圖及經向樣貌，察之者知覺，此穴口南北微長而東西微短。但是，此穴穴壁齊整而且地面平整。如前述，捕獵者意念上地穴穴底有過往之義，穴口處於地面，地面喻行路，行路即當下前行，或採集、或遊獵。如此，穴底、穴口表意迥然不同。穴底能述過往，故能表達往歲之義。而穴口表達今歲。如此，圓口、直壁、平底穴表述往歲今歲節氣平。

察此地穴南北微長，南北即日行南北。東西即日出正東，日落正西。這四點能表達日照狀況，尤其以圓形表述，即能告喻日圓周運動特點。日在蒼穹週旋，但地面表述即以摹略日狀。故而此地穴表義有其系統。四點定寒暑是其特點。寒暑準乎經向，經向準乎斗柄南北指向。此義前已述及，不再贅

言。此穴印記兩歲寒暑節氣持平，並含兩歲春秋分節氣平而無誤。此等結果出自前賢補日，三百五十五日補日而爲三百六十五日，此是根由。

（3）盛斂物喻天象以及節氣平

盛斂謂地穴容納埋藏物。題涉此事，迄今考古研究側重討論地穴埋藏器物層位，並討論器物組合，但此等檢討不解釋地穴含土色之故，也不解釋盛斂物匹配之故。但不得謂考古界所爲毫無旨趣。依《發掘報告》表八（第一期常見陶器基本組合表）及其解釋，發掘者欲確定各遺跡先後，並基於遺跡次第推斷同類陶器形變蹤跡。這個理路沒有問題，但缺研討紅線：前賢挖地穴之旨不清，器物搭配之故也難以澄清。不知根底，前賢更改器形毫無前提。

今案，前賢以穴盛斂諸物各有含義，匹配也有含義。H3107 盛斂物有黃色夾褐斑土，質地較密。出土陶片復原後物件依發掘者命名是罐形器、缽形鼎、圓底盆、圓底缽。諸物表意基於匹配，而且都涉月曆。圓底缽、圓底盆相匹，表達天球遠近。二者都是圓底，能象天球。大者象春夏天球，小者象秋冬天球。此所謂近者大而遠者小。陽氣下降而逼近，毫無霧氣，星宿明亮，故天球近，顯大。秋冬季，霧氣難免，寒氣逼人，天去人遠，顯小。寒暑層次顯著。缽形鼎匹配陶罐，述以璇璣歲斡補月曆三五五日，增補五日，再增補三日。上下平行，於春秋分各補一日。此數匹配斗柄四指，歲三百六十五日，此謂毛算兩年間節氣平。此穴壁直，此謂月起落合乎預計。

土色呈黃，夾雜褐色斑點。黃色喻月全食食既月色，此色喻前賢以某年月全食始紀年。此是何年，我尚未考證。褐色斑點述星空，夜間蒼穹之色足以用褐色表達。倘使橫截圓口穴，每層土色都一樣。設想高懸圓餅在上，自下察之，黃色是月食既顏色殘餘，而褐色是蒼穹之象。

（4）狄宛一期圓穴與近圓穴深度罕見過一米問題

狄宛一期圓口穴十二、橢圓二眼。《發掘報告》未盡舉諸穴尺寸，而已舉地穴穴徑與穴深比例似乎存在某種關係。無論地穴口徑多大，穴深難及一米。譬如，圓口穴 H3107，口徑 1.6～1.84 米，坑深 0.68 米。H3116，口徑 2.28 米、底徑 1.78 米，深 0.82 米。H370，口徑 1.26 米、深 0.8 米。橢圓形地穴 H397，穴口長徑 2 米，短徑 1.02 米，深 0.86 米。上舉諸穴多見穴深穴徑比小於二分之一者，也有穴深、穴徑比大於二分之一之例，譬如 H370。但是，即使 H370 穴深仍不足一米。依《第一期灰坑登記表》，僅四座地穴穴深超過一

米：H279、H359、H363、H398。這個數目約是地穴總數四分之一多。

前仰韶時期其他遺址也見類似狀況。依《河北武安磁山遺址》（《考古學報》1981 年第 3 期），磁山遺址第一文化層遺存揭露「灰坑」一八六個。圓形穴二十二眼，占比例不大。直徑有達 3 米者，多數較淺，最深者近 1.5 米，淺者 0.5 米。

臨潼白家村早期遺存有圓形地穴四眼，發掘報告舉兩眼爲證：T120H10，口徑：1.5～1.7 米，深 0.4 米。T203H25，口徑 0.75～1.05，底徑 0.7～1 米，深 0.5 米。橢圓形地穴五個，發掘報告舉兩個爲例：T120H9，坑口長 3 米，寬 1.4 米，坑底長 2.8 米，寬 1.2 米，坑深 0.45 米。T102H22，坑口徑 1.35～2.2 米，深 0.65 米。

依《河南新鄭裴李崗新石器時代遺址》，開封地區新鄭縣文物考古訓練班在 1977 年 3 月發現雲灣大隊裴李崗有新石器時代遺物。挖掘後揭露三個「灰坑」，都是不規則圓形，其直徑都在 1 米左右，口徑大於底徑，坑深最大 1 米左右，最淺者僅有 0.2 米。《1979 年裴李崗遺址發掘報告》顯示，圓形或橢圓形地穴口徑能達 2 米，但不整土地導致此穴殘深僅有 0.1～0.35 米。但是，不得推測其深度超過前舉比例，由於裴李崗 H18 發現於耕土層下面，此穴未被破壞，此穴呈橢圓形，平底。口徑 0.95～1.1 米，深 0.35 米。坑壁規整。

諸多發掘紀實顯示，狄宛一期時代地穴深度不及一米。依此推斷，前賢以此數爲禁忌，不違此度。今雖知此禁忌，但不等於全知此事緣由。但問：前賢掘地穴爲何不足一米深？欲解此難，須先澄清狄宛前賢爲此度數之故。

我曾推測，此間存在尺度問題。但久達三年，未嘗理出此度數塙切含義。後循穴徑、深比低於二分之一，見狄宛一期圓穴深穴徑比例率數。

2）狄宛地穴 H3107 穴徑長穴深折算度當月日曆紀溯跡

（1）度當是認知狄宛一期圓穴徑長過穴深之門徑

度當即長度之滿度當月日數之滿數。前者是長度，後者是次第數。這個稱謂是我依傍化學當量與庖犧氏「以田以魚」創立。滿度與滿日數之間是一種比例關係，類似化學反應時，某物質質量比等於其當量比。庖犧氏田事非謂交換謀財或貨值。田事之初，非農耕，而是施加土功於地，此是形土。形土須預算深廣，並以某狀表達某義，此是「田」事，故涉當。長度之丈、尺

本不能表達次第，但若以其當日數，已有次第義素，由於日行南北有次第，次第必涉寒暑。此等日數是史學基本要素。有賴黃土地穴，中國史跡更久，系統更密。故而，檢討此題於溯跡、重述中國古史有莫大價值。我言曆紀月日溯跡而不言獨見，故在前賢曾算月日，我嘗試求算不外蹤跡其計算，諸多度數非我造作，唯謀祖述而已。

日數為前賢所知，單向流逝。以幾日當長度幾尺，或一尺當幾日，這是度當難題。今日大抵可以講清，狄宛前賢在大面積營築之前，他們已解決了這項難題。察狄宛營築與造器，皆見尺度森嚴，絕無粗濫跡象。

在此設擬滿度為丈，以此滿度折算一月三十日，為璇璣歲一月，即每月三十日。如此，每月日數均等，此是度當穩定之根基。如此，長度與週旋合一，曆紀週旋含義得以表達。長度不再是線段名，而是矢量名。基於此，我以為，圓口穴是最早曆紀器，不是單純形土。今以度當解釋前仰韶時期圓口穴徑長而較淺疑問。

此事根底在於兩等度當：其一，月次第數匹配長度。其二，日次第匹配長度。儘管狄宛前賢奉行統一長度，但二數曆算以日次第數較大，而月次第數較小。因此，前仰韶時期圓口地穴口徑大，而穴較淺，在各遺址毫無例外。前述狄宛、白家村、磁山、裴李崗等遺址圓口地穴徑、深比例皆出自此。

（2）地穴丈尺以及穴徑長準度當月日數之度當曆算法

澄清了此事，今沿此路徑繼續推算。以滿月當三十日，十五日為其半。滿月三十日始於望月，半月終於晦日。長度準乎丈，其精準長度等於多少釐米，這需要依狄宛 H3107 模範尺寸推算。此穴口徑 1.66～1.84 米，中間數是 1.75 米。但是，1.75 米這個徑長絕非前賢所欲一丈標準長度。南北、東西向兩個徑長差異，這不是出自挖掘者下挖時用器不慎，此事涉及月日數度當不同問題，故兩數參差。

如何獲得標準丈長度，須照顧此穴東西長度。察此穴東西短，1.66 米是東西徑長。如前訓，此穴述往歲秋分、今歲春分節氣不誤。往歲秋分迄今歲春分等於半歲期間。準乎此數，此處有一隱參數，此數等於 0.5。此數左右此穴口徑尺寸。換言之，此穴口徑大抵等於一丈之半。即 1.66 米大約等於彼時半丈長。由此推算，當時一丈約等於 3.3 米。

換言之，東西標準徑長 1.66 米折合 5.03 尺，南北徑長 1.84 米折合 5.57

尺。前數是前番秋分迄今番春分月數，此數等於六。此間跨過冬季。這樣，南北徑長亦有其解：夏季迄初秋日長。

（3）依長度當日數算穴記春分日與前秋分日俱在十六日

澄清了此間度當基礎問題，今折算此穴1.66米標準直徑當日數。其算法基礎是滿度當滿月：

　　　1丈＝3.3米

　　　1丈當滿月日數，即3.3米當30日

　　　33釐米＝1尺

　　　1尺當3日

末尾折算數即度當常數。此數是推算H3107記前番秋分與當年春分日的基準。其算法：

　　　5.03×3＝15.09

此得數證實，當年狄宛春分日是某月十五日。狄宛曆法初一是今望日，第十五日是晦日，第十六日是今朔日。鑒於穴底平行於穴口平面，此喻春分關聯某節氣與春分平。此節氣應是秋分節氣。兩節氣間隔月數須備細推算，而且前番秋分日也是晦日。

（4）尺寸度當算穴深當春分所在月數

前算未具春分與過往秋分所在月數。無此數不得言歲曆完滿，如何溯跡並推算春分所在月數，以及前番秋分去此春分月數，是艱難問題。如前述，地穴穴底與穴面之外含義參差，但凡曾處穴下者都知其所含「往」、「今」之別。此是問題根本，亦是推導穴深度當常數根基。考古者發掘所得深度有兩個：一是穴底去地表堆積層深度。二是此穴在本文化層深度。這兩個參數不得混淆。在此唯須照顧同文化層深度，此深度是穴深。如此即能澄清彼時盛斂物多寡、盛斂物位置，及其含義。

在此，存在兩項折算問題。其一，穴深折算淨尺寸有無標準。其二，折算之後，倘若遵從直徑度當常數折算，得數甚小，由於狄宛一期穴深不足半丈。準乎此算，不能算得秋分、春分相關數。這兩問題都涉及前賢給穴深尺度重新賦值，此賦值即穴深度當賦值，前賢以每尺當一月。此數是揭示穴深曆紀隱微關鍵參數。

（5）依穴深尺當一月算春分在二月關聯前秋分在八月

今準乎前述，以穴深每尺當一月推算穴H3107記春分日所在月：

$$0.68 \div 0.33 = 2$$

二尺當二月，由此得知，當年春分在二月。但是，此數不含前番秋分與今春分月數差。如何算得此差數，是一個問題。檢穴徑長每丈當滿月三十日，半丈當十五日。度當常數是一丈比三十日。前賢掘穴深度須能反映前番秋分去今番春分月數差，這兩節氣間隔六個月。依此推算二者間隔月數，須照顧穴深二尺。其實，前賢在掘穴前已定穴深度當常數，此數一尺當三個月。在此，徑長與穴深度當常數不能通用，各有運算處所。

準此，今春分去前番秋分月數等於：

$$2 \times 3 = 6$$

這個算法基礎是：在狄宛，下六或上六於前賢等於六個月，無論上六或下六都有兩截，兩截等於六，故每截等於三。每截折算一尺，二尺相連，並反映日出點上行還是下行，即得六月之數。

此算法證明，穴 H1037 記錄當年二月十六日是春分日，前溯六個月，即八月十六日是秋分日。儘管我等暫不知此是何年，但月日數是參校中國古史開端之旁證。

3）狄宛 H3107 圓穴度當術算傳播秦嶺以南以及紫微垣記二至無誤

（1）龍崗寺 H78 模樣與盛斂

在渭河流於，狄宛 H3107 度當算法廣泛傳播，譬如西山坪、關桃園、原子頭、白家村等前仰韶時期遺址。但問，秦嶺以南前仰韶時期是否遵從此算法？解答此問是認定前仰韶時期秦嶺南北度量統一之基礎。我以爲，秦嶺南北掘地穴度當計算僅有一種，其源是狄宛前賢掘地穴 H3107 依從之度當。此算法傳及秦嶺南部，其證據是龍崗寺遺址揭露的地穴 H78。

依《龍崗寺》陳述，發掘者在探方 T38 與 T39 下第四層發現「老官臺文化李家村類型」的文化層，包含「7 座墓葬和 9 個灰坑」。考古界言「老官臺文化」其實是前仰韶時期文化類型，三足器、圈足碗是其代表，諸器在狄宛一期遺址不算罕見，白家村、西山坪早期遺址也有同類物件。

依《龍崗寺》圖三，龍崗寺遺址發掘區探方分佈圖，T38、T39 是面北探方。九眼坎穴之一是 H78，此穴出土圓底缽，標本 H78：1，圖七第 1 器，平底碗標本 H78：2，圖七第 3 器。值得驚歎者在於，H78 穴壁、穴底與狄宛一期 H3107 模樣相似，是直壁、平底。唯其穴底中心有小圓坑，圖五，第 1。其狀如後。

H78 口徑 1.64 米，深 0.7 米，底徑 1.5 米；底部小圓坑直徑 0.48 米，深 0.1 米。如何訓釋此穴，決定龍崗寺與狄宛地穴度當曆紀是否同一。

圖四一　龍崗寺 H78 平、剖面模樣

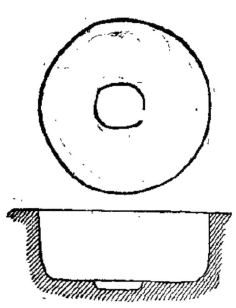

（2）龍崗寺春分值二月十五日秋分值八月十四日

檢此穴是狄宛 H3107 地穴姊妹穴，唯此處見核心下垂小圓坑。此穴也表述春分、秋分節氣平，由於底面與穴口地面平行。

核心小圓坑能表達特別含義：圓述週行不休，喻斗柄運行。穴納物件有圜底缽，此述天球運轉。天球頂部見斗柄週旋。平底碗喻往歲、今歲節氣平。節氣謂秋分、春分節氣。

欲算當年春分在某月幾日，須推算徑長折算幾尺：

　　1.64÷0.33＝4.96

此數折合日數：

　　4.96×3＝14.9

這個日數即十五日，春分日在某月晦日。

春分日在幾月，須以穴深度當常數計算，此常數每尺當一月，穴深當月數算法：

　　0.7÷0.33＝2.12

整數二謂二月，即當年春分也在二月。此數不是整數，此謂當年秋分、春分間隔稍大於六個月。其算法是：

2×3＝6

此是基數，即前秋分去今春分間隔六個月。多出零點一二也須乘以三，以便折算：

0.12×3＝0.36

零點三六是月數，須折算。此數須乘以三十日：

0.12×30＝3.6

得數是日數差，即較之秋分、春分間隔六月，此番差數是六個月又三點六日。毛算一百八十三日。這三日從何得來？我以為此三日出自曆補三日。曆補之法：每三百五十五日增補五日，此謂璇璣歲三百六十日。增三日於此數，每一百二十日增一日。這個一百八十三日含此一日。春、秋分各增一日，總計三日，揭前 H3115：10 體訓。準此，當年春分日仍是二月十八日，此日是今曆法初三日。依此數推算前番秋分月日，簡便易得：秋分去今春分六個月，即得當年秋分在八月，秋分日是八月十五日。

今依穴底徑驗算前番秋分發生日數：

1.5÷0.33＝4.5454

以四捨五入精確到小數點後三位，得數是四點五五尺。每尺折三日，得秋分日數：

4.54×3＝13.65

這是十四日。以今曆十六日為望月，狄宛第十四日其實是晦日。若起算於十五日，這個日數仍是十五日，即過往秋分是八月十五日。

這個演算證實，狄宛前賢曆法遠播秦巴山區，秦嶺以南通行狄宛曆算。兩地前賢同文同政。

2. H3116 記節氣遲滯四十五日及 H397 摹紫微垣記春分延遲一月

1）H3116 記秋分疾

（1）H3116 模樣與盛斂

《發掘報告》圖一八是 H3116。發掘紀實述，此穴斜壁，小平底，剖面呈倒梯形。口徑 2.28 米、底徑 1.78 米、深 0.82 米。坑口距地表深 2.04 米。底部較硬，坑壁亦屬整齊。盛斂黃色夾褐斑土，質地緊密。內含較多石塊、石英石等。出土較多陶片，能復原及辨識的器形有罐形鼎、盆形鼎、缽形

鼎、筒狀深腹罐、圓底缽、圈足碗、壺、陶紡輪等。

我察此穴穴壁參差，東邊是弧壁，西邊是直壁。東邊內收，而且未能徹底內收，下接近似平底。西邊是直壁，猶如圓口直壁穴之直壁。發掘者謂之倒梯形，這不塙。此穴口圖樣自 A–A' 以下半圓充分，其上半圓不充分。對比後，見穴口徑應有兩個參數：準乎東西向，直徑長，準乎南北向，直徑短。不知發掘者為何僅列一個數字。

圖四二　H3116 平面與剖面模樣

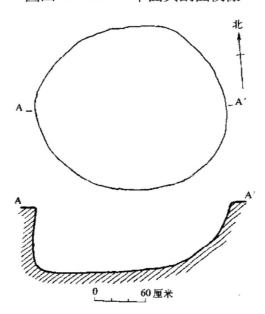

（2）當年秋分迅疾而後春分遲滯

此穴不述天球，由於其底不呈圓底，壁無均勻內收，也無垂底。其口近圓，大抵當圓。穴底近平。H3116 模樣頗似 H3107，發掘者並列此二穴圖樣在一頁，也顯示此點。但是，兩穴表意相差很大。

穴口東邊有斜坡，西邊直而少內切，有袋狀穴跡象，但又不是袋狀穴。穴口圓，此述滿月狀，指時節。其狀為圓，又能當日照。西邊狀摹日迅疾入穴，東邊記日難以上坡，類比難及地平線上。檢穴口直徑，與前訓 H3107 相反。彼處，南北徑長，東西徑短。此處，南北徑短而東西徑長。南北短者，類比日自南向北輸熱不足。日自南炳照，迅往北而返，週期不足，歲內熱氣不足。東西長者，日出點在東，日落點在西。秋分之後，寒日多。自秋分迄

來年春分，寒氣重。對照穴口西邊，見日值秋分迅疾投入地中，反映當年寒氣迅速降落。東邊，日行上坡艱難，喻來年春分姍姍來遲。此記合乎前訓標本 H398：72 記事：當年發生日全食，寒氣迅速降落，而節氣延遲。

（3）穴深度當春分與秋分間隔驗算四年半節氣延遲四十五日

穴深 0.82 米折合 2.48 尺。準乎 H3107 以穴深度當折算關聯節氣間隔月日數，今依穴深推算前番秋分間隔今番春分幾個月又幾日：

2.48×3＝7.44

此數含小數，小數應折算為日數：

0.44×30＝13.2

此數顯示，前番秋分去今番春分七個月又十三日。依前算 H3107 關聯節氣間隔六個月，今見此穴關聯節氣間隔大於此數：

（7×30）＋13－180＝43

這個得數最初使我驚訝，我不知如何評價，一度疑計算跬步不牿。驗算數遍，認定無誤。最終，對照標本 H3115：10 考證結論，又聯繫其關聯計算，即瓦器標本 H10：37 曆算，後覺釋然。今知這個得數是前賢連續查看四歲有餘所得節氣延遲日數。每太陰曆一歲節氣延遲十日，每一點月節氣延遲一日。三日節氣差等於：

3×1.2＝3.6

年月總數等於四歲又三點六個月。此間見節氣延誤四十三日。

這樣，H3116 是度當曆紀，前賢以此穴演示四年半節氣延遲四十五日。這個結論同時能夠完滿解釋狄宛一期前賢連續觀測節氣起點。前訓 H10：37 雖訓知前賢連續觀測月曆四歲半，但不曾考證其起算點是何時。今能藉此算定解答：前賢連續觀測節氣起算點最初是秋分，算迄下一番秋分前一月，此是一歲循環。自春分迄秋分，此是半歲。前賢為何起於秋分觀測，須在直合紋尋覓：直合紋六別為上六、下六，合謂紀年。前賢曆畫多起於上六。而今見連續觀測起於下六，此間存在轉變。我以為，前賢最初紀年起於下六，故在歲起秋分。起初一門心思查看秋分，故在某年秋分後發生災異，此致節氣延遲。他們欲在源頭解決此難題，故不得不選擇起於秋分觀測節氣。此恰是標本 H5：21 上組直合紋所指。

（4）穴底徑尺寸度當日數為調曆起算日

此穴口徑 2.28 米折合 6.9 尺、底徑 1.78 米折合 5.39 尺。準乎 H3107 直徑

與月日數度當值，以徑長五尺爲半月，以底徑度當爲四年半之前秋分日，口徑度當爲今歲春分日。如此，即獲得前賢曆算含節氣自緻密向疏闊轉變蹤跡，此穴底小口大反映此狀況。

依口徑度當計算春分日：

　　6.9×3＝20.79

依此得數，過往節氣算迄當年春分日是二月二十日。

底徑 1.78 米折合 5.4 尺。此是度，今算其當月日數：

　　5.39×3＝16.1

四年又三點六個月之前，秋分日是八月十六日。而四年半之後，春分日在二月二十日，不在十六日。二者之間存在四日差。這四日差如何得來，須計算。

這四十三日固能起於四歲又三點六個月太陰曆節氣延誤，此數也能出自日全食致節氣延誤。若計日全食，即見三十日延誤。如此，四十三誤差能以兩算式表達：

　　43＝30＋13

　　43＝（4×10）＋3

十三日等於一歲太陰曆加三點六個月節氣延誤總日數。照顧此穴盛斂物有瓦線陀屬 D 型，我斷定此穴尺寸度當曆譜含節氣延誤兼容日全食致節氣延誤。此斷出自我認定此瓦線陀在狄宛一期表述日全食，此物初非紡線之物，是表達日月交會之器。詳後瓦線陀日全食曆紀考。另外，四年平二分有八番，每番增一日，得數是八日。但是，穴口、穴底日數差僅有四日。此謂此圓口小平底穴不是積算太陰曆四歲又三點六個月之器。故此，須準乎日全食推算此穴記節氣延誤四十三日。故曆譜如後。

表一　H3116 曆譜

第二年三點六個月	置閏月	第一年
8 月 19 日	一個月	8 月 17 日
9 月 19 日		9 月 17 日
10 月 19 日		10 月 17 日
11 月 8 日		11 月 17 日
零點六個月折十八日		12 月 17 日

		1 月 17 日
		2 月 18 日
		3 月 18 日
		4 月 18 日
		5 月 18 日
		6 月 18 日
		7 月 18 日
平秋分一日，春分一日，前三個月補一日	補三十日	補十日平二分

　　曆譜見延誤節氣四十三日補足，算迄穴口喻今歲春分，得二月二十日。此穴盛斂物含義合乎此穴模樣，及其曆算含義。穴納黃色夾褐斑土，黃色指土色，喻地氣動靜於黃土層，但其質地緊密，地氣不能衝破這種結構。褐斑土喻蒼穹之色，此色能蘊藏熱氣，但熱氣此間不能下達。此狀況反映當年節氣延遲。

　　石塊喻高溫熔合、板結，熱氣不能洞穿，唯能繞行，也能喻精算或密算結果堅定不移。石英石分層，能反光，如月反射日光一般，也能喻日全食食既見日冕。此喻日照不強，熱氣不盛，指節氣回暖遲緩。罐形鼎喻須曆補八日，平二分，以爲陰陽合曆三百六十五日。罐喻水下，謂曆補並增一日與秋分，春分亦增一日，二分平。水瀉下，在地平上，喻二分平。前賢掘此穴記錄日全食能破壞曆補算法。

　　盆形鼎、缽形鼎都有圓底，是圓底缽變形，而圓底缽象半天球，能喻熱氣遠去。圈足碗平置喻兩歲節氣平。壺是球形，口向上喻期盼地氣上升。穴盛陶紡輪即瓦線陀，後世線陀中央須有一孔，倘若非此，即是圓瓦片。狄宛一期時代，此物不是「生產工具」，僅是圓瓦餅，既是圓餅，而且表面不光，故象徵日昏暗，唯日全食食既見日昏暗。

2）H397 摹寫紫微垣記某年春分以災異延遲一月

（1）掘橢圓口直壁圓底穴摹寫紫微垣概述

　　後圖是《發掘報告》圖二〇，此穴被歸入橢圓形地穴，編碼 H397。它位於 T300 與 T315 之間，被二期 H316 打破。坑口長徑 2 米，短徑 1.02 米、深 0.86 米。坑壁不規整，底部較硬，核心下垂，但又異於所謂「鍋底」狀，而且下垂點左邊即東南方見一小坡。坑內堆積爲黃色夾褐斑土，內含較多的

紅燒土粒、碎石塊等。出土遺物多爲陶片，能辨識者有筒狀深腹罐，亦出土一件石研磨器，表面有紅色顏料殘跡。檢《發掘報告》圖四三第 1 器是此研磨器，標本編碼 H397：5。察此研磨器平面爲方，其上研磨痕跡是扇面。紅色顏料即前考諸器赤色紋飾顏料。又檢標本 H398：72 也是扇面，其兩面有術算紋飾，前訓揭示此物記述狄宛曾發生日全食，此事致節氣延遲一月。諸器之間聯繫不容否認。

欲解釋此穴，須先辨識此穴口樣貌象何物。我察此狀頗似狄宛一期標本 T316⑤：1，如前述，此標本既是瓦勺，能摹寫魁斗旋轉。俯視其狀，見其頗似紫微垣模樣。狄宛前賢知曉紫微垣，這不爲怪。他們查看北天星宿，深知天極星宿，故能狀摹魁斗等星宿。此一辨識足以更改中國天文史學研究結論。曾有學者以爲，三垣知識起源較晚，似乎是隋唐時期形成〔註10〕。

我依標本 T316⑤：1 推斷，H397 也表述紫微垣在某時節模樣。由此，我斷定狄宛前賢觀測紫微垣更早，迄狄宛一期時代，他們已形成不少認識，並在一期時代運用其認識表述觀測結果，故而掘地爲穴，留存曆紀。狄宛一期見兩個橢圓穴，都是圓底。這兩穴表義應有互補功能，惜乎《發掘報告》未述另一橢圓穴 H398 走向與坐標。

（2）紫微垣走向述季節未及春分及其兩義

前賢以橢圓摹略紫微垣，由於紫微垣十五顆星別爲弧狀兩列，兩列弧形星宿似兩弓扣合，扣合之狀似橢圓。而且，這十五顆星以北極爲中樞，每歲寒暑週旋。冬至，左樞在西。夏至，左樞在東，右樞在西。值此兩季，兩弓合抱狀呈南北走向。在春分、秋分，此狀恰呈東西走向。當冬至，東藩八星，西藩七星。夏至，東西兩藩位置對調（《中國天文學史》上冊，第 196～199 頁）。冬至前後，上下頭之大頭向南。這樣，紫微垣也在旋轉，但其轉動方向不是右旋，而是左旋。以南北向爲準，紫微垣每旋轉一週，當一歲，其時等於往歲冬至迄今歲冬至。紫微垣此運行規律記於《淮南子・天文訓》，經文言紫宮即紫微垣。《淮南子集釋》引補注者援引《周髀算經》述庖犧、神農作爲曆〔註11〕。《開元占經》引《石氏》曰：「紫微垣十五星。西蕃七，東蕃八。」引《荊州占》曰：「紫微宮，紫北也；宮，中也；一名天營，一名長垣，又曰

〔註10〕劉金沂、趙澄秋：《中國古代天文學史略》，河北科學技術出版社，1990 年，第 129 頁。
〔註11〕何寧：《淮南子集釋》（上），中華書局，1998 年，第 203 頁。

日旗。」《樂什圖》曰：「天宮，紫微宮也。」又引《春秋合誠圖》曰：「紫宮者，太一之常座。」又引《巫咸》曰：「紫宮者，天子之常居，土官也。」張衡《靈憲》曰：「紫宮爲皇極之居。」又引許慎《淮南天文間詁》所據經文曰：「紫宮，執斗而佐還，日行一度，以周於天；日冬至駿狼之山；駿狼之山，冬至所止也；日移一度，行百八十二度八分度之五而夏至牛首之維；牛首之維，夏至之所至；反覆三百六十五度四分度之一，而成一歲。」〔註 12〕執斗者，把持也。佐還者，輔斗還轉也。反覆者，反向顛倒也。紫微垣、斗柄週旋相反。聖人以地穴 H397 記此規律，而星體運行規律以頻見定義。由此，我推知狄宛聖人先輩早知此事，傳授後嗣。後嗣積累體系知識，無它途表述體系，故挖掘 H397 記錄。《周髀算經》記庖犧氏作爲曆，今知其曆法之源是狄宛聖人察知紫微垣等星宿。

　　察 H397 不是正東西走向，也非南北走向。精準辨識其走向與角度，這是檢討其含義之根基。辨其走向角度是難點。此外，須覓得一個標準，用此標準校正走向辨識，不致獲得謬誤結論。察此穴走向是西北──東南，但其與正東西走向線段夾角不大。此線段能夠表述季節含義。倘若照顧前賢已知斗柄指向，正東西喻春分點與秋分點。可否準乎斗柄西北指或東南指謀算此穴曆紀術算，此是難題。

　　我以爲，須循前賢掘橢圓穴細節，辨識弧邊是紫微垣左樞等星、還是右樞等星。由此，還需準乎紫微垣轉往哪條線段，認定此線與紫微垣走向直線角度差。察星圖，見紫微垣兩藩合抱之狀有兩頭，兩頭寬窄有別。冬至，寬頭在南。夏至，寬頭在北。

　　察 H397 端，見西北邊稍寬。照顧紫微垣左旋之率，得知此時時節在冬至後。照顧東西線是緯線，是春分、秋分日照線，遂見節氣未及春分。對照前訓 H3116 穴底坡狀表述日出艱難，此穴底中央偏東南小坡謂日難以上升。此處表達秋季而未及秋分。如此，得知此穴以紫微垣模樣述一歲季節在秋分前。此模樣能表達兩種含義：其一，節氣的確未至秋分。其二，秋分節氣延遲。與此呼應，春分節氣也延遲。H397 地穴輪廓述秋分節氣延遲一月。

〔註 12〕瞿曇悉達：《開元占經》，中央編譯出版社，2006 年，第 483〜484 頁。

圖四三　H397 平、剖面述秋分延遲一月

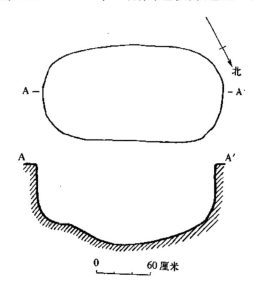

（3）紫微垣寬頭在北偏西走向與緯向夾角記錄當年春分延遲一月

欲詳查此穴寫紫微垣值時節，須繪製其坐標系，顯示其走向。依《發掘報告》定子午線，今援引 H397 走向 A-A'，標誌緯線 B-B'，兩線段與子午線相交於 O。子午線度數是零度或三百六十度。以經線爲起點右旋，此線等於零度線。以其爲終點，此線等於三百六十度。緯線與經線相交，交角等於九十度。圓周依此四分。今察 A-A' 與子午線交角等於六十度，故與緯線 B-B' 交角等於三十度。鑒於紫微垣寬頭左旋，此態勢謂紫微垣走向未及緯線。緯線與春分日日出正東匹配。鑒於此，紫微垣記秋分日延遲三十日。

圖四四　H397 坐標系暨紫微垣走向顯春分前三十日

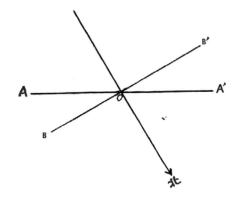

　　準乎斗柄週旋、紫微垣週旋等於三百六十度，此度數匹配三百六十日璇璣歲，節氣虧欠或延遲三十度等於三十日，此日數等於一月。如此可以斷定，H397記述當年節氣被阻礙，春分延遲一月。

　　這個算法出自標本H3115：10乾坤冊算法。此標本上數字都是赤色。而穴H397有研磨器，即標本H397：5，其上有赤色殘跡。兩事互相印證，兩處算法理應相通。前驗算標本H398：72記述節氣延遲三十日，此處驗算得數顯示春分日延遲三十日。兩處大事記述同一舊事。研磨器記兩物砥礪，天上兩物砥礪即日月相摩。凡見節氣延遲一月，此番異象非日全食莫屬。

3）橢圓穴長短經與節氣變遷術算關係暨H397曆譜

（1）地穴橢圓口長短徑尺寸曆算基礎

　　地穴橢圓口非圓口，兩狀參差，不得混淆。發掘者雖不抹滅如此參差，但猶須貴重穴口尺寸變遷之故，非如此不能見聖賢苦心與神功。在此，猶須細察圓口穴變爲橢圓口之故。尺寸增益蘊藏節氣日數變動，此是關竅。前賢當時並無其他記數途徑，故以徑變表達日數變動。將橢圓穴兩頭相匹相合，即爲圓穴。拉長圓口穴圓口微長徑，能得橢圓穴。由此得知，圓穴是橢圓穴之母。這樣，圓口穴口徑算法必是橢圓穴口徑算法之母。

　　此外，橢圓穴長徑甚長，短徑不必甚短。兩者度數關係較之圓穴穴口徑長細微差又有不同。以H397爲例，此穴穴底不堪推度，不堪驗算。非察穴口尺寸度當細節，不能考詳。在表意上，須端詳長短經含義之別。長徑喻日多，短徑喻日寡，此題不難勘破。問題在於，日數自寡變多，抑或是自多變寡。此是分水嶺。倘使不能澄清此變，必不能見狄宛前賢地穴曆譜施加何等影響於磁山遺址。中國耕作發達軌跡繼續湮沒。

　　基於如上考量，對照此穴穴口、穴底模樣，以及穴壁，可斷橢圓穴不寫節氣曆算算法疏密，而寫某算法算得節氣自狹變廣之跡，即關聯節氣延遲，兩節氣標準間隔不復存在。H397穴口長短徑記述節氣變遷，短徑記原節氣，長徑記關聯節氣日數變遷，即日數增益淨數，以及此淨數根源。故橢圓穴口兩徑尺寸其實是兩等日數對比。今先算短徑尺寸度當日數：

　　　　1.02÷0.33＝3.09

此穴長三尺，每尺當三日，折算日數等於：

　　　　3.09×3＝9.27

依此得知，當年關聯節氣之一在某月九日。另一參數是長徑尺寸度當

日數：

$2 \div 0.33 = 6.06$

$6.06 \times 3 = 18.18$

忽略小數，此兩數相差百分百，這九日差應有何含義，值得推敲。倘若照顧狄宛前賢計算關聯節氣秋分迄春分六個月節氣變遷，常數是六個月。如何定義此差數，是難題。今擱置此難，先算穴深尺寸度當，測算節氣虧欠抑或是延遲。

$0.86 \div 0.33 = 2.6$

$2.6 \times 3 = 7.8$

此數謂今番春分去過往關聯節氣七點八個月，反映節氣延遲：

$7.8 - 6 = 1.8$

一個月標準日三十日，小數折算日數：

$0.8 \times 30 = 24$

兩項日數相加：

$30 + 24 = 54$

見節氣延遲總日數等於五十四日。澄清了節氣延遲日數，今能循此解釋前算長徑度當日數與短徑度當日數差九日之間關係：這個總日數分配區間應能克服這九日差。

（2）H397長短徑度當日數差是校驗日全食後補日基準

這五十四節氣延遲堪以三等算法窮盡，但此穴長徑走向與盛斂物都指向此穴尺寸記錄日全食致節氣延遲。故陳第一算法含日全食致節氣延遲三十日：

$30 + 24 = 54$

此外加兩年又四點八個月太陰曆節氣延遲。第二算法：

$(3 \times 10) + 24 = 54$

此謂太陰曆三年爲一元，又兩歲加四點八個月太陰曆。此算不異於第三算法：

$(5 \times 10) + 4 = 54$

準此，得五歲太陰曆加四點八個月。今先笨拙驗算五歲太陰曆曆譜，嘗試顯示前陳參數如後，不計日全食舊事。曆譜起於（二月）九日，以爲春分日，終於（八月）十八日爲秋分日。

表二　H397 曆譜（上）

第五年	第四年	第三年	第二年	頭　　年	餘四點八個月
2月17日	2月15日	2月13日	2月11日	2月9日	2月18日
3月17日	3月15日	3月13日	3月11日	3月9日	3月18日
4月17日	4月15日	4月13日	4月11日	4月9日	4月18日
5月17日	5月15日	5月13日	5月11日	5月9日	5月18日
6月17日	6月15日	6月13日	6月11日	6月9日	6月13日
7月17日	7月15日	7月13日	7月11日	7月9日	
8月18日	8月16日	8月14日	8月12日	8月10日	
9月18日	9月16日	9月14日	9月12日	9月10日	
10月18日	10月16日	10月14日	10月12日	10月10日	
11月18日	11月16日	11月14日	11月12日	11月10日	
12月18日	12月16日	12月14日	12月12日	12月10日	
1月18日	1月16日	1月14日	1月12日	1月10日	
補八日平二分	補八日平二分	補八日平二分	補八日平二分	補八日平二分	補四日

如上曆譜見五歲太陰曆曆補致起點春分日日數從二月九日變為終點秋分八月十八日。由此得知前算橢圓穴短徑度當日數與長徑度當日數差出自五歲太陰曆算。但是，此計算未曾照顧日全食致節氣誤差。倘使此間發生日全食，如何調諧二者，是一大難題。不能解釋此難，必不能見聖人苦心孤詣。

我再三對照此曆譜與此穴長徑走向、此穴盛斂物，最後斷定，此穴長徑走向見節氣延遲三十日與此穴盛斂研磨器呼應，二者能統一於記述日全食。而且，狄宛日全食即前訓標本 H398：72 記日全食。此番日全食致節氣延遲三十日。

倘若遇日全食，算節氣延遲，也應一併照顧這個日數差。換言之，長短徑尺寸度當日數差是簡便算法，此算法匹配日全食致節氣延遲。即使初始節氣起於二月九日，日全食致置閏月後，也應並算日數變遷。由此得知，前賢在此類比日全食與三歲太陰曆，二事致節氣延遲日數相等，以穴口長徑短徑度當日數差為五十四日節氣補差算法基礎，此九日差即關聯節氣春秋分日差數換算。這樣，穴口尺寸度當有準度之義。鑒於前訓狄宛某年日全食發生於

秋分後一日，此日是十六日。聖人調諧曆譜後，日全食並兩年又四點八個月節氣延遲曆譜應如 H397 曆譜二，即表三所示：

表二　H397 調曆（下）

餘四點八個月	第二年	續頭年曆法	頭年日全食
2 月 18 日	2 月 17 日	9 月 15 日	2 月 15 日
3 月 18 日	3 月 17 日	10 月 15 日	3 月 15 日
4 月 18 日	4 月 17 日	11 月 15 日	4 月 15 日
5 月 18 日	5 月 17 日	12 月 15 日	5 月 15 日
6 月 13 日	6 月 17 日	1 月 15 日	6 月 15 日
補四日	7 月 17 日	補十日，關聯節氣日增二日	7 月 15 日
	8 月 18 日		8 月 15 日
	9 月 18 日		8 月 16 日日全食，曆日中斷，補三十日
	10 月 18 日		
	11 月 18 日		
	12 月 18 日		
	1 月 18 日		
	補十日		

　　我選擇第一算法為調曆基礎，而且循標本 H5：21 補三十日，後算兩歲又四點八個月補日。此算法又照顧了穴口長徑度當日數。僅在頭年日全食發生年曆譜不見給春秋分各增一日，但這不影響此歲後平二分增日，兩算法算迄日相同，都是六月十三日。而且，此穴照顧了 H3107 含春秋分標準間隔及月日數。此曆譜顯示，此穴短徑度當日數是今番春分日，此日是二月十八日。

3. 西山坪與白家村前賢承受紫微垣摹寫節氣之教

1）西山坪 H2 摹寫紫微垣以記春分月日

（1）樣貌與盛斂

　　依《師趙村與西山坪》，發掘者在探方 18 西南部揭露狄宛一期窖穴一個，編碼 T18 ④：H2（後呼 H2），開口於第四層，平面為橢圓形，直徑 1.15～1.95 米，深 0.6 米，直壁平底，原圖編碼 180。此穴出土物有三足筒形罐，

圈足碗，圜底缽。獸骨、木炭與石塊。

發掘報告圖 173 是西山坪 I 區遺跡分佈圖，其 T18-21-26-30 區段顯示，此橢圓穴長邊呈正東西走向。此穴東西兩頭似乎同大，這曾阻礙我設想此穴記錄紫微垣在春分或秋分模樣。對比狄宛 H397 表意特點後，我又檢討白家村、原子頭橢圓穴，最後斷定，此穴輪廓摹寫紫微垣模樣。辨識其東西兩頭，見左邊大而右邊小。依發掘報告圖 173 坐標，左邊爲西、右邊爲東，照顧紫微垣左旋，遂認定此穴輪廓稱春秋分節氣。穴底平直，穴壁垂直，此謂當年春分、秋分節氣不誤。如何解釋此狀與 H397 模樣差異，值得深思。

圖四五　西山坪 H2 摹寫紫微垣記春分

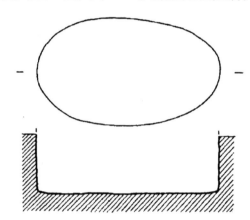

（2）H2 尺寸度當記狄宛春秋分調曆不誤

今放狄宛 H397 尺寸度當曆紀，今先求算 H2 短徑度當日數，以爲前番秋分日，由於秋分日後日短，而春分日後日長：

　　1.15÷0.33＝3.48

此數是尺度，須乘以度當常數，得折算基礎今番爲關聯節氣起點日數：

　　3.48×3＝10.44

又依狄宛曆算，秋分設於八月，故知當年秋分在八月十日。

今計算長徑尺寸度當，以得春分日：

　　1.95÷0.33＝5.9

　　5.93×3＝17.7

此謂今番春分是二月十七日。依 H397 例，兩關聯節氣差日等於七日。補日曆譜排序須反映此差數。

穴深 0.6 米須折算爲尺度，算關聯節氣間隔：

0.6÷0.33＝1.8

此數反映前番關聯節氣秋分與今番春分間隔不足六個月，兩節氣間隔須精確推算：

1.8×3＝5.4

此數顯示，前番秋分迄今番春分僅有 5.4 個月，小數須折算日數：

0.4×30＝12

如此，得知前番秋分去今番春分間隔五個月又十二日。準乎標準間隔一百八十日，此數謂節氣虧欠，其日數：

162－180＝－18

這十八日等於十日加八日。十日出自一歲太陰曆日數虧欠，亦即節氣虧欠十日；八日出自九點六個月太陰曆節氣虧欠。零點六個月折算十八日。二數合九個月又十八日。穴底平行於穴口，故穴口長徑等於穴底長徑，此謂二分已平。其曆譜如後。

表三　西山坪 H2 曆譜

第二年	頭　年
2 月 16 日	2 月 14 日
3 月 16 日	3 月 14 日
4 月 16 日	4 月 14 日
5 月 16 日	5 月 14 日
6 月 16 日	6 月 14 日
7 月 16 日	7 月 14 日
8 月 17 日	8 月 15 日
9 月 17 日	9 月 15 日
10 月 17 日	10 月 15 日
11 月 6 日	11 月 15 日
平二分補二日，餘六日補齊	12 月 15 日
	1 月 15 日
	增補十日平二分

曆譜顯示，起點不在二月十日。這似乎謂此穴曆譜不得其序。其實，此憂慮毫無根據。我以爲，此穴尺寸度當曆譜裏封兩歲太陰曆節氣曆補十日，以爲鋪墊。其春分、秋分在歲曆未補前起迄：第一年春分日在二月九日，秋分日在八月九日；第二年日數相同。曆補平二分：頭年春分二月十日，秋分八月十一日；第二年春分二月十二，秋分二月十三。

此後一歲又九點六個月補齊算盡補完十八日，平二分，後得日數與穴口長徑、短徑尺寸度當日數相等。此計算反映，西山坪橢圓穴 H2 全異於狄宛 H397，由於此穴穴底平行於穴口平面。但狄宛 H397 口面不與穴底平行。察此即知地穴 H2 含簡便算法，減省了兩年太陰曆計算。此算法似乎總括三十八日節氣延遲。前賢唯算十八日，二十日被空置，不入曆譜。這究竟爲什麼？

我推算，此穴曆譜是簡便算法，若將缺省二十日與一歲又九點六個月太陰曆節氣虧欠連算，將見三十八日節氣虧損。此數恰等於九點八個月內發生日全食致節氣虧欠。此是問題根底。換言之，西山坪 H2 包含一種算法，即狄宛發生日全食之月在某年二月之後，十一月六日之前，這樣，須補足的節氣虧欠日數等於三十八日，而且補足後，頭年春分日相當於二月十日，補齊後，秋分日等於八月十七日。平二分日數差以穴口長徑大於短徑度當日數差七日反映。如此，節氣調順。

（3）H2 盛斂物與標本 T18 ④：35 印記西山坪用狄宛調曆

若察 H2 盛斂物，也能獲知相類告喻。此穴出土三足筒形罐，圈足碗，圓底缽、獸骨、木炭與石塊。諸物都與此穴表意匹配。獸骨喻月數之守不誤。骨色爲白喻月色，仲夏黑夜能散發磷光，俗謂之鬼火，此似蒼天幽暗星宿，能述紫微垣眾星。星宿、月色皆在，此謂星宿不喪其所。星位未變，喻節氣不誤。

木炭是燒木殘留，燒木喻生火，火喻察見大火星出。此外，木象穀物莖稈。火燒謂熟食，喻當年穀物成熟，此是調曆所致。石塊出自何處、何狀，俱不詳。石塊能喻地上重濁之氣下沉，也能喻曆算不虛。

圓底缽象天球之半，手持此物，圓底向上，更改其口沿與地平面夾角，即能喻夏季、冬季、春季、秋季，由於此夾角變動匹配日在南北陸往返期間日照軌道變動。以紫微垣論，春、秋季節，東、西兩藩對偶反轉，冬、夏與此相同。

三足筒形罐喻西山坪前賢曆法同狄宛，二地都講究月曆一歲三百五十五

日補五日，為三百六十日璇璣歲，補三日，得三百六十三日曆法，後依春秋分各補一日，總計得歲日數三百六十五。三足謂補三日。諸物佐證，此橢圓穴記錄當年依狄宛曆法觀測節氣，未見節氣先至或遲至。

此穴所在探方出土標本 T18 ④：35 圓底缽，內壁赤色大火星模樣。此即證來年春能睹大火星，即告節氣不誤，此旁證太陰曆補差不誤。如此，穴口尺寸度當是調曆須遵從數碼，不得謬解。此穴曆譜其實也是日全食曆譜，與狄宛 H397 日全食後第三年曆譜相同，唯其走向反映調曆有成，故不見其與緯線交角。關於狄宛一期與西山坪早期先後關係，此穴曆譜明證狄宛 H397 是西山坪 H2 的模板，狄宛聖人調曆之後，日全食致當年節氣變遷能被模擬。

2）白家村 H22 記紫微垣冬至狀以及冬至日

（1）H22 模樣與盛斂

在陝西臨潼白家村早期遺存見一地穴，開口、底面都是橢圓形、從口向下深切而平底，此即 T102H22（H22），位於 I 區內，坑口距地表深 0.51 米，坑口徑：1.35～2.2 米，坑口徑與底徑基本相同，深 0.65 米。坑壁呈筒狀而不光滑，坑底較平。黑灰色墳土，包含較多陶片、獸骨，僅 4 件陶器可以復原，《臨潼白家村》圖一三，3。

圖四六　白家村 H22 地穴象紫微垣

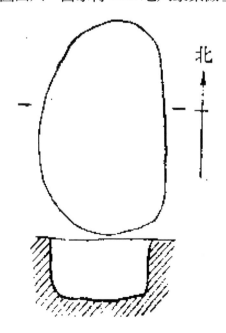

欲論此穴含義，須先申明其象，其次算度當。檢此地穴平面圖，見其縱向延伸。一邊似乎是直線，此是前賢刻意而爲，其狀北小而南大，自東向西或自西向東查看此穴平面圖，見其狀是橢圓形，而且其東邊狀似直線。此線段用如子午線，是聖人告喻斗柄北指之物。依此判定，此穴述節氣應在冬季。再察此穴模樣，頗似狄宛 H397 與西山坪 H2。由此推斷，此穴摹寫紫微垣。此穴平面圖見南寬北窄，此差異出星宿連屬狀，即紫微垣狀，而非聖人矯飾。此穴證實，白家村前賢已知紫微垣左右藩在冬至、夏至反轉，至於他們如何命名這十五星，我未得佐證。此穴平面圖模樣顯示，此穴橢圓大頭自北旋轉而西，再自西而南，而有如此指向。述時節在冬至。

（2）H22 輪廓寫紫微垣以配冬至曆譜

依狄宛 H397、西山坪 H2 長徑算法，求得此徑長尺數：

$$2.2 \div 0.33 = 6.6$$

$$6.6 \times 3 = 19.8$$

此謂某年夏至日是十九日，夏至日長，故爲此算。依狄宛曆法，夏至在五月，故知穴口尺寸度當冬至節氣。其日數當合十一月十九日，誤差不大於一日，由於此間見秋分，而此日節氣須平。今以穴口當冬至，穴底當前番夏至。夏至去過往冬至能從穴深尺度算得：

$$0.65 \div 0.33 = 1.96$$

此穴深近二尺，此數乘以三，算得前番夏至去今番冬至月數：

$$1.96 \times 3 = 5.88$$

零點八八須折算爲日數：

$$0.88 \times 30 = 26.4$$

依此得知，前番夏至去今番冬至五個月又二十六日。以春分、秋分間隔六月爲度，夏至、冬至間隔應等於六個月，其日數一百八十日。五個月又二十六日寡於六個月，其日數差算法：

$$176 - 180 = -4$$

節氣虧欠四日。每一點二月節氣虧欠一日，四日節氣虧欠折算：

$$1.2 \times 4 = 4.8$$

此謂太陰曆四點八個月致節氣虧欠四日。今須溯推這四點八個月及幾月幾日，起算點是前番夏至日。

表四　白家村 H22 曆譜

起算月	第一月	第二月	第三月	第四月	算二十六日
5 月 19 日	6 月 19 日	7 月 19 日	8 月 19 日	9 月 19 日	10 月 15 日

曆譜告冬至日是十一月十九日。此間見節氣虧欠四日。此穴出土圜底缽標本 T102H22：1，圖二一，第 4 物。此物能述蒼穹深遠，能喻赤經面變動而溫暖。側舉轉圜底缽能見缽口沿齊平事狀似黃道面，詳後 F371 赤經面解。圈足碗標本 T102H22：3，《臨潼白家村》圖二四第 6 物，此物能喻二分平，由於赤經面與黃道面相交，地平線上見晨刻日出。日出、日落在天際橢圓與觀星者設擬黃道面平行。而春分日是曆補八日後平二分作為。穴內填黑灰色土，喻熱氣盛壯，填埋於下，即謂過往熱量，故喻前番夏至。物變黑出自連續高熱，化學謂之碳化，此稱前番夏至前後熱氣盛壯。獸骨喻月日數之守不誤。

（二）方天為度察室壁二宿並以格星定二至以迄依盈虛規劃土功

1. 破圓口穴為曆以及方天為曆

1）天象記事之圓穴變樣基礎略要

（1）平面形變始於圓穴

前賢掘穴記錄曆算，此事前以申明。他們掘地為穴，也能更改掘穴模樣。此是地穴變樣。他們更改地穴模樣有其目的，此目的如既往一般，是記錄曆算。狄宛一期是新石器時代曆算高度發達時期，絕非嘗試曆算階段。此階段也是驗算、修改曆法階段，故其更改地穴樣貌不外更改曆算。更改地穴樣貌須基於更改地穴平面樣貌，由於挖掘始於地表。而圓形是前賢曆紀基礎，此事前已申明。

以地穴圓口變樣為例，前賢熟用規寫圓，此不須疑心：藤蔓搓為繩，綁縛短石條一截於一端，兩人配合，一人立於中心，一人繞此人週行，石塊一端著地留下蹤跡，此是寫圓。在此圈內起土，得圓坎。深掘而不變圓圈輪廓，此是直壁。深及某度，此是地穴深。

在寫圓於地表之前，前賢知圓心迄圓圈有直線，也知直線異於弧線。手編藤條為圓圈，得圓。拉伸藤條圓圈，得橢圓。使力拉伸，得平行線。以兩手兩指掛細藤條，輕拉之後，能得矩形。前賢久來與藤條打交道，故他

們知曉圓形形變。此是圓穴形變基礎，是橢圓、方、不規則等樣貌地穴之母。圓穴前已檢討，橢圓穴一部也被檢討。而方與不規則地穴是此處檢討重點。

（2）圓穴立體形變之口、壁形變與直線走向

倘使從穴壁開始觀察，圓口穴形變有兩等，這兩等形變不變更坎口圓形：其一，向下挖掘者收斂直徑，使之變小，小到一點。如此，獲得地穴是半球形，考古界有人呼之鍋底狀，其例是隴縣原子頭遺址 H83。其二，倘使收一邊，圓口穴穴壁與穴底隨著變動。穴壁變爲弧形，平底穴一邊平，另一邊呈坡道。其例是狄宛 H3116。這二者都未破壞地穴圓口。

破壞地穴圓口大抵有三途：其一，保留圓口圓形大部，將圓周一段拉伸爲直線，各段相連，得形狀如狄宛 H279。前述前賢掘穴似紫微垣也屬此類。倘使截去弧線愈多，圓形蹤跡愈少，譬如狄宛 H370、H363。其極端例證是狄宛 H391，此穴平面圖唯有兩處有圓弧狀。

穴壁變動並不複雜：或垂直下切，或內收。內收謂兩邊內收。兩邊內收又別爲均勻內收與一偏內收。前者如原子頭 H101、H103。其平面狀似幼童玩具之一滑板板面。一偏內收如狄宛 H397。中心凹陷是二者特點。儘管其模樣變動出自一理，但其摹寫對象未必一樣。其尺度與長短邊比例決定各自樣貌與表達力。

在平面拉伸或破開圓圈情況下，破圓口之後連線是連直線還是連曲線，都涉形變。直線、曲線雖是單線，其下切有特別走向。切線位置不同，可選走向隨之變動，或東南——西北，或西南——東北，或東——西，或南——北。前賢掘地穴，自選表意基礎。對於我等，辨識此間隱微，是基本工作。而前賢表意基礎或是其所知日光照射，即日出時刻照射射線，或是日落時刻日照射線。其表意基礎也能是斗柄指向，也能是紫微垣寬頭所指。因此，謀解複雜地穴之途須始於辨識諸地穴直邊走向。此點是局部訓釋大要。

2）狄宛地穴散佈密度與走向俱顯一期前賢重視北宿認知

（1）I 區與 III 區地穴密度參差及走向問題

《發掘報告》述狄宛揭露圓口穴十二眼，穴壁別爲直壁、斜壁、弧壁三等，底有平底與圜底兩等。但此文獻根本未陳述各圓穴相對位置。發掘報告圖一三是第一期遺跡分佈圖，此圖匹配文字也未申明此疑點。

檢圓口穴散佈於 I 區與 III 區。以東南——西北爲軸線，地穴密度以中部

爲大，西北片較少，東南也少。其位置關係是，掘區Ⅰ內有三眼，其餘九眼在發掘區Ⅲ，諸多圓口坎未處於同區，而且Ⅰ區與Ⅲ區之間僅見墓壙，無地穴相連。從H279向東北方向畫線，H254被聯繫，僅在其南邊有地穴。Ⅲ區圓穴最多。在H254與H398之間畫線，也在H3114與H3115之間畫線，兩線段基本平行。一期地穴雖不算多，但欲討論此遺址區地穴表義，須先澄清東南——西北走向射線喻何季節，由於此射線能喻兩季節：春季晨與夏季昏。兩季次第相異，表達舊事時段是定數，故須深切研討。

（2）依斗柄指向或某日直星宿爲曆是地穴表意基礎

檢遺址區維度多樣，顯交錯之象。此處有日照維度、有斗柄指向維度，而Ⅰ區與Ⅲ區無紫微垣維度，故檢討起來不算太難。今先檢討東南——西北走向連線。

遺址但見地穴間能以西北——東南連線關聯，地穴皆涉夏至後節氣。此時，日落點在夏至後漸向南下降。這能夠包括前秋分階段。譬如，H254、H398之間連線，H279、H359之間連線，H3114、H370、H3115之間連線，北邊的H12、H10之間連線。這四條連線都述夏至後日落前日照。在此階段，即使在傍晚，日照充足，應使人感覺甚熱。但是，若對照墓葬，即發現此辨識不大可靠。

北邊有並列三座墓葬：M15、M13、M14。墓主頭在西北，足向東南。此謂占陰方求陽來。每歲溫氣起於日東南出，此後出點上升。因此，北邊三座墓葬印證三圓穴H12、H10、H11喻歲終。此處又爲斗柄指。此時值秋分之後。此時節能以兩故出現：節氣至而不誤；日全食致秋分後寒氣驟降，未曾採集穀物。又檢H10與H11連線似乎平行於了午線，細察即知H11已值斗柄東北指，唯不在正東北而已，其時應在冬至後。何以見得？每歲歲初，日起於此處，歲終返回此處，如丸往返不休。在位於東北的H11出土陶丸，是此事佐證。此辨識引發一天文學史問題：中國古賢何時開始認知星宿與日二至點？此處大抵能給出結論：狄宛一期時代，前賢已知北宿能饋給二至信息。依此法檢H12與H11連線，以此直線爲斗柄偏轉角，得知斗柄向東北旋轉30度，三十度當三十日，其時已在來年春季。

如上討論足以澄清狄宛前賢在Ⅰ區與Ⅲ區掘穴理路。此等校驗顯示，一期遺址區地穴挖掘是一項宏偉工程，此工程有記事功能，記事核心是節氣。這恰是圓口直壁平底地穴形變基礎。

2. 從截天球樣板為相鄰直角邊到方天曆紀

1）截圓底穴口為相鄰兩直邊平面坐標系

（1）H370 樣貌與曆紀問題

《發掘報告》圖一九是 H370 平面與剖面圖。弧壁，圓底，口徑 1.26 米、深 0.8 米。坑壁不規整，底部較硬。坑內除了黃褐土，有較多炭屑、碎石塊等。能復原及能辨識器物有缽形鼎、圓底盆、圓底缽、圈足碗等。此穴如前訓諸多地穴一般，都述某曆紀。問題在於，如何辨識此穴，以顯其曆紀含義。

今案，發掘者所謂圓底其實是鍋（釜）底狀。此狀最初是半天球狀，而 H370 穴壁不是簡單弧壁狀，由於穴口不是正圓，而且挖掘者從穴口模樣下切。故而，標題講截天球樣板。依《第一期灰坑登記表》描述，狄宛一期另兩座地穴模樣同 H370：H3115、H254。

發掘者未詳 H370 穴壁走向如何變動。顧及穴口模樣與穴壁關聯，今須補足相關信息。此穴有相鄰兩直邊，以 A' 稍上即其東北向拐點爲連接點，即見兩條相鄰直線。這兩條直線別爲東南——西北走向與西南——東北走向。這種向度是兩種向度綜合，前所未有。這兩直邊下切時雖也內收，但其下切絕非均勻，而是在平面以直線內收，非弧線內收。此狀況導致一個術算問題：發掘者所言口徑 1.26 米顯指 A–A'，依此推算結果與兩直邊存在何等曆算關係？穴深 0.8 米能否在此仍表達某兩節氣間隔月數？

圖四七　H370 斗柄迅疾西北指

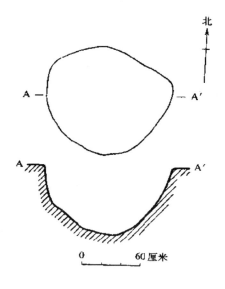

今欲澄清此二問，須先算得兩直邊與子午線夾角，並關聯斗柄指向，辨識兩等曆紀含義有何關聯。

（2）H370記紫微垣述冬至與春分延遲俱是一月

欲解釋此穴，須先依前繪製H397坐標系之法，給H370繪製坐標系。此穴坐標系如後：

圖四八　H370坐標系與表意系統

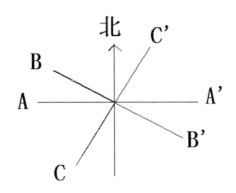

子午線以「北」字下縱軸表述，A–A'是此穴直徑，呈東西走向。B–B'是此穴東南——西北向斜邊。C–C'是此穴西南——東北向斜邊。在 H370 圖樣A'以上覓得東南——西北走向邊線，畫延長線，使之與子午線相交，以爲B–B'。再在 A'點以下覓得西南——東北走向邊線，畫延長線，使之與子午線相交，以爲C–C'。如此，能見此穴表達兩等含義：第一，B–B'運動未及 A–A'。第二，C–C'運動未及子午線。在此之前，須先辨識此穴直線邊與弧線邊模樣，認定其形狀。這是辨識其曆紀功能之本。

兩直線其實是穴口兩直線邊。前賢將兩直邊連接處挖掘爲弧形，而非硬直角，其接荏處是圓弧，此謂旋轉。

檢坐標系上 C–C'去經線 30°，B–B'去緯線也等於 30°。二者關係值得推敲。我以爲，這三十度折算三十日，每歲歲初不得見節氣延遲，歲末見節氣延遲。一歲延遲十日，三歲積攢三十日。這三十日延遲非一併出現。一歲終節氣延遲十日，但在第二年年初顯露。第三年見節氣延遲十日來自第二年節氣延遲。第三年節氣延遲十日並於前二十日節氣延遲，在第四歲歲初顯露，即春分必見三十日節氣延遲。秋分時節，這三十日節氣延遲推延，即見秋分也延遲三十日。這是此穴平面坐標系見兩直線邊與經線、緯線相交成各三十

度之故。這對於還原曆譜有莫大輔助。

（3）H370 尺寸度當驗算節氣延遲三十日

此穴口徑 1.26 米，須折算爲度，再當某月日數：

1.26÷0.33＝3.818

3.818×3＝11.455

此日數是春分日，即某年二月十一日是春分日。算其關聯節氣間隔，以顯節氣延遲或虧欠，須恃穴深尺寸度當驗算：

0.8÷0.33＝2.424

兩關聯節氣間隔月日數算法：

2.424×3＝7.272

此謂間隔七個月有餘。餘數須折算爲日數：

0.27×30＝8.1

此數顯示，兩關聯節氣間隔七個月又八日。

如何評價這個間隔日數，須備細考究。較之圓口直壁平底穴 H3107 述春分、秋分節氣間隔六個月，此處關聯節氣間隔七個月又八日。但問，應該如何解釋這個差數，以及此數與 H370 模樣之間聯繫，即此穴是圓底穴，而非平底穴。檢瓦器平底碗較淺，上下平。上下平能象徵秋分、春分相去六個月，而且節氣落於同日。但圓底穴似圓底瓦器。以圓底穴喻圓底器，圓底器器底喻不平，而且圓底去口沿平面較之平底碗碗口平面與碗底平面距離更大。如此，圓底穴喻遠絕無可疑。天球遠大抵謂節氣遠，即節氣間隔更大，不是六個月，而是大於六個月。如此訓釋，相關話題含義暢曉易知。

基於上訓，七個月又八日折算標準日數即二百一十八日。此日數多餘標準日數算法：

218－180＝38

這個日數即節氣延遲三十八日。拆解此數有二法：

38＝30＋8

或

38＝（10×3）＋8

前者以節氣延遲三十日爲一元，此一元出自日全食，後追加八日；後者以一年爲一元，故拆解三年，每歲補十日，最後補八日。我傾向於後算法，由於日全食致節氣延遲三十日不能在年內同時出現。八日節氣延遲須折算：

1.2×8＝9.6

此穴曆譜須自穴口溯算，其調曆起於末年，而非初年，剩餘月日數即九點六個月置於此曆譜最初，此義合乎穴底模樣。圓底謂星宿遠去，弧壁謂不直。此不直自下而上，故九點六個月應在最初。

表五　H370 曆譜

第三年	第二年	初　年	九點六個月
2 月 11 日	2 月 9 日	2 月 7 日	2 月 5 日
1 月 11 日	1 月 9 日	1 月 7 日	1 月 5 日
12 月 11 日	12 月 9 日	12 月 7 日	12 月 5 日
11 月 11 日	11 月 9 日	11 月 7 日	11 月 5 日
10 月 11 日	10 月 9 日	10 月 7 日	10 月 5 日
9 月 11 日	9 月 9 日	9 月 7 日	9 月 5 日
8 月 10 日	8 月 8 日	8 月 6 日	8 月 4 日
7 月 10 日	7 月 8 日	7 月 6 日	7 月 4 日
6 月 10 日	6 月 8 日	6 月 6 日	6 月 4 日
5 月 10 日	5 月 8 日	5 月 6 日	5 月 16 日
4 月 10 日	4 月 8 日	4 月 6 日	平二分用兩日，餘六日依太陰曆歲補五日之率補爲璇璣歲，增四日，每四個月補一日用兩日
3 月 10 日	3 月 8 日	3 月 6 日	
補十日平二分	補十日平二分	補十日平二分	

此穴盛斂鉢形鼎、圜底盆、圓底鉢、圈足碗等。諸物含義清白：三足器喻璇璣歲增八日，另兩日寄於春、秋分。不算寄兩日，淨算八日。圜底盆述半天球及其口沿能演示日照軌道傾斜，圜底鉢底深，能喻天極較遠，含義是某星在預算時節未曾現身。圈足碗能喻補底而平。圈足碗底部圈足其實是圓形，造碗者以圈足喻節氣週行，而且謀求與秋分與春分平。

坑口不圓喻節氣不滿，不能週旋。坑壁不規整謂半天球之象有毛刺，阻礙星體以時出現。底部較硬則謂地氣不上達。坑內黃褐土述熱氣懸浮不下降：褐色是星空之色，黃土夾雜褐色土，此謂輕重不別。陽氣爲輕，陰凝之氣爲重。地穴雖納黃土，但地穴也象徵空曠，其狀是倒置上半天球，故穴納黃土是熱氣不降之象。炭屑喻生火救熱氣，生火謂補日。碎石塊謂精確計算出自

細微處。

2）H391 摹記角宿觀測得方天切割十度天區觀角宿調曆

（1）此穴是勘驗前仰韶時期涉方遺跡基礎

後圖採自《發掘報告》，圖二一。地穴編碼 H391。此穴位於 T303 北部，開口於 T303 ⑤層下。發掘者認爲，此穴是長方形。狄宛一期唯見此狀地穴一例。此穴口東西長 2.72 米、南北寬 1.3 米、深 0.4 米、坑口距地表深 2.4 米。坑壁不甚規整，底部較硬。坑內堆積黃色夾褐斑土，土較軟。含少量紅燒土粒和炭屑。能復原與辨識器物有缽形鼎、罐形鼎、圜底盆、圜底缽、圈足碗、壺、陶飾品與石敲砸器、刮削器。此穴壁直、底平。訓釋此穴曆算含義等是若干涉方遺跡考校與勘驗基礎，譬如方坑墓穴、方地穴、方底巢（房）屋等都須基於此穴含義辨識解釋。狄宛一期雖無方底巢屋，但關桃園有諸。《發掘報告》舉狄宛一期遺跡雖無純方地穴，但磁山遺址第 I、第 III 發掘區多見方穴。

涉及此穴度數，我見其長仍不足狄宛一丈。基於前述，能夠類比其表意功能於圓穴表意功能。既然如此，方穴亦能表述曆紀。此穴表達曆紀與前訓圓口穴述曆算有何差別，迄今未知。顧念前賢度當算法是基本算法，方穴尺寸度當算法須恃前考已得常數。

圖四九　H391 平面與剖面及增畫交角

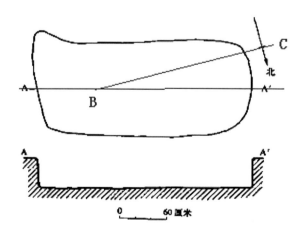

（2）方天穴記東西宿認知暨週天二十四分度起源

發掘者以爲此穴呈東西走向，今察此穴走向不是正東西，而是東偏南向

西偏北傾斜。其走向與正東西緯線夾角大抵等於十五度。這十五度角在東，所對一邊在西到西偏北一線，此區域是聖賢觀測星宿區。由此轉動目光，向北，再向東，即能察知東垣角宿。此角度告喻，聖賢發覺東南角宿。涉及十五度角劃分星區，及此角何在，詳後M15訓。

又察此穴西端是弧形，此狀近似H397大頭。據此得知，此穴表意仍涉蒼穹認知。兩條東西走向直線平行，而且以平行於經線即子午線之一邊連接。這顯謂斷割蒼穹。由此，我認定此穴述前賢方天嘗試。又即，前賢以地面模擬蒼穹，挖掘地面猶如從蒼穹截取近似東西走向方窟。其表意細節如何，這是深層話題。

又檢此穴東頭南北向直線與子午線平行。如此，東西向直線與子午線之間形成坐標系。此坐標系本源是斗柄南北指。基於此點，H391又能表述多至或夏至節氣。如何選擇，這是難題。

前賢以諸直線關聯星空截取，所截區間是切割同心圓模樣，所得模樣是三角。此方穴是中國最初方天嘗試，此穴納前賢察天象得知∠CBA'等於十五度。每旋轉十五度，二十四番轉盡三百六十度。同心圓圓心即北極。狄宛處於渭河流於，在北半球，故察星象準乎北極，每十五度為一區。此穴東南方是角狀，此狀與其方位是揭示此穴含義基礎。

（3）東方七宿之角宿認知起源

狄宛前賢以此穴截割天區，這導致他們查看東西宿能力空前提高。他們不再似以往，無準度查看東西星區。依此穴東西向直線與緯線夾角，他們能夠在春分前十五日開始查看星區。謀求精準紀曆。這導致他們發現四垣之東垣角宿。

面北檢此穴，見右下方有凸出一角，而此模樣唯見於狄宛此穴，其他遺址譬如西山坪、關桃園、原子頭、龍崗寺、白家村、磁山、裴李崗等遺址俱不見地穴有此狀。這旁證狄宛前賢察天象用心甚密。此角有何含義，是一大疑問。

我曾反復查看此穴，初不能見其義。數年間，此疑魂牽夢繞，迄乙未年九月末，始得其解。今案此狀是角宿摹寫，角宿狀似獸角。前賢無文字，又不能以大量顏料摹寫於石料，彼時顏料是稀罕物，故以地穴有此小角表達。《中國天文學史》（上冊）第五章東方七宿之角宿下引《石氏星經》云：「角為蒼龍之首，實主春生之權，亦即蒼龍之角也。」此是其證。前賢自北察，

所見是平道二星與角宿一、二星連線之夾角。此夾角近九十度。《爾雅·釋天》：「壽星，角、亢也。」郭璞注：「數起角亢，列宿之長。故曰壽。」郝懿行引《開元占經·分野略例》云：「三月之時，萬物始達於地，春氣布養，萬物各盡其天性，不罹天夭。故曰壽星（《爾雅義疏》，中之四，第9頁）。」計人存久否須算年歲，年歲準乎角、亢。

此訓旁證兩話題。第一，狄宛曆法初以察日出東方定春分，後準乎察角、亢定春分，正歲初。其二，狄宛前賢遣人往西山坪掘穴，並以有大火星瓦器埋於此穴。此事出自他們能夠依預算見大火星。而劃分東西天區，記錄角宿，這又輔助他們辨識心宿，大火星是其局部。

（4）方圓穴尺寸等同度當計算暨節氣虧七十二日閏年曆譜

今先算此穴寬尺寸度當日數：

$1.3 \div 0.33 = 3.93$

$3.93 \times 3 = 11.79$

如此算得關聯起點節氣（秋分）日是十一日，此日其實是調曆前春分日。今援引度當算法，算此穴長尺寸度當春分日：

$2.72 \div 0.33 = 8.24$

此尺數須當日數，故乘以三：

$8.24 \times 3 = 24.7$

此數謂調曆後，曆譜春分日是二月二十四日。

調曆平二分關聯節氣起點與終點日數差：

$24 - 11 = 13$

依穴深算兩關聯節氣間隔：

$0.4 \div 0.33 = 1.21$

這個得數告喻，今番春分去前番秋分節氣三月有餘：

$1.21 \times 3 = 3.63$

這個數字須精算，三表示三個月，後面 0.63 須折算日數：

$0.63 \times 30 = 18.9$

在此仍不行四捨五入算法，當年春分去前番關聯節氣秋分隔三個月又十八日，以標準月三十日計，總日數等於一百零八日。此日數喻節氣虧欠。虧欠日數算法：

$108 - 180 = -72$

　　此日數差產生之故能有二等：第一，拆這七十二日爲三段，並照顧七年，即三十日、四十日、二日。第二，拆七十二日爲三段，但照顧日全食致節氣延遲三十日：四十日、二日，以及四十日節氣虧欠之間發生日全食。無論何等算法都包含四歲。這四歲能致另外一等算法，即閏年算法，一歲三百六十六日。此算能衍生出第三等算法，更改前二等算法：第一，三十日節氣虧欠出自日全食、四十一日出自四歲節氣虧欠、一日節氣虧欠出自一點二個月。太陰曆年月數等於：三年、四年、一點二個月；第二，四年寄託日全食、一點二個月。倘若調曆，須見二分起點與終點日數差十三日。照顧穴口長、寬尺寸度當日數相差十三日，今須以太陰曆七年餘爲調諧基礎，照顧 H397 曆譜起算日。

表六　H391 曆譜

一個月又六日	第七年	第六年	第五年	第四年	第三年	第二年	第一年
2月24日	2月23日	2月21日	2月19日	2月17日	2月15日	2月13日	2月11日
1月1日	1月23日	1月21日	1月19日	1月17日	1月15日	1月13日	1月11日
補一日	12月23日	12月21日	12月19日	12月17日	12月15日	12月13日	12月11日
	11月23日	11月21日	11月19日	11月17日	11月15日	11月13日	11月11日
	10月23日	10月21日	10月19日	10月17日	10月15日	10月13日	10月11日
	9月23日	9月21日	9月19日	9月17日	9月15日	9月13日	9月11日
	8月24日	8月22日	8月20日	8月18日	8月16日	8月14日	8月12日
	7月24日	7月22日	7月20日	7月18日	7月16日	7月14日	7月12日
	6月24日	6月22日	6月20日	6月18日	6月16日	6月14日	6月12日
	5月24日	5月22日	5月20日	5月18日	5月16日	5月14日	5月12日
	4月24日	4月22日	4月20日	4月18日	4月16日	4月14日	4月12日
	3月24日	3月22日	3月20日	3月18日	3月16日	3月14日	3月12日
	補十日平二分	補十日平二分	補十日平二分	補十一日平二分	補十日平二分	補十日平二分	補十日平二分

　　如此，算足日數。此曆譜顯示，狄宛前賢能夠精準計算新年朔日。而且，他們知曉閏年。即一中國人知曉閏年遠在狄宛一期。

（5）穴東西壁與緯線十五度夾角喻一歲節氣平均日數

此穴南北壁走向與緯線交角等於十五度，此度數等於三百六十度均分二十四後得數。依此計算，每璇璣歲節氣等於十五日，每歲須見二十四節氣。此節氣發生之源是北極。由此得知，中國二十四節氣劃分出自北極認知。

坑壁不甚規整，底部較硬。此謂地氣將動而未動。坑內堆積較軟黃色夾褐斑土，此謂地氣能自下而上，節氣不誤。含少量紅燒土粒和炭屑，此謂地面熱氣不足，熱氣虧欠即節氣日數不足。陶器之缽形鼎述曆補八日，再寄春、秋分各一日。罐形鼎補述前番秋分節氣不誤。罐喻秋分、春分節氣須如水平。圓底盆、圓底缽都述日行道平面變遷，與地平夾角變更。圈足碗述算定日行道，得春分點日行道平面。壺喻圓周三百六十度。石敲砸器是破分之器。刮削器也是解析之器，二者喻分解圓周三百六十度。陶飾品即前訓H391：1，前賢以此物解釋H3115：10乾坤冊八分後算法，而且一歲節氣與次歲節氣相等而循環。

3. H363 記氏宿觀日月交食暨回歸年日道與中天夾角

1）H363 模樣與參數

（1）H363 模樣與盛斂

《發掘報告》圖二二是H363。此坎直壁、平底。坑口長徑3.95米、短徑2.38米、深1.7米。坑壁不規整，底部較硬。此坑被仰韶時代「灰坑」H365打破。穴內堆積黃褐色土，土質較軟，內含較多紅燒土粒、炭屑、石塊等。出土遺物多爲陶片，能復原和能辨別的器形有罐形鼎、缽形鼎、筒狀深腹罐、圓底盆、圓底缽、圈足碗、壺、碗、杯、陶線陀（紡輪）、陶墜和石刀、石敲砸器、刮削器。原圖拓印如後。另外，發掘報告述此穴出土盛斂物時遺漏了一個細節：此穴出土陶線陀多達三件。前賢爲何獨在此坎放置較多的陶線陀，這是一個涉及體系話題的細節，須特別重視。

此穴被發掘者呼爲「不規則形」。對於「不規則形」地穴，考古界曾以爲，此類坎穴「非屬人工有意識挖掘」，「可能屬於當時人們取土所形成的土坑亦屬於灰坑。」〔註13〕此觀點實屬模棱兩可。其堅持者先講，非有意識挖掘的坎穴不是灰坑。後言取土形成的坎穴也是灰坑。此觀點另一層含義是，取土

〔註13〕陝西考古研究所、陝西省安康水電站庫區考古隊：《陝南考古報告》，三秦出版社，1994年，第17頁。

形成坑不是挖掘形成的坑。諸言深層存在其堅持者回環無緒念頭。這種地穴不受重視，根源在此。

涉及此等地穴含義，考古界仍在沉默。而我以爲，此穴含義仍來自前賢方天爲曆，唯此穴含曆紀義不同於其他地穴。

（2）H363邊棱走向與夾角複雜故含義難辨

檢此穴平面圖，自西而東見西北方有直角，其一邊是西北——東南走向，另一邊是東北——西南走向。前一邊向東延伸，與頂端連接。頂端直線走向是正南北走向，如子午線一般。東北——西南線延伸，接弧角，弧角折向東延伸，後在凸起處折向西偏南——東偏北。再向前延伸，連接東壁。

在此須詢問，前賢爲何在東邊留置南北向穴壁？此外，爲何東壁兩端拐彎後一邊傾斜、一邊平直？此穴西南端爲何是弧狀，但西北端是直角？此外，穴底平坦，而且很深。比較發掘報告陳述諸穴深度，此穴最深。

此穴納黃褐色軟土含較多紅燒土粒、炭屑、石塊等。出土陶片復原而得眾多瓦器：三足器有罐形鼎、缽形鼎。圓底器有圓底盆、圓底缽。另有筒狀深腹罐、圈足碗、壺、杯、陶線陀（紡輪）、陶墜和石刀、石敲砸器、刮削器等。倘使依前訓春分——秋分間隔或冬至——春分間隔論此穴，甚或二者綜合之例，不能獲得翔實結論。此穴是狄宛諸穴表意最複雜一例，也是我所見前仰韶時期諸多地穴中表意最複雜一例。

2）穴H363方天圖見壁宿氐宿女宿暨交線交角對應關係

（1）氐宿及壁宿記前賢知曉日月交食

欲檢討此穴奧義，須先依前法，繪此穴平面圖坐標系，由此推算直線走向夾角，並由夾角推算直線當何節氣，或去某節氣虧欠日數幾何。照顧此穴模樣複雜，轉角、直角以一邊連接，又與東邊對偶，若繪坐標而不顧平面圖細節，讀者難以辨識、歸配，故在維持原平面圖基礎上，先增畫兩條直線BD與ED。同時，在三點加寫B、C、D、E四西文字母，以便觀察此穴構造細部。此外，欲全識前賢爲何將此穴中部弧邊一端連接梯形南邊線，須補畫兩條線，即自D越過F畫延長線迄H，再以經線爲南北線，畫緯線HI，FH與HI相交於H。如此，能獲得此穴挖掘者的視域與取向。增畫線段都是赤色。各關鍵點都以赤色標識。未曾更改原圖比例尺。

圖五〇　H363 平面與剖面圖及增畫赤色交線與夾角

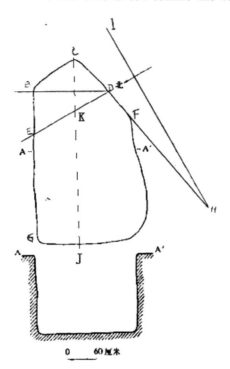

　　添附赤線後，前賢用心得以還原：BCDE 四點模樣是東方七宿之氐宿，氐宿有四星。依陳遵嬀《中國天文學史》第三章圖 61，氐宿開口向西。H363 東端是底，開口自向西。故斷定此穴東邊是氐宿。前賢掘此穴留此邊究竟為何，此事須以經籍記事解釋。《文獻通考·卷二百七十九·象緯考二》（二十八宿，東方蒼龍七宿）：「氐，十六度，下二尺為五星日月中道，為天子之路寢。明則大臣妃后奉君不失節；如不見或移動，則臣將謀內，禍亂生矣。日月食，主內亂。」〔註14〕

　　五星日月中道即五星日月俱過此處而行於天。如此，日全食、月全食必見於中道。此處是前賢察日全食、月全食之所。由此聯繫 H363 摹寫氐宿，得知狄宛前賢已知日全食必過氐宿下。此圖又告喻，狄宛前賢識別日全食絕非偶然，他們知氐宿定然在更早時候。狄宛東宿認知早於狄宛臨界日全食發生日，這是必然結論。

　　又檢 BC 或 ED 是直線，而且與子午線平行。無論取何者，斗柄北指之義

〔註14〕馬端臨：《文獻通考》，中華書局，1986 年，第 2211 頁。

都在。斗柄北指，時在冬至。《禮記・月令》：「仲冬之月，日在斗，昏東辟中，旦軫中。」鄭注：「仲冬者，日月會於星紀，而斗建子之辰也（《禮記訓纂》，第 277 頁）。」陸德明音義：「辟，必亦反。又必狄反（《禮記音義》之一，第 34 頁）。」此宿是壁宿無疑。壁宿有二星，值冬至，呈北——南排列。依此得知，H363 東邊局部述冬至節氣。

（2）BCDE 含兩三角形及西南與西北角並記四分曆起源

察三角形 CBD 與 BDE 不相交叉，兩三角形劃分氐宿模樣。兩三角形內角總度數須等於三百六十度。這三百六十度等於圓周角，能象徵週天。日月每歲在冬至會於此壁宿處。這恰等於一歲。如此，H363 最早以記日月行道記錄一歲週旋，而非以斗柄週旋記一歲。記太陽週旋，此是回歸年紀歲法。如何看待此事與標本 H3115：10 記曆補八日，後補二日以平二分，這是一個問題。

我以爲，在諸標本出現時，狄宛前賢不塙知回歸年，他們能依觀測推知日循環週旋。但無觀測印證。而 H363 是其觀測記錄，此記錄能印證他們的推測。從此觀測之後，H3115：10 的含義升華了，此物獲得回歸年曆紀含義。

此認識猶能以此穴西南、西北兩角迥異之含義獲得：H363 西南是弧角，西北是直角。弧角喻循環週旋。每歲冬季，察地上日照，見日落此處。此處匹配日在冬至「昏東壁中」。故而，東壁直邊匹配西南弧邊。

西北兩邊之間有直角，這看似怪異，此狀態含有別義：直角有九十度，此事爲前賢知曉。但是，面對圓周，如何用直角表達術算？前賢以直角匹配氐宿開口，而氐宿有四星。其數爲四。九十度匹配四，其術算關係是乘積，得數是三百六十度，這恰是魁斗週旋、日月會於東壁度數。九十度與三百六十度之間存在四倍關係。這個四倍由氐宿四星之四表述。這四分三百六十度即璇璣歲四分曆法，或天球滿度四分法。中國四分曆起於狄宛，此事絕無可疑。

（3）格星走向直線與子午線夾角以及格星標誌

在 H363 平面圖頂端覓得 C 點，向下畫垂線虛線，並延及 J，能見子午線延長線 DE 與 CJ 交角有兩處，自 E 向南觀察，面向西北一內角度數等於六十度，面向西南一內角度數等於一百二十度。而且，此線平行於 BG。但問，前賢最初是否須畫 CJ？我以爲他們不必畫此線。倘使畫此線，掘穴不異於 H363 模樣。前賢欲一邊多用，猶如狄宛前賢在二期畫圖一般。由此得知，聖賢最

初欲以 BG 告喻某事。我以爲，前賢欲以 BG 喻某星宿在某時節走向。此星宿是何者，是一個問題。

細察此平面圖，並見曲線。此曲線是解謎鑰匙。此圖有兩處相連弧線，FA' 是一段，此曲線在 A' 點以東內凹。從 A' 向下即向西偏北延伸，後爲弧形，折向東北，越過 J 以迄 G。從弧線轉向到 G 連線平行於 BD。兩弧線所夾內凹線值得深入考究。

今案，這節曲線以內凹爲特點。前述紫微垣外廓俱向外鼓出，故異於此狀。由此差異得知，此穴這節曲線根本不述某季節紫微垣模樣，推測此曲線描述另外星宿。檢四垣二十八宿星圖，唯北宿婺女宿涉此曲線。婺女即女宿。依《石氏星經》，女四星在牛東北。其北有九星，其第四、五、六星連線顯內凹。而第五星是內凹端點。故而，我推斷這九星是前賢欲表達旨趣。

《開元占經・天津星占第二十八》引《石氏》曰：「天津九星，在須女北河中。」又引《黃帝占》曰：「天津者，一名天潢，一名潢中，一名巨潢，一名江星，一名水王柱，一名格星，一名潢星，一名天津；天津有潢四星，在危之北，居漢（揭前注，第 461 頁）。」

陳遵嬀曰：「天津位銀河分支處，它和古曆二至點有關（《中國天文學史》上冊，第 240 頁）。」此記述極爲珍貴，但猶有不足。但問：格星何等模樣值冬至或夏至？迄今無一天文史文獻解答此問。而 H363 平面圖涉及格星線段僅能饋給關於秋分、春分訊息。

察此穴平面圖，內凹曲線相連直線延伸線 FH 與緯線延伸線相交於 H，FH 是格星關聯線，故指格星。而 FH 與 IH 之間有夾角，此內角是十度。察此平面圖對應區域唯見一處有內角，其度數等於九十，即 G 內角。它與 FH 與 IH 之間夾角度數十度存在術算關係。九十度除以十度等於九。這個九等於格星的顆數。而 H363 記錄前賢觀測格星位置與此穴度數相稱。此記錄證實，中國人祖先最早觀測婺女宿格星。前言 CJ 與經線相交銳角六十度，CJ 直線方向是此時節格星走向，此走向以格星第五星而定。

關於辨識格星，須知其把柄是曲線內凹。H363 記節氣涉及秋分，其凹點在西南。凹進最深處是格星第五星。此穴直線一邊絕非摹寫格星另外一邊，而是計算交線與夾角的標準。諸多話題顯示，H363 各邊走向關係複雜，此穴是我所知前仰韶時期最構造最複雜地穴。此穴是狄宛聖人積累星象與曆算知識寶庫，其深度與廣度使我怵惕。

（4）柿子灘先賢氐宿察日月五星中道見日全食佐證

山西吉縣柿子灘中石器文化遺址西北側石崖南端「岩棚」下，高距現坡地 1.2 米，有一岩畫。發掘者以爲此畫摹裸體女性，雙耳突出，兩臂平舉，屈肘向上，右手似舉一物。軀幹豐滿，袋狀乳房向兩側下垂。兩腿連結處留圓孔未塗赤色，「象徵女性生殖器。」兩腿肥胖作分立狀，用赤色線條繪出。頭部上方有七個呈圓弧形分佈之赤圓點，兩腿周圍有六個圓點。發掘者未曾揣測此畫系統含義〔註 15〕。馮時先生引用此畫，並推測，女畫記女巫，頭頂七圓點是北斗七星。他還以爲，倘使此七星就是北斗七星，可以算出，遺址年代與北斗七星指向二分點的年的吻合（《天文考古學》第三章，觀象授時）。

其實，發掘者以女體認知注釋此畫已屬猜度，而無系統考證。此猜度誘導馮先生推測。案此畫非臨摹女體，而摹記日全食，係日全食志。察歲初觀氐宿見日月合於氐宿。日月交食發生於日月行道百八十度，與日爲合朔。而此畫出自遲於中石器時代之某年，繪畫者目睹日全食，而且曾是觀星者。圖上端七星不涉北斗，而述日月五星，其線路係弧線，爲日月五星中道。七星弧線下是角宿。角宿下爲塗抹之雙耳罐模樣。罐喻納水。當年日全食須在春季。下有直線稍微上翹，而左邊上翹後內收，此係氐宿。而述氐宿底線之橫線又當黃道。內收短線謂察日月五星中道目力遙及星宿。橫線以下塗抹處俱是赤經面變動之狀。下兩瓣圖樣述蚌相合，表達合朔，即日月交食。兩者之間赤色圓圈謂日全食致日月通氣，而平日各行其道，氣息不連。此番日全食遠在狄宛此番日全食後。

最下見兩層六顆星體不涉魁四星，唯涉氐宿：外圍四顆星體喻氐宿，中央兩星與上赤色圓圈在直線上，此喻三星體在一條線上：日、月、地。全食帶固是投影，但出自三天體在一條線上。後世天文學述日月交食俱出自此等觀測。

3）H363 穴深與穴口曆算不涉節氣誤差諸問題

（1）H363 長徑與短徑不堪以度當算法解釋

今嘗試計算穴口尺寸度當，謀求關聯節氣日數。此穴口徑有兩參數，長徑、短徑，今逐一計算：

〔註15〕山西省臨汾行署文化局：《山西吉縣柿子灘中石器文化遺址》，《考古學報》1989 年第 3 期。

$3.95 \div 0.33 = 11.96$

此度數折算日數：

$11.96 \times 3 = 35.88$

此日數超過標準月日數：

$35.88 - 30 = 5.88$

如何評價這五點八八日，是迄今未遇難題，今暫且置疑。

短徑尺寸度當算法：

$2.38 \div 0.33 = 7.21$

$7.21 \times 3 = 21.63$

此日數寡於璇璣歲一月日數：

$30 - 21.63 = 8.37$

在此，長徑尺寸度當日數顯不能視爲關聯節氣日數，其數大於一月日數五日有餘。短徑尺寸度當日數或許能爲關聯節氣日數，但此穴穴壁垂直，穴口穴底短徑相等。倘使推斷其度當日數爲關聯節氣日數，必謂此日數是調曆後日數，但調曆即謂平二分。調曆後二分日數不得相等。依此得知，此穴長徑、短徑不是計算關聯節氣日數之參數。

（2）穴深度當十五個月餘不堪驗算節氣間隔

畫 CD 向西南延長線 FH，畫緯線延長線 IH，使之相交於 H，兩線交角等於十度。此謂 CH 在緯線東北十度，或西南十度。緯線當春分、或秋分日照線，故 CH 直線謂春分後或秋分後某日日照線。鑒於周天一度能當一日，故 CH 直線當春分後或秋分後十日。檢 BD 與 ED 交於 D 的內角等於三十度，推算 BD 與 IH 交角等於六十度。ED 是經線、IH 是緯線，二線段是坐標系縱橫軸，四分圓週角三百六十度，每分九十度。由此還得知，BD 是春分後第六十日光照，ED 是冬夏至斗柄所指。

諸直線夾角關係雖已明朗，但諸直線之間存在何等節氣暨日數關係，這難以亟斷。徧察此穴諸數字，唯穴深是定數，故定此參數是樞紐，今先以此數驗算，謀得穴底、穴口兩平面喻節氣月數與日數差，並依此判定穴長徑或短徑度當日換算得數。

穴深度當月日算法：

$1.7 \div 0.33 = 5.15$

$5.15 \times 3 = 15.45$

此數大於關聯節氣標準差數六個月，十五個月又四點五個月大於十二個月：

15.45－12＝3.45

此數謂穴深記錄一年又三點四五個月。

0.45×30＝13.5

此二數合謂三個月又十三日。此月數適合兩算法：其一，準乎太陰曆每月二十九點五日計算：

（29.5×3）＋13＝101.5

其二，準乎璇璣歲每月三十日：

（30×3）＋13＝103

我選擇璇璣歲一月三十日爲標準，由於此穴記錄氐宿，日月行於天，故天道是計算基礎。星行天球以三百六十度爲準。準乎此斷，一年即三百六十日，一年又三個月十三日等於：

360＋103＝463

此謂某節氣起算點迄觀測終點用日四百六十三日。此日數不得類比圓口穴穴深尺寸度當，由於圓口穴深尺寸度當足以折算相關節氣間隔月、日數。但此處不能對比，故在此穴不是圓穴，不得援引 H3107 穴深參數。倘使以前算考究，似乎此穴表達節氣延遲二百八十三日：

463－180＝283

倘使依太陰曆每歲節氣延遲十日推算，似乎前賢推算了大約二十八年節氣延遲？前賢有必要如此嗎？

4）H363 記狄宛曆法新增歲氣起於冬至系統

（1）此穴星宿數術以及盛斂物數術瞻省

瞻省此穴星宿數術須觸及格星於術算含義，以及格星對於正冬至日功能。欲爲此題，須察前增畫赤線，澄清相關交線、交角數字。非如此不能勘驗格星是否用於正冬至日數。

前圖 FH 與 IH 交於 H，∠FHI 等於十度，折算十日。此外，圖上 KJ 表示格星走向，EK 記錄經線。格星走向與經線交角∠EKJ 等於六十度，或 KJ 線走向三百度。這等於設想 KJ 與 IH 兩線相交的內角等於三十度，即設擬圖上存在∠JKH，此角等於三十度。涉及天球度數與日數，星宿行天球足以類比日數：以日月行北半天球，南半天球隱沒，但日月軌道未變。週天滿度三百六十度。度變等於日變，三百六十度不外三百六十日。又準乎日週行蒼穹類比

地寒暑，故生三百六十度當地上寒暑一週。三十度當三十日，交角十度當十日。此時節當何節氣，值得考究。倘使能考得冬至節氣，陳遵嬀記傳即被證實。設擬角∠JKH 三十度當三十日之義也被勘得。

此穴堆積黃褐色土，此謂熱量不足。土質軟謂熱氣柔而不剛。較多紅燒土粒與炭屑謂用火救熱氣，此謂熱氣不足。其喻時應在寒季。石爲堅硬物，石塊質地緻密。以石塊入穴，此謂節氣預算去眞實節氣之間存在虛算，故須密算。三足器罐形鼎、缽形鼎皆謂曆補日數不誤，本不該出現節氣誤差一月。鼓腹罐涉春秋分各寄一日。圓底盆、圓底缽俱述天球及星象觀測，包括日月行軌道觀測，圈足碗喻節氣能平。壺、碗、杯含義如前述，不贅言。

石刀謂精密切割天區，不得遺漏。切割天區猶如扣圓底缽而揭之，使一邊缽沿一部著地，日行道變遷即被摹寫。三枚瓦線陀（紡輪）模樣涉及狄宛日全食，後將一門檢討。此物雖小，寓意甚大，不得輕忽。考古界迄今不重視發掘其義，此不足取。刮削器即陶質或石質的近圓餅狀物件，邊緣薄而利，含義是月殘日，都有圓弧狀。掘此穴前一歲曾發生日全食，但聖人察氐宿見之。諸物印證，聖人仍以此穴表達補日算法。依此，須循太陰歲補十日算法澄清此穴隱義。

（2）H363 尺寸度當日數正冬至日曆算

涉及穴深度當日數四百六十三日評價，我否認此穴類比圓穴算法，但我不否認前賢太陰曆補日算法，故嘗試以太陰曆補日法推算這四百六十三日匹配。

四百六十三這個日數拆解出三百六十日加一百又三日。分割法：太陰曆虧欠回歸年總計十日。預算節氣之法，太陰曆一歲補五日，得歲三百六十日。每月三十日。一歲別三段，每四個月補一日，譬如一月迄四月補於首月或末月，已補之月得三十一日。這是曆法大月起源。春分寄一日，秋分也寄一日。十日補齊。滿歲三百六十五日。多餘餘日數算法：

$$463 - 365 = 98$$

這九十八日不堪以前法分割寄託。依璇璣歲每月三十日分割九十日，得三個月，剩餘八日無所寄託。

$$8 = 5 + 3$$

倘使以五日匹配剩餘九個月，三日失匹，倘使算三日，自五日取兩日，剩餘二日失匹。迄今算法窮盡而不能獲得埌數。故須考慮更改術算。

更改算法基於更改歲時起算點，迄今歲時起算點是春分，迄秋分所在月日數滿見半歲。今嘗試自冬至起算。秋分去冬至三個月，此間隔是基準。如此，秋分後九十日即爲冬至。今以四百六十三日爲未平二分日數，增二日必是平二分後總日數，此日數起點爲春分，自此溯算補日。

$$465-（4×90）=105$$

算迄日數是春分日。此期間須給四個九十日補五日，以補齊璇璣歲與回歸年日差，故自一百又五日減算：

$$105-5=100$$

這一百日須溯算冬至日，故須自此數減九十日，這九十日視爲太陰曆，爲一歲節氣終了積攢日數差：

$$100-90=10$$

此謂準乎冬至節氣，前番節氣虧欠日數也是十日。由此誕生一算法：依冬至起算，算迄下一冬至，節氣滿數仍循一歲補十日。此算法在今日似乎是學童能知算法，但在曆算與星象關聯上，其含義精微，由於此算涉及格星第五星爲準度，此數便於記憶，格星第五星之第五是序數，對於一個循環，起點算此數，終點再見此數，此是二，以其自然數五乘二，得數是此間須補日數。如此，足見格星能用於正冬至。此算式證實，陳先生記傳不誤，陳氏未言此說起源。此考證實，此說本乎狄宛，非後世新學。此算法在當時是全新算法，它是校驗節氣預算之法，亦即歲氣起算與終點校驗之法。前賢以此穴曆算節氣各細部顯示，中國節氣術算在狄宛一期成熟。

（3）赤經與黃道平面交角五度餘係太陰歲補日之源

壬辰年，我斷定自己考證標本 II3115：10 曆算無誤，但終究不堉知前賢爲何能成此精密曆算。依彼時略知日月交食推斷，前賢定知日月行道，以及交點年日月相敵，必有某物能夠佐證此事。癸巳年，我於秋分日後一日拜謁邵店村聖跡。但仍未獲得佐證。及甲午年修訂地穴曆算細節，發覺此穴尺寸度當不匹其餘圓穴度當，著力對比，又驗圓穴尺寸度當曆算系統，以及原子頭、白家村地穴尺寸度當日月算法，格星表意是此間驗算難點。澄清了此疑，今能確證，聖人掘 H363 長徑 11.96 尺，短徑 7.21 尺俱出自精準曆算，而且此曆算出自天象觀測，此觀此之要在於赤經面與黃道面辨識。

察 H363 長徑尺寸度當日數大於標準日數三十日，此數達五點八八日。此日數能兌度數五點八八度。以此穴長徑當日行路程折算日數，以月行路程不

足三十日，但當三十日，合擬角∠JKH三十度。此日數應是何月日數，這是解釋此題樞紐。依圓口穴口徑當春分月某日數，今以此穴長徑當春分所在月滿而有餘，前賢算法細節今得展現如後。

CKJ當春分日月行道，IH當春分日日行道。春秋分當日，黃道在晨昏與赤經面相交。若兩歲春分日見此，即間爲回歸年。若獨察春分或關聯秋分，此間黃道角度變動唯是一百八十度，當一百八十日。

倘若不發生日全食，黃道變動一輪當三百六十度，折合璇璣歲一週。但比較赤經面，見角度差約在五度到六度。將一歲日數差積累，於春分日夜觀氏宿日月行道軌道面交角，能得知相差五度有餘。倘若發生日全食，地上節氣延遲須是一月加五日。這是H363長徑度當三十五日有餘之故。

聖人挖掘H363短徑7.21尺也出自精算，其思路類似前述長徑計算思路。他們以短徑類比月行道在一元終了之月行走日數。此一元完結之月是第十二月，即春分所在月迄來年春分前一月。依考今定狄宛一歲起於春分，歲半於秋分，來年一月是本歲完結之月。以璇璣歲完結之月日數等於標準日數，璇璣歲即斗柄週行三百六十度。月日數等於：

$$360 \div 12 = 30$$

在歲末之月，月行道短於斗柄週旋道，H363短徑類比月在第十二月日數，短徑尺寸度當日數二十一日有餘寡於標準日數八日有餘。這個差數不含平二分日數。此數是歲補八日之本，補足後仍須平二分。

太陰曆與回歸年日數差通算即十度察。H363見其術算表達：以春秋分日行道爲日行中道，凡與此線相交線即造交角。交角謂黃道面與日行道相交點，交點在穴外（H），謂不以穴納。交線夾角喻日行道與黃道面在春分日角度參差，二者相差十度。對於站在H363邊緣CD或CF查看氏宿南月行道者而言，此角度差又等於日數差。CDFH直線是春分月行道線，而IH是春分日行道。這個差數是一歲月行道與日行道度數積差，換算爲日數差即一歲太陰曆寡於回歸年十日。

4.原子頭與白家村地穴尺寸度當曆譜暨格星正二至例釋

1）原子頭圓口弧壁垂底穴記節氣延遲與虧欠曆譜

（1）原子頭H83樣貌

檢狄《發掘報告》未舉圓口弧壁均勻內收垂底穴，此狀被一些人呼爲鍋底形。狄宛H370穴壁雖也內收，但穴口不圓。故而，關於圓口弧壁垂底穴曆

紀細節，迄今不知。而且，增補考究同期此等地穴在所難免。非如此不能檢視、驗證地穴尺寸度當算法是否偏適。原子頭遺址前仰韶時期有兩眼圓口穴，皆屬此類。這兩穴是 H83 與 H121。今先檢討 H83 模樣、盛斂，依度當月日驗算其曆紀，揭示盛斂物含義。

　　H83 穴口為圓，週壁弧狀，如斜坡，內收下垂及底。底在中央，此處又是圓心下垂點，故言垂底。後圖採自《隴縣原子頭》圖六第 1 幅。H83 位於 T28 中部，上有 F23，坑口距地表 2.3 米，口徑 1.5 米，深 0.9 米。內填褐色土，質地硬，含少量陶片及殘獸骨，料姜石等。可看出器形者有泥質紅陶缽，夾砂紅陶三足罐和平底罐。另外，根據《隴縣原子頭》圖六，此穴直徑與其餘條狀地穴長徑方向一致。又據發掘報告，其餘條狀地穴長邊走向是東西向。由此推斷，H83 直徑 A–A' 是東西走向。

圖五一　原子頭 H83 平面與剖面模樣

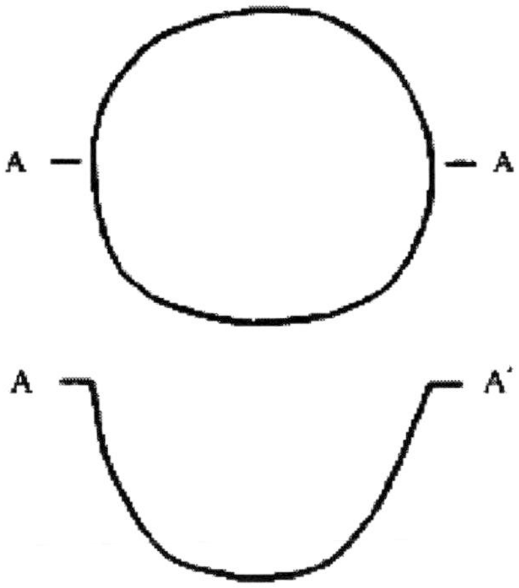

（2）H83 盛斂物記節氣遲滯

　　此穴狀似圜底器，故其功能類似圜底器。前言圜底器象天球，故推斷此穴也象半天球。穴底是中心下垂，這是天極。若以斗柄週旋解釋，穴底垂點是天樞恆指之所，是北極星之所。穴較深喻陽氣遠，故告節氣延遲。

　　褐色土象蒼穹夜色，月夜之色大抵是褐色。土堅硬謂熱氣不能自上而下，穿透土層。下降熱氣也不易穿透地表，以及地下。由此推斷，前賢察天象在地氣應動之月。其時，節氣須在大寒之後，乃至立春之後。三足罐喻月曆 355 日曆補八日，外加兩日。三百五十五日補為乾坤冊滿數，再增補三日，以為

八日之補。另外兩日補於春分、秋分。一歲二分終於秋分。罐口內傾，水下，匹配秋水盛行。平底罐上下皆平，上下喻斗柄上下，謂寒暑節氣平。殘骨寓意匹配此事：殘獸骨謂夜守不全，夜喻陰氣，故告寒氣不盡，自往歲起算，今節氣不滿。歲日數不能匹配節氣，今歲寒氣閉鎖大地。照顧此穴模樣是東西走向，A-A'呈東西走向，東西走向同緯線走向，緯線走向與春分、秋分日日出點與日落點相稱。基於此判斷，今認定穴口述春分節氣。

（3）H83 尺寸度當節氣延遲曆譜

穴 H83 直徑須先折算爲尺度：

1.5÷0.33＝4.5

此數又須當月日數，即某月日數：

4.5×3＝13.5

此日是晦日前一日，是春分日。狄宛曆法春分在二月，即當年春分日是二月十三日。此節氣間隔關聯節氣月日數須依度當計算：

0.9÷0.33＝2.7

2.7×3＝8.1

兩關聯節氣間隔八個月有餘。餘數須折算爲日數：

0.1×30＝3

此謂兩關聯節氣間隔八個月又三日。鑒於此穴穴口圓形完滿，不得推斷此穴象徵天區斷割不全，不得從而推斷某星區以時之出現星宿藏匿。此圓底穴寓意顯是關聯節氣去秋分更遠，此狀寓意節氣延遲，節氣延遲日數等於八個月又三日減去六個月，得兩個月又三日。此日數即六十三日。此日數折算：

63＝（30×2）+3

此計算顯示，節氣延遲兩個月又三日。兩月延遲能夠出自兩種狀況：第一，六年太陰曆積算節氣延遲，外加三日折算三點六個月節氣延遲。第二，三年節氣延遲，加其第三年日全食致節氣延遲一個月，再加三點六個月節氣延遲三日。

我傾向於判定第二狀況。前訓狄宛某年日全食發生於秋分後一日，八月十六日。原子頭在北緯 34°35'～35°05'，狄宛在北緯 35°～35°0'04"。狄宛當年臨界日全食也是原子頭日全食。故而，秋分後日全食致節氣延遲一月同樣發生在原子頭。如此，當年秋分後節氣延遲，此番節氣延遲導致節氣不平，

虧欠三十日。這個虧欠日數以圓底深表達。即使如此，也須考慮日全食發生於第幾年，否則，三點六個月無寄。依狄宛地穴 H3107，關聯節氣標準間隔六個月，當年秋分日是八月十五日。而日全食在此日後。今見 H83 曆譜也逢此日，此謂曆法相同致使相同節氣日也相同，故推斷此年同月同日見日全食，爲曆譜須將日全食致節氣延遲三十日補於此年後。第二、第三年續此。餘三點六個月置於曆譜末。如此，可定 H83 曆譜如後。

表七　原子頭 H83 曆譜

餘三點六個月	第三年終	第二年終	置　　閏	第一年終節氣起於春分
1 月 15 日	1 月 19 日	1 月 17 日	補三十日	1 月 15 日
12 月 15 日	12 月 19 日	12 月 17 日		12 月 15 日
11 月 15 日	11 月 19 日	11 月 17 日		11 月 15 日
10 月 26 日	10 月 19 日	10 月 17 日		10 月 15 日
	9 月 19 日	9 月 17 日		9 月 15 日
	8 月 19 日	8 月 17 日		8 月 15 日
	7 月 18 日	7 月 16 日		7 月 14 日
	6 月 18 日	6 月 16 日		6 月 14 日
	5 月 18 日	5 月 16 日		5 月 14 日
	4 月 18 日	4 月 16 日		4 月 14 日
	3 月 18 日	3 月 16 日		3 月 14 日
	2 月 18 日	2 月 16 日		2 月 14 日
十八日算盡不平二分	補十日平二分	補十日平二分		補十日平二分

此曆譜不得連算四歲，由於四歲或生閏年。術算節氣日數謀求唯一，或然即謂疑惑，等於問題存留。此曆譜證實，原子頭曆算同狄宛曆算。

（4）H121 尺寸度當節氣虧欠曆譜

後圖是原子頭遺址地穴 H121，位於 T38 中部偏東，此穴也是「圓形鍋底狀」。開口在第 6 層下。坑口距地表深 2.2 米，口徑 0.9 米，深 0.5 米。內填黑色灰土，質地疏鬆，含少量陶片、獸骨、料姜石塊等。見泥質紅陶缽、夾砂素面紅陶餅，體外細繩紋加刺紋紅陶與灰陶罐，都不堪復原。發掘報告圖六第 4 幅。

圖五二　原子頭 H121 平面與剖面模樣

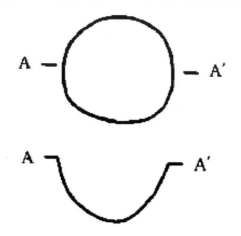

此地穴模樣頗似 H83，察其貌而不知尺寸度當者難辨各自功用，甚或以爲此穴是 H83 影子，無特別含義，但此等揣測毫無根據。此穴穴壁是弧形，較之直壁移土更少。依前訓圜底穴見狄宛圜底穴曆紀體系迅速傳播。

此穴記某年春分所在日數：

$0.9 \div 0.33 = 2.727$

$2.727 \times 3 = 8.181$

依此計算得知，前賢算某年春分日合二月八日。

穴深記前番關聯節氣間隔月日：

$0.5 \div 0.33 = 1.52$

此間隔顯不足六個月：

$1.52 \times 3 = 4.56$

$0.56 \times 30 = 16.8$

這個數字等於四個月又十六日。比較狄宛曆法春分去秋分間隔月數六月，今知此穴虧欠一個多月。準乎每月三十日，虧欠日數等於：

$136 - 180 = -44$

虧欠日數即不平而待平日數。平日數須恃增補。四十四日等於一個月又十四日。這四十四日節氣虧欠能破分爲四十日加四日，也能破分爲十四日加三十日。三十日節氣虧欠或出自日全食，或出自三歲節氣延遲。十四日節氣虧欠等於一歲節氣虧欠加四點八個月節氣虧欠。倘若算四年太陰曆，虧欠節氣總日數算法變更：

44＝41＋3

由於四十一日是四歲應補足日數，即閏年須補十一日。這四年一元剩餘三年每年補十日。三日換算三點六個月。這三點六個月將分列。我傾向於認定四歲太陰曆致節氣日數虧欠四十一日，外加三點六個月致節氣虧欠三日，由於此穴未見一器表述日全食。

表八　原子頭H121曆譜

三點六個月	第四年	第三年	第二年	第一年
2月16日	2月15日	2月13日	2月11日	2月9日
3月16日	3月15日	3月13日	3月11日	3月9日
4月16日	4月15日	4月13日	4月11日	4月9日
5月5日	5月15日	5月13日	5月11日	5月9日
零點六個月折算十八日，三日差數暫無寄託，故不補日	6月15日	6月13日	6月11日	6月9日
	7月15日	7月13日	7月11日	7月9日
	8月16日	8月14日	8月12日	8月10日
	9月16日	9月14日	9月12日	9月10日
	10月16日	10月14日	10月12日	10月10日
	11月16日	11月14日	11月12日	11月10日
	12月16日	12月14日	12月12日	12月10日
	1月16日	1月14日	1月12日	1月10日
	補十一日平二分	補十日平二分	補十日平二分	補十日平二分

此穴出土紅陶罐與灰陶罐，以及陶缽。灰色能喻夜空，赤陶能喻熱、熟。陶缽喻半天球，又即節氣未平，須調諧。罐喻春秋分平，已調曆。此穴度當曆譜顯示，即使同期模樣相同地穴，凡穴尺寸深參差，穴口參差，曆譜不得等同，否則繆算。此是曆譜斷代研究不得輕忽話題。

2）白家村H9摹寫格星正冬至以及日全食曆譜

（1）H9格星走向冬至準度義

《臨潼白家村》述，T120H9（後名H9）位於I區，橫跨T120與T115兩探方，坑口距地表0.64米，坑口長3米、寬1.4米。坑底長2.8米、寬1.2米，坑深0.45米。坑壁傾斜度較大，圖一三第2幅是其平面與剖面圖。我給

原圖增畫赤線、並以字母標誌交點。此穴盛斂黑色灰土，出土較多陶片、獸骨、蚌片、礫石塊，四件陶器可以復原。對照圖二〇，檢得第 8 幅是標本 T120H9：1，圖二一第 6 幅，標本 T120H9：2 也是圓底缽。圖二三第 4 幅，標本 T120H9：6 是三足缽。

<h3 style="text-align:center">圖五三　白家村格星狀地穴 H9</h3>

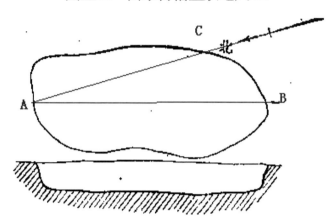

我認定此穴述格星，其別名天津。此穴內凹處是第五星所在邊。察此星走向，大抵是西南──東北。從子午線向北畫延長線，得直線 CA，再從 A 沿此穴向西南延伸線畫直線，得 AB 線段。CA 與 AB 相交，內角等於 15 度。此謂格星與經線交角等於 15 度。赤線 AB 是格星走向。準乎格星右旋，此時格星走向旋過正北，而第五星所在曲線面向西北。對照狄宛 H363 平面圖，以及彼處格星走向與子午線夾角度數關係，格星第五星所在線面向西南，格星走向與經線相交六十度，時在多至，以考古學度數講，即此線值三百度，時在多至。若轉動一百八十度，即得夏至，以度數當日數，此日數關係是：

300＋180＝480

480＝360＋120

今見度數等於十五度，此謂：

120－105＝15

此日數等於夏至前一百又五日。此日數折合：

105＝90＋15

夏至前九十日是春分，春分前十五日是驚蟄節氣。換言之，格星走向指示節氣是驚蟄節氣。

（2）H9摹寫格星暨尺寸度當曆譜紀關中腹地最早日全食

白家村H9平面圖摹寫格星，其曆紀細節迄今也不爲天文史學界知曉。案此穴穴口、穴底長俱有度數，穴深亦有度數。唯此穴底長、穴口長有別。如何定其意蘊，這是難點。今先算穴口長徑度當日數，以顯今番節氣：

3÷0.33＝9.09

9.09×3＝27.27

此謂今歲某節氣值某月27日，此月是幾月，此節氣是何節氣，須依格星走向測算。如前述，格星走向即格星平面長邊中線，而且內凹處是第五星，憑依此星凹線朝向能斷定其喻指節氣。若此線交割經線，生成六十度，時在冬至。今見格星走向越過經線，第五星面向西北。時在春分前十五日，此節氣是驚蟄。

今欲算驚蟄節氣間隔前番關聯節氣，即白露節氣月日數，須算此穴穴深度當月日數：

0.45÷0.33＝1.36

1.36×3＝4.13

0.13×30＝3.9

此得數謂今番驚蟄節氣間隔前番關聯節氣僅四個月又三日。依關聯節氣標準間隔六個月積算，此間隔顯節氣虧欠。其虧欠日數等於：

（30×4）＋3－180＝-57

節氣虧欠五十七日折算補日算法有三種，以三十日節氣虧欠當三年一元爲基準、以五十日節氣虧欠當五年一元爲基準、以四年節氣虧欠當一元爲基準，此數基於閏年：

57＝30＋27

或

57＝27＋30

57＝（10×2）＋7＋30

第二種：

57＝50＋7

第三種：

57＝41＋16

但是，爲曆者須選擇某一種。選擇基礎或是日全食致節氣延遲三十日加

太陰曆算法，或盡循太陰曆一歲節氣虧欠十日計算。我認定，此穴曆日須循日全食致節氣虧欠積算。檢此穴盛斂，唯蚌殼片能涉及日全食，由於蚌殼內外色澤不一，內層能喻日照，而且日狀不完，被切割，這是日全食食既復明階段模樣或初食見日狀變小。狄宛標本 H398：72 瓦片狀似蚌殼，用色爲白，摹寫日全食，此是白色、日全食、蚌殼之間關聯。故而，我傾向於認定此穴曆譜須含日全食致節氣延遲三十日。而且，其算法應是：

$$57＝7+30＋（10×2）$$

此謂某年前未滿九個月期間曾發生日全食，日全食致三十日節氣延遲間隔連續曆日。精算剩餘七日延遲折算月數與日數：

$$7×1.2＝8.4$$

$$0.4×30＝12$$

此謂八個月又十二日期間見日全食致節氣延遲三十日。剩餘兩歲起點不是頭年節氣起點，而是頭年剩餘日數積算。而且，此曆譜起算點應是穴底表述關聯節氣月日數，此日是白露日：

$$2.8÷0.33＝8.48$$

$$8.48×3＝25.45$$

準乎狄宛 H3107 曆譜，以春分在二月中，驚蟄在一月底，溯推六個月，得白露日在十月底。照顧此穴穴底尺寸度當日數，當年十月二十五日值白露，而非十月二十九日。另外，此穴寬度能給溯跡推算供給指導，穴底寬與穴口寬尺寸度當是校驗依據。穴底寬度當日數：

$$1.2÷0.33×3＝10.9$$

此謂調曆後關聯節氣日數是某月十日。

穴口寬度當日數：

$$1.4÷0.33×3＝12.72$$

此謂調曆後，此節氣落於某月十二日。而此曆譜關聯節氣不再統一。

表九　白家村 H9 曆譜

第二年	第一年	置閏一月	八個月有十二日期間日全食
7 月 10 日	7 月 8 日	補三十日	10 月 25 日
8 月 11 日	8 月 9 日		11 月 25 日
9 月 11 日	9 月 9 日		12 月 25 日

10 月 11 日	10 月 9 日		1 月 25 日
11 月 11 日	11 月 9 日		2 月 26 日
12 月 11 日	12 月 9 日		3 月 26 日
1 月 11 日	1 月 9 日		4 月 26 日
2 月 12 日	2 月 10 日		5 月 26 日
3 月 12 日	3 月 10 日		6 月 8 日
4 月 12 日	4 月 10 日		補七日
5 月 12 日	5 月 10 日		
6 月 12 日	6 月 10 日		
補十日但未平春秋分日數	補十日但未平春秋分日數		

　　無論怎樣算日全食當年前八點四個月節氣虧欠，此年都應平春分。此年補日法：每四個月補一日，總計兩日。奇數月每月補一日，總計四日。平春分一日，七日補齊。置閏一個月，三十日。循此，算迄八月，秋分節氣日應是二十七日，唯此節氣在口全食後補三十日後一年不得顯示。剩餘兩年頭年起算點是前八個月又十二日終點。但問，頭一番曆算終點六月八日喻節氣日，抑或不喻節氣日？證據何在？

　　我以為，當年五月二十六日立夏，而六月八日是立夏日。此日是新關聯節氣計算起點，原節氣起點白露日廢除。前言關聯節氣不統一，即謂此事。此言端又致新問：此日較之前番節氣相差日數為何不足十五日？案太陰曆原關聯節氣日是二十五日，算迄月末二十九日，得四日，再算十一日，得平均節氣間隔十五日，但此處存在節氣虧欠。故下一節氣日不在十一日，而在第八日，兩者相差三日。這三日是不平二分前，太陰歲補五日為璇璣歲之三日。故此，補三十日後，下一歲節氣起於芒種，即七月八日，終於後一番立夏日。第二年仍如此。故而，此曆譜第二關聯節氣是芒種與立夏。其序：芒種在前，立夏在後。芒種日是穴底寬度當日數，而立夏日是穴口寬度當日數。此日數是補日平二分後調曆日數。曆譜日數與此穴尺寸度當相匹。

　　此穴足以增補天文學史空缺。其一，此地穴曆譜增補中國天文學史史前天象記錄。白家村前賢觀測日全食是已知關中腹地最早日全食。第二，格星正冬至是校驗地穴曆譜標尺之一，古記不誤。涉及此番日全食發生時段，此穴曆譜給出精準日期：狄宛曆法每月滿月為初一。第十五日為月末，值節氣

日。望月後第十五日是晦日，朔日發生日全食。準乎此曆譜，當年在五月末曾發生日全食，此日是狄宛六月朔日。此曆算是白家村遺址文明斷代基礎。推測此番日全食輪返合《漢書‧五行志》第七記高帝九年六月關中日全食。《中國曆史日食典》記西元前 197 年 7 月 26 日發生環食，合農曆 6 月 15 日。但在白家村當年，須見全食。

3）原子頭 H101 格星正夏至暨日全食曆譜

（1）H101 摹寫格星走向精準與否問題

隴縣原子頭前仰韶時期遺址揭露出地穴四座，其一是所謂「不規則鍋底狀」，編碼 H101。發掘報告述，此穴口距地表深 2.6 米，東西長 2 米，南北寬 0.9 米，深 0.9 米。坑壁不整齊，內塡灰褐色土，土質較硬，含少量陶片並伴有大量料姜石快和獸骨，夾砂紅褐陶餅，以及夾砂紅陶和褐陶三足罐，諸器不能復原，《隴縣原子頭》圖六第 2 幅，其模樣如後。發掘報告未具此穴坐標系，故不畫交線。

圖五四　原子頭 H101 記格星模樣

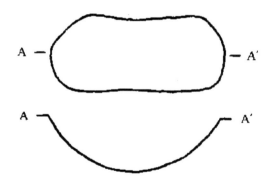

我認定此穴記述某年北宿婺女宿格星模樣，此辨識基於格星把柄：格星第五星所在曲線面北。此朝向與前述狄宛 H363、白家村 T120H9 格星所在曲線朝向相類，都在中線外側。發掘報告未具坐標系，但述此穴東西長 2 米。此穴能否佐證格星指示冬至，今不塙知，欲比較諸參數以爲驗證，並給狄宛曆算傳播增補佐證。

基於狄宛 H363 記星、白家村 T120H9 摹寫格星曆紀，今知婺女宿格星也在旋轉。格星在天際右旋，如斗柄一般。格星週旋三百六十度，等於連續節氣二十四等。而且，辨識此星旋轉之把柄是此星外側曲線，曲線凹下處

是格星第五星。此星在旋轉時，其外側曲線恒在外。今欲考校此穴曆譜細節，告喻狄宛格星正冬至節氣認知在近處傳播，以及相關認知在狄宛以東傳播路徑。

（2）H101 摹寫格星走向一百二十三度及此穴記日全食曆紀

在此，設使 H101 穴正東西走向，H101 走向與經線相交度數是九十度，即 H101 平面圖上 A-A' 走向平行於緯線。依前述 H363 平面圖格星走向與經線交角度數六十度，即 300°，其東南一端走向折算 150°，此線是冬至——夏至線。依發掘者述，H101 東西走向，此謂此穴走向度數等於九十度，較之一百五十度，此處猶虧欠六十度。此謂 H101 記節氣是冬至前或夏至前六十日。冬至前六十日是霜降，夏至前六十日是穀雨。今須校驗，H101 穴口尺寸度當日數與穴深尺寸度當關聯節氣間隔月日數能否佐證此設使。

此穴口徑尺寸當日數算法：

　　2÷0.33＝6

　　6×3＝18

此謂某年某節氣值某月十八日。此日值何節氣，須恃其餘參數運算後勘驗。兩節氣間隔月數須依穴深度當月日驗算：

　　0.9÷0.33＝2.7

　　2.7×3＝8.1

此謂今番冬至間隔前番夏至達八點一個月。此間隔大於六個月，而零點一個月須折算日數：

　　0.1×30＝3

兩月又三日折算標準日六十三日，即節氣延遲六十三日，其算法：

　　243－180＝63

節氣延遲六十三日無疑。依發掘報告描述，此穴東西走向。此描述應能以走向直線匹配節氣延遲日數折算度數。六十三日即六十三度，謂格星走向與經線相交度數等於三百零三度，或一百五十一點五度。此度數大於狄宛 H363 格星走向與經線相交度數三度。依此推算得知，發掘報告言此穴東西走向不夠精準，其走向應等於 303° 或 123°，應是東南——西北走向。比較此穴與狄宛 H363 格星朝向，得知二者相差應是寒暑之差。H363 記冬至，則此穴記夏至節氣，倘使節氣不誤，其角度應是 120°。

六十三日拆解之法有三：第一，三年太陰曆節氣延遲三十日。剩餘三十

日出自三年某年日全食致節氣延遲一月。剩餘三日，當三點六個月太陰曆致節氣延遲。第二，無日全食，即六歲又二點四個月，由於每四年須給三百六十五日追補一日，剩餘兩年補二十日，剩餘二日，折算二點四個月。

我傾向於第一拆解法，即拆解爲日全食致節氣延遲三十日，日全食發生在三年之一年內。剩餘三點六個月。如此選擇之故在於，此穴盛斂陶餅 H101：1，此物記述當時發生日全食。而且，狄宛與原子頭緯度接近。彼地日全食即原子頭日全食。儘管如此，此處仍須澄清日全食致節氣延遲三十日補於當年年底，抑或是當月月底，非如此不能證實前斷。我意置閏在一個循環末期，即當年年底。

表一〇　原子頭 H101 曆譜

餘三點六個月	第三年	置閏月	第二年	第一年
5 月 18 日	5 月 16 日	補三十日	5 月 14 日	5 月 12 日
6 月 18 日	6 月 16 日		6 月 14 日	6 月 12 日
7 月 18 日	7 月 16 日		7 月 14 日	7 月 12 日
8 月 7 日	8 月 17 日		8 月 15 日	8 月 13 日
	9 月 17 日		9 月 15 日	9 月 13 日
	10 月 17 日		10 月 15 日	10 月 13 日
	11 月 17 日		11 月 15 日	11 月 13 日
	12 月 17 日		12 月 15 日	12 月 13 日
	1 月 17 日		1 月 15 日	1 月 13 日
	2 月 18 日		2 月 16 日	2 月 14 日
	3 月 18 日		3 月 16 日	3 月 14 日
	4 月 18 日		4 月 16 日	4 月 14 日
補三日消弭節氣延遲六十三日	補十日平二分		補十日平二分	補十日平二分

此曆譜顯示，穴口尺寸其實是前賢調曆後關聯節氣度當日數。

（3）H101 證實格星能爲二至點以及關隴古遺址曆算相協基礎

如上驗算證實，《中國天文學史》記傳「天津……和古曆二至點有關」不誤，此記須增補。驗算得知，格星能用於正冬至，也能用於正夏至，以及春

分、秋分。在狄宛一期時代，格星（天津）旋轉，有內凹曲線一側是格星第三迄第七顆星所在一邊，第五星在中間。在格星旋轉時，第五星所在邊恒在外。關於此星旋轉幅度是否如斗柄一般，我沒有確證。推測此星座第五星在狄宛一期是重大參照物，似乎與斗柄在某時指向匹配。在冬至日，此星宿長邊走向近似東西，角度 300°。夏至日，格星所在邊面北。方向 120°。

此穴盛斂物含義匹配此訓：陶餅 H101：1 能佐證原子頭也見狄宛一期災異日全食，而且日全食致節氣延遲三十日。此穴壁不整齊，謂日艱難移動，即熱氣難平。內填灰褐色土，土質較硬，此謂天上陽氣下降不勁，不能穿透地表：灰褐色喻蒼穹夜色，告喻前賢夜觀星象。料姜石似堅硬土塊，謂重濁下沉不揚，寒凝而春分後陽氣荏弱，難以升騰。

前算又能佐證前仰韶時期關隴曆算一體，並無狄宛以外算法，中國節氣曆算統一：狄宛、原子頭、白家村三地前賢預算同節氣同日。由此查看當時曆算，可謂算法穩定。拓展視域，覆蓋渭河流於古遺址曆算文明，算法亦必統一而穩定。

三、H279 曆算度當化爲狄宛故虛建築放大樣

（一）H279 尺寸度當與不盛瓦器問題

1. H279 曆譜與聖人並兩曆譜期間之曆算工巧

1）H279 穴深尺寸度當十三個月又十八日難以評價

（1）H279 平面剖面圖及其構造

《發掘報告》圖二三，H279，坑口長徑 1.18 米、短徑 0.96 米、坑深 1.5 米。底徑 0.75～0.9 米（《第一期灰坑登記表》第 5 穴）。斜壁、平底。坑壁不整齊，底部較硬。坑內堆積黃褐色土，土質較軟，含少量紅燒土粒與碳屑。坑內無旁物出土。《發掘報告》講斜壁指穴壁內收爲陡坡狀。此穴剖面有下小上大狀，似喻某種擴張。故虛即聖賢營都前建築。

此穴似 H370，但非弧壁，無垂底，穴底小口大。其平面圖無一條直線，故不能畫直線與經線相交。此穴口頗似闕月，西南近乎圓滿，但在東南——西北向缺少一部。此穴口似乎摹寫一月內某夜月狀，細察之下，見其狀頗似十九日或是二十日月狀。在此，大可詢問，前賢是否以此穴摹寫此日月狀。

圖五五　H279 平面與剖面圖

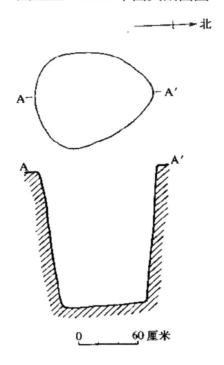

再察此穴穴底與穴口，二者平行。此穴唯納黃褐色土、少量紅燒土粒與炭屑。此穴不納一件瓦器，值得深究。紅燒土與炭屑是用火殘跡。前賢爲何用火，這也值得深思。

（2）H279 穴深尺寸度當十三個月餘時段終始問題

欲知此穴曆紀細節，須先以其尺寸算度當月日數。穴口長徑度當算法：

　　1.18÷0.33＝3.57

　　3.57×3＝10.71

顧念此穴穴底平，穴口平，由此推知此穴記春分、秋分已平。穴口喻今歲春分，春分在二月，故春分日是二月十日。

此穴穴底尺寸是關聯節氣起算日，其算法：

　　0.9÷0.33＝2.727

折算日數：

　　2.727×3＝8.1818

此日數與穴口尺寸度當十日有何關係？此問題值得深思。無論二者關係如何，都須依度當算得穴深記關聯節氣間隔月日：

$$1.5 \div 0.33 = 4.54$$

此得數是四點五四尺。

穴深每尺當三個月，每寸當三日：

$$4.54 \times 3 = 13.6$$

此數即十三點六個月。此數超過標準節氣差六個月七點六個月。七點六個月折合標準日數：

$$7 \times 30 = 210$$

$$0.6 \times 30 = 18$$

$$210 + 18 = 228$$

如何定義日數多出七個月又十八日？顧念穴底、穴口平行，應依二氣平判定此穴度當曆紀。這七個月又十八日能表述半年外加一個月再加十八日，即四十八日。但是，聖人如何處理既納六個月與七個月又十八日術算關係，此是根本問題。

（3）穴深度當日數與標準日數比例及兩曆譜關係

案此穴穴深尺寸度當月日數，此穴包容兩個時段，而且這兩時段相加絕非連續一年餘，而是大於一年。此斷出自推算：關聯節氣標準間隔等於六個月，即一百八十日。此間隔象徵一歲關聯節氣無誤，關聯節氣即前番秋分迄今番春分節氣。一百八十日與關聯節氣期間標準間隔存在比例關係，比例數是：

$$180 : 360 = 1 : 2$$

這種協調出自聖人精算工程規模與年月日關係。其例在地穴 H3107，而且此穴表達此等比例出自聖人補十日於太陰曆算法。倘使以某地穴記錄節氣延遲或虧欠，須見此穴穴深尺寸度當關聯節氣間隔日數或大於一百八十日，或小於一百八十日。多餘日數或虧欠日數是調曆基礎，調曆目的是歲三百六十五日節氣平。如 H3107 顯示，地穴穴底與穴口平面平行能表達調曆得節氣平。準此，H279 上口下底平行，此穴須含節氣調諧得平之義。

另外，此穴穴深尺寸度當日數與標準節氣間隔日數比例遠大於二比一，而是：

$$(13.6 \times 30) : 360 = 408 : 360$$

前數能破分等比例數：

$$360 : 360 = 1 : 1$$

與

48：360＝1：7.5

基於此算，得知兩項比例數第一比例數容納兩段曆譜，後一比例數含四十八日寄託於前兩段曆譜，此曆譜究竟應寄託於其一之後，還是寄託於兩者之間，抑或是其一之中，這值得考究。此疑圍繞四十八日節氣延遲出自何處，倘使補日，如何寄託前兩段曆算。

2）尋常曆譜體日全食曆譜暨 H279 曆譜體系

（1）平二分補十日之法是日全食後調曆基礎

前算此穴穴深度當日數匯集於一個難點，此即多餘四十八日如何產生，須寄託於何一曆譜，是否須置於兩曆譜之間。案四十八日顯是歲補十日之外日數，故而此數須自為一元。須自此日數推算其產生之源。在此，存在兩等算法：第一，一歲太陰曆見節氣延遲十日、八日折算九點六個月、三十日出自日全食致節氣延遲。第二，四歲外加九點六個月太陰曆。我以為，應探第一算法，由於第二算法致四歲一元，此間須有閏年，閏年見補十一日，此歲三百六十六日。這將致八日差數減一日。但四十八日之數是前賢算六百七十二冊關聯數，前訓標本 H3115：10 曆算含此數，故而不得為四歲一元算法。考慮託付這一歲、九點六個月、日全食致節氣延遲四十八日，須並計此穴穴底、穴口尺寸度當。

案此穴穴底尺寸度當日數等於：

0.9÷0.33＝2.727

折算日數：

2.727×3＝8.1818

此日數是曆譜起算點，算迄日應是穴口尺寸度當日數，即前算：

1.18÷0.33＝3.57

3.57×3＝10.71

此期間須容納一歲節氣延遲、九點六個月、日全食致節氣延遲三十日，總計四十八日。查看穴底日數與穴口日數相差僅二日，此二日能容一歲平二分一番。如此，四十八日節氣延遲調曆除了含三十日為整數外，尚有十八日節氣延遲須調諧，此數含一歲加九點六個月，故此處不得為連續曆譜，而應為回歸曆譜，即調諧曆譜含春分日應是日全食年後曆譜調諧基準。此曆譜須起於某年春分二月七日，八日是調諧後日數。穴口尺寸度當日數是最後一年春分日。

表一一　H279 曆譜

九點八個月太陰曆	節氣復歸	日全食	第四年	第三年	第二年	第一年
2 月 10 日	2 月 8 日	補三十日	2 月 14 日	2 月 12 日	2 月 10 日	2 月 8 日
3 月 10 日	3 月 8 日		3 月 14 日	3 月 12 日	3 月 10 日	3 月 8 日
4 月 10 日	4 月 8 日		3 月 14 日	4 月 12 日	4 月 10 日	4 月 8 日
5 月 10 日	5 月 8 日		4 月 14 日	5 月 12 日	5 月 10 日	5 月 8 日
6 月 10 日	6 月 8 日		5 月 14 日	6 月 12 日	6 月 10 日	6 月 8 日
7 月 10 日	7 月 8 日		6 月 14 日	7 月 12 日	7 月 10 日	7 月 8 日
8 月 11 日	8 月 9 日		8 月 15 日	8 月 13 日	8 月 11 日	8 月 9 日
9 月 11 日	9 月 9 日		9 月 15 日	9 月 13 日	9 月 11 日	9 月 9 日
10 月 11 日	10 月 9 日		10 月 15 日	10 月 13 日	10 月 11 日	10 月 9 日
10 月 28 日	11 月 9 日		11 月 15 日	11 月 13 日	11 月 11 日	11 月 9 日
平二分用二日，每兩個月之一補一日用四日，每四個月補一日，不足者不計，八日補齊	12 月 9 日		12 月 15 日	12 月 13 日	12 月 11 日	12 月 9 日
	1 月 9 日		1 月 15 日	1 月 13 日	1 月 11 日	1 月 9 日
	補十日，節氣回歸匹配節氣日回歸		見日全食，補十日，不為閏年	補十日平二分	補十日平二分	補十日平二分

此曆譜最大特點在於，狄宛前賢將調曆節氣統一於回還節氣日數。這與曆譜創造一般，都是曆算史上偉業。此外，聖人設定三年一元節氣回歸算法，這是《易》傳三歲置閏得以穩定之曆算基礎。

（2）H279 穴口摹寫日全食體訓

前既言此穴異於前訓諸穴，而且此穴述日全食致歲紀增一月，此穴須涉及日全食事。日全食是天象，而非日、月。日全食涉及初虧、食甚、生光三階段，而且這三階段甚短，僅數分鐘，甚或僅持續一分鐘有餘。此景象異於日、月模樣。月雖闕，但十五日望月或十六日前半夜之月猶是圓滿。十五日當夜、十六日前半夜足以細察月狀。日全食持續甚短，期間模樣更替甚速。若講前賢能以穴口摹寫月相，這不難信從。若言摹寫日全食某狀，似乎難以說服讀者，由於日全食涉及日狀變化較之月相變化更難觀測。其實，前賢查看星象，而且星象較之晝時日全食更難查看。他們能見日全食各階段日樣

貌，故能以穴口摹寫星象，譬如格星之狀，他們能以穴口摹寫日全食。此事不須驚訝。

前述雖言情理，但很難聯繫 H279 穴口模樣。其一，穴口固定，毫無變遷可言。附近又無鄰近兩穴寫月擠壓、襲入日地穴。其二，講此穴摹寫今曆法十八日或十九日月狀，似乎能排除穴寫日全食説。但是，此説不通。檢索發掘者給定坐標系，此穴西南向完滿，而且其平面大小超過半月狀。但察今曆法十八日、十九日夜月狀，月行中天之後，月闕部分微凸斜線走向是東北──西南。而 H363 穴闕邊走向是西北──東南。二事不同。故而，以爲穴口寫今曆法十八、十九日之月狀之念不通。

倘使證明此穴摹寫日全食，須澄清此穴摹寫日全食三階段何階段，否則不足以論前賢掘此穴前開此口有何算計。我察此穴穴口摹寫生光已見大半，小半日仍被月襲占，月尚未退出，即月球本影縮小尚未完結。察日全食時月進襲日路徑，必自西而來，侵蝕日面。同樣，食甚之後，自西先見日再生光，故西邊日面漸次增大。但東面仍在晦暗中。鑒於日生光後照射甚勁，足以刺傷人目，查看者不能細察月退出時月本影與日已生光之大部之間交線是凹陷狀。狄宛前賢以微凸連線表達交界。此是偏差，而且全在情理之中。此穴穴壁不直反映春秋分節氣不平直，異於狄宛 H3107 地穴含義。基於 H279 穴口模樣考察，對照前依度當算法驗算結果，今斷定 H279 記狄宛日全食復明模樣。

2. H279 不盛瓦器暨穴摹日全食盈虛問題

1）H279 盛斂土色與炭屑旁證日全食以及不納瓦器之故

（1）此穴盛斂物義釋

此穴穴壁不整齊，此謂節氣預算本來不直。但底部平坦，與穴口平面平行，此謂調曆之後，即增補一月之後，春、秋分節氣平。底部較硬謂地氣難毌，地上熱氣難透地面，地氣難升。此事是春分前後狀況。

坑內堆積黃褐色土，土質較軟，含少量紅燒土粒與碳屑。褐色土喻天空，即夜間天空。前述弧壁地穴也曾見褐色土。此謂 H279 述事涉及星空。但問此星空是夜間星空嗎？此問看似多餘，其實涉及問題根本。能睹星宿即謂星空。夜間固能睹星空，但晝時未必不能睹星空。倘使發生日全食，月本影在地上投影是日全食帶，處於此域內察日者即能見蒼穹，也能見去日冕較遠處星宿。故而此穴褐色土喻星空可能指日全食時晝時星空。黃色土與此匹

配，坐實前面推測。月進襲日之後，食甚必見日冕，日冕顏色含橙黃色。穴盛黃色土，其故在此。

　　土質軟謂土不堅硬，堅硬謂重濁，軟謂輕柔。土重濁謂寒氣凝結，致翻土艱難。今尚未重濁，時在寒露之前。含少量紅燒土粒與炭屑，此謂須加火。地穴喻星空，加火非謂天火，而謂日火。日照耀如火。加日數即加火。炭屑即用火殘跡。加日即增日數。紅燒土量少謂增日不多。多與不多指比例，須準乎此穴深測算。但發掘者未舉細節，在此不須深究。此比例應與增日一月相稱。

（2）H279 不含瓦器緣故推測

　　此穴穴口雖似圓口穴 H3107、H3116，但絕不可等同看待此穴與前兩穴。前兩穴都出土瓦器，而且數量不菲。但 H279 未見一器。但問：前賢為何不置一器於此穴？對於狄宛前賢，我等不須揣測他們遺忘放置瓦器，也不得揣測他們掘穴之後不能製造適當瓦器，而後留存虛穴。我能推測緣故有二：其一，此穴不含瓦器，由於前賢無適當瓦器與之匹配。其二，此穴不須瓦器，故在此穴含義完滿，不須匹配瓦器。前賢不須匹配瓦器，故無所謂瓦器適當與否之辨。

　　在此，我認為狄宛前賢僅知曉無一器能匹配日全食，故不置一器在此穴內。而黃褐土、炭屑與紅燒土不根本不是匹配物。諸物半記日冕光色，半記物數。對於狄宛前賢，如此表述盡善盡美，何須再置一物？我辨析結論是，此穴含義完滿，不須以瓦器匹配。但問，此穴在前仰韶時期是否為孤例？後世有無沿襲？這必須探究。

2）虛穴 H279 出自日全食盈虛認識

（1）前仰韶時期磁山遺址 H274 也是虛穴

　　在狄宛附近，西山坪一期、二期遺址地穴都非虛穴。師趙村早期遺址也無虛穴。關桃園遺址、原子頭遺址、白家村遺址也未見虛穴。但是，在去狄宛較遠的磁山遺址第 II 發掘區第三地層，發掘者揭露 H274、平面圓形，此穴未見瓦器，僅堆積灰土與草木灰。依據《河北武安磁山遺址》（《考古學報》1981 年第 3 期）圖五第 1，H274 是平底穴，如 H279。關於此穴模樣細節，迄今不知。這並不阻礙我們判斷兩者相似。而且，磁山遺址如狄宛遺址一樣有溝道。在裴李崗遺址未見虛穴，彼地有無溝道很難澄清，此遺址曾遭受嚴重破壞。

　　將虛穴問題話頭延伸到仰韶時代，考察關中各遺址，也難覓得類似例證。北首嶺遺址無此例。姜寨遺址早期地穴雖未見此等地穴，但姜寨一期遺址曾有溝道，HG1、HG2、HG3、HG4 平面呈半圓形環繞在居住區北、東、南三面，西面是臨河。這類似狄宛遺址溝道。半坡遺址有「窖穴」，多用於儲存物件，僅編碼 153 的地穴底部鋪墊河卵石，穴內無瓦器。此穴平面形狀不規則，在半坡遺址是唯一口大底小地穴。依《西安半坡》圖四三，此穴自上而下有淡黃褐土，灰褐土、黑灰土、白灰土、黃褐土等。最上層與底層都是黃褐土。比較狄宛 H279 穴納土色，也見黃褐色土。唯半坡遺址穴 153 另有黑灰土與白灰土。兩穴納土至少局部一樣。這顯示，狄宛前賢不置瓦器於穴之法在半坡遺址繼續存在。以狄宛 H279 記事推測咸半坡地穴 153 功能，此穴多少涉及日食舊事。另外，西安半坡溝道口寬而深。挖掘溝道爲狄宛、磁山、半坡早期、姜寨早期共有。比較而言，磁山遺址 H274 最似狄宛 H279。兩者都是平底，都有火灰。而且，磁山遺址 H274 也是圓口穴。儘管能夠斷定這兩遺址是相似遺址，但在此之外，關於虛穴與遺址關係，幾乎只能沉默。求知前賢虛穴之故，是深入認知古遺址門徑。

（2）H279 寫日全食盈虛是《易》消息盈虛說之營造佐證

　　檢 H279 不納陶器，對照此穴尺寸驗算已得曆算，以及此曆算涉及日全食，結合前考此穴穴口寫日全食食既後復明進程，今須綜合諸多要素，討論前賢虛穴含義。如前言，不納瓦器地穴謂之虛。虛與盈相對。既言日全食食既後日復明，月本影消退，此是虛。但在此之前，月本影處於地面日食帶。對於狄宛一期時代前賢而言，見月進襲日，而且日圓被擠佔，充塞日圓。日圓被充塞無餘，此是盈。盈即陰陽匹配而滿。故此，日全食是盈虛進程：月爲陰，日爲陽。月進襲日，滿進即盈陽，此時陰陽相敷。此一番是盈虛一番。倘使發生日偏食，不得謂盈虛，故在月襲日，但陰陽不能相敷。

　　在此，H279 描摹日全食盈虛，此進程也是消息進程。不獨日全食有盈虛、消息，月全食也有盈虛、消息。消即衰減而弱，譬如月全食之夜，地球本影擠佔滿月，滿月減小。息即地球本影漸去月球表面，月開始生光。《周易・象傳》存三條，今擇其一爲例。《剝・象傳》：「君子尚消息盈虛，天行也。」虞翻曰：「乾爲君子。乾息爲盈。坤消爲虛。故君子尚消息盈虛。『天行也』，則出入無疾，反復其道，《易》虧巽消艮，出震息兌。盈乾虛坤，故於是見之耳（《周易集解》第 2 冊，第 124 頁）。」案虞氏說近是。「乾息爲盈」，言三陽

爻滿，此是乾。故息與盈通。「《易》虧巽消艮」者，《易》乾下一陽爻虧，變為巽，再衰為艮，艮消為坤。對比此說與日全食，日初虧之前是乾，食初為巽，其次為艮，食既為日消，此是坤。復明是初震，其次是兌，末復乾。H279摹寫兌象。

盈虛說含能量交換之義後被醫家吸納，化為氣血津液精盈虛通滯說。此說是《易》醫學局部，它能夠指導方劑。中醫教學時，教者難於清言其義〔註16〕，推究其故皆在傳播者不知此說本乎日全食期間月襲日、月退出進程。

（二）H279 模樣與位置及其對於二期I段遺跡佈局影響

1. 一期大遺跡分佈出自天象觀測與曆算及 H279 位置特點

1）一期大遺跡類別及其平面分佈中心

（1）大遺跡類別及迄今類別不妥所致問題

狄宛一期遺跡別為小遺跡與大遺跡。小遺跡是探掘者在探方獲得某標本處所。前賢放置某物於此處，此處是前賢步履所及之處。以古今施工能力論，探方較之最小地穴仍顯小，故是小遺跡。此外遺跡皆是大遺跡。大遺跡有房屋、地穴、墓葬。這三等大遺跡如何分類，迄今是一個問題。此難題出自地穴功能認知問題。此前，考古界未能澄清地穴功用，故不能清言地穴與房屋關係、也不能清言地穴與骨殖關係。骨殖在穴是判定墓葬之故，但墓壙形狀以及為何埋骨殖之根源不清，它導致學界不能清言墓葬系統含義。墓葬、房屋問題此後將備細申述。

基於前考地穴曆紀，我斷定狄宛一期大遺跡類別如後：地穴、房屋、墓葬。倘使有瓦窯，須列於地穴之後。地穴為前端土功，由於地穴搭建木料即為簡陋房屋。骨殖非地穴不得言埋葬，無埋葬故不得言墓葬。掘地穴是第一土功。

前類別異於今日考古界類別。今考古界以房屋為發掘報告開端，窖穴居其後，墓葬在最後。這等類別導致考證麻煩：先考究房屋地上營築，再考究地下窖穴。這導致地穴體系含義並列於地上搭建部，地穴本有指導含義消亡。如此類別不便房址考古。這甚至導致一些房屋構圖不能澄清。後者往往出自地穴樣貌未曾類別。在房址後，迄今發掘報告多不備細列舉地穴。這導

〔註16〕尹周安等：《論氣血津液精之「盈虛通滯」理論在〈方劑學〉教學中運用》，《現代中醫藥》2013 年第 5 期。

致難以給遺址功能定性。以《發掘報告》爲例，若非發掘者鬼使神差將 H279 列舉在內，我根本不能看出狄宛一期遺跡俱出自嚴謹佈局與規劃，此思路延續到二期。這一點恰是狄宛遺址思想綿延不絕之故。又由於地穴含義不清，墓葬所恃墓壙模樣包藏某事恒被疏忽，這導致墓葬起源不清，墓葬表意體系不清。

（2）一期大遺跡走向、邊界及其是否渾全之疑

狄宛一期大遺跡走向即其主導尺度在平面上朝向，譬如 H279 微凸邊線走向、M15 墓主骨殖擺放方向，以及墓主頭向。以《發掘報告》圖一三（第一期遺跡分佈圖）爲準，大遺跡邊界即地穴、房址、墓葬遺跡所在位置之間連線構造的域界。此遺址大遺跡邊界處於第 I、第 III 探掘區。諸遺跡呈帶狀自西北向東南延伸，這個條狀地帶在東南——西北向有兩邊線：西邊線與東邊

圖五六　狄宛一期遺跡分佈邊界

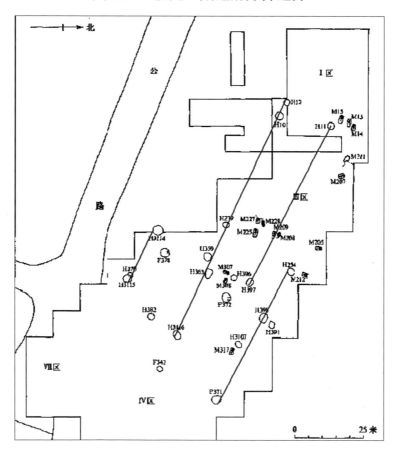

線。此條狀地帶北端是 M13，東端是 F342。若在南邊畫赤線，H3114 與 H3115 相連。若在東北畫線，M205 與 F371 相連。線外僅見 M212 與 H391，二遺跡緊挨這條直線。倘若在西北方 H12 與 H11 之間畫連線，這條西南——東北線段平行於 F342 與 F371 之間畫線。從 H12 向 M13 畫線，後從 M12 向 F342 畫線，此線平大抵行於 M13 向 F371 之間連線。這樣，一期遺跡分佈條狀特點更加明顯。條狀分佈邊線應是一期遺跡邊界。

右邊赤線標誌遺跡在狄宛一期是否為營築邊界，這很難斷定。已揭露狄宛一期遺址地層深淺不一，但最淺處也能容納一期遺物，但未見窯址。憑此推測一期瓦窯在歷史上已被破壞，因何破壞，不得而知。清朝同治年間，邵店一帶駐守第五營，剿撫回民起義。五營地名源於此軍隊編碼序列。屯兵須近水源，發掘區 I 與 III 都遠去河道，推測未受屯兵影響。即使此處曾有戰事，彼時火器不能深掘地面，表層之下，大抵沒有破壞。唯斷崖一處，難以判斷是否大略維持舊貌。換言之，前賢當初是否曾精心選擇此處，以為演示、記錄曆算之所，這值得深究。至少，在斷崖之內，我推斷早期遺跡系統渾全。

2）H279 為一期第 I 與第 III 探掘區中央出自天文曆算

（1）遺跡相互位置記錄天文曆算故事

此處言故事非趣事，而是聖賢舊事。此等舊事是狄宛聖賢觀天象與立曆算法則並為曆法大事，是人類文明頭等大事。倘使澄清此事，後可討論聖賢是誰，以及聖賢功業傳承。此故事不被經籍記述，也不被民眾口傳，是不傳之事。

前述狄宛遺跡別三等：其一，地穴。其二，房址。其三，墓葬。地穴記觀象與曆算前已申述。房址實記星象觀測與曆算，後將以尺寸度當與星宿關係佐證。在 F371 與 F378 之間畫線，後在 F342 與 F372 之間畫線，得相交兩條線段。F371 為角宿一，F342 為角宿二，F372 為平道一，F378 為平道二。其西邊見 H363，含氐宿。二者相連，即見春季星宿。從兩連線交點向北畫線，此線能接 H391 邊緣，表意相稱。而 H391 記錄角宿，前已申述。發掘揭露一期房址僅有四座，這四座房址天文觀測史價值極高。墓葬也涉及星象觀測。而且，一期墓穴疏密與位置關係是，西北端有五座、中部有六座、東南較少，有三座。南偏東最少，僅見一座，即 M317。正南無一座墓葬。此印證，前賢刻意記錄查看北天、東天與南天星宿。彼述時節須在仲冬與孟夏前：東

南邊陽盛，正北與西北陰氣盛。南有生氣，北有殺氣。從 F342 畫線段，延伸至 H12，此線段有二重含義：東南方向是一歲日照初盛之所。此處恰是歲初日出點北遷之所。但問，此線延伸到西北，爲何在 H12 北偏東見墓葬？倘使以爲，此線段述西北日照，其時必在夏至之後。彼時陽氣盛，這如何能與死亡與埋葬關聯？其實，此線段述斗柄西北指，彼時寒氣已盛。南邊指陽，北邊指陰。此即東南──西北線段二重性。曆算須算日，此是記陽。但是，曆算須參照星象，此爲陰。二者匹配，須見墒算。由此得知，狄宛一期遺跡記錄前賢觀星象與曆算事。涉及房址、墓穴觀象細節，後將申述。

（2）H279 以曆算中數而爲陰陽連線坐標原點

前述從 F342 畫線段，延伸至 H12，此線段有二重含義：南邊主陽，北邊主陰。這兩段須有間斷點，此點何在，是一個問題。倘使度量這段連線，能見此線段坐標原點是 H279。此處大抵等於此線段兩段中點。換言之，H279 是狄宛前賢表達陰陽氣連線中點。但問，這是爲何？

鑒於前考詳盡無餘，今能解答此問。狄宛前賢以 H279 爲陰陽連線坐標原點，故在此穴記述前賢將曆補與解決日全食致節氣延遲一月之法關聯。此二事之一是標本 H3115：10 所記曆補八日，後給春分、秋分各寄一日，月曆曆法變更，成爲陰陽合曆。中國最早一歲三百六十五日曆法誕生。但是，此後某年曾發生日全食，此災異導致歲三百六十五日曆法失去作用。預算節氣遲滯，寒冷節氣早至。解決此難是第二事。彼時察天象者見日全食發生於氐宿氐下，把握了日月交食發生之所，調曆後增補一月，彌補了節氣虧欠。此事導致中國回歸年三百六十五日歲曆能適應天象變化。標本 H3115：10 記錄曆算仍有約束力。此事是當時前所未有大事，足以影響各種活動，須完備記錄。欲完成此心願，前賢挖掘 H279。

2. H279 穴深與穴狀決定二期 I 段遺跡分佈規劃

1）環溝與斷崖內遺跡是否完滿問題兩種測算

（1）推測二期 I 段環溝內聚落直徑八十米值得質疑

依《發掘報告》圖五六，狄宛二期 I 段遺跡分佈於截圓面上。截圓面的邊界是溝道，而且溝道在西偏北面間斷，留存出入聚落的通道。溝道在南邊未達 TG2。發掘報告編纂者郎樹德先生推測，這裡存在另一通道。聚落西北至東南長約 150 米。東北至西南寬約 120，面積 13000 平方米。遺址西南部有公路與房屋，尚未發掘，實際揭露面積約 9600 平方米。朗先生又講：根據現存

聚落呈大半圓及東北部係臺地斷崖的現象推測，原聚落的面積至少在 20000
多平方米左右〔註17〕。

圖五七　狄宛二期Ｉ段遺跡分佈

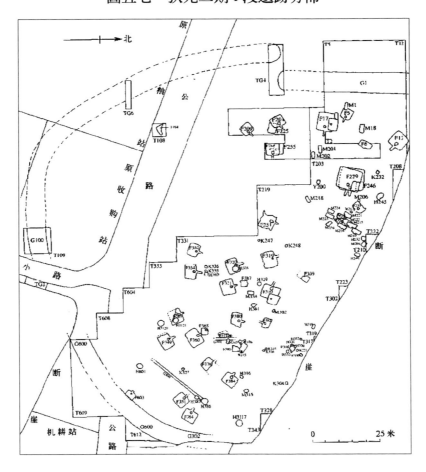

　　郎先生推算依據兩個參數，一個參數是常數 π，一個參數是半徑約 80
米。80 米平方數等於 6400 平方米，再乘以 π，得數是 20096 平方米。

　　對照實測聚落西北至東南長約 150 米這個數字，郎氏推測直徑等於 160
米。這個數字可能源於姜寨遺址截圓狀短徑長度比照。依此猜測，狄宛二期Ｉ
段遺跡西北──東南向斷崖是破壞所致，破損部分在斷崖以外，是今不存在
部分。倘使存在，遺跡直徑至少等於 160 米。鑒於郎氏採用數字涉及姜寨遺

〔註17〕郎樹德：《甘肅秦安縣大地灣遺址聚落形態及其演變》，《考古》2003 年第 6
　　　　期。

址徑長，今須檢討此遺址一些細節，輔助討論狄宛二期 I 段遺跡模樣與徑長。

（2）姜寨遺址以臨河爲界顯示早期遺跡不須在圖面分佈

《姜寨》記述，一期壕溝共發現四條，編號 HG1、HG2、HG3、HG4，平面呈半圓形環繞居住區北、東、南。西面是臨河。發掘者推測，此溝道是防護設施。其走向可能當時一直延伸到臨河旁。四段的高低不同。HG1 位於居住區東部，長 46 米，此段溝道東北——西南走向，上寬下窄。修建 HG1 時，打破了四、五座第一期窖穴，發掘者估計 HG1 修建於居住區初具規模之後。

臨河自南而北流過聚落西側。居住區位於中央，周圍有壕溝，村東壕溝以外是墓地。村西近臨河岸有窯場。居住區北、東、南三邊以壕溝爲界。村落平面佈局呈橢圓形，南北短徑 160 米，東西長徑大約 210 米，面積約 33600 平方米。居住區周圍壕溝有三段：北段西端被現代村莊覆壓，殘存長度約 150 米。東端長 50 米，南端西端曾受沖蝕，殘長約 70 米。整個村落北段、南段向西延伸，直達河邊，西南邊是河岸。壕溝各段不連。發掘者以爲，此溝道是防禦設施。F130 位於東南缺口正中，是寨門。另一座 F45 設在北邊〔註18〕。

圖五八　早期姜寨環溝聚落遺跡

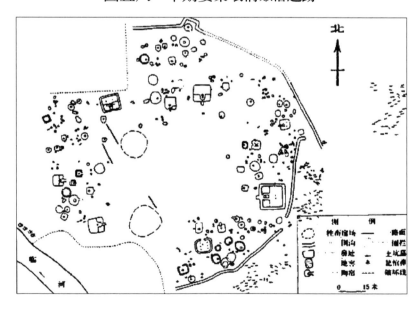

〔註18〕《姜寨——新石器時代遺址發掘報告》，文物出版社，1988 年，第 51、350～351 頁。

依《中國大百科全書》考古學卷姜寨遺址插圖，姜寨遺址在西南以臨河爲界。臨河自東南流來，在遺址西南轉折向北流去。而且，此河非似渭河或黃河頻繁改道。依發掘者辨識，遺址西南靠近河道部分是牲畜宿場。根本不存在河道改變切割遺址西南之類問題。由此，能獲得仰韶早期遺址兩個佈局特點：第一，遺址分佈不是圓形。第二，遺址依傍自然界限。

（3）一期與二期Ｉ段遺跡建築思想關聯暨一期遺跡條狀走向之基準

討論狄宛一期遺跡與二期遺跡關係者都不否認，兩期遺跡表達的史前文明連續不斷。涉及狄宛一期遺跡與二期遺跡演進與繼承，迄今無人給出狄宛一期遺跡向二期遺跡過渡的思想綱領。如《甘肅秦安縣大地灣遺址聚落形態及其演變》承認，發掘者瞻察對象是「二期各段聚落的變化、四期聚落的佈局和規模。」缺乏此等內在關聯，狄宛一期遺跡與二期遺跡有無內在聯繫已成切實難題。鑒於狄宛二期遺跡規模宏大，而一期遺跡較少，拜謁者大可疑心，一期遺跡被邑人捐棄，二期時代其他遊獵部族來此地繼續建築，而後出現狄宛二期遺跡。此外，面對郎氏推測狄宛二期Ｉ段遺跡圓形分佈，迄今無人質詢，前賢有無必要塑造圓形聚落。前問涉及兩期遺跡建築思想同一性，此處疑問涉及二期遺跡根源。

我不能附議郎先生說，由於此推測缺乏狄宛前賢精神活動的細節，也由於迄今考古界未曾考得一期地穴記錄中國最古星象觀測與曆譜。倘若講，前述兩理難於把握，由於細節推算與考證瑣碎而難於記憶，那麼，郎先生關於二期Ｉ段遺跡圓形分佈說根本不能與一期遺跡分佈的條狀走向協調：一期遺跡分佈呈條狀，此特點確定無疑。從 F342 北邊畫線，延伸至 H12，穿過 H279，對照此線走向，即見此線與斷崖基本平行。倘使白 F371 向西北畫線，使之平行於前線段，此線段終點是 M13，而且兩條線段長度相等。這兩條線段爲何必須平行？倘使有人質詢諸問，以爲遺址東北端損毀，故而僅見此相，那麼，如何解釋地穴 H3114、H3115 之間連線甚短？而且，此短線走向也是東南——西北？

對比臨潼姜寨遺址分佈特點，我認定，狄宛一期遺跡基本渾全，二期遺跡在歷史上也未受大範圍殘損。唯斷崖一邊地表剝蝕能導致遺跡淪喪，但其損失面積不大。而且，狄宛前賢最初一心選擇此處施工，由於斷崖與溝道能形成截圓。這種思想傳播於臨潼白家村前賢，前賢傳播此思想，故在姜寨建築截圓分佈的聚落。

2）一期 H279 是二期 I 段建築放大樣與規劃圖

（1）H279 以其爲「中數」是二期 I 段遺址建築放大樣

但凡討論遠古建築是否遵從規劃，論者難免某種尷尬：一面默認前賢施工時絕非肆意動土，一面在毫無工程樣條件下討論施工工程量，評價工程難易，討論工程細節。總之，研究者迄今論史前遺跡建築，很難使人信服。歷來，考古界不照顧前賢建築度數基準，未嘗聯繫動土地面大小與規劃比例。狄宛一期前賢勞作細節如諸多遺址前賢土功一般，施工緣由、工程標準、工程外觀根源等皆未曾澄清。以狄宛二期 I 段建築爲例，關鍵問題是，其模樣爲何是截圓形。

依經緯線爲準，勘驗二期 I 段遺址所在橢圓，對照 H279 口沿模樣，能見兩者模樣相似。H279 闕邊走向是東南——西北。二期 I 段遺跡一邊是環溝，一邊是斷崖。斷崖走向也是東南——西北。環溝模樣頗似 H279 截圓弧邊。如上兩物樣貌相似，這不容否認。

細察 H279 口沿，比較遺址二期 I 段遺跡分佈區域，見二期溝道圍著若干遺跡，溝道外部不見遺跡。依此得知，溝道是遺址的界線。如溝道一般，斷崖也是邊界，而且是自古存在的模樣，歷史上不曾受大幅面掘擾。倘使立於H279 正南查看穴口模樣，後站在 T331 正南溝外高地查看二期 I 段遺跡，即能察覺環溝與斷崖圍成地面模樣頗似曾見 H279 穴口模樣。基於此辨識，今須認定，H279 是二期 I 段建築放大樣。在建築上，放大樣是比例尺。倘若放大樣有坐標系，此放大樣同時是規劃圖。我判定，H279 是放大樣，也是規劃圖，由於此穴有坐標系。此穴近似直線一邊與經線相交度數既定，此是坐標系旁證。此思想貫徹於施工，即見斷崖走向與此線走向平行。

若聯繫一期 F342 與 H12 連線與斷崖基本平行，而且此線以 H279 爲中點，前算參數不再是孤證：H279 位於中點，此謂此穴度數是「中度」。既然此穴有「中度」含義，此穴是向兩端延伸的起點，二期 I 段範圍起點既定。又鑒於此線是準線，斷崖與其平行絕非由於歷史上偶然事件造成，而是前賢用心選擇。

（2）二期 I 段建築截圓面長短徑曆法義體訓

前既推斷狄宛一期 H279 是二期 I 段建築模樣根源，今以二期 I 段遺跡斷崖長度爲長徑，東北——西南長度爲短徑，對照地穴深度與長徑尺寸，勘驗這組數字比例與曆法含義。勘驗比例謂地穴深度放大倍數，地穴長徑放大倍

數。勘驗曆法含義謂驗算諸數字曆算含義。

　　檢 H279 穴深 1.5 米，折算狄宛尺寸等於 4.545 尺，此數等於 0.4545 丈。此數百倍即是二期 I 段遺西北至東南長度，此數字是 150 米，折算狄宛 45.45 丈。二者比例是 1：100。這組數字不是孤證。二期 I 段遺跡面積大於 13000 平方米，這一點也被趙建龍先生確認〔註19〕。前引二期 I 段環溝內遺跡東北至西南寬約 120 米。這個數字又是何參數之百倍？此數字是 H279 長徑 1.18 米的百倍。1.18 米是淨數。在二期 I 段建築中，這個數字被視爲 1.2 米。即 3.6363 尺。於是，出現東北至西南寬 120 米這個數字。這個數字依狄宛度數折算 36.36 丈。

　　讀者或許疑心，前算度當準乎長徑 1.18 算得日數。今又言此數算比例時被放大 0.02 米，豈非前後矛盾？其實，此追加並不更改原度當數，由於一點二米除以零點三三，得數三點六三，再乘以三，得整日數仍是十。此係五五之數，前賢從此而施工。

　　今再以前賢規劃建築面東南——西北長四十五丈、西南——東北長短徑三十六丈度當佐證前賢工程規劃的曆算守藏。四十五丈是度，每丈當　歲，每尺當三日。四十五丈當四歲半。四歲半即五十四個月。三十六丈當三年。五十四個月曆算出現於狄宛一期標本 H3114：1，揭前訓。三十六個月曆紀出現於標本 H10：37 內壁下組直合紋曆紀三歲，此數出自四歲半減去一歲半。

　　這兩數相加，得數是八十一丈，此數反映月曆法歲補八日，平二分，以及日全食舊事。東南——西北長 45.45 丈加西南——東北長 36.36 丈等於八十一點八一丈。八十一點八一出自八點一八一乘以一百。八點一八一出自前算 H279 底徑度當日數，此日數謂自去歲迄今須補日數。其算法如前：

　　　　$0.9 \div 0.33 = 2.727$

　　此數是度，今當日數：

　　　　$2.727 \times 3 = 8.181$

　　　　$8.181 \times 100 = 81.81$

　　此數可拆解如後：

　　　　$81 = 80 + 1$

　　　　$80 = 8 \times 10$

〔註19〕趙建龍：《甘肅秦安縣大地灣遺址仰韶文化早期聚落發掘簡報》，《考古》2003 年第 6 期。

$81 = (8 \times 10) + 1$

拆解所得「八」謂平二分之前，月曆一歲補八日。「十」謂歲補日數總計十日，每歲如此。八日寡十日兩日，此差數用於平春秋二分。「一」謂額外須重視日全食食既陰陽渾一混沌，此數等於一丈。一丈於月日數等於三十日。是逢日全食須增補一月。日全食自盈向虛過渡被 H279 模樣變遷反映。

如上多重驗算與求證反映三點：第一，H279 含曆算義最豐富。其曆算既涵蓋普遍曆補，又含日全食致增一月日數，以合自然節氣之率。第二，狄宛二期 I 段建築思想來自一期，而非二期。前賢以 H279 為二期 I 段建築施工放大樣。一期日全食與曆算革新是建築二期 I 段遺跡之故。一期與二期思想聯繫貫穿如一，狄宛遺址兩期遺跡內在關聯沒有絲毫紊亂，故可斷定此地是一部前賢營造，非其他部族重新改造。第三，諸多參數與事理還原了一個歷史事實：環溝內遺跡範圍未受破壞，斷崖附近舊建築，譬如二期 I 段靠近斷崖建築或多或少受雨水沖刷湮沒。但斷崖不是人為造就，而是自古存在，是前賢刻意選擇。此地建築在近現代未受人力破壞。在清朝回民起兵，清軍進剿之前，此地毫無天險可守，不是安營紮寨之地，無所謂破壞。清朝兵燹固不免火器，但彼時火器不足以掘地。村民耕種僅在表層犁地。又依發掘報告，此遺址初發現於上世紀五十年代末，六十年代初已被納入縣級遺址保護單位，未遭受七十年代造梯田運動破壞。此地遺存完整，確乎是奇跡一件，但絕不可怪。

3）H279 是中國故虛建築規劃本源

（1）H279 是中國建築規劃之源暨有環溝遺址建築思想推測

關於一期與二期 I 段建築之間思想關聯，今依 H279 度當曆紀與模樣、穴深與長徑等參數足以解答。一期前賢曆法革新與日全食曆紀是一期建築思想，此思想以 H279 相關尺寸放大轉移到二期 I 段建築佈局。依此，足以講狄宛文明傳承綿延不絕。H279 是中國古聚落建築放大樣，也是建築規劃圖。此事並能解答遠古中國有無建築規劃之問：狄宛 H279 是狄宛二期 I 段建築規劃，而狄宛一期建築規劃來自星象觀測與曆算，此事前已揭示。此穴足以改寫中國建築學史，建築測繪與繪圖的最初例證距今約七千八百年前。與此匹配，中國圖學史也應溯跡此時代，而不須再以「先秦」等名模糊指稱〔註20〕。

〔註20〕劉克明：《中國圖學思想史》，科學出版社，2008 年，第 2 頁。

前以二期Ⅰ段遺跡長徑與短徑度當驗算證實，狄宛二期Ⅰ段規劃發生於一期時代，環溝挖掘乃至完工時段是二期初期。既澄清了二期Ⅰ段遺跡建築思想根源，即能解答環溝產生根源。環溝工程也被呼爲圍溝或環壕。考古界討論環溝功能多限於防禦工事〔註 21〕，即前賢欲防禦而掘溝。我不否認環溝能用於防禦。但又不附議此觀點：前賢不必選階地建築截圓形聚落，他們能建築帶狀聚落，挖掘直溝較之弧溝豈不更加迅速而省工？前賢必須挖掘環溝，其故在他們依 H279 含日全食觀測與曆算創新規劃二期Ⅰ段聚落，此穴是截圓形，若不挖掘環溝，他們不能表達此等思想。日全食食既後復明進程是深層思想。

這個思想足以影響其他遺址前賢建築思想，譬如早期姜寨聚落建築佈局也涉及日全食。此聚落環溝絕非僅是防禦工事，而出自摹寫某種天象與曆紀。我推測此天象是日全食，由於日全食日初虧之所是西南。臨河下切一段恰能表述初虧。遺址環溝走向也饋給彼時前賢上下觀：日全食初虧在日下部，而姜寨前賢規劃臨河爲遺址西南，此謂南爲下。北爲上方。此等規劃也是仰韶時代其他截圓聚落產生之源，譬如內蒙古興隆洼遺址第一期聚落〔註 22〕。基於狄宛 H279，今能推斷，仰韶早期聚落遺址模樣都出自規劃。規劃者遵循指導思想是日全食致曆算創新。

（2）從 H279 日全食盈虛曆紀指導二期Ⅰ段建築看故虛起源

在中國考古界，迄今不見一文申述遠古中國聚落建築性質與建築思想內在聯繫。若干年來，關於中國遠古聚落建築根基——地穴表意系統，考古界未曾呼籲，此題似乎本當輕忽，不須究問。

狄宛六座地穴尺寸度當曆紀檢討，以及隴縣原子頭與白家村地穴尺寸度當曆紀檢討，俱揭示狄宛等地前賢星象觀測與曆算體系，狄宛 H279 尺寸度當曆紀以日全食革新大事是狄宛一期時代諸事中樞。這引導我深入考究一期建築特性。顧念二期Ⅰ段建築規劃出自 H279 尺寸與模樣，而且 H279 不納任何瓦器，聯繫此穴爲虛與此穴模樣記述日全食食既復明未盡模樣，我今斷定，狄宛一期與二期Ⅰ段建築應定義爲「虛」。以史學看待此虛，宜命之「故虛」。「虛」即《春秋左傳·昭公十七年》梓愼述關東古聖引導邑眾生存發展故地。

〔註 21〕　錢耀鵬：《關於環壕聚落的幾個問題》，《文物》1997 年第 8 期。
〔註 22〕　中國社會科學院考古研究所內蒙古工作隊：《內蒙古敖漢旗興隆洼聚落遺址1992 年發掘簡報》，《考古》1997 年第 1 期。

虛謂掘穴象日食，而且不置瓦器於穴內。穴不納器，故虛。而此穴是某聚落建築中樞，聖賢在此長養、教化萬民，故以聖賢名聯繫虛，出現某某之虛。聖賢教化準乎星象、曆算與農事、漁獵、祭祀。學界迄今以為，「丘」「虛」是遠古文明發源地，是原始部落宗教聖地。此說龐泛但所指不誤〔註23〕。

　　昭公十七年冬，「有星孛於大辰，西及漢。」申須曰：「孛所以除舊佈新也。天事恒象，今除於火，火出必布焉。諸侯其有火災乎？」梓慎曰：「火出，於夏為三月，於商為四月，於周為五月。夏數得天。若火作，其四國當之，在宋、衛、陳、鄭乎？宋，大辰之虛也；陳，大皞之虛也；鄭，祝融之虛也，皆火房也。星孛天漢，漢，水祥也。衛，顓頊之虛也，故為帝丘，其星為大水，水，火之牡也。」此文獻緊要處是「天事恒象」、衛「其星為大水」。

　　「天事恒象」謂察星象者畢生僅為此事，星象在半天球上，故言天事。恒謂察星象者發覺星象法度，譬如星數、星宿諸星連屬之狀、星宿出沒間隔月數、星宿出沒與寒溫關係。楊伯峻引《周語上》內史過言「天事恒象」韋注曰：「恒，常也。事善象吉，事惡象凶。」楊氏批曰：「此蓋古代迷信常用語。」今案，楊氏說非是。天象是自然現象，譬如日全食。食既時刻，太空物質特性受影響，現代儀器能測得相關參數。至於星象與地面溫度變化之間關聯，現代仍是如此。申須講「今除於火，火出必布焉。諸侯其有火災乎。」楊伯峻注：「大火星再出現，必布散為災。」楊說近是，但不塙。「除於火」謂大火星之所被彗星掃過。其時在冬日，不見大火星，大火星夏正三月出現。其所今被彗星掃過，由於彗星掃某天區面甚大。「火出必布焉」謂當大火星再現時，大火星所在區域熱氣被激發。這猶如掃把掃過火灰生風，風致氧氣充足，火能復燃，熱量較前增多。與此相稱，在地上，春分時節燥熱難免。不諳此事者又依舊法掌管用火，故將致火災。鄭裨竈掌「竈事」，即用火法度。長安杜陵方言「竈火」述廚房土竈用火。依民俗，春分前後不置乾鍋。其義在於以水鎮火。用火涉用水，故裨竈進言禳祭用水器等。子產為政，不與諸物。其本在於子產知曉，預火災不在禳祭，而在防火措施得當。孔子深知子產不欲勞民傷財，昭公二十年冬，鄭子產疾，數月而卒，孔子出涕曰「古之遺愛也。」較之造器禳祭，或用器刺激造器傷損物料而勞民，子產選擇勞吏，

〔註23〕李錦山：《古史傳說時代的『丘』與『虛』》，《傳統文化與現代化》1998年第2期。

即裨竈須操心防火。

　　杜預未注何謂虛，楊伯峻也未澄清何謂虛。《春秋左傳》研究者也未澄清「虛」有何義。考古界定義殷商故都安陽遺跡爲虛，但不曾解釋爲何用此名。此事根本是梓愼言「衛，其星爲大水。」杜預注：「衛星營室。營室，水也。」楊伯峻批曰：「以上申須、梓愼之言，皆以天象關聯人事迷信之語，早已不可解，且極不科學，亦不必解。杜注不得已而解之，亦未必確。」〔註 24〕是否可解，須察能否通訓。我以爲，杜注無誤。

　　狄宛 H279 模樣、尺度與日全食曆法革新義，以及此穴是狄宛一期條狀遺跡中樞，是二期 I 段建築放大樣，足以解釋梓愼言「衛，其星爲大水」以及杜預注「衛星營室。營室，水也」關聯。今案，坎爲水。坎水在北。掘地必見坎。「其星爲大水」謂顓頊之虛以室宿爲聚落規劃樣板。室宿別名營室。室宿是北方七宿之一。正星兩顆，一爲玄宮，一名清廟。此二星與壁宿連體爲四星。室宿有離宮六星爲附座，其每兩星相連。陳遵嬀引《石氏星經》云：「室名營室。」「室名玄冥。」《禮記・月令》「仲冬之月，日在斗，昏東壁中。」揭前訓。基於此關聯，今推知顓頊爲君之地有南北兩地穴，南穴爲第一穴，北穴爲第二。沿第二穴，又有三處地穴，每兩穴相連。室宿有南北兩星，在南北兩穴不置瓦器，此即虛。另外，此地是顓頊等察日食之所。今傳顓頊曆未必是當時產物，但不須疑心顓頊曾爲密算曆法。以狄宛 H279 功能與顓頊之虛參照，太皞之虛即從狄宛遷徙至陳的聖人後裔太皞察日食、教化邑人之地。安陽是否配得起「殷虛」二字，須學界相與考證，期待來日檢討有成。此事是中國傳統建築根基，迄今不爲史前建築研究者所知〔註 25〕。

四、狄宛一期地穴曆譜之天象與星象譜系初窺

（一）無圖示地穴曆譜暨地穴位置關係根源問題

1. 無圖示地穴訓釋問題

1）附表三無圖示地穴十座類別與尺寸

（1）無圖示地穴類別及相同地穴數計

依狄宛《發掘報告》之《第一期灰坑登記表》（附表三），不具平面坐標

〔註 24〕楊伯峻：《春秋左傳注》，中華書局，1981 年，第 1390～1391 頁。
〔註 25〕方擁：《中國傳統建築十五講》，北京大學出版社，2010 年，第 45～54 頁。

系與圖示地穴總計十座。這十座地穴依穴口與穴壁、穴底模樣別爲四組。第一組，圓口直壁平底穴四座：H10、H11、H12、H359；第二組，圓口斜壁平底穴三座：H382、H396、H3114；第三組，圓口弧壁圜底穴二座：H254、H3115；第四組，橢圓口弧壁圜底一座：H398。

這四組地穴數字比例：第一組四座、第二組三座、第三組二座、第四組一座。圓口直壁平底穴最多，有四座。若加前訓 H3107，總計五座。圓口斜壁平底穴三座，加前訓 H3116，總計四座。圓口弧壁圜底二座，加前訓 H370 總計三座。橢圓口弧壁圜底穴最少，僅一座，加前訓 H397 總計二座。前訓另外三座表達複雜星象曆算乃至狄宛聚落工程規劃，即 H391、H363、H279。狄宛地穴總數十七座。

（2）四組地穴尺寸暨袋狀穴爲關聯地穴

圓口直壁平底穴四座，尺寸依此是：H10 口徑 2.1 米，底徑 1.95 米，深 0.5 米；H11 口徑 1.7 米，底徑 1.65 米，深 0.36 米；H12 口徑 1.5 米，底徑 1.45，深 0.55 米；H359 口徑 2 米，底徑 1.8 米，深 1.18 米。

圓口斜壁平底穴三座，尺寸依此是：H382 口徑 2.16 米，底徑 1.5 米，深 0.84 米；H396 口徑 1.1～1.25 米，底徑 0.8～0.86 米，深 0.6 米；H3114 口徑 3.45 米，底徑 3.15 米，深 0.64 米；圓口弧壁圜底穴二座：H254 口徑 2.5 米，底徑 2.9 米，深 0.8 米；H3115 口徑 2.68 米，深 0.45 米；橢圓口弧壁圜底一座，H398 口徑 3.3～3.9 米，深 1.34 米。

檢各模樣地穴尺寸，見圓口弧壁圜底穴 H254 底徑大於口徑，其口徑僅是 2.5 米，底徑達 2.9 米。此穴底大口小，圜底。以上下口大小論，此穴無疑是袋狀穴模樣本源。而且，此穴非孤在袋狀穴，而是相關地穴之一。

2）狄宛一期無圖示地穴訓釋二難

（1）圓口直壁平底穴外地穴摹寫對象辨向困難

查看上世紀二十年代考古發掘，得知地穴無平面坐標系是普遍狀況。歷史語言研究所刊行發掘報告記載「窖穴」，或附或無剖面圖，但都不附平面坐標系。譬如，《河南濬縣大賚店史前遺址》圖八（袋形穴的剖面圖）無平面坐標〔註26〕。其實，此等記述與描述地穴途徑出自 J. G. Anderson。五十年代，

〔註26〕 劉燿：《河南濬縣大賚店史前遺址》，《田野考古報告》（專刊之十三）商務印書館，1936 年，第 82 頁。

此狀況仍未革除，譬如《蘭州新石器時代的文化遺存》（《考古學報》1957 年第 1 期）述黃河南岸臺地上「雁兒灣的仰韶灰坑」，此文記此坑口呈橢圓形、北部大而南部小。坑口長徑 2.9 米，短徑 1.6 米。坑底圓而直徑僅 0.9 米，坑深 1.9 米。及半坡遺址發掘報告刊行，讀者能見地穴圖示，但仍不能知地穴平面圖坐標。無圖樣與坐標，很難判定此穴表意大概。

狄宛遺址《發掘報告》饋給遺跡細節，舉七座地穴平面與剖面圖，並配平面坐標系。這方便深入考究。細觀此地諸多地穴模樣，得知唯正圓口直壁平底穴不須平面坐標系，由於圓口穴不涉及穴口朝向問題，而直壁謂日出入直節氣，平底謂前番秋分與今番春分平。但其他模樣地穴須配平面坐標，也須配剖面圖，否則很難判定地穴摹寫何星宿，或以其走向表達節氣延遲（虧欠）基準。當然，匱乏此數據未必導致考證失敗，由於曆譜考證基本參數是徑長與穴深，而穴深不可或缺，底徑不必具備。

（2）地穴斜壁平底與橢圓口走向不清致難辨節氣日數細節

如上地穴四等有三等模樣細節不清，即圓口斜壁平底穴、圓口弧壁圜底穴、橢圓口弧壁圜底穴細節不清。以弧壁圜底穴為例，一期地穴描述一節陳述 H370 配圖樣與平面坐標系。依此圖樣得知，弧壁圜底穴口沿平面走向是斜邊。今無圖樣與平面坐標系，必不能知指示相關節氣的直線走向。此話題涉及兩座地穴曆紀細節：H3115、H254。此外，H254 的訓釋還涉及術算問題。前訓 H279 模樣恰與 H254 模樣相反，H279 口大底小，但 H254 口小底大。能否解釋、驗算此穴曆紀義，決定能否澄清袋狀平底地穴含義，須謹慎研討。

涉及斜壁平底穴，發掘報告具 H3116 平面坐標系顯示，此地穴斜壁在正東。而《第一期灰坑登記表》具斜壁平底穴三座，H382、H396、H3114，我不能塙知其斜壁方位，唯能類比 H3116，這不便獲得節氣細節。

最後，橢圓口直壁圜底穴也涉及類似問題。H397 平面圖與坐標系清白，依此知曉此穴摹寫紫微垣季節，此穴寬頭方位易於辨識。今不知 H398 長邊走向，寬頭方位，這不便推算節氣與曆日細節〔註27〕。

〔註27〕西元 2015 年 12 月 9 日，我詢問趙建龍先生，《發掘報告》未具圖樣與坐標諸地穴（灰坑）不少，發掘時有無記錄其平面圖與坐標。趙先生曰有，欲用須領導批示。顧念無暇出差，不能邅得甘肅省考古研究所許可與圖樣，故僅以《發掘報告》附表三參數疏證諸穴曆紀。

2. 地穴位置關係與分佈依據問題

1）前賢挖掘地穴方位與地穴模樣選址關係問題

（1）地穴藏物說不能解釋 I 區與 III 區掘穴必然

前曾質疑考古界舊說，彼等以爲，仰韶時代初期半坡袋狀穴用於儲存糧食、器物。掘穴儲藏說悖謬，能以數問徹底揭示。儲藏物件絕非人類獨能，獸類亦能儲藏，譬如金錢豹能藏獵物於樹上。獅子能藏幼崽於草叢。人也能藏物，但不必藏於樹上或草叢，緊急狀況出現，唯顧念迅速藏匿，不受逼迫時，能夠從容取得。故而，在新石器晚期，前賢挖掘地穴本不須獨謀藏匿物件，甚或食物。倘使推斷前賢挖穴以謀藏物，如何隱匿食物？倘使推斷前賢挖掘地穴藏匿瓦器，前賢掩藏瓦器之後如何重新取得？畢竟，食物與瓦器俱是欲得之物，藏匿者知之，旁人也知。藏匿食物，必懼昆蟲吞噬，或野豕以喙拱食。挖掘地穴藏瓦器，懼旁人查看小丘浮土，得知地下有物，誰能避免堆積浮土？即使斷定，前賢欲藏物，倉猝之間必無時間挖掘地穴。舊說不堪究問，其理已明，而此處欲考究前賢爲何選某地挖掘地穴。

此處話題雖涉前賢以穴盛斂瓦器或虛置地穴，但話題不涉掘穴儲物說，兩處話題絕非同一。前以七穴曆算星象、乃至天象義考證揭示，狄宛一期前賢掘穴出自天象、星象觀測與曆日慾望。但前訓釋不足以揭示前賢爲何選定某地掘穴。在狄宛附近任一處階地掘穴能等同表達星象與天象——倘若穴狀、深度符合度當標準，但問前賢爲何選擇在斷崖內掘穴？探究諸地穴位置緣由，是此處要題。

（2）已考地穴營造規劃須爲無圖示地穴考證基礎

我不附議新石器時代早期地穴儲物說，也不附議取土導致地穴說，故在狄宛一期地穴皆是精心涉及與施工結果。前賢甚至思慮以地穴盛斂何物合星曆。檢狄宛一期每座地穴俱係精心設計、挖掘而成。每座地穴穴口模樣、尺寸度當都出自測量、計算，而且計算目的是密算曆法與節氣月日。這在全世界是獨有系統。諸多狀況顯示，已考證狄宛一期地穴固是挖掘而得，但挖掘之前，確乎被前賢規劃。

此等精細延伸於挖掘後掩埋前諸事規劃，以 H279 爲例，此穴不納瓦器，但不得謂此穴是精神思想之「空穴」，由於穴納黃褐色土，少量紅燒土粒與碳屑。彼時，用火處於監管之下，絕無一人隨慾用火。火灰有定所。自定所搬

移紅燒土粒，顯是精心規劃行為。依此得知，狄宛一期時代，地穴納器或僅納土絕非草率行為。取土造為穴說毫無依據。至於仰韶時代晚期遺址是否須以地穴納垃圾，這是另外話題，不涉狄宛一期地穴系統知識。

如上細節印證，狄宛一期已考諸穴模樣與尺寸、盛斂俱出自一期前賢思考與籌劃。這使我思考，未具圖示諸穴是否也出自籌劃與規劃，以及一期諸穴是否出自全面規劃。

2）一期地穴挖掘前全面規劃及依星圖規劃地穴問題

（1）全面規劃地穴位置問題

前雖澄清二期I段建築出自一期規劃，以及二期I段遺跡基本完整，但未曾檢討一期地穴佈局是否出自規劃。倘使前賢曾為規劃，其規劃圖樣出自何方。前考一期地穴與無圖示而未考諸穴是否出自全面規劃，是難點之一。換言之，前賢在開掘之前，他們是否有全面規劃？考古發掘揭示，一期前賢挖掘地是斷崖內區段。但須深究，當時前賢在斷崖內是否將此地分段，依斷崖內各區段方位及其表意能力，譬如西北、東南兩處位置不同，前賢依此方位差佈置地穴，以便滿足表意需求。譬如，I區僅有三個地穴 H10、H11、H12，而且 H11 近乎在 H10 的正北，而 H12 在 H10 西偏北。較之 I 區，III 區地穴更多，似乎更密，譬如 H391 緊鄰 H398。

同期地穴位置關係不獨包括相鄰、較遠地穴位置關係，還包括疊壓關係。譬如探方 333 第五地層下一期地穴 H370 被同期地穴 H3115 疊壓。疊壓可否定義為破損？此等緊密分佈是否也出自精心規劃？分散規劃為何不行？諸多問題都須從根本上考慮，徹底澄清地穴位置關係，為「史前」大事研究奠定堅實基礎。

（2）基於 H391、H363、H397 推測前賢放星圖掘地穴

前訓 H391 方天曆紀義足以顯示，狄宛一期前賢能夠分割星區。他們既能分割星區，自能觀某天區星象。H363 星象義訓釋揭示，前賢知曉四垣之東垣某些星宿，譬如氐宿。他們也知北宿婺女宿格星。這顯示，他們不獨查看一個星區星象，而且查看某時節另一星區星象。北天與東天更吸引他們。而H397 星象義訓釋顯示，一期前賢能夠辨識紫微垣星宿。訓釋揭示諸多事實使我相信，前賢曾操心星位變遷。而星位變遷有節律，此節律不得逆轉、更改。其軌跡與時節關聯確定不移。如此穩定、可靠的憑依是前賢心理安然之源。在挖掘地穴時，前賢是否忘卻如此念頭？這個疑問曾困擾我許久，但我

最後不得不承認前賢挖掘地穴表達其星紀曆算能力。此能力是折服其他部族之器，也是謀取食源的屏障。既然如此，挖一穴不足以記星宿，故須挖掘若干地穴。如此思想指導我推斷狄宛前賢挖掘多穴表述星宿。思考迄此，須面對詢問：挖掘地穴表述星宿位置，匹配尺度，以顯星宿運行節律，此係並觀星象，何來遺忘一問？

儘管前已澄清，前賢以 H279 將挖掘地穴之域從較大區域分離，以顯此地星紀曆算，並將星紀曆算合於災異，譬如日全食。今須追問，前賢挖掘諸地穴前是否特別照顧某垣？或問：前賢究竟先察四垣何垣？抑或是他們已查看四垣，但最先從某垣星宿出發，在斷崖邑內規劃、確定地穴處所？

基於前考，我傾向於認為，狄宛一期前賢先輩已知紫微垣與斗柄週旋，他們至少已知北宿某些星宿。他們久無表述其知識系統之途。及狄宛一期時代某次日全食食既，一期前賢關聯既匯氏宿認知，使地穴星紀曆算化為體系知識，遂以 H279 原址為中數之所，在此挖掘地穴，並貫穿此思想於狄宛二期 I 段。其餘地穴依其所知某垣星宿規劃。他們照顧 H363 星宿系統，並適用 H391 所含方天說，最後在斷崖內形成某種星圖。

他們在掘穴前曾以星宿位置為綱領，規劃地穴相互位置，並在此背景前照顧日全食事，以 H279 表達日全食盈虛，否則星區星圖穩定指示節氣穩定不能與日全食導致節氣變遷關聯。

（二）無圖示圓口地穴尺寸度當曆算匯釋及其曆譜萃要

1.圓口直壁平底與斜壁平底穴度當曆紀

1）圓口直壁平底穴度當曆紀

（1）H10 尺寸度當曆譜暨標本 H10：37 四年半節氣虧欠參照

鑒於圓口直壁平底穴似 H3107，若其穴深尺寸度當月數為六，其曆譜是標準曆譜，即一歲節氣不誤。其算法能用於澄清無圖示圓口直壁地穴曆譜。H10 口徑尺寸度當算法：

$$2.1 \div 0.33 = 6.3636$$
$$6.36 \times 3 = 19.09$$

此數是日數，即今番春分日，在二月十九日。此參數有一對照參數，即前番某關聯節氣發生日。此數出自穴底尺寸度當日數：

$$1.95 \div 0.33 = 5.90$$

$5.9 \times 3 = 17.7$

此數謂前番關聯節氣秋分發生日是八月十七日。兩節氣間隔是否等於六個月，這須測算：

$0.5 \div 0.33 = 1.515$

此得數須乘以三，得日數是關聯節氣間隔月日數：

$1.515 \times 3 = 4.545$

兩關聯節氣間隔四點五個月，小數須折算爲日數：

$0.545 \times 30 = 16.35$

此數告喻，兩關聯節氣間隔四個月又十六日。此間隔較之標準間隔六個月寡若干日，其算法：

$(4 \times 30 + 16) - 180 = -44$

這個負數是節氣虧欠總日數。但問，這四十四日節氣虧欠出自何方？欲知根底，須先將此數拆解爲三組參數：

$44 = 30 + 10 + 4$

或

$44 = 40 + 4$

或

$44 = 41 + 3$

取三十日或四十日、甚或四十一日爲大數，涉及分割一元。第一算法以三十日爲一元，折算三年太陰曆。此算法之外，有十日折算太陰曆一年。剩餘四日。三十日出自日全食致節氣延遲。第二算法其實能轉換爲第三算法，由於每四年見一閏年，此年補十一日。這等於四年爲一元，唯補日等於四十一日。如何判定前賢當初選擇？

我以爲，須引入此穴盛斂標本 H10：37，先斷定前賢如何參考此標本曆算，再定前賢選擇何等拆解法。標本 H10：37 內壁上下兩組赤色直合紋記五十四個月，其上組見三十六個月，此數等於三年。下組見十八個月，此數等於一年又六個月。這兩數列是太陰曆歲月數，故含節氣延遲。上組含節氣延遲日數等於三十日，下組含節氣延遲十五日，二數相加等於四十五日。問題在於，前賢如何拆散此數，以便增補？我以爲，前賢拆解之法是：

$45 = 41 + 4$

四十一日即四年節氣延遲四十一日，見閏年。四日節氣延遲折算四點八

個月。但是，倘若某年發生日全食，如何計算此年節氣延遲，以及第二年前半年節氣延遲？

我以爲，前賢欲參照此標本，爲日全食曆譜，以顯日全食致節氣算法異於連續三年太陰曆。這三十日不得與節氣延遲十日連算，否則節氣仍將混亂。此穴曆譜須起於增補日全食致節氣虧欠三十日。後補一年節氣虧欠十日，再補四點八個月，即四個月又二十四日見節氣虧欠四日。而且，曆譜起於秋分納第二年前半年氣數變率。

表一二　H10 曆譜

四點八個月	滿一年	日全食後節氣虧三十日
8 月 19 日	8 月 17 日	補日三十
9 月 19 日	9 月 17 日	
10 月 19 日	10 月 17 日	
11 月 19 日	11 月 17 日	
12 月 14 日	12 月 17 日	
補四日	1 月 17 日	
	2 月 18 日	
	3 月 18 日	
	4 月 18 日	
	5 月 18 日	
	6 月 18 日	
	7 月 18 日	
	補十日平二分	

石刀、石斧喻精細切割，即割而又割。骨錐喻引導節氣之線貫穿不絕。陶壺能喻斗柄週旋滿一年。圜底缽喻節氣日數虧欠。鼓腹罐喻平節氣，匹配圈足碗。三足罐喻太陰歲補八日，即五日外加三日。

（2）H11 尺寸度當演算節氣虧欠八十二日

口徑度當算法：

$$1.7 \div 0.33 = 5.15$$

$$5.15 \times 3 = 15.45$$

得數是度當日數，即今歲春分日，此日是二月十五日。

底徑度當日數算法：

$$1.65 \div 0.33 = 5$$

$$5 \times 3 = 15$$

依底徑尺寸算得度當日數也是十五日。此日是關聯節氣起算日。

依穴深度當計算關聯節氣間隔月日：

$$0.36 \div 0.33 = 1.09$$

$$1.09 \times 3 = 3.27$$

此番春分間隔關聯節氣三月有餘，三個月外剩餘日數算法：

$$0.27 \times 30 = 8.1$$

此算法揭示，春分與關聯節氣間隔三個月又八日。此數較之關聯節氣間隔標準數六個月虧欠：

$$98 - 180 = -82$$

這八十二日節氣虧欠出自何方？檢太陰曆每年日數寡於回歸年約十日。三十日節氣虧欠出自日全食。節氣每虧欠一日折算太陰曆一點二月。節氣虧欠總日數能拆解爲：

$$82 = 41 + 30 + 10 + 1$$

或

$$82 = (10 \times 5) + 30 + 2 = 82$$

或

$$82 = 41 + 41$$

如上三種補日算法唯第三等可靠，故在聖人知曉四歲補日應是四十一日，而非四十日。而第一補日算法含日全食致節氣延遲。此穴盛斂物有陶丸、石刀。陶丸能喻日，但不能獨喻日全食。陶丸能喻歲滿。一歲滿，一元數歲滿具是歲滿。有三歲爲一元，有四歲爲一元，此處以四歲爲一元。石刀喻切割。分歲補日須斷割，其義連屬。此穴壁垂直，直壁謂自下向上關聯節氣日數不遷延、變更。節氣間隔日數齊等，故起點節氣日與終點節氣日數相等，都是十五日。此穴曆譜延及八年。

表一三　H11 曆譜

第八年	第七年	第六年	第五年	第四年	第三年	第二年	頭　年
2月15日	2月15日	2月15日	2月15日	2月15日	2月15日	2月15日	2月15日
3月15日	3月15日	3月15日	3月15日	3月15日	3月15日	3月15日	3月15日
4月15日	4月15日	4月15日	4月15日	4月15日	4月15日	4月15日	4月15日
5月15日	5月15日	5月15日	5月15日	5月15日	5月15日	5月15日	5月15日
6月15日	6月15日	6月15日	6月15日	6月15日	6月15日	6月15日	6月15日
7月15日	7月15日	7月15日	7月15日	7月15日	7月15日	7月15日	7月15日
8月15日	8月15日	8月15日	8月15日	8月15日	8月15日	8月15日	8月15日
9月15日	9月15日	9月15日	9月15日	9月15日	9月15日	9月15日	9月15日
10月15日	10月15日	10月15日	10月15日	10月15日	10月15日	10月15日	10月15日
11月15日	11月15日	11月15日	11月15日	11月15日	11月15日	11月15日	11月15日
12月15日	12月15日	12月15日	12月15日	12月15日	12月15日	12月15日	12月15日
1月15日	1月15日	1月15日	1月15日	1月15日	1月15日	1月15日	1月15日
補十一日	補十日	補十日	補十日	補十一日	補十日	補十日	補十日

　　此穴曆譜是狄宛諸曆譜唯一表述兩番四歲一元曆譜，其可貴處在於，八歲之間，節氣虧欠補齊，而且關聯節氣日不變更。此曆譜是從心算法所得，即所謂最理想曆譜，猶如今日陰陽合曆一般，其特點是每歲同節氣日數相同，不見變更。前賢似乎堅信同節氣日數應等同，其節氣信仰之強勁似乎無以超越。此曆譜猶能證實，前賢已能精準曆補節氣虧欠，四歲一元爲閏年之法亦是關於其回歸年精準認知之最佳佐證。聖人是否能爲四百年九十七閏年這個比例數，我無佐證。但察《堯典》歲三百六十六日曆算，似乎狄宛曆算已含擴大歲日數傾向。

　　（3）H12 尺寸度當演算日全食致節氣虧欠一月

　　口徑度當日數算法：

　　　　1.5÷0.33＝4.54

　　　　4.54×3＝13.62

　　此謂當年春分日是二月十三日。

　　底徑度當日數算法：

$$1.45 \div 0.33 = 4.39$$

$$4.39 \times 3 = 13.17$$

二者差數不足半日，約略不計。今春分節氣間隔過往關聯節氣，而且過往某節氣日也是十三日。

兩關聯節氣間隔月日數度當算法：

$$0.55 \div 0.33 = 1.66$$

$$1.66 \times 3 = 4.98$$

$$0.98 \times 30 = 29.4$$

此謂兩關聯節氣間隔四個月又二十九日，此數是測算真實節氣基礎。比較兩節氣間隔基準六個月，此數謂節氣虧欠：

$$(30 \times 4) + 29 - 180 = -31$$

節氣虧欠三十一日。這個數字可解析為：

$$31 = 30 + 1$$

或

$$30 = (10 \times 3) + 1$$

前者含日全食，後者述連續三年太陰曆。我認定，此穴曆譜應含日全食致節氣延遲三十日。另外一日出自一點二月節氣虧欠。此穴盛斂磨盤。兩物砥礪，此謂相摩。日全食猶如日月在空中砥礪。此穴納圈足碗記述聖人曾將缽變為碗，二者唯差一道工序：在缽底加一圈泥條而已。平置圈足碗，自上俯視唯缽平，圈足在下，而目不睹。此謂平缽底在目不睹處。日全食致節氣延遲較之月行道相去日行道是目不能睹之事。問題在於，這多餘一日出自何處？這一日折算一點二月，也能以先前曆譜增補日數之一出現。如何判定，這是難題。基於諸多地穴位置與節氣虧欠或延遲曆譜關聯，我斷定此穴曆譜關聯 H11 曆譜。兩地穴曆譜關聯點是，H11 記八年太陰曆增補八十二日，彌合節氣虧欠日數，此致穴口、穴底垂直，關聯節氣日數不變。此穴曆譜含秋分日是八月十五日，此日數合地穴 H3107 曆算。H11 能記某年屬四歲一元末年，此年歲曆補日是十一日。將這一日加於日全食致節氣虧欠三十日，即得三十一日節氣虧欠，換言之，此一日節氣虧欠寄託於四年一元，是其末年。如此，H12 曆譜基礎是 H11 曆譜，其第八年補十一日之第十一日應關聯 H12 記日全食致節氣延遲。此穴尺寸度當顯示，前賢已知表達日全食致節氣虧欠諸途，或在日全食當年年底補日三十日，或在第二年補三十日，或取四年一

元之末年十一日之一日連屬三十日。此穴曆譜有顯有隱。三十日加一日爲顯，一日連前歲爲隱。而此穴曆譜節氣起終日亦須準乎 H11 曆譜，兩日之差以先前平二分校準。

表一四　H12 曆譜

日全食後	前番一元四年之末年
補三十日	2 月 15 日
	3 月 15 日
	4 月 15 日
	5 月 15 日
	6 月 15 日
	7 月 15 日
	8 月 15 日
	9 月 15 日
	10 月 15 日
	11 月 15 日
	12 月 15 日
	1 月 15 日
補一日，連前番虧一日，補日總計三十一日	計此年八月十六日發生日全食，補十日，餘一日

如前言，此調曆算法出自 H10、H11、H12 曆算關聯，而此三穴尺寸度當月日曆算關聯基於三穴位置關係。

（4）H359 尺寸度當演算十四太陰歲節氣延遲致寒暑逆轉

此穴口徑尺寸度當日數算法：

$$2 \div 0.33 = 6.06$$

$$6.06 \times 3 = 18.18$$

依此數得知，某年春分日是二月十八日。

此穴底徑度當日數算法：

$$1.8 \div 0.33 = 5.45$$

$$5.45 \times 3 = 16.35$$

此謂關聯節氣起算日迄終點同節氣日數不同，相差二日。欲求算關聯節氣虧欠抑或是延遲，須算知此穴深尺寸度當月日數，再對比標準差數六個月：

$1.18 \div 0.33 = 3.57$

$3.57 \times 3 = 10.71$

此數大於標準間隔六個月：

$10.71 - 6 = 4.71$

小數須折算爲日數：

$0.71 \times 30 = 21.3$

以璇璣歲每月三十日折算十個月，加二十一日，得數三百二十一日。以此數對照標準間隔日數一百八十日，於是見節氣延遲日數：

$321 - 180 = 141$

這個結論顯示，節氣延遲近五個月，又即太陰曆寒暑月數象徵寒暑事實上逆轉在即。聖人知太陰曆寒暑次第，睹此等得數陷入空前恐慌。欲先期補日，須先算這一百四十一日延遲出自何方。這個日數能夠出自十四年，每年補十日，大致十四年補齊。精算時，給其中一元四年增補一日，補日四十一日，其餘每年補十日，節氣延遲日數補完。

另外算法是，照顧日全食致節氣延遲三十日，故一百四十一日節氣延遲涉及太陰曆唯是：

$141 = 30 + 111$

這一百一十一日拆解：

$111 = (10 \times 10) + 1$

此謂十年節氣延遲，一日寄託於十年節氣延遲，以某四年一元之末年爲準，此年補十一日，節氣延遲日數能夠校準。

倘若依前算，須爲十四年太陰曆。鑒於此穴穴底、穴口徑長參差，須以八月十六日爲曆譜起點。曆譜須終於春分二月十八日。但十四年曆譜不得排至二月十八日爲終了關聯節氣，二月十二日是其終點。此數不合地穴穴口春分日數。倘使調曆者設節氣回歸日，這另當別論。譬如，以日全食發生日在此年八月十六日，算迄一年，及七月關聯節氣日，此是一年。在來年前補三十日。今以十六日、十七日、十八日爲平二分週期，得曆譜反映此穴尺寸度當。

表一五　H359曆譜（上）

日全食發生年	置　閏	第二年	第三年	第四年	第五年
8月16日	補三十日	8月18日	8月17日	8月16日	8月18日
9月16日		9月18日	9月17日	9月16日	9月18日
10月16日		10月18日	10月17日	10月16日	10月18日
11月16日		11月18日	11月17日	11月16日	11月18日
12月16日		12月18日	12月17日	12月16日	12月18日
1月16日		1月18日	1月17日	1月16日	1月18日
2月17日		2月16日	2月18日	2月17日	2月16日
3月17日		3月16日	3月18日	3月17日	3月16日
4月17日		4月16日	4月18日	4月17日	4月16日
5月17日		5月16日	5月18日	5月17日	5月16日
6月17日		6月16日	6月18日	6月17日	6月16日
7月17日		7月16日	7月18日	7月17日	7月16日
補十日平二分		補十日平二分	補十日平二分	補十日平二分	補十一日平二分

表一五　H359曆譜（下）

第六年	第七年	第八年	第九年	第十年	第十一年
8月17日	8月16日	8月18日	8月17日	8月16日	8月18日
9月17日	9月16日	9月18日	9月17日	9月16日	9月18日
10月17日	10月16日	10月18日	10月17日	10月16日	10月18日
11月17日	11月16日	11月18日	11月17日	11月16日	11月18日
12月17日	12月16日	12月18日	12月17日	12月16日	12月18日
1月17日	1月16日	1月18日	1月17日	1月16日	1月18日
2月18日	2月17日	2月16日	2月18日	2月17日	2月16日
3月18日	3月17日	3月16日	3月18日	3月17日	3月16日
4月18日	4月17日	4月16日	4月18日	4月17日	4月16日
5月18日	5月17日	5月16日	5月18日	5月17日	5月16日
6月18日	6月17日	6月16日	6月18日	6月17日	6月16日
7月18日	7月17日	7月16日	7月18日	7月17日	7月16日
補十日平二分	補十日	補十日	補十日	補十日	補十日

平二分不以二日數遞增爲循環率，而以涉日全食發生日之固定三日爲循環日率。自曆算之始迄曆算之末，見起始日即秋分日變爲終了關聯節氣春秋分日。

此穴盛斂鼓腹罐、圜底鉢。鼓腹罐能喻平春秋分。圜底鉢喻北天遠，北天不下降猶如熱氣不下降，北天星宿難睹，節氣延遲即其含義。此穴位置涉及前賢觀測日月中道，詳後地穴位置印記天象觀測。日全食致節氣延遲能夠在此入算。

2）圓口斜壁平底 H382、H396、H3114 尺寸度當曆譜

（1）H382 尺寸度當算節氣延遲四十八日

此穴既有平底，穴底尺寸必關聯穴口尺寸。算其度當月日數即是關聯節氣月日數。依《第一期灰坑登記表》（附表三），圓口斜壁平底穴有四座，H382、H396、H3114、H3116。登記表描述此四穴用字一模一樣。但依《發掘報告》第三章第二節描述，H3116 地穴是「小平底」。依《發掘報告》圖一八，此穴斜壁在正東，西壁是直壁。準乎此穴剖面圖與描述，推斷 H382、H396 與 H3114 都有「小平底」。出於《發掘報告》未錄此穴剖面圖與平面坐標，不知斜壁處所。但此欠缺不足以影響依據此穴尺寸考得此穴曆譜。

此穴穴口尺寸度當春分日數：

$$2.16 \div 0.33 = 6.54$$

$$6.54 \times 3 = 19.62$$

當年春分日是二月十九日。

底徑尺寸度當算法：

$$1.5 \times 0.33 = 4.54$$

$$4.54 \times 3 = 13.62$$

此數顯示，曆譜起算日是某月十三日，此日是秋分日，還是調曆後春分日，值得深究，此處暫且擱置。

欲算此穴演示關聯節氣延遲抑或虧欠，須算穴深尺寸度當月日：

$$0.84 \div 0.33 = 2.54$$

$$2.54 \times 3 = 7.62$$

此數既大於六個月，謂節氣延遲。欲算節氣延遲日數，須先算此數含小數當日數：

$$0.62 \times 30 = 18$$

此數大於標準間隔六個月日數：

　　30＋18＝48

節氣延遲這四十八日出自何方？我以為，此日數出自太陰曆近五年少算日數。此數拆解為四十日加八日，四十日節氣延遲出自四年太陰曆日數不足，剩餘八日折算九點六個月。倘使不從此算法，須算三十日節氣遷延出自日全食，又拆解十八日為一歲太陰曆，外加九點六個月太陰曆致節氣延遲。我選前者，此穴盛斂「盆形鼎」，即三足器，佐證尋常補日算法，而且此穴去H3115不遠，後者盛斂標本H3115:10，其曆算含歲補八日，平二分後即得歲三百六十五日回歸年日數。此穴曆譜起點值得推敲：倘使以為，某月十三日是秋分日數，陳曆譜不能終於十九日為春分日。倘使循前例，以穴口、穴底尺寸度當日數為調曆後關聯節氣日數，變通聖人算法，能以穴口尺寸度當述春分日，也能以穴底尺寸度當述春分日，曆譜之序有成。

表一六　H382曆譜

九點六個月	第四年	第三年	第二年	第一年
2月14日	2月19日	2月17日	2月15日	2月13日
3月14日	3月19日	3月17日	3月15日	3月13日
4月14日	4月19日	4月17日	4月15日	4月13日
5月14日	5月19日	5月17日	5月15日	5月13日
6月14日	6月19日	6月17日	6月15日	6月13日
7月14日	7月19日	7月17日	7月15日	7月13日
8月15日	8月13日	8月18日	8月16日	8月14日
9月15日	9月13日	9月18日	9月16日	9月14日
10月15日	10月13日	10月18日	10月16日	10月14日
11月4日	11月13日	11月18日	11月16日	11月14日
補八日	12月13日	12月18日	12月16日	12月14日
	1月13日	1月18日	1月16日	1月14日
	補十日平二分	補十日平二分	補十日平二分	補十日平二分

零點六個月折算十八日，迄當月二十九日計十四日，又四日，日數齊。此曆譜終於第五年十一月四日，但從第四年秋分起，調曆休止，承用六日節

律。換言之，欲補齊四年又八個月致節氣延遲，平二分有日數範圍，此範圍大於一，小於等於六。由此得知，此曆譜第一年前一年春分日是十一日。此算法是定二分亦定二分日前端術算。H382 曆譜與前算 H11 定關聯節氣日數於每月十五日算法緊密關聯，應該判定此穴是 H11 算法之基礎。

（2）H396 尺寸度當算太陰曆節氣虧十八日

依《第一期灰坑登記表》記參數，此穴模樣雖似 H3116，但口徑、底徑參數各有變量。口徑長 1.1～1.25 米，底徑 0.8～0.86 米。察 H3116 口徑無謂長短，此處須先算此穴長短口經尺寸度當，顯其參差，擇其一而用，以顯聖人本旨。

短徑尺寸度當日數：

　　1.1÷0.33＝3.3333

　　3.3333×3＝9.9999≈10

長徑尺寸度當日數：

　　1.25÷0.33＝3.78

　　3.78×3＝11.34

前賢擇何者為曆譜春分日，容許後定。

涉及穴底，也須用短徑、長徑尺寸各算度當日數。底徑短徑尺寸度當日數：

　　0.8÷0.33＝2.42

　　2.42×3＝7.26

底徑長徑尺寸度當日數：

　　0.86÷0.33＝2.6

　　2.6×3＝7.8

兩尺寸度當日數相差不大，僅有半日，依前例忽略不計。此日須是秋分日，它關聯春分。欲知前賢以此穴演算節氣延遲日數，抑或是節氣虧欠日數，須先算出穴深度當月數與日數：

　　0.6÷0.33＝1.81

　　1.81×3＝5.43

　　0.43×30＝12.9

得數五個月又十二日是關聯節氣間隔月日數，以此數減標準間隔六個月，即見節氣虧欠日數。其算法：

（150＋12）－180＝-18

此數謂關聯節氣間隔算迄後，見節氣虧欠十八日。十日出自一歲太陰曆節氣虧欠日數，八日折算太陰曆九點六個月。

表一七　H396 曆譜

九點六個月	一　年
8 月 9 日	8 月 7 日
9 月 9 日	9 月 7 日
10 月 9 日	10 月 7 日
11 月 9 日	11 月 7 日
12 月 9 日	12 月 7 日
1 月 9 日	1 月 7 日
2 月 10 日	2 月 8 日
3 月 10 日	3 月 8 日
4 月 10 日	4 月 8 日
5 月 28 日	5 月 8 日
平二分補六日	6 月 8 日
	7 月 8 日
	補十日平二分

曆譜顯示，穴口尺寸度當春分節氣，其日數是二月十日，即前賢算短徑，不計長徑，以爲匹配，算迄太陰曆五月底見九個月又十八日。平二分用兩日，太陰曆每兩個月增一日，算迄十月補四日。每四個月補一日，自二月迄十月，僅見兩個四月，補二日。八日用盡。此穴盛斂三足器，足證太陰歲補日依 H3115：10 算法。鼓腹罐喻平二分。陶壺喻歲十二月滿。石刀謂斷割滿歲與剩餘月日，此物與石鏟匹配，並謂剔除餘物，以平節氣。

（3）H3114 尺寸度當曆譜勘誤暨地穴發掘誤差驗算

穴口尺寸度當日數

　　3.45÷0.33＝10.45

　　10.45×3＝31.35

此謂調曆後某年春分日在二月三十一日。

底徑尺寸度當月日數算法：

3.15÷0.33＝9.54

9.54×3＝28.62

此日數即關聯節氣秋分日是某年八月二十八日。三十一日與二十八日兩個日數是調曆後關聯節氣日數。穴深尺寸度當間隔月日：

0.64÷0.33＝1.93

1.93×3＝5.79

此數謂今番春分間隔前番關聯節氣五個月有餘，整月數外零頭須折算：

0.79×30＝23.7

兩相關節氣間隔五個月又二十三日。準乎璇璣歲三百六十日，每月三十日，五點七九個月折算日數一百七十三日。此數小於標準間隔六個月，即一百八十日：

173－180＝－7

負七日謂節氣虧欠七日。這七日之差算法：

7×1.2＝8.4

依前算，曆譜起於秋分，故曆譜如後。

表一八　H3114 為曆校勘發掘記錄謬誤（上）

首　月	8 月 28 日
第二月	9 月 28 日
第三月	10 月 28 日
第四月	11 月 28 日
第五月	12 月 28 日
第六月	1 月 28 日
第七月	2 月 29 日
第八月	3 月 29 日
又十二日	4 月 12 日
月日數滿	平二分用二日，依太陰曆補五日之率補三日，每四個月補一日用兩日總計補七日

此曆譜起算日似乎不誤，但終點不合穴底、穴口尺寸度當日數。將欲評價此事，似無根據。但依前算諸多地穴尺寸度當皆有準度，能爲調曆，此處

調曆爲何不通？唯一緣故是，發掘測量不精，或測量精而誤記。

三個參數有穴口尺寸、穴底尺寸、穴深尺寸。依比例關係斷，穴深測算過多，此致穴口、穴底尺寸度當關聯節氣日數差不協穴深尺寸度當。倘使此猜測爲眞，穴深尺寸度當節氣日數虧欠更多，譬如達十八日，即見調曆後曆譜能容納這個測算謬誤。準乎節氣日數虧十八日，諸數可以逆推，原穴深度當節氣日數應等於一百六十二日：

$$162-180=-18$$

一百六十二日折算兩個參數：

$$162=（30×5）+（0.4×3）$$

這兩個參數之和折算間隔月數：

$$5+0.4=5.4$$

月數五點四折算狄宛深度：

$$5.4÷3=1.8$$

此數是尺數，此數折算米數：

$$1.8×0.33=0.594$$

此謂穴深本應等於零點五九四米，此穴深小於附表三記錄：

$$0.64-0.594=0.046$$

這表明，發掘或測量者多算了四點六釐米。換言之，此穴深等於零點五九四米。若最初測算精準，穴口尺寸度當日數是調曆日數。一歲平二分，平秋分、春分用兩日，補八日，節氣平。曆算起於頭年三月，關聯節氣日秋分二十八日、春分二十九日。九點六個月有滿月九個，零點六個月折算十八日。補日之法是，平二分用兩日，補六日須每三個月一元，每元補一日，六日補齊。此間見秋分三十日，春分三十一日。此曆譜能照顧穴底、穴口尺寸度當日數。比較而言，在推測兩個參數誤測與一個參數誤測之間，我寧願相信發掘者偶爾誤記一個參數。我曾以微信告趙建龍先生，此穴穴深記錄寡於眞實尺寸四點六釐米，趙先生不排除誤差，但講「土地上的誤差會有。」我憑此言判斷當時發掘產生這個誤差，而非測量者誤測。此誤差與勘誤給地穴發掘與測量者饋給範例，尺寸度當算法是檢驗地穴及相關以及發掘與測量墒實與否之途徑。

表一八　H3114 為曆校勘發掘記錄謬誤（下）

九點六個月	一　年
2 月 31 日	2 月 29 日
1 月 30 日	1 月 28 日
12 月 30 日	12 月 28 日
11 月 30 日	11 月 28 日
10 月 30 日	10 月 28 日
9 月 30 日	9 月 28 日
8 月 30 日	8 月 28 日
7 月 30 日	7 月 28 日
6 月 30 日	6 月 28 日
5 月 13 日	5 月 28 日
補六日平二分	4 月 28 日
	3 月 28 日
	補十日平二分

　　此穴尺寸度當曆譜佐證聖人調曆後出現大月，如中國曆譜起於狄宛一般，大小月之別也起於狄宛。另外，此穴盛斂所謂 BII 式陶紡輪（瓦線陀），如圖二八第 4 物，此物印記日全食，詳後。但是此穴穴深度當不述日全食致節氣延遲。如何解釋聖人以穴盛斂記述日全食之標本，此是一大難題。

2. 圓穴之袋狀穴本乎度當曆紀

1）圓口弧壁圜底穴及其擴穴底曆算節氣起源

（1）H3115 尺寸度當六歲曆譜暨補差十日與八日對照

　　此穴類同前訓 H370 地穴，故可參酌其調曆曆譜。此穴口徑度當日數算法：

　　　2.68÷0.33＝8.12

　　　8.12×3＝24.36

當年春分日二月二十四日。

關聯節氣間隔日數依穴深度當計算：

0.45÷0.33＝1.36

1.36×3＝4.08

0.08×30＝2.4

此謂兩節氣間隔四個月又兩日。折算總日數等於一百二十二日。此日數少於標準日數三個月：

122－180＝－58

負五十八日謂節氣虧五十八日，此日數如何產生，今須深究。照顧一太陰歲節氣延遲十日，此虧欠數大於十日，故拆解五十八須照顧節氣延遲十日倍數。節氣虧五十八日堪拆解三組：

58＝30＋28

或

58＝40＋18

或

58＝50＋8

如上三組唯第三組含零頭小於十。此數不堪再分。第一、第二拆解之法不盡。但第三組合又匹配此穴見標本 H3115：10。

表一九　H3115 曆譜

第五年	第四年	第三年	第二年	第一年	九點六個月
2 月 24 日	2 月 22 日	2 月 20 日	2 月 18 日	2 月 16 日	2 月 14 日
1 月 24 日	1 月 22 日	1 月 20 日	1 月 18 日	1 月 16 日	1 月 14 日
12 月 24 日	12 月 22 日	12 月 20 日	12 月 18 日	12 月 16 日	12 月 14 日
11 月 24 日	11 月 22 日	11 月 20 日	11 月 18 日	11 月 16 日	11 月 14 日
10 月 24 日	10 月 22 日	10 月 20 日	10 月 18 日	10 月 16 日	10 月 14 日
9 月 24 日	9 月 22 日	9 月 20 日	9 月 18 日	9 月 16 日	9 月 14 日
8 月 23 日	8 月 21 日	8 月 19 日	8 月 17 日	8 月 15 日	8 月 13 日
7 月 23 日	7 月 21 日	7 月 19 日	7 月 17 日	7 月 15 日	7 月 13 日
6 月 23 日	6 月 21 日	6 月 19 日	6 月 17 日	6 月 15 日	6 月 13 日
5 月 23 日	5 月 21 日	5 月 19 日	5 月 17 日	5 月 15 日	5 月 25 日

4月23日	4月21日	4月19日	4月17日	4月15日	平二分用兩日，依
3月23日	3月21日	3月19日	3月17日	3月15日	太陰曆歲補五日之率補爲璇璣歲，增
補十日 平二分	補十日 平二分	補十日 平二分	補十日 平二分	補十日 平二分	四日，每四個月補一日用兩日

如上溯推顯示，九點六個月是期初曆算，五年期初年秋分日是八月十五日。倘使推算日全食，此歲是關口。算太陰曆補日法前已考標本 H3115：10。

（2）H254 袋狀穴尺寸度當關聯兩歲春分暨發掘測算勘誤

檢附表三記 H254 是圓口圓底地穴，但其上下尺寸使人疑心：其口徑 2.5 米，底徑 2.9 米，深 0.8 米。前見諸穴無非口大底小地穴。故斷 H254 是狄宛一期唯一口小底大地穴。細察此穴諸參數，見圓底之上，有地穴底徑向圓底過渡的接茬。穴底收縮之前，水平向收縮線之上能測此徑長。此穴底非平，故不是平底袋狀穴，但與平底袋狀穴頗似：袋狀穴口小底大，H254 口小，底徑大。二者在垂直方向都見上小而下大。顧及平底袋狀穴出現較遲，今須斷定 H254 是袋狀地穴前身。設想狄宛前賢在此穴直徑最大處剷平穴底，不留圓底，即得袋狀地穴。

今問 H254 能否適從度當曆算算法？欲決此疑，須對比穴狀變遷與尺寸術算關聯，穴深尺寸在此無獨立地位，此參數又不以地穴模樣更改消亡。前訓圓口平底穴尺寸度當日數準乎底徑、口徑折算日數，而平底圓口穴口大底小，此等尺寸自下而上由小變大。穴徑小，關聯節氣起始日數小；穴徑大，關聯節氣日數多。此等數字關係特點在於，關聯節氣日數自往迄今由小變大。今見 H254 穴口小，穴底大。地穴尺寸變化恰與前訓圓口穴尺寸變化相反。今先依前算獲得穴底、穴口尺寸度當日數，後顛倒爲曆，即見參差。

此穴口徑尺寸度當日數算法：

2.5÷0.33＝7.57

7.57×3＝22.71

此數告喻，當年春分日是二月二十二日。

依穴底徑算關聯節氣日數：

2.9÷0.33＝8.78

8.78×3＝26.34

此數告喻，此地穴曆譜起算於前某歲關聯節氣日。此是二十六日，在幾月，是何節氣，這值得考究。考究前須先算穴深度當月日數。

今欲測算兩關聯節氣間隔，求算節氣延遲（虧欠），須測算穴深度當：

0.8÷0.33＝2.42

2.42×3＝7.26

穴深度當七點二六個月。小數點後數字折算日數：

0.26×30＝7.8

月數七個月其實等於大於半歲月數，多出一月等於三十日。而剩餘零點二六個月，折算不足八日。準乎此算，此穴節氣誤差總日數等於：

（7×30）＋7－180＝37

察三十七日這個節氣延遲日數，出自三年加八點四個月太陰曆。我疑心此日數不夠精準。倘使準乎此數，必謂聖人掘穴位置不能匹配 H3115，兩穴在同一直線上，別爲北、南。此處誤差或出自記錄不詳。此數須依地穴位置表意勘謬。此穴穴深記曆譜應是節氣延遲三十八日，由於此日數能與 H3115 記節氣虧五十八日匹配。此記畫睹日南北與夜觀星曆。二穴都含八日之差，而且二穴都在經線上，而且以 H363 爲核心。兩數相差二十日，這二十日除以二，均等十日，即太陰曆一年節日誤差日數。H363 是圓點，恰均分此誤差數，詳後地穴位置與天象觀測。

H254 穴深依狄宛尺寸應等於二點四二三三尺（2.4233）。此數當七個月又零點二六九九個月（7.2699）。折算七個月又八日，即節氣延遲一個月又八日，即三十八日。曆譜須納三年外加八日節氣延遲，即每太陰歲節氣延遲十日，三歲之後，又見九點六個月致節氣延遲八日。

今照顧袋狀穴曆譜異於前列諸圓口地穴曆譜，以 H254 穴口爲關聯節氣末端，穴底爲關聯節氣起始，而且都述春分日。如此，曆算能合乎 H363 衡平義，即太陰曆每歲節氣延遲十日，則穴底非喻前番秋分，而喻前番春分。如此，H254 喻節氣變遷應謂預算較眞實節氣早三十八日。故而，須自穴底向穴口減算日數，每歲減十日，正二分。準乎《發掘報告》述穴口、穴底直徑尺寸，以及度當日數，得 H254 曆譜如後。

表二〇　H254 曆譜

頭　年	第二年	第三年	九點六個月
2 月 26 日（穴底）	2 月 24 日	2 月 22 日	2 月 21 日（穴口）
1 月 25 日	1 月 23 日	1 月 21 日	1 月 20 日

12 月 25 日	12 月 23 日	12 月 21 日	12 月 20 日
11 月 25 日	11 月 23 日	11 月 21 日	11 月 20 日
10 月 25 日	10 月 23 日	10 月 21 日	10 月 20 日
9 月 25 日	9 月 23 日	9 月 21 日	9 月 20 日
8 月 25 日	8 月 23 日	8 月 21 日	8 月 20 日
7 月 24 日	7 月 22 日	7 月 21 日	7 月 20 日
6 月 24 日	6 月 22 日	6 月 21 日	6 月 20 日
5 月 24 日	5 月 22 日	5 月 21 日	6 月 2 日
4 月 24 日	4 月 22 日	4 月 21 日	減八日正二分
3 月 24 日	3 月 22 日	3 月 21 日	
減十日正二分	減十日正二分	減十日正二分	

　　此曆譜證實，此穴穴口或穴底測算或記錄有些微誤差。倘使準乎穴底尺寸，穴口直徑有誤。其尺寸度當折合二月二十一日，而非二十二日。照顧前算不行四捨五入，二十一點九仍計二十一日。

　　　　$21.9 \div 3 = 7.3$

　　　　$7.3 \times 0.33 = 2.409$

折得 2.41 米之數與發掘紀實述數誤差：

　　　　$2.5 - 2.41 = 0.09$

　　誤差九釐米，這誤差應該出自發掘時擴大穴口遺跡，導致它大於原穴口。倘若不依此理路，須推斷狄宛一期前賢曆算時不計九點六個月。此推測無佐證匹配。

　　H254 尺寸度當算春分日曆譜是袋狀穴曆譜根源，它佐證袋狀穴功能初非儲存糧食，而是曆算。舊說以爲袋狀穴起源不清，其實反映地穴研究步入歧途。所謂早期窖穴起源資料存在缺環云云，反映考古之道流入以器用者察器用，而非返觀聖賢肇造艱辛〔註28〕。

　　此穴盛斂物表達日全食及關聯曆算，C 型、D 型瓦線陀俱述災異天象日全食。旁物能證此穴曆譜含歲補、平二分，譬如「缽形鼎」、「罐形鼎」俱是此類。另外，此穴盛斂一器是史書記「龍」紀之本。此物即蚌殼加工而爲似鐲非鐲物，發掘者命之「蚌環」，此名出自謬識，詳後龍紀源考。狄宛一期 F371、

――――――――――

〔註28〕何周德：《史前窖穴初步研究》，《史前研究》2000 年，第 510～515 頁。

F372 等房址方底也呈袋狀，其曆譜含義也須依此處尺寸度當驗算，狄宛二期袋狀穴曆譜算法相同。

（3）橢圓穴 H398 尺寸度當演算璇璣歲與回歸年日數差

地穴 H398 是橢圓穴，其尺寸有兩個：口徑 3.3～3.9 米，深 1.34 米。今先測算穴口尺寸度當日數。先選短徑，算其度當日數：

3.3÷0.33＝10

10×3＝30

由此得知，當年春分日在二月三十日。此穴長徑尺寸度當算法：

3.9÷0.33＝11.8

此尺寸當日數：

11.8×3＝35.4

此日數大於璇璣歲一月，多五日餘。依 H397 穴口長徑、短徑尺寸度當日數不等，二者差數等於關聯節氣調諧後日數差。

35.4－30＝5.4

這五日餘差數變動區間是多久，這是問題。前多例顯示，變動區間有小於半歲者，有大於半歲者。欲知此數，須先算此穴穴深尺寸度當，再算這五日須散佈區間。穴深尺寸度當日數：

1.34÷0.33＝4.06

狄宛地穴深二尺當半歲，四尺當一歲，前算 H279 已明此術。而這四尺餘當月日數等於：

4.06×3＝12.18

此穴深尺寸喻十二個月又五點四日：

0.18×30＝5.4

此數字顯謂一歲又五點四日，此數是太陰曆一歲須增日數，抑或是璇璣歲須增日數，這是第二問題。無論如何考慮關聯節氣調曆五日差，五日散佈區間都涉及穴深度當時段。兩數之間關係耐人推敲。

我以為，這五日多差數即璇璣歲與回歸年日數差，每璇璣歲寡於回歸年五日餘，整算五日。璇璣歲含 360 日，補五日即得一歲三百六十五日。此推斷以二故支撐：第一，自穴 398 向西南畫線，過 F372，必連 F378，此線又依傍 H363。如前述，聖人察星象，譬如格星、氐宿，知一歲日月行道變遷與終極，亦知其轉還，以星宿在東北匹配歲首，即能推算璇璣歲一歲寡於回歸年

日數差。此認知匹配其東垣角宿認知。狄宛一期房址四座連線述東垣角宿，角宿是定春來之標準。在無日全食年，角宿不被掩蔽，能以春季出現。涉房址喻氐宿，詳後巢屋穴室記察角宿訓。第二，地穴 H391 依傍 H398，在其東北。兩地穴位置關聯，表意關聯。H398 述璇璣歲補五日，以得一歲節氣。H391 記述聖人劃分天區，他們以穹頂爲核心，分割北半天球，這方便他們查看北天，發現角宿。自 H391 畫線，連屬 F372、F378，此是明證。而且，H391 穴東南自上而下深切地面，平面圖有角，也佐證此題。此外，H391 曆譜證實，太陰曆增補十日，能補齊太陰曆七歲餘致節氣虧欠七十二日。

如上辨析揭示，H398 穴口短徑尺寸度當歲首春分日，即二月三十日，此日數是調曆結果。而五日差須補於璇璣歲，其分割：兩日平二分，三日三分，每分匹配每四個月。依此曆譜推算，前歲春分日是二月二十八日。

表二一　H398 曆譜

調曆	2月30日	1月30日	12月30日	11月30日	10月30日	9月30日	8月29日	7月29日	6月29日	5月29日	4月29日	3月29日	補十日

基於如上辨析與推算，今斷定此穴長徑東西走向，其直線走向與緯線相交，但度數不大於五點五度。此穴以其模樣印記，聖賢能以摹寫紫微垣爲曆，記錄璇璣歲與回歸年日數差。此算法更新 H397 尺寸度當曆譜算法。此算法功在調整璇璣歲與回歸年日數差，但不得在日全食發生年用此算法，此穴盛標本 H398：72 係其佐證。換言之，此穴尺寸度當既是基準算法，又述此算法將被日全食更改。

2）圓口穴助成狄宛地穴調曆系統暨節氣計算正負數問題

（1）圓口直壁平底穴度當支撐其餘圓口穴度當曆算

狄宛十七座地穴模樣參差，但圓穴最多。我等須問，聖人爲何不多掘方穴、或半圓半方地穴？此問涉及圓穴與方穴曆紀關係。圓穴根基是圓口、圓底、直壁穴，此等地穴尺寸度當記錄聖人算節氣誤差基準，譬如 H3107。其曆譜是其餘圓穴曆算參照。第二等是橢圓穴，例如 H398，此穴長徑、短徑尺寸度當告喻，璇璣歲滿月三十日能當一年末月日數。與此匹配，此穴深度當日數大於太陰曆一歲，計十二個月有餘。如前訓釋，此穴曆算義在於，聖人以此穴記璇璣歲日數寡於回歸年日數。此穴與 H3107 相匹，是基準算法。第三等圓穴是半圓口地穴，穴深度當月日數超過一年，其類是 H398、H279。前者

度當月日數稍大於一年，與短徑述璇璣歲一月日數，二者並述璇璣歲一番寡於回歸年一番日數，此日數差等於五日餘。後者穴深度當月日數也超過一歲，但並記日全食，以及此天象致節氣延遲。而且，聖人能夠解決節氣延遲問題。穴底或是圓底，或是平底，其尺寸或小於穴口，或大於穴口，諸多模樣或是標準模樣，或是標準模樣更改，俱出自狄宛聖人創造。聖人既造標準地穴 H3107，及其變樣 H398，他們能適配尺寸度當算法，故而狄宛任一模樣涉圓口地穴尺寸都堪溯跡聖人爲曆細節。細微誤差在此不須上算。此外，H398記錄聖人摹寫紫微垣記錄春季節氣，此知識雖不記於後世經籍。但是，紫微垣橢圓大小頭向南向北大有講究，此指向及其旋轉一百八十度是正夏至、冬至之依據。此認知被傳及後世，此認知之源是陝西臨潼白家村地穴 T102H22曆譜。

（2）圓穴度當算法堪用於涉方地穴尺寸曆算

狄宛聖人詳查星象，思謀精算節氣及其誤差，故能創造模樣怪異地穴。倘使狄宛聖人先輩初掘圓穴似滿月與日狀，並以此驚怖邑人，邑眾拜服而後聽從其使喚，那麼方穴與涉方地穴已純是察星者祖傳技能，此等地穴蘊藏知識深廣絕非善睹者能夠獲知。此等地穴於邑人在彼時已是「天書」，邑人不能察知其義，但知此事至偉，凡聖人號令，不敢違逆。而且，此等地穴含術算翔實，曆譜精微，循從曆譜能以時知覺春秋分，以時捕獵、採集，故而其功非凡。狄宛此等地穴有二例：H391 與 H363。這兩座地穴都涉方，前者印記聖人方天分區嘗試，以及此嘗試有成。後者記錄聖人方天察星區之後，稔熟辨識諸多星宿與季節關聯。H391 涉及東垣辨識，由於此穴東南有角宿模樣。基於春季角宿位置辨識，前賢深知太陰歲一歲須補十日，以合回歸年，否則誤算節氣日數，延誤下種或捕獵。H363 含義更爲精微，而且此認知基於 H391記錄之角宿認知：H363 記錄聖人查看氐宿，見日全食、月全食俱在日月中道，此認知是彼時最系統天象認知。此穴一邊還記錄格星，摹寫此星足見前賢以格星正曆算冬至節氣日數。憑諸知識，足以斷定，中國聖人認知是彼時最系統認知，他們知曉天象之本，不爲災異恐嚇，絕無沮喪心態。由此，我又斷定，他們自決、自信之力甚勁，此心態是中國人生存與綿延訣竅。

事涉方穴尺寸當月日數，今須申明，方穴尺寸度當不異於圓穴尺寸度當，唯參數更改而已。方穴俱是直壁、平底。算穴口或穴底尺寸毫無差別。在此，H397 堪爲範例。短徑尺寸度當日數是調曆起點，長徑度當日數是調曆

日數，二者都是春分日。對於 H363，正冬至顯歲氣發動，這是並列於春秋分之全新認知。

（3）地穴尺寸度當曆算節氣日數誤差正負數問題

涉及中國乃至世界最古曆譜，天文曆算家迄今不能塙指曆譜載體、曆算佐證、曆算發生時代。此題塙係天文曆算門空缺。鑒於前算，今以數言歸結如後：狄宛一期前賢已爲曆譜、已爲調曆。曆譜載體是地穴，曆譜以地穴尺寸度當以及平面坐標表述。如前驗算，狄宛曆譜體系完滿：太陰曆歲含十二個月，總計三百五十五日。璇璣歲三百六十日，《易》曆謂之乾坤冊，此是補五日後得數，即璇璣歲一年三百六十日。再補五日，得回歸年三百六十五日，一歲日數滿。此曆法應是彼時環宇最精微工巧之曆法，域外絕無其匹。大小月之別也起於此時，置閏別閏年、有四年多補一日於第四年例，補差四十一日。此時也見置閏月之例。

欲論狄宛曆法細節及其緣故，須舉陳諸地穴尺寸度當曆譜含節氣誤差驗算，爲狄宛一期地穴曆算節氣誤日數差表，以顯節氣延遲與虧欠日數兩等得數。今抽取前陳曆譜節氣延遲口數，爲正數，節氣虧欠日數爲負數，具於後表。此處地穴不納房址房基圓穴。

表二二　地穴尺寸度當節氣日數正負誤差匯

地穴編次	期間節氣日數誤差正負	日全食或無以及特例
H10	－44	食
H11	－82	無
H12	－31	食
H254	＋38	無
H279	＋48	食，穴深尺寸度當 408 日
H359	＋141	食
H363	＋105	無
H370	＋38	無
H382	＋48	無
H391	－72	無
H396	－18	無

H397	+54	食
H398	+5	算回歸年大於璇璣歲日數
H3107	不虧不遲	基準尺寸度當
H3114	−18	無
H3115	−58	無
H3116	+43	食

　　如 H3107 述，基準尺寸度當月數爲六，日數爲一百八十。其餘地穴尺寸度當月日數或小於一百八十日，或大於一百八十日，小大之別是正負數之本。但問，聖賢爲何以諸尺寸匹配諸穴，又使其模樣如發掘者所見？今再問：聖賢依何標準定某穴於某處？

　　如上兩問迄今不爲考古界察知，此二問是中國古史最幽暗、深沉文源。倘使不能解答，前算與前陳諸曆譜價值必打折扣。

（三）地穴尺寸度當節氣日數參差之天象與星象觀測解釋

1. 月日週行對比致賦值正負暨日全食觀測之地穴記載

1）日數誤差之正負數原故

（1）日數誤差正數出自聖人曆算準乎回歸年

　　檢表二二，見節氣日數誤差之正數如後：H254 尺寸度當節氣誤差三十八日。H279 見穴深度當日數超過一年，述節氣誤差日數達四十八日。H359 尺寸度當節氣誤差一百四十一日，H363 尺寸度當節氣誤差一百又五日，事涉格星正冬至日。H370 尺寸度當述節氣誤差三十八日，H382 尺寸度當述節氣延遲四十八日，H397 尺寸度當述節氣誤差五十四日，H3116 尺寸度當述節氣誤差四十三日，H398 尺寸度當日數述璇璣歲寡於回歸年五日故不入算。

　　對照如上日數，見最少誤差三十八日，最大誤差一百四十一日。不論誤差多寡，都是正數。如前言，誤差呈正數謂節氣延遲。節氣謂日數之節，又謂熱氣之節。延遲謂熱氣遲至。遲相對早而言。若問何者早，答曰：太陰曆算月日數早。狄宛太陰曆以滿月爲朔日，逢滿月計初一，月末二十九日，或三十日。每兩個月增一日，歲末再增一日。一年累計三百五十四餘，整算三百五十五日。延遲既謂節氣日數延遲，太陰曆算節氣須遷延相應日數，以得某節氣。例如，H254 尺寸度當節氣延遲三十八日，即謂太陰曆相關節氣日數

須推遲三十八日，必得精準節氣。如此，即能解決日行遲，月行速難題。此是調曆，調曆定節氣日數是唯一數，故曆算不惑。循之播種，時至必能收穫。循此日數預算獸類遷徙與往來即得圍獵或捕獵或陷獸期間。此是狄宛故地聖人後嗣傳承文明之基礎。

（2）節氣日數誤差負數出自察月行速

前言狄宛地穴尺寸度當節氣日數誤差呈正數，也呈負數。誤差呈正數之例有九，呈負數之例有七：H10尺寸度當節氣日數誤差四十四日，H11尺寸度當節氣日數誤差八十二日，H12尺寸度當節氣日數誤差三十一日，H391尺寸度當節氣日數誤差七十二日。H396尺寸度當節氣日數誤差十八日。H3114尺寸度當節氣日數誤差十八日。H3115尺寸度當節氣日數誤差五十八日。

節氣日數誤差呈負數與節氣日數誤差呈正數必出自聖人參照不同標準。前言節氣日數誤差呈正數出自聖人照月論日，即以回歸年日數爲基準，對比太陰曆一歲日數。回歸年日數大於太陰曆日數，故誤差呈正數。但是，若以太陰曆月日數論節氣日數誤差，必得負數。日數負數即節氣日數不足，指日數虧欠。故而，須彌補此數。

在節氣日數誤差呈正數時，準乎正數算節氣日數，得節氣不謬。在節氣日數誤差呈負數時，須增補相應日數，即能平節氣，譬如H10尺寸度當節氣日數虧四十四日，故須補四十四日，二者相加，得數爲零。此數爲不虧不餘，即回歸年日數不多，太陰曆日數增補後等於回歸年日數。

2）記日全食曆譜地穴述節氣誤差與地穴位置關係問題

（1）地穴尺寸賦值與地穴位置問題

狄宛一期地穴十七座，每座都是曆譜。前討節氣日數誤差正負曆算，未述日全食致節氣日數誤差三十日疊加於太陰曆節氣日數誤差。此題涉及聖人察天象功業，不得不深入考究。狄宛地穴涉日全食者唯有六座：H10、H12、H279、H359、H397、H3116。若言諸穴尺寸度當節氣日數誤差，須別正負數。六穴唯有兩穴節氣日數誤差呈負數，其餘四座地穴節氣日數誤差皆呈正數。節氣日數誤差呈負數地穴是H10與H12，即負四十四日與負三十一日。其餘地穴是H279、H359、H397與H3116。這四座地穴曆譜含節氣日數誤差參差，但誤差最大者是H359，達一百四十一日。其最小者是H3116，達四十三日。倘使不計節氣日數虧欠，唯察節氣日數延遲，即見最大誤差日數一百四十一日與最小誤差日數四十三日是對照組，二數相差近百日：

141－43＝98

今須疑問，這個差數如何產生，又須發問聖人為何如此賦值。諸賦值與地穴位置有無關係，這是解答前二問根基。

（2）日全食發生之日月行道

前設諸問俱涉及一個話題，即某地穴位置為何須在此處。在此，須辨析某地穴位置，揭示一地穴與旁地穴相互位置關係。此是根本問題。如此辨析出自不得已：眾多地穴曆譜記節氣日數誤差多樣，欲顯諸日數誤差之故，遍察諸穴曆譜並比較節氣日數誤差唯能致小大次第，根本不能獲得差數根源。我在此將諸多地穴曆譜別為常曆譜與日全食曆譜。常曆譜即月行速日行遲曆譜，日月各行其道，不交食，不論日數誤差正負數。日全食曆譜即含日全食致節氣誤差諸曆譜。今須仔細對比後者日數誤差，由此對照數個常曆譜，以便溯跡聖人心腹智慮。

檢 H10 記節氣日數虧四十四日，而 H12 曆譜記誤差日數虧三十一日，H279 記節氣延遲四十八日，H359 記節氣延遲一百四十一日，H397 記節氣延遲五十四日，但 H3116 記節氣延遲四十三日。

倘使並察諸穴位置，照顧日月交食發生於日月行道相交，即得知諸地穴曆譜記節氣誤差之故：在 H363 處察氐宿，別月行道，即見日全食發生之所，並察日食及月行、日行方向，必見如下狀況：日西行而月東往。依狄宛曆，月初為滿月，月末為滿月前。晦日被夾在中間。每逢晦日，傍晚不見月。及十五日或十六日，月在西。此日白晝，月自東歸西，在正午之前在中天偏東。其處所逐日向東位移，傍晚初見之所也向東逐日移動。H12、H10 曆譜含節氣日數誤差為負數，故在聖人以二穴述月行速，節氣日數虧欠。兩穴連線即月行道。月行迄 H279 處，發生日全食。但問，發生日全食當日在食初前，日在何處？決此疑須照顧兩狀況：問日在何處涉及兩題。第一是晝察日所，第二是夜察日所，畢竟須照顧 H363 記聖人在氐宿察星象大事。依此，我認定，晝察日在 H397 處。此斷出自此穴曆譜記節氣誤差，而非節氣虧欠。節氣誤差呈正數，節氣虧欠呈負數。言月即須言節氣虧欠，言日須述日遲於月，此題前已澄清。H397 曆譜記節氣誤差日數是正數。日初在 H397 處，日須西行。秋分日後，日行道非正東向西，而是自東向西偏南行。自甲午年年初，我每歲春秋分必在晨五點許抵達慈恩寺附近，在大雁塔西察日出，又在傍晚五點十分許開始察日落。每歲秋分見日將落在塔正西偏南，將墜之時，已在西南角。

西安緯度小於狄宛，狄宛聖人必能在秋分日察知日出點初在東但日升東天後開始向西偏南移動。故而，我斷定 H397 述食初前位置。

那麼，如何解釋 H359 記日全食節氣誤差？此事本乎星象觀測與天象觀測之別。聖人觀星象或在暮時，或在晨刻，或在夜間，唯以日照較弱方便觀測。夜察星象準乎氐宿，必見日全食當日，日行道在 H359。於秋分後晨刻觀測日出，即見日在 H397 處，於是出現日有兩處狀況。基於此述，今依《發掘報告》圖一三以赤線畫出曆譜地穴圖樣如後。

圖五九　日全食地穴曆譜位置及其記天象與星象

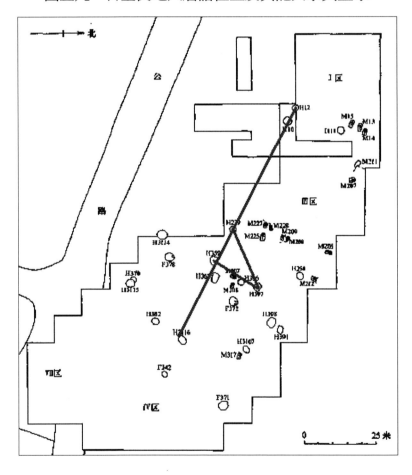

月在狄宛曆法月中傍晚盡消，目不能察。但其運動片刻不休，察 H11 在 H12 東北，此謂 H12 在 H11 西南。倘使月中無日全食，狄宛曆法十六日夜仍不能睹月，此日稱今曆法初二。初三晚，上弦月在西南。準乎氐宿察月行

道，月須在 H12 處。故月處所也別兩端：察氐宿見月行道，估算某日月處所。夜察月處所。總之，循聖人察氐宿南蒼穹，畫線連 H12、H10，向東南畫線，此線貫通 H279、H359，毗鄰 H363，連 H3116。五座地穴俱述日全食曆譜，而且以斜角關聯 H397。此圖顯示，狄宛聖人察日全食固照顧日全食前視位置，察天象而不忘察星象，故其認知更有體系。諸地穴尺寸即謂賦值，地穴深淺與口徑小大俱出自精打細算。諸地穴調曆是體系調曆。狄宛當年日全食發生於秋分後朔日，而非任一朔日，前考標本 H398：72 已揭示此題，今不贅言。

2. 記日全食曆譜諸地穴轄約地穴分佈

1）常曆譜地穴位置多維分佈與術算關係問題

（1）九座地穴曆譜含兩組誤差日數相等地穴曆譜問題

除去日全食曆譜地穴，狄宛地穴總計十一座，這十一座地穴須別為二等：第一等是基準曆算，譬如 H3107，H398。前者記錄尺寸度當關聯節氣秋分、春分間隔月數標準。後者記錄璇璣歲與回歸年日數差。第二等是常曆譜，即記錄月日週行致節氣相對延遲或虧欠日數諸曆譜。狄宛一期曆譜以地穴曆譜為首。依發掘次第，諸地穴曆譜次第及節氣誤差日數是：

表二三 日全食曆譜與基準賦值外地穴日數誤差表

地穴編次	H11	H254	H363	H370	H382	H391	H396	H3114	H3115
節氣誤差日數	-82	38	105	38	48	-72	-18	-18	-58

若言此表節氣誤差日數小大，須述最小誤差等於十八日，最大誤差等於一百又五日，中等誤差日數是八十二日，中等偏下誤差日數是三十八日。對比九座地穴暨曆譜，見四座地穴曆譜能別為兩組誤差日數相等之對照組。組誤差顯示，兩組地穴曆譜含節氣誤差日數相等：H254 地穴曆譜節氣誤差日數等於 H370 地穴曆譜節氣誤差日數，都是三十八日，但是二者含義絕不相同。H370 地穴曆譜節氣誤差三十八日謂節氣延遲三十八日，但 H254 含節氣延遲三十八日謂曆補超越真實節氣，故是消除誤差曆算。H396 地穴曆譜節氣誤差日數等於 H3114 地穴曆譜節氣誤差日數，都是負十八日。節氣誤差三十八日謂節氣延遲，即日行遲於月行日數達三十八日。節氣虧十八日謂月行虧日數十八日。故前兩穴述日行，後兩穴述月行。這兩組節氣誤差日數包藏聖賢何

等思考？此思考蘊藏何等天象或星象觀測認知，這須深入考究。

（２）兩組日數誤差相等出自天象與星象坐標系參數相等

檢 H254 去斷崖不遠，傍 M212。H370 傍 H3115，而且後者盛斂標本 H3115：10，此標本記錄太陰曆補八日術算。諸地穴曆算是系統曆算一部。又察 H396 在 H363 北，H3114 位於 H279 南，在 H3115 西北。又察 H396 正北有 H254，故 H254 是諸穴北端。

倘使將一期遺跡分佈圖左旋九十度，立於 H363 處，能見 H254 在正北，如北極，正南是 H3115。此線又過 H396、H363。如此，H363 關兩事：察氐宿、察日全食發生日天象。狄宛聖人察日全食固在 H363 處，顧念此番日全食發生於上午（詳後瓦線陀記日全食考），此刻已在日出後甚久，故日全食食初處於 H359，後遷 H279。如此，即得聖人察日全食時坐標系：H363 是坐標原點，由此察天極，推算晝不能睹之月行，故 H3115 曆譜見節氣日數誤差爲負數。自 H363 向北察，或向南察，一期遺跡圖上 H363 與 H254 距離等於 H363與 H370 距離。這導致二穴曆譜即節氣誤差日數相等。後圖有赤線貫穿五地穴，揭示此埋。

圖六〇　察日全食坐標系暨 H254 與 H370 節氣誤差相等

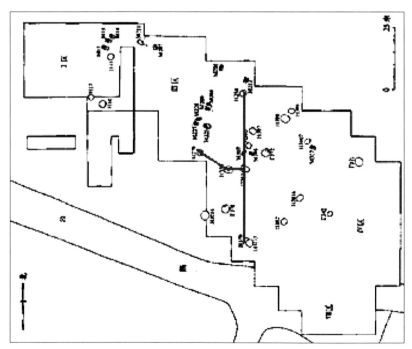

　　H396 與 H3114 述節氣虧欠日數相等，此賦值出自另外坐標系。此坐標系原點是 H382。測算 H382 與 H396 距離，再測算 H382 與 H3114 距離，即見兩段距離接近。些微誤差應出自繪圖誤差。H396 與 H3114 地穴曆譜節氣誤差都是負數，此謂二者都記月行。二地穴曆譜節氣誤差日數相等出自兩穴與 H382 距離相等。H382 與 H3114 之間距離也充當緯線，此線是察曆算秋分與真實春秋分是否相投基準。

圖六一　H396 與 H3114 節氣虧日數相等

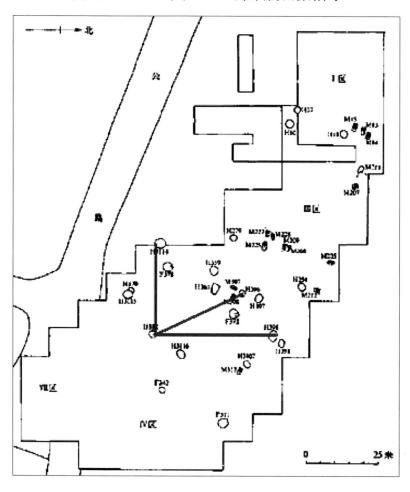

　　此圖不獨解釋 H396 節氣虧日數等於 H3114 節氣虧日數之故，而且是解釋日全食之外回歸年與太陰歲、璇璣歲差日依據。察 H382 與 H398 位置，即見直線能連屬二者，而且此線是經線。此線與 H382 與 H3114 連線成九十度角。

比較 H398 曆算含義與 H382 曆算含義，即見二者都是正數。此處見太陰曆、璇璣歲、回歸年三者關係：回歸年一歲三百六十五日，太陰曆一年三百五十五日，璇璣歲一歲三百六十日。H3114 與 H396 曆譜見節氣虧十八日，其故在於日行遲於月行。璇璣歲猶如平準儀（水平儀）一般，顯示月、日運行遲速關係。一歲為計量單元，是分割月、日運行之度，這恰是曆法細微處。璇璣歲其實須以黃道總度數解釋。

2）聖人察氐宿見日月行道而佈置日全食地穴為諸穴軸線

（1）狄宛地穴坐標系是中國最早空間三維坐標系

狄宛聖人曾用坐標系別主輔坐標系。主坐標系不同於後世平面直角坐標系，也不同於空間三維坐標系。它已包含空間三維坐標系要素，記錄天空曾出現大事，此事即日全食。狄宛聖人察天象與星象恃球體是兩球體，前者是晝見球體，後者是夜見球體。二者本非同一，但聖人在此處將二者合一，表述力層疊，故其含義難以揭露。

輔坐標系是檢驗曆算精準與否基準坐標，它將三等歲納入考量：一是太陰歲，H3114 與 H396 即其例證。此坐標系又包含璇璣歲、回歸年。此坐標系是中國最早平面直角坐標系。月行道偏轉角度的極限隨之確定。此角度等於五度。

無論主坐標系還是輔坐標系都基於關聯地穴相對位置。主坐標系含晝見日與夜見月及夜見星象。夜見星象是本，晝見天象是末。故二者關聯緻密，其術算為「必」。以圓點為心，畫直線顯示日行道在南北變遷。H363 是圓點，由此觀測日行道一歲變遷，此是以星象觀測校驗曆算，此曆算既含太陰曆，也含回歸年。獲得此翔實認知，後察日全食發生前日運動軌跡，由 H363 象徵的頭頂向西，日晝時西行而過 H359，此是天象觀測。後又關聯星象觀測，即日行至 H279 處為食既，同處生光。由此得知，狄宛聖人察日全食災異關聯日月行道，此認無論在當時，還是在現代，都是精準認知。

（2）述日全食地穴轄約地穴分佈暨節氣曆算平準基礎

狄宛一期地穴位置關係複雜，非以如上辨識窮盡。儘管如此，仍能從 H363 系統含義發掘聖人佈置諸地穴觀念一端：自 H12 向東南畫線，記述災異天象地穴是關鍵地穴。倘使將 H391 視為 H398 附屬地穴，此直線是一期地穴分佈軸線。H254 與 H398 與 H3114、H3115 連線是其兩翼。基於此認識，今斷定狄宛一期地穴分佈緣由之一是聖人記錄災異天象，並以記錄日全食發生前日

月行道爲軸線佈置其餘地穴。

　　欲清白辨識此軸線，今一門凸顯不涉及日全食地穴，而且將諸地穴別爲述月行地穴與述日行地穴，並以赤色直線聯繫述月地穴、述日地穴。此等連線使讀者清識述日全食地穴佔地穴曆譜比例，由此得知聖人挖掘地穴動因之一。

圖六二　述日全食地穴轄約地穴分佈

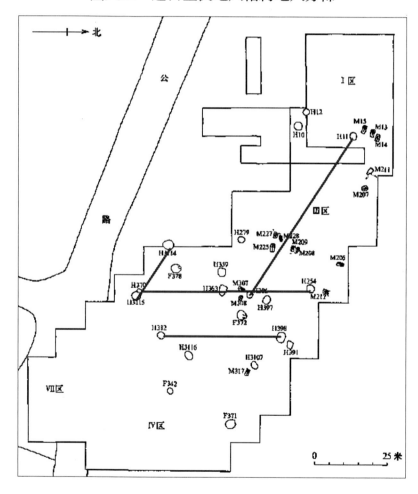

　　一期述日行而且不涉及日全食地穴不多，唯有四座：H254、H370、H382、H398。畫赤線於每兩穴之間，即見兩赤線平行。述月行地穴有四座：H11、H396、H3114、H3115。這八座地穴或是圓口，或是橢圓口，但不是方口，譬如述角宿地穴 H391、述格星與氐宿地穴 H363。將兩等四座地穴分組，每兩

座地穴爲一組，在兩地穴之間畫赤線，即見聖人苦心孤詣。連結述日行地穴 H254 與 H370，連結 H382、H398，即見這兩條線段平行。連結述月行地穴 H11 與 H396，連結 H3114 與 H3115，即見此二直線平行。如此，得述日行四座地穴兩兩平行，述月行地穴兩兩平行。如何解釋此狀況，值得深思。無論怎樣思考，終究須回歸曆算，即節氣延遲與虧欠正題。

　　基於前算，我認定此處存在聖人節氣平準算法，節氣平準即調諧月行速與日行遲。此事在彼時是頭等大事。前算曆譜是驗證聖人節氣平準之把柄，故依四座地穴曆譜含節氣誤差檢驗此推斷。

　　述日行地穴 H254 曆譜含日行較之月行節氣延遲三十八日，H370 曆譜含此延遲日數也是三十八日，H382 曆譜含節氣延遲日數等於四十八日，H398 曆譜含回歸年較之璇璣歲節氣誤差五日。四個數字相加即見日行較之月行節氣遲緩總日數：

　　　　38＋38＋48＋5＝129

　　今再計算月行速致節氣虧欠日數：

　　　　（−18）＋（−82）＝−100

　　　　（−18）＋（−58）＝−76

　　後兩數相加：

　　　　（−100）＋（−76）＝−176

　　一百七十六日折合太陰曆十七點六歲，此間能夠見閏年。鑒於積算十六年以上節氣虧欠日數須增閏年，加一日，故節氣虧欠總日數其實是：

　　　　（−176）＋（−1）＝−177

　　對比日行節氣日數延遲，月行節氣日數虧欠，見二者相差四十八日：

　　　　（−177）−（129）＝−48

　　負四十八日謂日行不滿，不喻月行節氣虧欠。此處見日行不匹配月行，寡於月行四十八日，這個日數被聖人保留，他們掘地穴 F371，以「門向」四十八日表述須補日數四十八日。詳後巢屋演算回歸年三百六十五日暨歲初準乎角宿。概括前述，倘使無日全食，聖賢已能平準日月行，他們能夠精準紀年，平二分。但是，日全食是災異，此等天象促使聖人更改地穴曆譜系統，他們增加了日全食曆譜。這樣，挖掘地穴前，挖掘工程規劃別爲述日全食地穴與述日月行地穴兩等，聖賢施工躔步亦得明朗，史前掘穴工程細節以此呈現。

（四）尾宿星圖信仰暨龍紀源考

1. 中國最早系統星圖是狄宛東垣尾宿

1）地穴位置兼爲星圖暨挖掘工程減省之辨

（1）地穴並有多重功能暨一期標本佐證聖人知尾宿

前考地穴不獨是工程，而且爲曆譜。關聯地穴能告聖人平準日月行，此是地穴第二功能。地穴能用於表述天象，譬如 H279 等記述日全食。地穴也能摹寫某星宿，譬如 H397 狀摹紫微垣。如此，能夠推斷，聖人也能以數座地穴表述某些關聯星象，譬如四垣某垣某宿。H363 記格星前已述及。照顧地穴爲數不少，須並計兩題：第一，數穴堪否連屬而述某宿。第二，倘使辨識數穴並述某宿，有無旁物佐證。

我以爲，此二事都在聖人能力範圍內。H279、H12、H10，H3114、H3115等地穴能夠連屬，這顯示，聖人能以連屬數座地穴表達其以匯聚星象與天象知識。前題不再爲疑難。若欲覓得證據，須察《發掘報告》圖四五第 5 器，即標本 H254：26。此物被發掘者呼爲「蚌環」。其實，此物佐證狄宛聖人認知尾宿，此物是龍狀蚌器，其文明史功能甚巨。

上諸言似乎局限於東垣七宿之尾宿認知。其實，前論揭示四垣二十八宿之某宿，而非二十八宿，並不否認某垣認知。四垣系統逐步出現，非一時一地化爲體系認知。如天文史學界所知，四垣二十八宿體系定名至遲在周初完結。但定名前，須有星名變遷期。遠在變遷期前，曾出現二十八宿認知。更遠時候，聖賢逐步認知四垣。而四垣之東垣是定歲初基準。

（2）聖人減省地穴工程佐證系統認知東垣七宿

檢狄宛聖人知曉紫微垣左、右樞，亦知斗柄四指，也知氐宿、格星、大火星、角宿，而且心宿在東方七宿之中。他們知曉北宿婺女，知角宿、氐宿等，必知北宿與東宿在天球上位置相對穩定。斗柄旋轉使他們週旋察星。既如此，他們必知東垣七星位置。當然，知東垣七宿與表述、記錄東垣七宿是兩事。彼時，挖掘地穴是浩大工程：一面須爲曆譜，故須先規劃某地穴深淺、模樣、口徑，另一面須照顧此穴與其餘地穴位置關係，一穴位置不當，將謬記星圖。這樣，他們須愼重考量挖掘多少地穴。與此關聯，他們又須盡量減少工程量，不須重複勞作，耗費時日。由此，能夠安然認定，聖賢盡量減少記錄東垣星宿所須地穴，同時不致謬記，導致後世或學人謬識。

關於他們如何減省工程，我饋給一點思考：辨識一物，察首尾即得其要。記錄動止，察其初動之所、停歇之所，知耗用時間，即知運軌跡。地穴象徵星宿，星宿以時出沒，故記東垣星宿即謂歲時既定。一期聖人能夠截取東垣首宿、末宿表達其所知東垣。前訓 H391 地穴含義等揭示，聖人已知角宿標誌歲初節氣，他們似乎減省房宿、箕，而氐宿、大火星已被記述。對照標本 H254：26，知狄宛聖人以尾宿爲東垣關鍵星宿，他們著力記錄此認知。或許，他們彼時勞力不夠，未曾挖掘更多地穴，細述他宿認知。總之，東方七宿簡略表述，此是事實。

2）尾宿主星九顆與數與連線合乎地穴位置

（1）尾宿主星九顆圖

圖六三　狄宛星圖之東垣尾宿

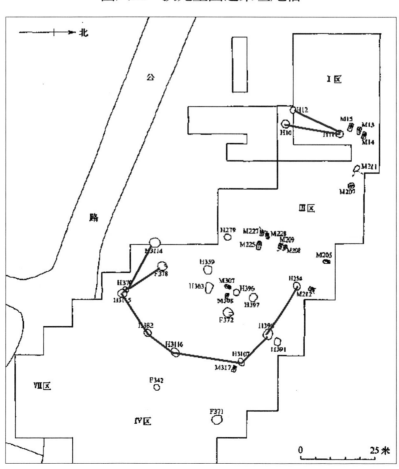

東垣尾宿圖告喻，狄宛聖人裸眼查看東垣尾宿細緻入微，其目力與堅韌持久非後世能夠想見。準乎此圖，在第 I 發掘區東南，第 IV 發掘區西偏北，公路北偏，似乎還有二座乃至六座地穴。此是狄宛後續考古發掘者須操心話題，此處不再考究。

依《中國天文學史》圖 64，尾宿有星九顆。《開元占經卷六十‧東方七宿占‧尾宿六》引《石氏》曰：「尾九星，十八度。距東第二星先至，去極百三十四度。春夏爲火，秋冬爲水。尾北十尺是中道。尾一名后族；一名天廟；一名天狗；一名天司空；一名天雞。尾者，后宮之場也；后妃之府也〔註29〕；上第一星，后也；第三星旁一星，相去一寸，名神宮；解衣之內室，說虞之堂；一曰天矢，一曰天九江。尾者，邊臣也。又曰通溜宮，尾市也，天復船也。尾第一星，嫡妃也；第三星，夫人也；次五星，嬪妾星；欲均明，大小相承，則後宮有序，多子孫。」尾宿處所依時變而改。故注者云「古九度（《開元占經》，第 421 頁）。」察尾宿於 H363 旁 H279 爲圓心軸線，《石氏》述尾宿北在此謂西北，非正北。《石氏》言北須視爲西偏北，還是正北，我沒有史料參照。倘使視爲正北，必狄宛一期以降，在戰國見星宿轉位。或者可視爲聖人以此地斷崖與二期 I 段環溝表達半天球傾斜，而且此地是斷割頭頂東、北、西半天球之果，聖人以此獲得東宿星位關係。將環溝與斷崖構成的半球形視爲空心，向右旋轉，即得半天球覆首之狀。這恰是聖人規劃一期建築物另一苦心。

（2）九地穴記尾宿九星及配星

右上第一星是尾宿二，H254 充當。尾宿一，H398 充當；尾宿三，H3107 充當；尾宿四，H3116 充當；尾宿五，H382 充當；尾宿六，H3115 充當；尾宿七，H370 充當；尾宿八，H3114 充當；尾宿九，F378 充當。在此，須申明 F378 也與另外三座房址房基構造角宿，後將述此。上舉諸穴包括 F378 屋底都是圓口，或橢圓口。由此得知，古聖人以圓口穴記星象，關聯圓口與星象，此是中國古營築一大特點。

狄宛一期聖人能細察尾宿九顆，自能察知尾宿配星。尾宿配星有兩處：其一，尾宿三畔一星，由 H391 充當，此是神宮。《中國天文學史》（上）圖 64 無異。「神宮」之宮似乎涉及此穴模樣，庖犧氏王天下之後，宮室底面貴方。

〔註29〕原文「妃后」依國家圖書館數字善本庫明抄本改「后妃」。

此穴平面似方，此是其名根源。

尾宿名起於何時，今不能確定。關於此名含義，學界所知停留在《天官書》所記，即漢人唐都水準，凡言此宿必言「九子」〔註 30〕。我察此宿名出自狄宛聖人察此宿首與末參差，其首有一星，但末有二星。尾宿右、左兩端，別爲單頭叉尾。叉尾即尾末毛散開無束，故尾宿次第大略由右向左。後世占星者以后族稱呼尾宿，故在此宿有叉尾。叉尾似多股。別前後，前爲一，後爲多，復以子嗣眾轉述此宿首末，故得后族名。經文言「中道」即日月五星中道。狄宛時代，中道去尾北是否能當十尺，值得疑心。察一期遺跡，尾宿第二星不在東，而在東北。日月五星中道不在尾北，而在尾西北。日月五星中道在狄宛一期與盛唐時期偏轉參差，但相對位置未變。

依《中國天文學史》（上）圖 64，尾宿下猶有五星，名曰龜。狄宛時代聖人未曾挖掘五地穴。而二期 I 段地穴也無五座地穴連屬，故須推斷，狄宛聖人將龜星計入旁宿，此術傳及後世。《開元占經》星圖篇述角宿，有神宮而無龜星。另外，H10、H11、H12 之間赤線顯示，這三座地穴是角宿一部，星名周鼎。此星與 F378 等四星俱爲角宿一部。

2. 龍信仰出自尾宿信仰暨蚌弓、骨弓、陶弓為寄託考

1）龍舊說辨謬

（1）龍舊說

檢討龍信仰起源廣涉太皞族系與後龍山族系舊事，頭緒眾多，而且一源而多流，文獻訓讀動輒涉及遠古舊事，而且舊注多不能引導學人發掘聖人功業，頻與所謂「圖騰」關聯。本不欲涉及此題，但照顧龍信念分屬中國人人心態，欲明狄宛聖賢肇創苦心，遂增補一節，以爲龍信仰源考。

學術界檢討此題綿延不絕，上世紀三十年代，聞一多、衛聚賢等人曾究討龍爲何物，有言（蟒）蛇、有言鱷魚。本世紀九十年代以來，學人言此題興味不減。今依學人心得刊發時間，撮錄數論備考。

何星亮立論濮陽西水坡大墓是顓頊墓。墓內蚌殼擺放龍虎狀。他認爲，黃帝族採納太皞部龍信仰。龍在地上物象是蟒蛇，非鱷魚。龍是江淮一帶太皞部落的圖騰，蟒蛇爲雷神之象。依華胥在雷澤感生伏羲，推演伏羲是雷神之子，「蛇身人首」。太皞部將龍蛇演化爲雷神。雷神出現後，其他部族採納，

〔註 30〕劉操南：《古代天文曆法釋證》，浙江大學出版社，2009 年，第 416 頁。

黃帝族系其一〔註31〕。

　　布穀撰文《豬龍根三部曲》，以為，趙寶溝存在生殖崇拜，雄野豬是象徵物。太皞為龍師即伏羲氏是紅山古國佩帶玉豬龍的酋長。甲骨文「龍」字摹寫雄野豬。他援引趙寶溝陶尊（標本 F2 ②：30）上刻劃雄野豬龍為證，而且以為野豬龍追求「玄牝之門」，此二者是生殖之神。他認定，趙寶溝陶刻雄野豬龍是原始生殖崇拜。最後，他援引甲骨文龍（《京都》二三六三）𠃌、豕 為證，論斷「龍」、「雄野豕」同源〔註32〕。

　　王瑞功等人嘗試立論，龍信仰之源是東夷文化區信仰，以太皞後嗣封國任、宿、須句、顓臾都在山東，論伏羲氏是東方部族。由此論太皞氏在東方〔註33〕。

　　周崇發立足於考古界已見物件玉龍、泥塑龍、地龍、陶繪龍等否定了圖騰崇拜說，以及聞一多混合圖騰說。他認為，龍崇拜起源於農業保護神訴求。最後，他以禱雨用瓏為赤線，揭示瓏、地龍、泥塑豬龍起源。討論了龍的創造是「由直感同一律整合的圖像和語音符號」，依此闡釋龍是早期中華文化共同體的紐帶〔註34〕。

　　李文穎嘗試立論，龍文化起源地在河南濮陽，時代是帝顓頊時期。作者以為，帝顓頊統一各部族信仰，龍為統一圖騰〔註35〕。倉林忠立足於龍為水生動物說，言蛟龍，後依《管子・水地》篇「龍生於水。」並援引《周易乾》：龍「或躍在淵。」又據《廣雅》言之：「有鱗曰蛟龍……。」最後講，龍的原生形態是鱷不是蛇。以新石器時代大汶口某大墓木槨外有八十四塊鱷魚鱗板為證〔註36〕。

　　劉宗迪為龍星圖騰說。他用傳統天文學二十八宿系統含大火與角、亢、氐、房、尾、箕構造東方蒼龍星象立說。他據《開元占經》引《石氏》云：「箕星，一名風星，月宿之，必大風……尾者，蒼龍之末也，直寅，主八風之始。」他以為，《石氏》以尾為蒼龍之末，不數箕，由此斷定《乾卦・彖傳》

〔註31〕 何星亮：《華夏第一龍探析》，《東南文化》1993 年第 3 期。

〔註32〕 布穀：《豬龍根三部曲》，《昭烏達蒙旗師專學報》（漢文哲學社會科學版）1996 年第 1 期。

〔註33〕 王瑞功、許峰：《從龍鳳形象的塑造論東夷文化的歷史進程》，《臨沂師專學報》1996 年第 4 期。

〔註34〕 周崇發：《論中華龍的起源》，《江漢考古》2000 年第 4 期。

〔註35〕 李文穎：《龍文化起源的時間地點》《安陽師範學院學報》2001 年第 6 期。

〔註36〕 倉林忠：《龍源考辨》，《江蘇廣播電視大學學報》2002 年第 4 期。

「六龍」指東垣箕宿外六宿。由此，他斷定「大哉乾元，萬物資始」說的正是龍星四時運行，「『大明』指璀璨明亮的蒼龍羣星，『大明終始』謂蒼龍星象之週天運行與農時歲序相終始，『六位』指蒼龍週天運行過程中潛、見、躍、飛、悔、伏（无首）六個方位，六個方位標誌著從仲春到仲秋之間六個時令。他認定，蒼龍六宿御天而行，標誌時序流轉〔註37〕。

檢上世紀三十年代以來，中國學人論龍崇拜頗涉東垣星宿絕非孤例。1904年，德國人 Leo Frobenius 曾出版 Das Zeitalter des Sonnengottes 著作，此人推斷，東方蒼龍七宿是後世龍源。晚近，此說被郭靜雲否定，其理由是，星辰分佈自然散漫，連結幾顆星而畫成星圖，此則出自人們觀察大自然所得現象投射星空後結果。此文篇幅較長，而且頗多涉及域外蟲名類別，也言及三代前中國舊事。作者匯集多門資料，頗費心力，故論點疊繞，似難勘破〔註38〕。

（2）舊說甄辨

何氏說瑕疵在於，雷神難與考古發掘物件印證。王瑞功等人嘗試為東夷習俗影響力立論。此說近似考古學上區域器物類型說。此說根本不能解釋中國古文明宏綱唯一而與紐甚多之史實。布穀述豬、龍字同源，此不誤，他以甲骨文《京都》二三六三 🜚 與雄豕 ⚡ 佐證此說亦毫無滯澀，唯布穀未深究兩字與有的短彎線起源。

周崇發究討龍源用心頗深，其視域寬廣，積累豐厚。此文大略解釋了龍信仰的器物寄託，印證龍信仰與利欲關聯，澄清了祈雨致瓏，由此出現諸多關聯器物，龍象物件記錄龍信仰，又依託言語傳播解釋了古人皈依此信仰根源。但是，作者未曾澄清言語傳播信仰的聚落環境，也未澄清玉器瓏前身，未曾窮盡此題。李說殊不可信。古聖以德王天下，雖尚象造器而用，但有無必要統一當時中國各部信仰，這本是問題。不得設擬古聖有此訴求。倉說難以立足：以鱷魚鱗板為據，甚顯倉猝。此物是角質，與骨類似，能用於卜數，堪多番使用。故一鱷之鱗，非謂「龍鱗」。

劉宗迪以為龍名產生時代等同於東垣七宿名產生時代，甚或以為七宿認知時間等於七宿命名時間。但未澄清龍崇拜時代。他謬以《乾卦・象傳》「時乘六龍」為東垣箕宿外六宿。又以為《石氏》蒼龍唯含六宿，故六龍謂東垣

〔註37〕劉宗迪：《華夏上古龍崇拜的起源》，《民間文化論壇》2004年第4期。
〔註38〕郭靜雲：《史前信仰中神龍形象來源芻議》，《中原文物》2010年第3期。

六宿。此說導致割裂《彖傳》「時乘六龍以御天」與前言「六位時成」關聯。檢《周易集解》侯果說，「大明」謂日。「時乘六龍以御天」謂聖人造六爻效法天地四時。如此，聖人造八卦是此事基礎。造八卦時間絕不能等同東垣六宿認知以及命名時間。無論侯氏謬否，不得抹滅原文含六爻術算義。即使認定侯說謬誤，須檢討其謬。

郭靜雲輕忽了一個事實：人能夠觀察星空，也能遵從星宿指引，從而養成功利心，譬如北斗七星定向。問題不在於由地上向蒼穹投射認識結論，而在於師法蒼穹某景象，這恰是自然信仰，《老子》人與自然關係說已明此事，不須贅言。

先是，不少學人競以蛇爲龍本，嘗試立說，但此說不通。《昭公十七年》記郯子說太皞以龍紀。太皞龍紀是古史舊事，其內涵是古信仰。不澄清此題而言蛇，必流於枝蔓舊說，本相隱匿。

2）H254：26 蚌弓傳教歲紀信仰爲龍紀源考

（1）龍信仰本是信仰聖人曆算歲首信仰

學術界操心龍源，其故多樣，唯史學界論龍須涉及郯子論古五聖別物爲紀。《春秋左傳·昭公十七年》：「秋，郯子來朝，公與之宴。昭子問焉，曰：『少皞氏鳥名官，何故也？』郯子曰：『吾祖也，我知之。昔者黃帝氏以雲紀，故爲雲師而雲名；炎帝氏以火紀，故爲火師而火名；共工氏以水紀，故爲水師而水名；大皞氏以龍紀，故爲龍師而龍名。我高祖少皞摯之立也，鳳鳥適至，故紀於鳥。』」杜預注：「太皞，伏犧氏，風姓之祖也，有龍瑞，故以龍命官。」楊伯峻述：「《律曆志》以太皞爲包犧（即伏犧），杜注本之。而後之人爭論不休。……諸高祖皆謂遠祖或始祖（《春秋左傳注》，第 1386～1387 頁）。」此處要題圍繞太皞龍紀。紀者，歲紀也。歲紀即歲時次第之綱。龍紀似乎應是以龍爲歲時次第之綱。但問，太皞時代龍與歲紀如何關聯？倘使不能關聯，龍如何能寄託太皞部信仰？此時代與狄宛一期時代有無關聯，這也是關鍵話題之一。

依杜預注，太皞有龍瑞。此是龍紀根基。瑞謂玉。依此記述，得知太皞前，不存在瑞玉。遞進推斷，太皞至少參與製造某種玉器。依郯子述，此物名曰龍。在昭公十七年，此物曰龍。依《昭二十九年》蔡墨言，是名出現於陶唐氏後。遠在此前，太皞用此物宣教歲紀，故謂之龍紀。此物象徵太皞功業，是其信物。

　　布穀認爲，龍師是「紅山古國佩帶玉豬龍的酋長」。此判斷謬在太暤時代不能等同紅山時代。我以爲，太暤時代稍早，龍山時代稍遲。其證在於，建平縣牛河梁積石冢 M4 見兩色玉豬龍，而非單色玉龍。太暤時代，龍色有別，各不相與。服虔曾云：「大暤以龍名官，春官爲青龍氏，夏官爲赤龍氏，秋官爲白龍氏，冬官爲黑龍氏，中官爲黃龍氏。」〔註39〕準乎此說，太暤命官，一官不得二色龍。故牛河梁積石冢時代不等於太暤時代，應是後太暤時代遺跡。

　　而且，龍信仰絕不涉及地上物種信仰，也非生殖信仰。它不涉蟒蛇、不涉鱷魚、不涉其他任何水蟲。《昭公二十九年》蔡墨說「龍，水物也」不等於龍是水蟲。以斗柄北指喻水，斗柄東北指喻春。以春日地氣始壯而物生爲斗柄北指之後，而北爲坎水，蔡墨言不誤。在狄宛一期，尾宿信仰主宰龍起源階段觀念，故 H254 見標本 H254：26（蚌弓，詳後）。此物匹配尾宿地穴，渾然一體，故不謂歲紀混亂，而謂尾宿歲紀傳教。

　　此物傳教功能變遷，而生祈禱春雨之瓏，此物是禮玉之瓏，非龍紀之龍。瓏是禱雨之器，但龍是傳教尾宿認知之器。宣教尾宿與祈禱是兩事，但關聯緻密，以致兩事象徵物讀音近乎相同。禱雨器瓏出自尾宿告喻歲紀開端，由於歲初即春，春雨化凍解寒，是吉祥物。邑眾從吉祥之教。迄某時節氣變亂，春雨不至，某地邑首、邑眾以爲敬畏時序之心不足，邑首以重器禱雨，事後瘞薶，彰顯信仰彌篤。此重器即禱雨瓏，此物是歲紀龍信仰牢固之後，抑制信念動搖之器。此物出現於狄宛一期、二期後。太暤是否即庖犧氏，或伏羲氏，此題涉及狄宛聖人世系考究，涉及容成氏等聖人考證，暫不考述。

　　涉及尾宿傳教，須牢記一事：彼時此物如弓，不見一端分岔、也不見加粗，以致此物狀似弓。似乎尾宿八、尾宿九不被重視。其實，一期聖賢重視歲紀循環，故此物全似弓狀，根本不見尾宿八、九二星變粗痕跡。故而，此物須命曰「蚌弓」，發掘者名曰「蚌環」是謬稱。

（2）一期聖人加工蚌殼爲蚌弓傳教尾宿歲紀

　　蚌弓即以蚌殼加工爲尾宿模樣，得物似弓，故謂之蚌弓。狄宛一期出土所謂「蚌環」唯一件。此物非環狀，如發掘者述，此物是半環形，正反面皆

〔註39〕孔穎達等：《春秋左傳正義》（卷二十九），《續修四庫全書》第 118 冊，上海古籍出版社，2002 年，第 60 頁。

磨光，截面呈四棱狀。發掘者未講此物兩端是否有斷茬，可以認定，此物完整無缺，標本 H254：26，《發掘報告》圖四五第 5 物即蚌弓。

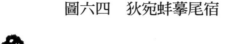

圖六四　狄宛蚌摹尾宿

一期唯見一件蚌弓，由此推斷，此物是彼時稀罕物。此狀況能旁證彼時教化範圍有限。我推斷，用此物者唯有一人。磨光後，此物夜間能影影綽綽發光，反射月光，似星體相連。此狀大致匹配尾宿模樣，唯不凸顯尾宿八、九。此物出自 H254，此穴是尾宿星圖起點。發掘者不知此物用途，但以「蚌器」名稱呼此物，此稱呼不誤。

（3）二期蚌弓、骨弓傳教尾宿歲紀

狄宛二期尾宿器物以材料分類有四等，蚌、骨、陶、野豬牙。此物已屬傳教器，故須命曰尾宿傳教器。以其質地，諸物是蚌尾宿傳教器、骨尾宿傳教器、陶尾宿傳教器、牙尾宿傳教器。

狄宛二期蚌尾宿傳教器，兩端殘損。但其狀未變，仍是半環狀，此物記尾宿模樣。二期見此物兩件。此又謂知尾宿者多於一期。標本 T342 ④：57 是一例，圖一八四第 7 物。其模樣不異於 H254：26，今不據引。

蚌殼堅硬，脆而易碎，頗難加工如尾宿狀。故聖人擴大原料範圍，加工骨料，以為尾宿狀。此外，又造陶尾宿狀。陶尾宿即先塑造尾宿狀，再焙燒，後得陶尾宿模樣。此階段孕育龍信仰。

骨尾宿有三等：其一，被發掘者謬呼為「骨環」之物，此物是骨尾宿。標本 T322 ④：43，圖一七七第 2 器。發掘者以為此物完整狀是環形，此辨識不堪。此標本與一期蚌尾宿相似。此物雖以骨料磨製，仍述尾宿。彼時，確乎有骨環，輪廓是橢圓狀，此物可用於告喻紫微垣，是紫微垣傳教器，此物不堪摹寫尾宿，故入另類。其證是標本 T335 ④：4，《發掘報告》圖一七七，第 1 器。此物在後世有傳。紅山文化區曾出土黑玉料橢圓環狀物。此物被謬

稱爲「母祖」〔註40〕。命之者不知前賢以此喻紫微垣舊事。

圖六五　骨弓傳教尾宿器之一

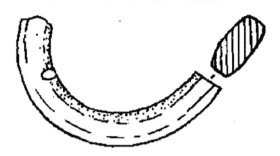

其二，標本 T344 ④：16，發掘者命之「半管狀器」，圖一七八，第 2 器。此物完整無缺，表面光滑。看來，二期聖賢保留了一期聖賢傳教尾宿蚌器模樣。此物較寬，便於握持。

圖六六　骨弓傳教尾宿器之二

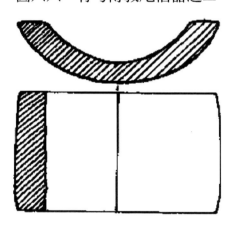

以上二物模樣同一期 H254：26，是弓狀。尾宿八、九未被突出，此謂狄宛二期仍傳播歲紀循環信仰，此信仰基於尾宿歲初出現。

其三，標本 T5 ④：1，《發掘報告》圖一七七，第 3 器。發掘者命此物「骨環」。此物殘存大半，外長徑 41 毫米，短徑約 36 毫米，內孔近圓形，徑 10 ～12 毫米。近橢圓形，一面光滑微鼓，另一面磨製微凹。我察此物加工精巧，用心頗多。與後世玉龍關係密切。其狀如後：

〔註40〕柳冬青：《紅山文化》，內蒙古大學出版社，2002 年，第 26 頁。

圖六七　骨弓傳教尾宿器之三

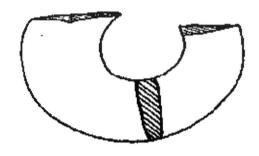

（４）陶弓尾宿傳教

二期陶弓別二等：其一，糙面陶弓。其二，槽紋陶弓。糙面陶弓即陶弓表面受火穀物顆粒形成凹陷，粗糙似木銼。發掘者命之曰「陶銼」。我不否認此物能用如銼。二期出土此類器物不少，例證是標本 T306 ③：17，《發掘報告》圖一四二第 11 器，其狀如後：

圖六八　陶弓之一

此物是陶弓，但其狀已有變遷。此標本局部粗細不一，中部粗而兩端細。但輪廓模樣似 H254：26。依此，斷定其名曰陶弓。以木支起此物，叩擊有聲，能用於傳教，使邑眾知曉尾宿歲紀義。

狄宛二期，並存尾宿實摹，尾宿八、九漸被重視。一期標本 H254：26 記蚌弓模樣漸次轉變，而為一端粗、一端細模樣。其例證是標本 T212 ④：12，《發掘報告》圖一四四第 8 器。狄宛二期出土此物總計六件。發掘者以為，此物出自牛、羊等獸角模仿。此觀察不誤，但前賢不獨以此物記述其已知羊角堅硬，表面有槽痕，而以羊角陶記述其知曉鹿角多至解。鹿角難以泥塑燒結仿造，故以羊角摹寫。此時節恰合乎重消息《頤》喻時節。兩角尖相對，有豁口而兩端不相接，呈橢圓狀。發掘者以為，此物應屬一種束髮器。此認

識之源是類比標本 M217：7，M217：8 相連模樣與標本 T212 ④：12，前二物被呼爲「束髮器」，故此物也被呼爲「束髮器」。發掘者未曾澄清彼時聖賢星象信仰，不知其表達信仰之途。故彼等名物、表意都無關聯。

我察標本 T212 ④：12 是陶弓別樣，謂之陶角似乎不誤。但依狄宛一期認知系統，此物須呼爲陶弓，由於此物狀似彎弓，即弓身張拉。此物是後世紅山文化玉龍直系遠祖。不得以西文 C 狀標誌，否則喪失體系含義。狄宛二期是消息畫成熟時代，任一彼時物件都能與消息畫關聯，述陰、陽數對比。此題將在狄宛消息盈虛〈易〉教體系生成下檢討。

圖六九　陶弓之二

以上骨弓、陶弓模樣顯示尾宿信仰根植狄宛人心。無論骨弓還是陶弓，都能象徵尾宿信仰。當然，信仰是心念活動。記錄信仰與記錄信仰傳播是兩題。如何佐證尾宿傳教以及尾宿信仰，此是中國信仰史要題。另一面，諸物基於日全食消息說也能涉及陰陽消息。

3）二期戴牙弓記尾宿信仰考

（1）M217「牙質束髮器和骨笄」質疑

前述信仰傳播之記錄考證是要題，今解題以饋給佐證。牙弓即以兩枚豬獠牙放尾宿模樣，似彎弓，置之於頭頂，爲佩戴。兩枚獠牙對稱，各自一端在髮底相接，開口在上。其用途頗似骨笄，故被發掘者呼爲「牙質束髮器和骨笄」。此墓平面、剖面圖如後，此圖採自《發掘報告》圖一八九。此墓編次 M217。

M217 是長方形土坑墓，葬式：單人仰身直肢葬。長 2.3 米，寬 0.84 米，深 0.2 米，方向 30 度。墓主 35 歲左右。右側腿部放置一些蚌殼、骨鏃、骨錐等物。在頭頂部有「牙質束髮器和骨笄」。

圖七〇　M217 墓主佩戴野豬牙為重消息《頤》傳教尾宿

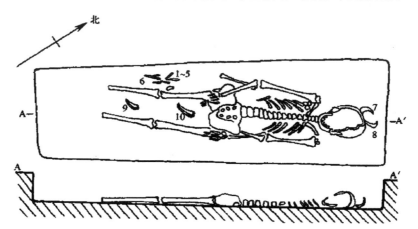

檢《發掘報告》圖一九八，第 11、第 12 器是野豬獠牙，即標本 M217：7 與 M217：8，二物如後：

圖七一　聖人後嗣傳教歲初所用野豬獠牙

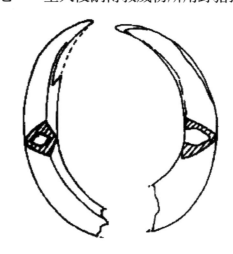

關於此二物，發掘者曰：此物為兩顆豬獠牙對縛而成，器身圓弧尖端磨光，後端略加修整，出土時位於死者頭頂，兩件相對應呈半環狀組合，與陶角狀束髮器形狀相近，牙長 100〜118，中寬 14〜17，厚 15〜20 毫米。

檢狄宛二期墓葬，不見一墓墓主佩戴陶角，即彼時無人用所謂「陶角」束髮。發掘者合二者謂「束髮器和骨笄」。檢《發掘報告》圖一九八，M217 出土物無骨笄。故「牙質束髮器和骨笄」其實指野豬獠牙兩枚置於頭頂。發

掘者以爲這兩枚豬獠牙是骨笄。綁縛獠牙於頭髮是否謂獠牙是骨笄，這值得討問。其實，此兩獠牙不是骨笄，而是牙弓，功能似標本 H254：26，唯其內涵更大，故不得謂之笄。

給此等物件定名絕非易事，發掘者不夠恭謹必致遺憾。1976 年，河北邯鄲市文物保管所曾試掘磁山遺址，在第二十二探方出土一件狀似狄宛一期標本 M217：7、M217：8 的骨器，《河北磁山新石器遺址試掘》圖一〇第 3 器〔註41〕，此物被呼爲「骨錐」。1982 年，白家村前仰韶時期遺址揭露所得弧形鹿角也被呼爲錐，此物即《陝西臨潼白家村新石器時代遺址發掘簡報》圖八第 11 器。其實，二物如弓，不便鑽孔，根本不是骨錐，而是骨弓。二地前賢也信仰尾宿。

（2）聖賢子嗣戴牙弓傳播尾宿歲初義

我察 M217 墓主佩戴之物是牙弓，此人是聖人子嗣。佩戴即服，此是後世章服起源之一。此物印證章服起源於狄宛一期。牙弓述墓主以曾佩戴之物標誌自己信仰尾宿，並以此物別於無章服者。M217 墓主是後世所言「龍傳人」第一人，是我等共同先輩，由於此人佩戴牙弓，信仰尾宿，以及尾宿歲紀。死者佩戴此物於頭頂，記錄此人生前曾佩戴此物。生前佩戴此物必謂此人曾傳播尾宿信仰。故而，M217：7、8 佐證彼時曾存在尾宿信仰傳播，此是後世龍信仰化爲風尙之本。當時，知尾宿者寡而不知尾宿者眾，唯傳教敦促知尾宿者人數增益。依此得知龍信仰源於狄宛一期，廣播於狄宛二期，其後綿延不絕。

此外，一對獠牙對接於頭頂後，其狀固似尾宿，但其義不限於此。狄宛聖賢能以此狀表述某個重消息，重消息即後世重卦，詳後狄宛二期重消息畫例釋。彼時，重消息畫已成體系。對接兩獠牙，使之狀如彎弓狀，其義是重消息《頤》。野豬牙爲骨，故堅硬，此物喻陽。兩陽夾眾陰，下爲震，上爲艮，合謂震下艮上，故是重消息《頤》。此釋有兩佐證：其一，墓主頭向東北三十度。以墓主頭向爲斗柄指向，即得斗柄東北指，時在冬至迄小寒。其二，《易》含曆歲二十四節氣循環，但舊歲末新歲初之間，節氣匹配重消息《頤》、《中孚》、《復》、《屯》、《謙》。重消息《頤》是起點。後世《易》學述節氣循環，而《易林》爲表率，其節氣次第合乎此墓墓主佩戴牙弓。此證《易林》曆算之源來自狄宛古《易》。傳《易》者輾轉傳授舊學非後世創造。

〔註41〕邯鄲市文物保管所：《河北磁山新石器遺址試掘》，《考古》1977 年第 6 期。

4）紅山玉龍兩模樣源於狄宛蚌弓與骨弓

（1）狄宛蚌弓陶弓寫尾宿附豕首鬣爲三星他拉玉豬龍

1971 年春，內蒙古翁牛特旗三星他拉村村民在村北山崗造林時，從地表以下 50～60 釐米深處挖出已見大型龍形玉器。玉龍出土地在山南的半山坡上。此物距今不晚於五千年。此玉龍墨綠色，高 26 釐米，完整無缺。體卷曲，呈「C」字形。吻部前伸，略向上彎曲，嘴緊閉。鼻端截平，上端邊起銳利棱線，端面近橢圓形，有對稱雙圓洞，爲鼻孔。雙眼突起呈棱形，前角圓而起棱，眼尾細長上翹。額及顎底皆刻細密方格網狀紋，網格突起作規整的小菱形。頸脊起長鬣，長 21 釐米，占龍體三分之一以上。龍體橫截面略呈橢圓形，直徑 2.3～2.9 釐米。龍尾內卷。龍背有對穿單孔，孔外徑 0.95、內徑 0.3 釐米。試驗顯示，以繩貫孔懸掛，龍頭尾處於同一水平線上。此外，1981年，遼寧省文物店交給遼寧文物考古研究所一件玉雕，此物也作勾形蜷曲狀，首似豕，尾似三星他拉龍尾，頭尾不連。他們認爲，此物是首尾相連龍形雕塑與首尾相去較遠的三星他拉龍之間的中間環節〔註 42〕。我將大玉龍原圖右旋九十度，即得如後圖樣。

圖七二　三星他拉大玉龍寫尾宿

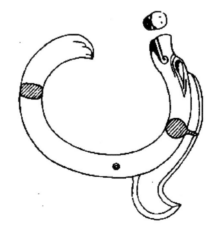

依頸脊鬣長 21 釐米占玉龍輪廓三分之一強折算，此器通長 63 釐米有餘，大抵折合狄宛二尺。依此器模樣近橢圓，又放狄宛穴口尺寸度當計算，二尺乘以三，得數六即謂當年春分日在某月六日。此曆算是否關聯某聖人目睹尾

〔註 42〕賈鴻恩：《內蒙古翁牛特旗三星他拉村發現玉龍》，《文物》1984 年第 6 期。

宿當夜日數，我迄今尚未旁證。

　　檢此物似狄宛二期陶弓 T212 ④：12，而其源是狄宛一期蚌弓標本 H254：26，今推斷狄宛二期陶弓標本 T212 ④：12 是三星他拉豬龍直系本源。此玉豬龍由添附豕首、豕鬣而來。豕首模樣不容否認，此物一端有豬吻，豬鼻二孔清楚可見。口不張開，吻前伸，略向上曲，此恰是豕拱地模樣。幼時冬日，我多番目睹豬覓食於刨畢紅薯田地，嘴閉而鼻端上翹。此玉龍龍首恰述豬拱地狀。由此得知，三星他拉大玉龍是野豬玉龍，即《春秋左傳・昭二十九年》蔡墨口述之龍。兩邊喙底槽痕有半圓狀，此述野豬獠牙。

　　又檢豕拱地時在食物難得時節，此時在寒冷時節。此時節氣合乎冬至後。此時，近乎立春。立春時節，尾宿在東，開口在上。依此，知此玉龍喻東垣尾宿出現時節，地上景象與此匹配。此二要素是龍內在要素。

　　此玉豬龍有孔，足以懸掛。雖不目睹懸掛模樣，但依狄宛一期聖賢掘地穴墓寫尾宿模樣推知如何用此物：懸掛此物於腰間，或手握貫孔繩頭，提起玉豬龍，面向西南，即見尾宿模樣。倘使瘞薶此物，須以開口向西，合乎狄宛一期地穴 H254 綿延迄 H3114 摹寫尾宿模樣。兩端內收模樣是張弓狀。

　　此外，此物是墨綠色，墨綠即青色。青色玉豬龍即青龍。此器甚大，我推測此物主人極可能是太皞時代春官或其後嗣之物。孫守道曾考證，此物距今不晚於五千年。此斷代可信。

　　（2）狄宛二期骨弓化爲建平玉豬龍

　　1983 年～1985 年，遼寧省文物考古研究所發掘了建平牛河梁遺址群第二地點一號積石冢 M4，出土標本 M4：2，M4：3，發掘者命之「豬龍形玉飾」。二

圖七三　牛河梁積石冢 M4 平面圖

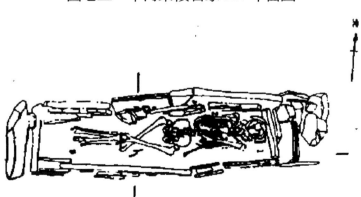

物並排倒置於墓主骨架胸骨上，背靠背，吻部向外，首部衝墓主下肢。墓主左腿膝內疊壓右腿膝蓋。此墓長方形，墓向 85 度。

在墓蓋東端出土彩陶筒形器殘片〔註43〕。發掘者未講，標本 M4：2 在南，還是 M4：3 在南。我推測二物相互位置如後。兩玉豬龍吻下斷開者是 M4：2，未斷開者是 M4：3。後圖上爲北、下爲南。左爲西、右爲東。

圖七四　牛河梁積石冢兩玉豬龍位置推測

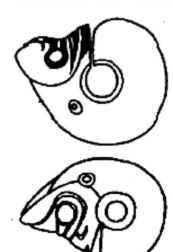

檢此二器基礎是狄宛二期標本 T5 ④：1，唯中央空洞與周圍寬度比例相異，又添附豕首造型。豕吻不張，記述時在冬至迄大寒期間。豕口不張謂覓食期間是冬日，拱地豕不張口而上翹吻部。二器俱同。依發掘簡報，標本 M4：2 是淡綠色，此色或當玄色，或是青色。標本 M4：3 是白色。青色喻東，白色喻西。玄色即喻北。二龍是太皞龍紀龍官餘緒，是龍紀時代產物。

涉及此二物用場，朱乃誠以此二物爲玉飾，呼之爲「獸面玦形玉飾」〔註44〕。此説非是，玦是環形器切割而來，與豕毫無關聯。其實，此二器須並呼爲「龍」，即《海內北經》等記「乘兩龍。」此二物輪廓是圓弧狀，猶如顛簸於地面的車輪，觀察者遠觀而不見全輪。「兩」含兩義：第一，兩謂車輛之輛。第二，謂一、二之二，也謂兩物兩色。

〔註43〕遼寧省文物考古研究所：《遼寧牛河梁紅山文化「女神廟」與積石冢群發掘簡報》，《文物》1986 年第 8 期。

〔註44〕朱乃誠：《紅山文化獸面玦形玉飾研究》，《考古學報》2008 年第 1 期。

　　墓主面西，即謂北斗自東向西。晝時，見日向西行，積日而爲歲，故生歲曆。歲曆須涉及置閏，故見墓主兩腿相交狀似 X 狀，此於數爲五，能謂五歲、五月、五日。在此謂五歲。五歲期間，曆算須置閏兩番。但須貴重起算年，即五歲一元之初年。定此年須察尾宿。其在地上匹配景象即豕拱地。墓蓋東端出土彩陶片，此謂本地文明不異於狄宛二期文明，二者有關聯，不得斷定牛河梁本地文明是獨立文明，而應斷定此文明是流，而非源，如山東、河北、山西、河南、陝西等地彩陶。朱乃誠以爲，獸面即熊面，此說毫無曆算史根據。「乘兩龍」即古聖賢「駕帝車行於天」。「駕帝車」即察星斗爲曆歲，而非謂成仙登天。

　　兩龍即兩色龍，其義揭前。M4 墓主匯集兩官於一身。倘使靜觀二龍色位置，不察墓主依斗柄察星象，難窺二龍含義。察墓土面向西南，此謂墓主知曉斗柄將自北週旋。青龍在北即將轉向東方，今在南方白龍將轉向西方。此時節應是冬季。及春季，青龍在東，白龍在西。二龍首喻春秋。但此時在冬季，時值豬拱地期間，故北面玉豬龍首尾不接。

　　此外，今歲春須延續到今歲秋，故喻秋日玉豬龍首尾似乎相接。比較得知，喻冬至節氣轉變大寒節氣後，喻歲首玉豬龍首尾不得相連，今歲須自前歲斷開。兩玉龍預告今歲節氣關聯。M4：3 爲玉龍，不是玦形獸。凌家灘墓地出土標本 98M16：2 也是佐證。此物首尾相連，龍鬚即野豬獠牙。

　　此二龍墓主要麼是青龍氏與白龍氏二官後嗣，要麼當時不尊太皥舊制，方伯自主一方，僭越舊制而自爲二官。孫守道曾研究三星他拉玉豬龍，判斷似 M4：3 的巴林右旗玉器爲獸形。並認爲，初無玉豬龍，此等獸形玉器演變爲三星他拉龍，其初狀是首尾相連，漸次演變爲首尾不連狀。他斷定三星他拉玉龍距今不晚於五千年〔註 45〕。他判斷玉龍來源時間可信，判斷玉龍成形前初狀不塙。無論濮陽西水坡大墓蚌殼擺放龍，還是紅山三星他拉玉龍都非中華第一龍，中華第一龍在狄宛，它從一期蚌弓演變爲二期陶弓，此是第一龍龍體。太皥之本在狄宛，不在遼河流域或內蒙古、也不在山東曲阜附近或安徽含山凌家灘。

　　涉及此題，《山海經》之《山經》、《海經》、《荒經》記龍身人面，或龍首人頭，或「應龍之狀」，俱記黃帝時代龍信仰教化導致物象，是太皥龍紀餘緒，其考證甚耗篇幅，此處不鋪陳。

〔註 45〕孫守道：《三星他拉紅山文化玉龍考》，《考古》1984 年第 6 期。

5）狄宛蚌弓陶弓骨弓記尾宿信仰轉變為龍信仰覓蹤

（1）《昭二十九年》龍見於絳郊題解

《昭二十九年傳》記當年秋，「龍」見於絳郊。魏獻子問龍於蔡墨。蔡墨述龍有三層：第一，陶唐氏以降豢龍，即養野豬。匹配此事，孔甲賜龍玉。第二，遠世五祀致龍，故在不失官守。由此推及第三層：得龍喪龍俱涉守官喪官。而且，此說又關聯《昭十七年》郯子言古聖譜系，此題是中國族系至難勘破要題。無論檢討太皞氏族系起源，還是檢討共工氏、炎帝氏、黃帝氏起源，都須考證，今無精力圖此，唯考龍說涉共工舊業，故擇郯子述水紀事。此事涉第二層。

蔡墨言龍話題第一層易知：豢龍即御龍。龍謂野豬，非飼養以馴化野豬種群。陶唐氏以降，董父能從野豬嗜欲，投食招引野豬。帝舜賜氏豢龍，鬷夷氏是後裔。此時，豢龍氏畜龍。豢龍氏初能順孔甲，孔甲賜之「乘龍」（玉龍），述豢龍司黃河流域、漢水流域節令之序。乘龍即雌雄各一。漢水流域雌雄各一，河水流域各一。此是前訓遼寧建平牛河梁積石冢 M4 墓主「乘龍」餘緒。孔甲時代雖非太皞時代，但有四龍，主河漢曆紀。河在北而漢在南。北為陰，南為陽。河漢俱從西東流，故此二龍寓意涉西、東。西為陰，東為陽。這陰陽兩組寓意一歲節氣關聯。但孔甲末期歲紀失序，蔡墨述曰「不能食」。蓋為祀須貴曆法，循曆法致大事有成，獻祭於造曆聖賢，此謂祀，也謂食。食，祀音近而義通。《爾雅·釋詁》：祀，祭、蒸、嘗也。《爾雅·釋天》：夏曰歲，商曰祀，周曰年，唐虞曰載。但是，孔甲以為，豢龍氏失德，故棄豢龍氏。《鄭語》記云：「董姓鬷夷，豢龍，則夏滅之。」夏即夏君孔甲。蔡墨述曰：「而未獲豢龍氏。」「未獲」者，未得也，得、德二字相通。此謂孔甲不以豢龍氏為有德。

陶唐氏後裔劉累學豢龍於董父後裔。帝孔甲無臣能致野豬，但劉累能為此，故受孔甲賜氏御龍氏，替代豕韋氏。在殷商，豕韋氏事君以養家豬供給王室肉食。家豬在彼時被呼為豕。此族系是祝融後裔。《國語·鄭語》史伯曰：「祝融亦能昭顯天地之光明，以生柔嘉材者也，其後八姓於周未有侯伯。佐制物於前代者，昆吾為夏伯矣，大彭、豕韋為商伯矣。……彭姓彭祖、豕韋、諸稽，則商滅之矣。」倘使涉獸類，「佐制物」含飼養義。依韋昭解，彭祖為初祖，豕韋、諸稽是其後，別封而得名號〔註46〕。豢龍氏廢，孔甲立御

〔註46〕左丘明：《鄭語》（卷第十六），《國語》，中華書局，1936 年，第 3 頁。

龍氏。御龍氏初有雌雄野豬各一，雌野豬死，御龍氏爲野豬醢，獻給孔甲。孔甲以爲此是美味，使復求之。劉累恐，故逃亡。豕與龍區別森嚴：野豬爲龍，家豬謂豕。有獠牙野豬謂之龍，故在獠牙相對而爲彎弓狀，此俗本乎狄宛二期，標本 M217：7 與 M217：8 爲證。

　　如上史料與陶寺遺址早期大墓隨葬陶盤彩繪蟠龍互證。帝堯以降尙龍是遠古龍紀餘緒，而且涉及執政興替。其根本是觀尾宿見歲初之義。從新歲引申新執政之序，此是蔡墨述龍主旨。龍於物爲野豬，此物寓意是正曆。

　　察狄宛尾宿信仰變爲龍信仰歷史脈略，對比昭公二十九年龍見於晉國絳之記，二事關聯在乎龍即野豬，其二獠牙喻新歲。這恰是狄宛二期 M217 墓主頭戴一對野豬獠牙喻尾宿信仰餘緒。尾宿見，新歲序。新歲序，則新紀生。新制度生，舊序亡，故龍見必喻新舊制度興替。二十九年冬，晉荀寅鑄鼎著范宣子刑書，干國政，而且范宣子是豢龍氏後裔。龍見而預示法度更替。故孔子曰：晉其亡乎。失其度矣。

　　蔡墨以《周易》「乾坤」二卦之卦及爻辭述五行之官喪佚，以致龍不見。此題是《易》龍觀萃聚。欲訓這五之卦，須先澄清重消息起源，以及太皞是否即庖犧氏，暨庖犧氏族系起源。而後須檢討孔穎達等人之卦舊說，此事耗用篇幅甚巨，不在此鋪排展示。

　　（2）共工水紀五官傳承尾宿等星曆知識考

　　涉及共工氏，《昭十七年傳》記郯子曾言，「共工氏以水紀，故爲水師。」杜預注：「共工，以諸侯霸九州者，在神農前，太皞後，亦受水瑞，以水官名。」孔穎達等引服虔曰：「共工以水名官。春官爲東水。夏官爲南水，秋官爲西水，冬官爲北水，中官爲中水。」

　　《昭二十九年傳》史墨曰：「共工氏有子曰句龍，爲后土。」孔穎達引《祭法》曰：「共工在太皞後，神農前，以水名官者也。《祭法》曰：『共工氏之霸九州也。其子曰后土，能平九州，故祀以爲社。』能平九州是能平水土也。言共工有子謂後世子耳。亦不知句龍之爲后土在於何代。少皞氏既以鳥名官，此當在顓頊以來耳（《春秋左傳正義》卷三二，第 34 頁）。」

　　孔穎達等以爲，《祭法》「共工氏之霸九州也。其子曰后土，能平九州」謂共工子后土能平水土。此說是否可靠，值得考究。案古聖以功業得號。由此推斷，共工是某聖號。那麼，「霸九州」如何與「共工」之號關聯，這是問題。「霸九州」指功業，是其子「平九州」基礎。而「九州」不等於「水土」，

故「平九州」不等於「平水土」。

我以為，「共工」為號，以疊韻讀，兩字須讀「拱」或「龏」。「拱」謂隆，使鼓起，如弓背。而「龏」謂給，即相足。足在甲骨文以止為標誌，於曆法謂節令完滿，即寒暑一番滿。寒暑為名，指時節則不得目睹，不得耳聞，不得度量。但寒暑一番有某種標誌，此標誌存於地，見於天。存於地者，豕拱地，土隆起是也。見於天者，東垣尾宿得以目睹是也。狄宛蚌弓弓背亦謂隆起，自反面觀一期 H254 等九地穴，亦見鼓起狀。由此似乎唯能推斷，「共工」為號，謂某聖人審知豕拱地當某時節，以及東垣尾宿模樣。甲骨文共字能證此說。《甲骨文編》卷三、七錄兩字，其狀同，作 🄰。編者以為，字從口（第104 頁）。我察此字從方，從左右「又」。「又」字字源是二狄宛兩蚌弓相疊。謂兩歲相連。如此，左右「又」謂兩歲節氣相稱而連。又、有相通，故《國語·魯語上》展禽曰：「共工氏之伯九有也」，「九有」者，九又也。如此，共工氏初祖曾將連續四歲關聯陸地。這兩歲即兩歲初準乎察尾宿，使節氣匹配重消息《頤》、《中孚》、《復》、《屯》、《謙》，由於蚌弓狀弧形兩兩相匹，俱似狄宛 M217 兩牙弓合為重消息《頤》。「工」字能遍指用規矩者，但其甲骨文初義獨謂「示」、「方」，即聖人告喻星象預言地上景象，《甲骨文編》第五卷·二錄字 🄱 或 🄲，後者似乎是旁字。其實，其含義更進一步，謂兩歲節氣平，其基準是斗柄南北指，「｜」述斗柄南北指。而 🄳 字不異於第一字，故在方謂地。星體在上，故自上示。倘若星體譬如大火星秋季後隱沒，則在下，被地面遮擋。「工」將狄宛一期聖賢察星象與地球關聯。而且，也關聯掘方口地穴，如 H391。兩歲節氣平之義俱為「共」「工」二字表述。看來，這兩字互訓，商朝已見孳乳表述。此二字是號，非名。

涉聖人「共工」星宿認知，猶須補足佐證。展禽曾言：「共工氏之伯九有也，其子曰后土，能平九土。」許慎訓伯以長。《祭法》云：共工「霸九州」。霸、伯相通。霸能述月相。月色白。故展禽言「伯九有」謂以月行匹配尾宿而紀年。能紀年而命物歲數者必長養此物，故許慎說亦通。如此，共工是古聖之一。聖人共工功業頗涉「九」，九指尾宿九顆。

又依郯子言，共工氏以水紀。水紀是否並謂觀尾宿，這值得究討。服虔以為，水紀即設五官，命以水。「春官為東水。夏官為南水，秋官為西水，冬官為北水，中官為中水。」服氏說是。察此五官，含四方與中。五官者，天上四方星官與中星官也。四方星官即後世四垣星官。四垣即東垣等四垣。東

垣等星初識於狄宛一期之前，被一期聖賢以地穴記錄，前已考證。

　　東水、南水、西水、北水四方水即北斗七星之樞、璇、璣、權構造之坎口朝向四季四變，此題前已申述。坎納水，天上四方皆水，四星官須察斗口朝向以及關聯星宿。而中官是中水之官，主察中官。中官即紫微垣之官。在神農氏前，定無紫微垣稱呼，但聖人已知處所，及其與節氣關聯。中官之中不訓應，而訓收納。中官司紫微垣，察左藩、右藩，及旁邊北斗七星魁斗納天理四星等。左藩、右藩有星十五。魁斗爲坎，納天理四星，此謂天理在中。而天理四星狀似方盒，方盒在坎水，故亦有水。依此關聯，中官名曰中水。中官含天理四星，《開元占經・月犯・甘氏中官三》記之：「月在天理……。」又《巫咸》曰：「北斗魁中，天理，主貴者，水官也。」《巫咸》記水官星不少，但涉遠占星宿認知者寡，而魁斗納天理是其一。《史記・天官書》記五官之學本乎唐都。但遠在漢立國前已有五官，唐都是五官說傳人之一。

　　共工後裔平九土非謂平水土，而謂平九地節氣。在大禹前，共工族以星曆指導耕作。這九地非後世分野，但堣是禹貢「九州」用九之源〔註47〕。九地各有高地或山脈，傳教者或宗主居之。共工有臣相柳氏，世代服事共工，以迄后土。大禹曾征共工後裔，《戰國策・秦策》蘇秦曾言此事。推算大禹征伐之人是后土。此人即史墨述句龍氏。《海外北經》足以佐證此事：「共工之臣曰相柳氏，九首，以食於九山。相柳之所抵，厥爲澤溪。禹殺相柳，其血腥，不可以樹五穀種。」郭璞注「相柳之所抵，厥爲澤溪」云：「抵，觸。厥，掘也。」〔註48〕此文獻珍貴無比，它告喻共工氏僕從相柳氏曾挖掘土地。在三代前，挖掘土地即掘地穴，事涉地穴曆譜。由此得知，共工氏是狄宛聖賢一脈。其後裔句龍曾使龍信仰廣播於華夏大地，今日猶見社俗殘跡，實是句龍教化餘緒。無論共工還是其後裔句龍，二號讀音即弓，狄宛一期蚌弓、二期骨弓、牙弓、陶弓俱是弓。此信仰背後是尾宿信仰，龍信仰與星紀信仰相襯托。

　　（3）龍字摹寫尾宿與龍字讀音從弓（工）暨龍與尾宿等同

　　前述布穀訓甲骨文龍，即《京都》二三六三𠄌字源不清。此字源是狄宛

〔註47〕大禹建九州事不可疑。邵望平曾考證《禹貢》九州篇內容所屬時代。邵望平：
　　　　《〈禹貢〉「九州」的考古學研究》，《考古學文化論》（二），文物出版社，1989
　　　　年，第11～29頁。
〔註48〕郝懿行：《山海經箋疏》（第八），光緒十二年還讀樓版，第2頁。

二期陶弓標本 T306 ③：17，由此上溯能及狄宛一期蚌弓標本 H254：26。其弧狀化爲此字一端橫翹弧線，而甲骨文豕 ⿰ 上弧狀也源於此。二字同源無疑。但是，兩字表達察尾宿者位置不一：以北爲上，南爲下推斷骨弓模樣朝向，以定尾宿朝向，推斷《京都》二三二六述察尾宿者在東偏北，而甲骨文豕記察尾宿者在西北。此差異出自察星象者處所不同。基於此，不得推斷龍觀念爲陶唐氏以降某宗族獨有。比較兩字，可以斷定，兩字所從部首是一字，但孳乳最遲發生於商朝。甲骨文記彭祖之字從豕。以簡繁論，龍字早，豕字遲起，此字構造是彎曲縱線加「工」字，加陶弓標本 T306 ③：17 摹寫。「工」指族系，初指共工氏，此族繼承狄宛若干天象知識。由此遞進考究，豕號最初也爲共工族創造。

龍與尾宿合流，以爲根深蒂固信仰，其源頭大抵在西周前。東周已有童謠，並記「龍尾」，所指僅是尾宿。其證是《僖公五年傳》：「卜偃曰：童謠云，『丙之晨，龍尾伏辰……。』」龍尾者，尾宿也。卜偃司卜，知星官。既援引童謠「龍尾伏辰」，尾宿與龍等同，近乎普遍知識。獻公聞言而不問，足見國君悅服。

龍字讀音應在神農氏之後，是追記古聖人功業之果。弓矢製造與使用也推進此名傳播。在狄宛一期之後各古遺址，發掘者頻見骨鏃。這旁證中國古賢造弓矢。而造弓之源或多或少涉及造器尚象，此象是星象，即尾宿模樣。後世，聖人欲別弓、拱含義，但又不能阻隔其義關聯，故見龍、弓、拱讀音相近，細察韻書，即見諸字讀音相近。經籍見龍字通隆、拱，此用法延及戰國時期。私學興起，傳播愈廣，偶見訛誤，難以避免。